U0963761

Treasures for Scholars Worldwide

大本曲《鍘美案》研究

——雲南白族白文分析

[日] 立石謙次 著

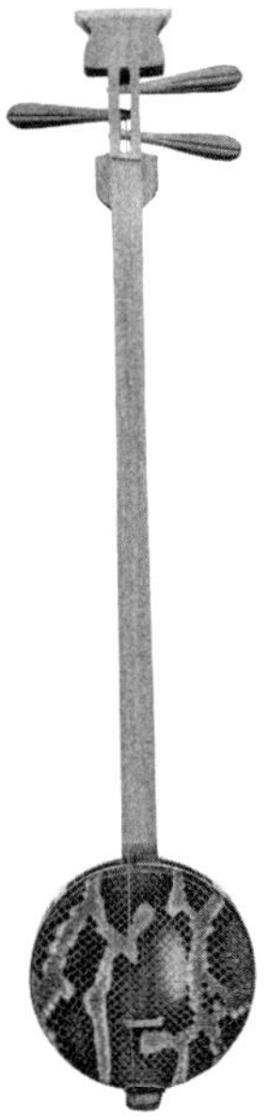

广西师范大学出版社
GUANGXI NORMAL UNIVERSITY PRESS
·桂林·

圖書在版編目（CIP）數據

大本曲《鍘美案》研究：雲南白族白文分析：漢文、白文、日文／（日）立石謙次著．—桂林：廣西師範大學出版社，2017.9
ISBN 978-7-5598-0189-0

Ⅰ．①大…　Ⅱ．①立…　Ⅲ．①大本曲－白語－研究　Ⅳ．①H252

中國版本圖書館 CIP 數據核字（2017）第 204537 號

廣西師範大學出版社出版發行
（廣西桂林市中華路 22 號　郵政編碼：541001
網址：http://www.bbtpress.com）
出版人：張藝兵
全國新華書店經銷
桂林廣大印務有限責任公司印刷
（桂林市臨桂縣秧塘工業園西城大道北側廣西師範大學出版社集團有限公司創意產業園　郵政編碼：541100）
開本：880 mm × 1 240 mm　1/16
印張：22　　字數：577 千字
2017 年 9 月第 1 版　　2017 年 9 月第 1 次印刷
定價：358.00 元

如發現印裝質量問題，影響閱讀，請與印刷廠聯繫調換。

序

張錫禄 ※

白族是中國西南少數民族之一，其歷史悠久，文化底蘊深厚。

白文的研究是白族研究的重大課題。六十多年來，國內外專家學者如徐琳、趙衍蓀、李紹尼、段伶、施珍華、遠藤耕太郎、甲斐勝二、王鋒、汪鋒、傅京起、張文、奚壽鼎、張霞等都對其進行過研究，成果豐碩。這幾年，國際上對白文的研究日益重視，日本學者對此的研究也愈加深入。

在日本學者中，有一位值得關注，那就是年輕的立石謙次先生。

我原來和他并不熟悉。

2009年11月4日，我接到他的一封電子郵件。

張錫禄老師：

冒昧地給您發電子郵件，請原諒。福岡的甲斐（勝二）老師給我告訴您的電子郵件的地址。

我是日本東海大學的立石謙次，在甲斐老師翻譯您的大著（《大理白族佛教密宗》）之時，我幫過忙的。

我從1996年到2000年，在雲南大學歷史系留過學。

從前，我研究南詔國和白族文化。

現在，我想到學習白語和老白文。特別，對白文的漢字詞彙有感興趣。

但是，在日本很少人研究白文的。所以我將訪問雲南之時，希望向張錫禄老師請教。我打算明年春天訪問雲南大理。

我知道他曾就讀于雲南大學，攻讀過雲南民族歷史文化方面的碩士學位，認爲他“想學白語和老白文”和“對白文的漢字詞彙有感興趣”是件好事，於是就歡迎他到大理來做研究。他如期而至，我和他討論了白文問題，他想找白族大本曲藝術家作記録。

※ 張錫禄，大理大學民族文化研究院研究員，大理大學雲南省南詔大理歷史文化傳承與發展研究基地首席專家、學術委員會主任。是榮獲國務院特殊津貼的白族文化研究專家學者。現兼任大理市歷史文化研究所所長。

我説，這是極爲繁瑣的，要一字一句的記，聽清語意，這對一個衹懂漢語的中國人都困難，對外國人是難上加難；還要做白語、漢語、日語、國際音標字詞四對照，更難上難。他笑着説，不怕，我會做的。後來，他下鄉到喜洲。他在日本是大學教師，研究是業餘進行的，衹有到假期了，他纔能來。就這樣，一個假期連着一個假期，從2010年到2015年，他在六年裏，用九個假期，到白族大本曲藝術家的家中，聽寫記録。

他對大本曲曲本的分析研究是用以下方法而進行的。

1. 向大理白族王祥先生等本地藝人借出他們所藏的大本曲曲本，并攝影。

2. 在所攝影的曲本之中選取了《鍘美案》等曲本，用電腦編排整理。

3. 同時，請喜洲白族黄永亮先生“念”曲本，并録音。

4. 基於録音資料，用國際音標注音。

5. 在黄永亮先生的指導下將白文資料翻譯成漢語、日語，并對某些詞語添加注釋。

6. 基於所整理的釋文製作詞彙表。

經過六年的努力，他拿出了成果。當他把本書的稿本送到我手上時，我很激動，功夫不負有心人，研究白文，終於取得白文成果。

對於立石謙次的工作，有兩點特别值得推崇。

一、對科研工作執著的精神。作爲一個外國人，業餘做中國少數民族語言文字的研究，一做六年，没有浮躁之心，没有嘩衆取寵之爲。抓住一點，深挖深掘，持之以恒。這是值得我們青年一代學者學習的。

二、製作詞彙表。做語言研究，詳細地聽和忠實地記録，然後幾種語言對照，找出其規律性的東西，這是常見的。白族大本曲的記録對照已經有很多成果，不足爲奇。我比較高興的是他花大力氣做了詞彙表。此表以《鍘美案》做一典型曲本，統計出1084個詞彙。這是一個很重要的學術成果，它用數位化方式表明：方塊白文的構成是有豐厚的語文詞彙基礎的。説實話，《鍘美案》是從漢文故事《陳世美不認前妻》移植而來的，不是原生態的白族故事，漢借詞很多。但此曲本有1084個白文詞彙一事很值得深入研究。

日文的創制是在認真學習漢語文的基礎上進行的。方塊白文的創制也同樣如此。因此，日本學者對白文問題的研究更有條件。方塊白文的創制是白族人民的一種巨大的智慧，白文是一種深深植根於白族民間的有較長歷史的民族文字系統。認識它，解讀它，是要花力氣，有恒心，有方法才能做得到的。願我們向國際友人學習，攜手合作，解開方塊白文之謎，讓它在新時期，以更新的姿態立於世界民族語言文字之林。

2015年11月10日

於大理古城武廟會C1—101室大理市歷史文化研究所

目　録

解說篇

2015年3月4日　大理周城本主節

緒　言

本書是關於“大本曲”曲本的考察與分析。“大本曲”是聚居於中國雲南省西部大理地區的白族的民間曲藝之一，它的曲本由漢語和以漢字表記白語的“白文”書寫。本書選取大本曲曲本中的《鍘美案》(《陳士美（陳世美）不認前妻》)，對這一曲本進行了漢語、日語翻譯，并用IPA（國際音標）表記了發音，又在此基礎上製作了該曲本的白語詞彙表，最後影印了曲本原本。

現在的白語分爲三個方言區：以大理爲中心的大理方言（南部方言）區，以劍川爲中心的劍川方言（中部方言）區，以大理往西北的地區爲中心的碧江方言（北部方言）區。[1]（怒江傈僳族自治州的碧江縣在1986年被撤銷，其所領劃歸該州瀘水縣及福貢縣。）大本曲是在大理方言地區傳承的曲藝。由此，本書所説的白文，是指以大理方言書寫的白文文本。此外，如未特别説明，本書所説的白族是指大理盆地的白族，白語是指大理方言的白語。

一、研究經過及目的

本書關於白族大本曲的研究，是得到了2010~2012年度科學研究補助金[若手（B）]的資助而開始的。研究課題名是“中國雲南省白族的白文分析與解讀法的確立”（課題編號：22720152）。此外，在2013年度，研究課題“中國雲南省大理白族的白文資料保存與解讀法的確立”（課題編號：25770158）又被科學研究費助成事業（學術研究助成基金助成金）[若手（B）]采納，這一課題持續到了2015年度。然後，在2017年度，研究課題“中國雲南省大理白族白文資料的基礎研究——收集白文語彙·用例與確立解讀法”（課題編號：17K02665）又被科學研究費助成事業（科學研究費補助金）[基礎研究（C）]采納，這一課題將持續到2019年度。

本書的研究對象是聚居於中國雲南省西部以大理白族自治州爲中心的地區的白族之一部分所傳承的白文，特别是，對於白族民間曲藝大本曲曲本中的白文表記方法，本書做了具體考察。其目的在於通過這一考察，弄清白族如何逐步吸收漢字并書寫本民族語言這一問題。

截至2008年，白族人口近160万[2]，歷史上，他們的先祖以漢文留下了文章。另一方面，大理的一部分白族所采用的方法是，用特定的漢字來記録白語，或書寫漢字詞彙，以白語讀之。此即白文。

[1] 徐琳、趙衍蓀編著《白語簡志》，民族出版社，1984，第116—127頁。
[2] 雲南省統計局、國家統計局雲南調查總隊編《雲南統計年鑒（2009）》，中國統計出版社，2009，第36頁。

不過，由於漢語與白語的聲調不同、白文所使用的文字没有規範、使用地區狹小、利用範圍狹小等等因素，白文的使用是受限的。至少自明清以來，白文就得到了使用，具體而言，其使用地區僅限於現今大理州的大理市、洱源縣、劍川縣、雲龍縣。[1]

由此可見，白文這一表記法，原本在白族地區也僅在極有限的地域及職業間通用。關於這一表記法的起源，我們看到，在南詔國時期（738~902年），該國國語已有用漢字來做表記的例子。但南詔國語與現在的白語之間有何關係并不明瞭。[2] 其後，至元明，在大理地區的石碑上出現了白文。而清末所形成的白文文獻仍散見於今日民間（這些文獻的一部分可參見張錫禄等主编的《中國白族白文文獻釋讀》[3]），其内容大多是宗教儀禮書及民間歌謡的歌詞等。不過，直至今日，這些寫本的原本仍基本不爲普通人所接觸。

研究開始後，我打算立即以《白文〈山花碑〉譯釋》[4]《西南少數民族文字文獻·第15卷·白族文字文獻》[5] 等已公開出版的白文資料爲基礎開展調查。但是，在調查過程中，我瞭解到，直至今日，大理地區的白族仍表演着一種叫作“大本曲”的民間曲藝，這曲藝的曲本即用到了白文。由此我將調查對象設定爲大本曲曲本中的白文。理由是，大本曲曲本的内容齊備、數量可觀，具備對白文表記進行考察的條件；此外，與碑文不同，白文在今日民間仍實際使用，在這點上，我認爲它的學術價值較高。

二、研究方法

本書由以下部分構成。（1）對大本曲曲本進行録文，用IPA標記録文的發音記號，將白語分别譯作漢語、日語。再者，在必要的時候爲各種詞彙加注。（2）抽出録文内的白語詞彙，製作詞彙表。（3）最後，影印曲本原本。

録文的製作通過以下程序進行：（1）以大理州大理市喜洲鎮民間曲藝人王祥老師實際使用的大本曲《鍘美案》曲本作爲研究對象，對它進行攝影。（2）對照攝影的圖片，將曲本打入Word，進行録文。（3）作爲標記録文發音記號的準備階段，請原大本曲藝人黄永亮老師朗讀曲本，并録音。（4）根據録音資料，標記録文的發音記號。（5）再在黄永亮老師的指導下，對白文録文進行翻譯，同時加注，并製作詞彙表。（6）在黄永亮、楊文輝（現雲南大學副教授）、王祥老師的多次幫助下，對録文、翻譯、發音記號加以修正。請曹咏梅老師審校了《資料篇》的漢語翻譯，吉田章人老師審校了全書。另外，《解説篇》《資料篇》的注釋，以及《詞彙表》的備注等，原由日語寫成，肖承清老師將其譯作了漢語。因此，本書經由多人之手才得以完成。當然，文責在我。

---

[1] 侯冲：《白族心史：〈白古通記〉研究》，雲南民族出版社，2002，第131頁。

[2] 立石謙次：《雲南大理白族の歴史ものがたり——南詔国の王権伝説と白族の観音説話》（《雲南大理白族的歷史故事——南詔國的王權傳説與白族的觀音説話》），雄山閣，2010，第264頁。

[3] 張錫禄、（日）甲斐勝二主編《中國白族白文文獻釋讀》，廣西師範大學出版社，2011。

[4] 雲南省少數民族古籍整理出版規劃辦公室編《白文〈山花碑〉譯釋》，雲南民族出版社，1988。

[5] 張文、陳瑞鴻主編《西南少數民族文字文獻·第15卷·白族文字文獻》，蘭州大學出版社，2003。

三、關於白文

我曾在相關論文中介紹了有關白文的先行研究[1]，在此，僅重複其中的一部分，以對這些先行研究做一簡述。1957年，石鍾健考察了立於喜洲鎮聖元寺的白文碑碑文《詞記山花咏蒼洱境》(通稱《山花碑》，見後述)。石鍾健通過大理地區發現的白文石刻史料，整理出白文如下幾個特徵：(1)白文是表意文字，(2)以漢字爲基礎。另外，(3)既借漢字表白語之音，(4)也新造表意文字。在白文文章中，(5)大量使用漢文成語，(6)同時也使用白語的習慣語，(7)又以古代白語的詞序寫文章。他認爲，從這些特徵來看，由於是一種表意文字，白文難讀，文字構造也複雜，實際的語言與文字差別大。而關於白文的歷史，他認爲，白文産生於繼承南詔國的大理國時期(10世紀前葉~12世紀中葉)，流行於宋末元初(13世紀後葉)至明中葉前後(15~16世紀)，但由於明朝積極的漢化政策，其後白文遭到廢棄。[2]另一方面，對自石鍾健以來所持的“白文産生於大理國時期，廢棄於明代”的白文歷史過程，侯冲提出異議。侯冲認爲，從南詔大理國到元代，白文雖已出現在白族的歷史中，但原本衹在明清時期的大理地區小範圍流行而已。也就是説，時至今日，白文未曾廢棄，抑或衰退。[3]

王鋒對白文的構造及其歷史過程也有論述。[4]王鋒認爲，白文的高度任意性阻礙了白文自身的發展，但其中也有一定的規範。[5]

2003年，張文等主編的《白族文字文獻》影印出版了32種劍川縣民間曲藝“本子曲”的白文曲本。[6]除碑文外，白文資料的全文影印，這是第一次。另外，2008年，徐琳主編的《大理叢書・白語篇》卷1、2《白族語言文字研究文獻選編》將主要的白文研究成果編在一起，參考便利。[7]2011年，張錫禄等主編的《中國白族白文文獻釋讀》，對搜集自大理盆地及其周邊地區的16種白文資料進行釋讀、翻譯，擴大了白文研究的基礎。2013年，

[1] 立石謙次:《雲南省大理白族(ぺー族)の白文(ぺー文)における表記規範の一考察——特に「訓仮名」と「造字」とを中心に》(《雲南省大理白族白文的表記規範的一個考察——特别以“訓假名”和“造字”爲中心》)，收入《東海大學紀要(文學部)》第97輯，2012，第21—37頁。

[2] 石鍾健:《論白族的白文》，《中國民族問題研究集刊》第6輯，第131—132頁，第135—138頁。

[3] 侯冲:《白族白文新論》，《中央民族大學學報》(哲學社會科學版)，2000年第4期，第119—121頁。該文后收入徐琳主編《大理叢書・白語篇》卷2《白族語言文字研究文獻選編》，雲南民族出版社，2008，第928—932頁。

[4] 王鋒:《略談方塊白文及其歷史發展》，《雲南民族語文》2000年第3期，第10—19頁；后收入徐琳主編《大理叢書・白語篇》卷2《白族語言文字研究文獻選編》，第946—953頁。同氏:《從白文古籍看白文書寫系統的歷史發展》，《民族古籍》2002年第2期，未見原文；后收入趙寅松主編《白族研究百年(四)》，民族出版社，2008，第56—66頁。同氏:《方塊白文歷史發展中的文化因素》，《雲南民族學院學報》2002年第6期，第109—112頁；后收入徐琳主編《大理叢書・白語篇》卷2《白族語言文字研究文獻選編》，第963—967頁。同氏:《從書寫符號系統看“古白文”的文字屬性》，《大理學院學報》2004年第3卷第4期，第9—12、20頁；后以《論古白文的書寫符號系統及其文字屬性》爲題收入趙寅松主編《白族文化研究(2006)》，民族出版社，2006，第393—408頁，以及徐琳主編《大理叢書・白語篇》卷2《白族語言文字研究文獻選編》，第955—961頁。

[5] 王鋒:《略談方塊白文及其歷史發展》，第12—13頁。

[6] 張文、陳瑞鴻主編《西南少數民族文字文獻・第15卷・白族文字文獻》。

[7] 徐琳主編《大理叢書・白語篇》卷1、2《白族語言文字研究文獻選編》，雲南民族出版社，2008。

遠藤耕太郎等發表了有關《山花碑》的考察以及多種大本曲曲本的比較研究的優秀成果。[1]

白文研究在其初期階段，是以《山花碑》爲首的碑文爲中心而開展的。其後，研究對象擴展到大本曲、本子曲等民間曲藝的曲本，以及宗教文獻等。在這過程中，出現了以影印、釋文的形式來介紹文獻原本的研究。但是現在僅以影印資料，基本上不可能搞清楚白文曲本的内容。此外，有些以釋文的形式進行的分析，并未將白文曲本全文翻譯。而就算全文翻譯，并標記白語的發音，對於一個一個的白語詞彙如何使用漢字，這種分析并不充足。也就是説，就現狀而言，雖然我們知道白文資料在内容、數量上都大量存在，但是針對某一個文本，整體且綜合性地分析其内容，以白語詞彙如何使用漢字即白語的表記體系爲問題的研究并不多。

四、關於“大本曲”

大本曲通過三絃伴奏者與歌手二人進行演藝，近似於“説唱”[2]。大本曲所用曲本的量非常大，大本曲名字即來源於“大本子曲”。一個本子最短也要唱兩三小時，傳統上也曾有唱幾晝夜的情況。時至今日，作爲農閑期的娛樂，以及結婚、喬遷等喜慶宴席的餘興，大本曲仍在演唱。在大理北部劍川縣的白族之間，還上演一種叫作“本子曲”的民間曲藝。本子曲在曲目上與大本曲共通之處實多，但在曲本的容量、曲調的種類上不及大本曲。

説到有關大本曲的研究，1960年出版的《白族文學史（初稿）》介紹了大本曲的形成、特徵，以及曲目。[3]

另外，徐嘉瑞在《大理古代文化史稿》中，通過大本曲與明清時期白文石刻史料的關聯，介紹了大本曲的特徵、現狀，但未有大本曲曲目内容本身的分析。[4]李纘緒在《白族文學史略》中，有大本曲的概述，但未進一步對曲本的具體内容作介紹。[5]段甲成在論文《大理市大本曲藝術調查報告》中報告了大本曲的特徵、來源，大本曲對白族生活的影響，大本曲流行及保存現狀。[6]2003年出版的《大本曲簡志》綜合性地介紹了大本曲的歷史、特徵、曲目，以及圍繞大本曲的白族風俗。[7]

2005年出版的《大本曲覽勝》登載了前述段甲成關於大本曲的調查報告，同時介紹了曲本文本、漢譯及伴奏的樂譜，但未標記文本的白語發音。[8]

楊海青在2010年發表的論文《論白族大本曲曲本的整理》中，關注於大本曲的白文曲本，提出了如何整理保存、如何分析這些曲本的問題。[9]如上文所提及，張錫禄等在2011

---

[1] 遠藤耕太郎等:《東アジアにおける「声の伝承」と漢字の出会いについての研究——中国雲南省ぺー族文化と日本古代文学》(《東亞“聲的傳承”與漢字的相遇——中國雲南省白族文化與日本古代文學》),《共立女子短期大學總合文化研究所紀要》第19號(3—2), 2013。

[2] 關於“説唱”，參見澤田瑞穗《中国の庶民文芸》(《中國的庶民文藝》)，東方書店，1986。

[3] 雲南省民族民間文學大理調查隊編寫《白族文學史(初稿)》，雲南人民出版社，1960，第286—295頁。又可參見張文勛主編《白族文學史(修訂版)》，1983，第540—544頁。

[4] 徐嘉瑞:《大理古代文化史稿》，中華書局，1978，第393—397頁。

[5] 李纘緒:《白族文學史略》，中國民間文藝出版社，1984，第106—110頁。

[6] 段甲成:《大理市大本曲藝術調查報告》，收入趙寅松主編《白族文化研究(2002)》，民族出版社，2003，第201—216頁。

[7] 大理白族自治州文化局編《大本曲簡志》，雲南民族出版社，2003。

[8] 大理市文化局等編《大本曲覽勝》，雲南民族出版社，2005。

[9] 楊海青:《論白族大本曲曲本的整理》，收入大理白族自治州白族文化研究所主編《白族文化研究(2010)》，雲南民族出版社，第546—558頁。

年出版的《中國白族白文文獻釋讀》中，介紹整理了白族民間所傳承的白文宗教經文、民間曲藝曲本等16種，并加了發音記號、翻譯及注釋。其中，收入了兩種大本曲曲本，即以明初大理地區爲舞臺的《火燒磨房》(又名《磨房記》)全本及講述梁山伯與祝英台戀愛故事的《梁山伯與祝英台》中集。董秀團在同年出版的《白族大本曲研究》中，以實際調查爲基礎，對大本曲的歷史、樣式、藝人，以及圍繞大本曲的文化背景，做了綜合性的研究。[1]再者，如前所述，遠藤耕太郎等在2013年發表的論文《東亞"聲的傳承"與漢字的相遇——中國雲南省白族文化與日本古代文學》對比探討了多種大本曲曲本的表記。

截至2003年，大理州文化局所掌握的現存的大本曲曲目有148種。[2]大本曲本身的産生年代并不明確，現存最早的曲本是清光緒年間的寫本。顯然，大本曲至少在清末就已存在。

曲本是藝人本人從自己的師傅或别的藝人那裏借抄而來的，因此現存的曲本基本上都是寫本。但抄寫的藝人也會加上自己的創作，因此即便是同一曲目，藝人不同，内容也有不同。大部分曲目都主要采自中原傳統戲劇、曲藝，白族獨有的曲目較少。[3]例如上述《梁山伯與祝英台》、以二十四孝之一人爲題材的《傳羅伯尋母》，以及本書的分析對象《鍘美案》等，在中國都家喻户曉。但大本曲的曲本并非完全從傳統曲藝一五一十地譯作白語。地名、習俗、季節情景等細微之處，也有大理的人們的創作。

五、大本曲曲本的構成

圖1是王祥老師所藏大本曲《鍘美案》曲本的一頁。傳統曲本是竪寫的(參照圖2)，現在使用的曲本，因書寫人不同，有竪寫的，有横寫的，此外，所用漢字也是繁體、簡體都有。

在此，我們對照圖1，來看看大本曲的曲本。大本曲由漢語的"詩""臺詞"和白語、漢語交織的"歌"等部分組成。歌基本采取"三七一五"的形式，即三個七字句，一個五字句。第二句與第四句押韻。這種形式，劍川地區的"山歌"或"白族調"也通用。白族歌謠的押韻、格律問題，詳見段伶的《白族曲詞格律通論》[4]。

大理發現的白文碑中，也可見到與這種形式一致的文章。有一篇稱作《山花一韻》的碑文。它刻於明成化十七年(1481年)所立《處士楊公同室李氏壽藏》碑陰。周祜以爲，《山花一韻》具有"三七一五"的形式。[5]不過，《山花一韻》本身没有刻碑年代。

如前所述，喜洲鎮聖元寺也有一通刻有白文詩《詞記山花·咏蒼洱境》(通稱《山花碑》)的石碑。大本曲的形式與該碑文的形式一致。《山花碑》本身没有刻碑年月日，但它是刻於明景泰元年(1450年)所立的《聖元西山記》碑陰。由此，《山花碑》也被認作明碑。[6]也就是説，我們可以認爲，大本曲中所見的"三七一五"形式在明代就可能已存在，至清代，則確實存在。可以説，大本曲是一種將中國傳統戲曲中的内容翻譯爲白語，并以白族傳統歌謠形式歌唱的曲藝。

[1] 董秀團:《白族大本曲研究》，中國社會科學出版社，2011。
[2] 大理白族自治州文化局編《大本曲簡志》，第32頁。
[3] 大理白族自治州文化局編《大本曲簡志》，第38頁。
[4] 段伶:《白族曲詞格律通論》，雲南民族出版社，1998。
[5] 周祜:《大理古碑研究》，雲南民族出版社，2002，第109—113頁。
[6] 雲南省少數民族古籍整理出版規劃辦公室編《白文〈山花碑〉譯釋》，第1頁。

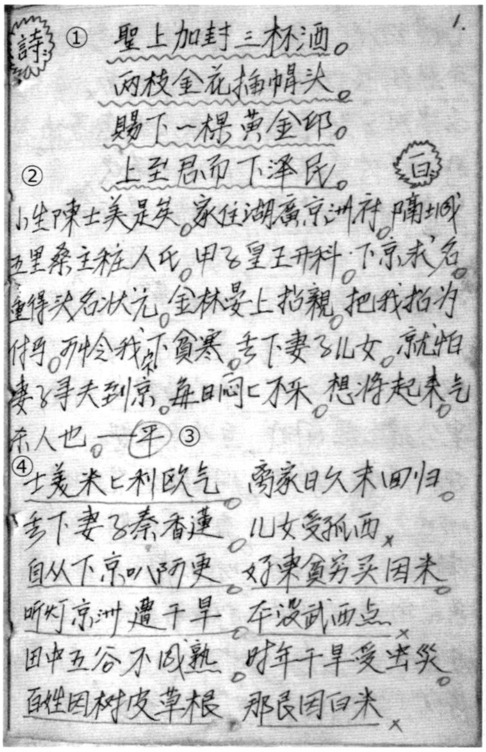

詩 ① 聖上加封三杯酒。
兩枝金花插帽头
賜下一棵黄金印。
② 上至君币下泽民。 白
小生陳士美是矣。家住湖廣京洲府，隋城五里桑主莊人氏。甲子皇王开科，下京求名，奪得头名状元。金林娶上招親，把我招为付马。可怜我家貧寒，丢下妻子儿女。就怕妻子寻夫到京。每日悶悶不乐，想將起来气杀人也。——平 ③
④ 士美米匕利欧气 离家日久末回归
丢下妻子秦香蓮 儿女受孤西
自从下京叭阿更 好東貪劣买困末
昕灯京洲遭干旱 年误武西点
田中五谷不成熟 时年干旱受虫灾
百姓因树皮草根 那良因白米

圖 1：大本曲《鍘美案》文本

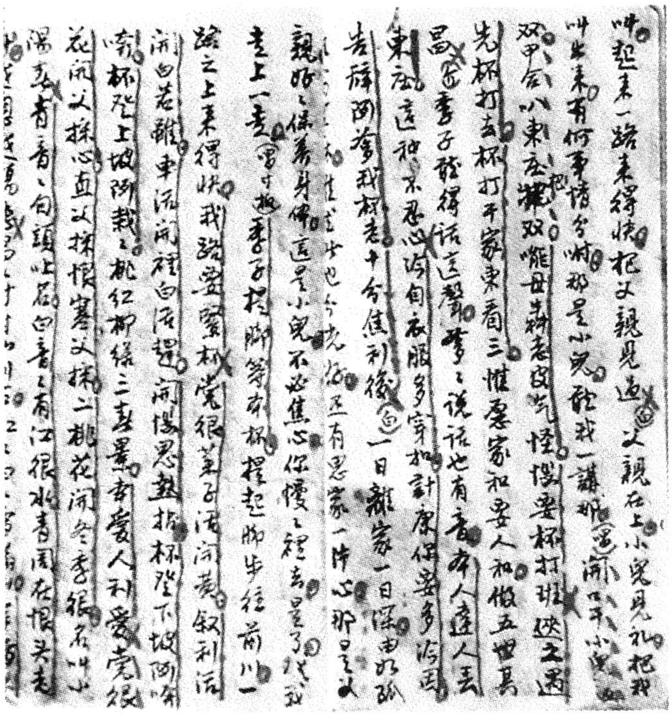

圖 2：傳統大本曲曲本（選自大理白族自治州文化局編《大本曲簡志》，第 34 頁）

我在圖1中做了一點加工，加了圓圈數字，并將原來的下劃綫加粗了。如前所述，大本曲基本上分作三部分。圖中“①”是介紹大概内容的“詩”。“②”是登場人物的臺詞。“③”(“一□”)在“歌”前，表示曲調；在圖1中，表示下面的“歌”用“平板”曲調。“④”則是大本曲“歌”的部分。

詩、臺詞，均用漢語；歌詞，白語、漢語并用。有下劃綫的部分是白語，其他的是漢語(圖片中的詩，是曲本開篇的漢語詩，它的波浪下劃綫起强調作用，没有其他的意思)。白文有幾種表達方法：借用漢字的形和義，以白語讀之，此爲“訓讀”；用漢字來記録白語的發音，此爲“音讀”(相當於日語的音假字、假借字)；自造字，白文獨自的漢字型文字(即所謂“白字”，相當於日語的“國字”)，等等。[1]不過，上述“訓讀”“音讀”與日語的“訓讀”“音讀”在概念上有所區别，關於這一問題，請參考我的論文《雲南省大理白族白文的表記規範的一個考察——特别以“訓假名”和“造字”爲中心》[2]。

我曾向多位藝人提出“爲何漢語、白語并用”的問題，回答基本上是：雖想全用白語來歌唱，但若僅用白語，有時會押不着韻，因而要用漢語。不過，同樣是白族民間曲藝的本子曲，却僅用白語，因此，在大本曲的形成過程中，或在居住於大理盆地的白族的語言環境中，也許藴含着某些白漢并用的原因。這有待今後的研究。

六、白語與漢語

以下針對大本曲曲本所用的白語與漢語，特别是針對説白語者使用的漢語(以下稱作“白族漢語”)，特别地以音韻爲中心來加以説明。

(一)白語

先簡單對白語做一説明。如前所述，現在的白語可分作三大方言區。這裏主要探討的是以大理方言爲中心的地區的白族、白語。白語被視作一種屬於藏緬語系的語言。但不同於大多數藏緬語系的SOV(主語+賓語+動詞)語序，白語的語序與漢語相同，是SVO(主語+動詞+賓語)。此外，在聲調有八個(或曰九個)之多的基礎上，自漢語而來的借詞非常之多。爲此有些早期研究者認爲白語是從漢語分化而來的語言。就現狀而言，白語屬於哪個語言系統，并没有定論。這一問題，詳見趙燕珍的《趙莊白語參考語法》[3]和汪鋒的《語言接觸與語言比較——以白語爲例》[4]。

關於白語的語法，可參照徐琳、趙衍蓀編著的《白語簡志》和趙燕珍的《趙莊白語參考語法》；在此，我們主要來看看白語的音韻。需要注意的是，中國研究者在論著中有獨自的IPA用法，而且不同研究者間音韻分類方式也有不同。本書參照《白語簡志》[5]來展開説明。

[1] 徐琳、趙衍蓀編著《白語簡志》，民族出版社，1984，第129—130頁。
[2] 立石謙次:《雲南省大理白族(ペー族)の白文(ペー文)における表記規範の一考察——特に「訓仮名」と「造字」とを中心に》，第27—29頁。
[3] 趙燕珍:《趙莊白語參考語法》，中國社會科學出版社，2012，第10—14頁。
[4] 汪鋒:《語言接觸與語言比較——以白語爲例》，商務印書館，2012，第8—17頁。
[5] 徐琳、趙衍蓀編著《白語簡志》，第122—123頁。

白語的聲母有如下23個：

p, ph, m, f, v, ts, tsh, s, z,t, th, n, l, tɕ, tɕh, ɳ, ɕ, j , k, kh, ŋ, x, ɣ

白語的基本韻母有如下8個：

i, e, eɹ, a, o, u, v, ɯ

基本韻母組合成的韻母有11個：

ie, ia, io, iɯ, ui, ue, ua, uo, ou, ieɹ, ueɹ

聲調有8聲。其中，聲調42、44、21伴隨着緊喉。32調僅見於白語大理方言。另一方面，伴隨着緊喉的55調僅見於劍川方言，而不見於大理方言。表1衹列出了白語大理方言的8個聲調。

聲調	緊喉	濁音化
33		○
42	○	
31		○
55		
35		
44	○	
32		
21	○	

表1：白語聲調

（二）白族漢語

大本曲曲本之中，漢語是另一種不可欠缺的語言。所謂“白族漢語”，意爲“說白語者所說的漢語”，是本書生造的一個詞。說白語者所說的漢語，與大理漢族所說的所謂漢語大理方言，在音韻上多少存在一些差别。我可以確定，在白族農村，他們所說的漢語正與徐琳所“發現”的音韻規則相合。另外，大理漢族與白族也認爲他們各自所說的漢語是有區别的。曲本是請黄永亮老師朗讀的，他所用的就是這種帶白語口音的漢語（白族漢語），本書《資料篇》的漢語發音是基於黄永亮老師的白族漢語音而標記的。

徐琳已指出白語中的漢語借詞與普通話在聲調上的對應關係。徐琳所論，針對的是白語中的漢語借詞，但對於說白語者所說漢語（白族漢語）也同樣適用。徐琳說道，凡近期借入白語的普通話，陰平（第1聲）對應着聲調33，陽平對應着聲調42，去聲對應着伴隨緊喉的聲調55，古入聲字對應着聲調35。[1]

但是，我曾直接受教於楊文輝老師，他認爲曲本白語中的漢語陰平（第1聲）借詞是以聲調44發音的。如果考慮到借詞的聲調與漢語的聲調没有差别，則曲本所用漢語陰平（第1聲）的發音也同樣對應着聲調44。由此，本書將漢語陰平（第1聲）詞對應爲聲調44。不過，不管是聲調33，還是聲調44，在白族漢語中，兩聲調間没有對立。普通話與白族漢語的對應，請參照表2。此外，漢語大理方言的音韻及聲調，可參照吴積才主編的《雲南省志·漢語方言志》[2]。

另外，我曾在一篇論文[3]中針對普通話含尾音“ŋ”的詞彙，指出：在白族漢語中，有可能存在與徐琳所指出的聲調對應不同的對應關係。但就現狀而言，難以得到確證，僅在研究中保留這一可能性。

[1] 徐琳、趙衍蓀編著《白語簡志》，第6—7頁。
[2] 吴積才主編《雲南省志·卷58·漢語方言志》，雲南人民出版社，1989，第29頁。
[3] 立石謙次：《中国雲南省大理白族の「大本曲」の概説と紹介—テキストを中心に—》(《中國雲南省大理白族“大本曲”的概説與介紹——以曲本爲中心》)，《國學院雜誌》第112卷第9號，第28—44頁。

普通話韻母		白族漢語韻母	普通話韻母		白族漢語韻母
拼音	IPA	IPA	拼音	IPA	IPA
a	a	a	ing	iɣŋ	iɯ
ai	aɪ	ai	iong	yʊŋ	io
an	an	a	iou	iɣʊ	iou
ang	aŋ	a	- ong	ʊŋ	ouv̩
ao	aʊ	o	ou	ɣʊ	ou
e	ɣ	ouo	u	u	uv̩
ei	eɪ	ei	ua	uɑ	ua
en	ən	ɯ	uai	uaɪ	uai
- eng	ɣŋ	ɯ	uan	uan	ua
er	əɹ	əɹ	uang	uɑŋ	ua
i	i	i	uei	ueɪ	ui
- i （z c s ）	ɿ	ɿ	uen	uən	ui
- i （Zh Ch S）	ʅ	無	ueng	uɣŋ	ɯ
ia	iɑ	ia	ü	y	jui
ian	iɛn	ie	üan	yɛn	jue
iang	iɑŋ	ia	üe	yɛ	jue
iao	iaʊ	io	ün	yn	jui
in	in	iɯ			

普通話聲母		白族漢語聲母	普通話聲母		白族漢語聲母
拼音	IPA	IPA	拼音	IPA	IPA
b	p	p	h	x	x
p	ph	ph	j	tɕ	tɕ
m	m	m	q	tɕh	tɕh
f	f	f	x	ɕi	ɕi
d	t	t	zh	tʂ	ts
t	th	th	ch	tʂh	tsh
n	n	n	sh	ʂ	s
l	l	l	r	ʐ	z
g	k	k	z	ts	ts
k	kh	kh	c	tsh	tsh
無	無	ŋ	s	s	s

普通話聲調	白族漢語聲調（5度式）	普通話聲調	白族漢語聲調（5度式）
陰平（第1声）	44	去声（第4声）	55
陽平（第2声）	42	入声	35
上声（第3声）	31		

表2：漢語（普通話）與白族漢語的音韻、聲調對應表 [1]

[1] 本表白族漢語的 IPA 是在徐琳、趙衍蓀編著《白語簡志》的基礎上製成的。

七、關於《鍘美案》的曲本

本書的研究對象《鍘美案》(或曰《陳士美（陳世美）不認前妻》)的內容大體如下：

在北宋仁宗（1022~1063年在位）時期，荆州（今湖北省荆州市）出身的陳世美得到妻子秦香蓮及岳父的幫助，苦學之後，赴都科考。但成爲科舉狀元的他，捨棄妻子和兩個孩子，當上駙馬，不再回荆州了。在他不歸家的三年間，荆州發生了饑荒。窮困的秦香蓮帶着一雙兒女赴都尋找陳世美。雖然在都城再次見到了家人，陳世美還是不承認秦香蓮和孩子們的存在。陳世美也無視宋宰相王延齡的調停，命令將軍趙百春，圖謀殺害母子三人。但趙百春不忍，自殺。秦香蓮向知開封府包拯（包公）控訴自己的艱難處境。包拯看破陳世美的謊言，不顧皇太后（老國太）的阻擾，最終將陳世美處死。

在中國，這個故事起始於京劇，又在地方劇和民間曲藝中演藝，廣爲人知。關於中國文學史上《鍘美案》的整體狀況，可參照安部泰記的《包公傳説的形成與展開》[1]。

[1] 安部泰記:《包公伝説の形成と展開》，汲古書院，2004。

資料篇

2011年1月31日　大本曲表演（演唱：王祥　伴奏：孫金堂）

凡 例

一、基本以如下順序整理曲本：

① 録文　　③ 漢譯

② 國際音標　　④ 日譯

二、關於録文：

1. 録文用繁體字，如原文的漢語部分有明顯的錯别字、异體字、假借字，則在注釋中注明。

2. 帶下劃綫的句子爲白語。

3. 原文“。”表示句讀，但録文用現代漢語標點符號進行標點。“×”表示大本曲“三七一五”形式（參見《解説篇》）的末句。“※”表示分段。

4. “一平”等表示三絃的調子、板子，“平”等是調子、板子的名稱。關於調子、板子的具體旋律，參考白族民間藝人楊漢等彈唱、禾雨記譯《大本曲音樂》（雲南人民出版社1957年），或大理白族自治州文化局編《白族大本曲音樂》（雲南人民出版社1986年）。“詩”指示念詩。“白”指示道白。“介”指示變更三絃的調子、板子，或指示變更角色。

三、在漢譯、日譯中，譯者有時加括號做一些補充説明。

四、關於注音：

1. 關於漢語的聲調規律，參考徐琳、趙衍蓀編著《白語簡志》（民族出版社1984年），并加一些修改。

2. 接在聲母“ʦ”“ʦh”“s”後的韻母“ɿ”“ɯ”，發音相同，但考慮到與普通話的漢字音對應，區别開來寫。

五、録文標明曲本原書的頁碼：

“~頁上 / 下”表示原書頁碼的前一面 / 後一面。可參考《影印篇》。

六、關於注釋：

“〔　〕”中是白語。“[　]”中是國際音標。

人物表（按出場順序）

陳世美：秦香蓮之夫
秦香蓮：陳世美之原配
春　高：陳、秦之子，冬妹之兄
冬　妹：陳、秦之女，春高之妹
陳世榮：陳世美之堂兄
秦公子：秦香蓮之弟
羅　大：山賊大王
手下人（若干）：山賊、旅店、官府等手下人，包括把門人、門上人、抬轎人，等等
張月禄：旅店店主
王延齡：三朝元老，老相爺。包文正之老師
趙百春：玉龍將軍，趙將軍
包文正：包拯，龍圖閣大學士，包大人
張龍、趙虎、王朝、馬漢：包文正護衛
公　主：宋仁宗之女，下嫁陳世美
皇　后：宋仁宗之皇后
老國太：宋仁宗之母
宋仁宗：北宋第四位皇帝

（1頁上）

詩:

聖上加封三杯酒，
sɯ^{55}sa^{55}tɕa^{44}fɯ^{44}sa^{44}pe^{44}tɕou^{31}

聖上加封三杯酒，
皇帝が賜う三杯の酒。

兩枝金花插帽頭。
lia^{31}tsɿ^{44}tɕɯ^{44}xu^{44}tsha^{35}mo^{55}thou^{42}

兩枝金花插帽頭。
二本の金花を冠に挿す。

賜下一棵[1]黄金印，
sɿ^{55}ɕa^{55}ji^{35}kho^{31}xua^{42}tɕɯ^{44}jɯ^{55}

賜下一顆黄金印，
賜わるるは黄金の印。

上至[2]君而下澤民。
sa^{55}tsɿ^{55}tɕui^{44}eɹ^{31}ɕa^{55}tsɯ^{35}miɯ^{42}

上致君而下澤民。
上は君に心を尽くし、下は民を潤す。

白:

小生陳士美[3]是矣。
ɕo^{31}sɯ^{44}tshɯ^{42}sɿ^{55}me^{31}sɿ^{55} ji^{31}

〔陳世美〕小生陳世美是矣。
我輩は陳世美。

家住湖廣京洲[4]府，
tɕa^{44}tsu^{55}xu^{42}kua^{31}tɕɯ^{44}tsou^{44}fu^{31}

家住湖廣荆州府，
家は湖広の荊州府、

隔城五里桑主秥[5]人氏。
keɹ^{35}tshɯ^{42}vu^{31}li^{31}sa^{44}tsu^{31}tsua^{44}zɯ^{42}sɿ^{55}

隔城五里桑主莊人氏。
府城より五里の桑主莊の出身。

甲子[6]皇王開科，
tɕa^{35}tsɿ^{31}xua^{42}ua^{42}khai^{33}khou^{44}

甲子皇王開科，
甲子の年に科挙が開かれた。

下京求名，
ɕa^{55}tɕɯ^{44}tɕhɯ^{42}miɯ^{42}

下京求名，
名を上げんと都にのぼり、

重[7]得頭名狀元。
tsou^{55}tɯ^{35}thou^{42}miɯ^{42}tsua^{55}jue^{42}

中得頭名狀元。
首席狀元の名誉を得たり。

---

[1] 棵:“顆”。
[2] 至:“致”。
[3] 陳士美:“陳世美”，以下同。
[4] 京洲:“荆州”，以下同。
[5] 秥:“莊”。
[6] 甲子：可能是北宋仁宗天聖二年（1024年）。
[7] 重:“中”，以下同。

金林晏[1]上招親，
jɯ^{44}liɯ^{42}je^{55}sa^{55}tso^{44}tɕhɯ^{44}

瓊林宴上招親，
宮中の宴にて婿に招かれ、

把我招爲付[2]馬。
pa^{31}ŋo^{31}tso^{44}ue^{42}fu^{55}ma^{31}

把我招爲駙馬。
我輩を駙馬とした。

可憐我家下貧寒，
kho^{31}lie^{42}ŋo^{31}tɕa^{44}ɕa^{55}phiɯ^{42}xa^{42}

可憐我家下貧寒，
哀れむべきは、わが家は貧しく、

丢下妻子兒女。
tiou^{44}ɕa^{55}tɕhi^{44}tsɿ^{31}eɹ^{42}ȵui^{31}

丢下妻子兒女。
妻と子供を捨て去った。

就怕妻子尋夫到京，
tɕou^{55}pha^{55}tɕhi^{44}tsɿ^{31}ɕui^{42}fu^{44}to^{55}tɕɯ^{44}

就怕妻子尋夫到京，
ただ恐れるは、妻が私を探しに来ること。

每日悶悶不樂。
me^{31}zɿ^{35}mɯ^{44}mɯ^{44}pu^{35}lo^{35}

每日悶悶不樂。
每日、悶々として楽しまず、

想將起來，
ɕa^{31}tɕa^{44}tɕhi^{31}lai^{42}

想將起來，
考えただけでも、

氣殺人也——
tɕhi^{55}sa^{35}zɯ^{42}je^{31}

氣殺人也——
むしゃくしゃする。

—平

士美米米[3]利[4]歐氣[5]，
sɿ^{55}me^{3}1mi^{33}mi^{33}li^{55}ou^{44}tɕhi^{44}

世美想想也慪氣，
世美は思いをめぐらせ腹が立つ

離家日久未回歸。
li^{42}tɕa^{44}zɿ^{35}tɕou^{3}1ue^{55}xui^{42}kui^{44}

離家日久未回歸。
家を離れて、久しく帰らず、

丢下[6]妻子秦香蓮，
lio^{44}thɯ^{55}vu^{33}tshe^{55}tɕhɯ^{42}ɕa^{44}ȵe^{42}

丢下妻子秦香蓮，
妻の秦香蓮を捨て、

[1] 晏："宴"。
[2] 付："駙"，以下同。
[3] 米："思考""想"。
[4] 利："也"。
[5] 歐氣："慪氣"。
[6] 下：方向動詞，"向下"。參見王鋒編著《白語大理方言基礎教程》，中央民族大學出版社，2014，第110頁。

兒女受孤西[1]。×
eɹ^{42}ȵui^{31}sou^{44}ku^{44}ɕi^{44}

兒女受孤凄。
子と娘にも寂しい思いをさせている。

自從[2]下京叭[3]阿更，
tsɿ^{55}tshou^{42}thɯ^{55}tɕɯ^{35}phia^{44}a^{31}kɯ^{55}

自從下京到現在，
都に上り、今に至り、

好東[4]貧窮買因[5]米。
xo^{31}tv̩^{35}khui^{33}tsou^{21}meɹ^{32}jɯ^{44}me^{33}

家貧吃米難買起。
わが家では食べる米さえこと欠く始末。

聽燈[6]京洲遭干旱，
tɕheɹ^{55}tɯ^{44}tɕɯ^{44}tsou^{44}tso^{44}ka^{44}xa^{55}

聽到荆州遭乾旱，
聞けば、荊州日照りに遭い、

本没[7]武西[8]點[9]。×
pɯ^{31}mu^{33}vu^{31}ɕi^{44}tie^{33}

雨没有半點。
少しも雨降らず、

田中五穀不成熟，
thie^{42}tsou^{44}vu^{31}ku^{31}pu^{35}tshɯ^{42}su^{35}

田中五穀不成熟，
田畑の五穀は実らずに、

時年乾旱受蟲災。
sɿ^{42}ȵe^{42}ka^{44}xa^{55}sou^{55}tshou^{42}tsai^{44}

時年乾旱受蟲災。
日照りの上にイナゴの害。

百姓因樹皮草根，
peɹ^{44}ɕeɹ^{32}jɯ^{44}sv̩^{55}phi^{42}tsho^{31}kɯ^{44}

百姓吃樹皮草根，
百姓は木の皮・草の根食べている。

那艮[10]因白米。×
na^{44}ȵi^{21}jɯ^{44}peɹ^{42}me^{33}

誰能吃白米?
誰が白い米など食べられよう。

（1頁下）
百姓餓死無其數，
peɹ^{35}ɕɯ^{55}uo^{55}sɿ^{31}vu^{42}tɕhi^{42}su^{55}

百姓餓死無其數，
餓死する百姓数知れず。

[1] 孤西："孤凄"。
[2] 從：也發音爲［ tshv̩^{42} ］。
[3] 叭："到"。
[4] 好東："家"。
[5] 因："吃"。
[6] 燈：在動詞後，表示結果或結果的持續狀態，意爲"得""着"。參見趙燕珍《趙荘白語参考語法》，中國社會科學出版社，2012，第107—108頁。
[7] 本没："没有"。
[8] 武西："雨"。
[9] 點："一點兒也……"。
[10] 那艮："誰"。

妻識[1]兒女丟家里。
tɕhi44sɿ55eɹ42ȵui31tiou44tɕa44li31

妻室兒女丟家里。
子を家に捨ておいた。

斗[2]母狗[3]艮[4]餓香[5]恨[6]，
tou35mo33kou33ȵi21ŋou32ɕa44xɯ55

父母兩人餓死了，
父母二人は飢え死にし、

成你東我西。×
tshɯ42ȵi31tou44ŋo31ɕi44

成你東我西。
離れ離れになっている。

丟妻別子到京城，
tiou44tɕhi44pie35tsɿ31to55tɕɯ44tshɯ42

丟妻別子到京城，
妻を捨て、子供と別れ都に上り、

上[7]雙[8]老利[9]怎[10]等[11]偉[12]。
sa55sua44lo42li55 tsɯ35 tɯ31ue33

過了三年還在這。
三年たっても、ここにいる。

我主[13]燈頭名狀元，
ŋo42tsy̩31tɯ44thou42miɯ42tsua44jue35

我中得頭名狀元，
我輩は首席狀元授けられ、

心中也喜歡。×
ɕi44tsou44je31ɕi31xua44

心中也喜歡。
心中うれしく感じている。

皇帝干[14]我招付馬，
ŋy̩21te31ka44ŋo31tso35fu55ma31

皇帝招我做駙馬，
皇帝は、我輩を召し駙馬とした。

我利本得本[15]許咀[16]。
ŋo31li55pɯ31tɯ33pɯ31 ɕui31tɕui33

我也不得不接受。
我輩も受け入れざるを得なかった。

---

[1] 妻識："妻室"，下同。
[2] 斗："父"。
[3] 狗："二"。
[4] 艮："人"，或作人的量詞，"個"。
[5] 餓香："餓死"，〔香〕意爲"殺害""死去"。
[6] 恨：在動詞後，表示該動作已完成、實現，意爲"好""了"。參考趙燕珍《趙莊白語參考語法》第102—107頁。
[7] 上："三"。
[8] 雙："歲"。
[9] 老利："仍然""還是"。
[10] 怎："在"。
[11] 等："這"。
[12] 等偉："這裏"。
[13] 主："中""授予"。
[14] 干：在賓語前，將賓語放於動詞前的介詞，"把""將"。參考趙燕珍《趙莊白語參考語法》第188—189頁。
[15] 本得本："不得不"。
[16] 許咀："接受""答應"。

皇公招燈我喜歡,	公主欢喜招了我,
xua^{42}kou^{44}ʦo^{35}tɯ^{44}ŋo^{31}ɕi^{31}xua^{35}	公主は我輩をお気に召し、
娘娘干我會。×	娘娘也認我。
ȵa^{42}ȵa^{33}ka^{44}ŋo^{31}xue^{55}	皇后もまたお認めになる。
可恨那個包臣相,	可恨那個包丞相,
kho^{31}xɯ^{55}na^{55}ko^{55}po^{44}ʦhɯ^{42}ɕa^{55}	うらむべきは、あの包大臣。
哦[1]吐[2]事物[3]保[4]漢[5]期[6][7]。	他看出我的事情。
ŋɯ^{55}no^{44} sʅ^{31}vu^{33} po^{31} xa^{55}ʨhi^{44}	やつは、我輩の秘密を看破した。
左膀高來右膀低,	左膀高來右膀低,
ʦuo^{31}pa^{44}ko^{44}lai^{42}jou^{55}pa^{44}ti^{31}	左肩が高く右肩が低きをみて、
是必有前妻。×	是必有前妻。
sʅ^{55}pi^{35}jou^{31}ʨhe^{42}ʨhi^{44}	必ずや前妻がいるだろう、と。
雙[8]咋[9]哦吐怎[10]之⿱厶女[11],	他説我有子有女,
sua^{44} ʦo^{42}ŋɯ^{55}no^{44}ʦɯ^{33}ʦʅ^{44} nv̩^{33}	我輩に息子と娘がいるといい、
干我逼自[12]生利死。	逼得我非生即死。
ka^{44}ŋo^{31}pi^{35}ʦʅ^{55}xeɹ^{55}li^{55}ɕi^{33}	生きるか死ぬかを迫っている。
皇公娘娘罷[13]問我,	公主、娘娘同問我,
xua^{42}kou^{44}ȵa^{42}ȵa^{33}pa^{55}pieɹ^{44}ŋo^{31}	公主と皇后は、これを問えども、

[1] 哦:"我的"。

[2] 吐:助詞:(1)表示賓語;(2)表示修飾語;(3)表示定語(副詞性修飾語)。"~上""~的""~得"。參見徐琳、趙衍蓀編著《白語簡志》,民族出版社,1984,第50—54頁;趙燕珍《趙荘白語参考語法》第151—155頁。

[3] 事物:"事情"。

[4] 保:"他""她"。

[5] 漢:"看"。

[6] 期:表示某動作由内而外顯現出來,"出"。

[7] 漢期:"看出"。也發音爲[xa^{55}ʨhi^{35}]。

[8] 雙:"説"。

[9] 咋:"説""説起來""想來"。〔咋〕,引出下面的内容。參見趙燕珍《趙荘白語参考語法》第96—100頁。

[10] 怎:"有"。

[11] 之⿱厶女:兒子與女兒。也發音爲[ȵeɹ^{33}]。

[12] 自:"做~""成爲~"。參見趙燕珍《趙荘白語参考語法》第100—102頁。

[13] 罷:"他們"。

直斗[1]本[2]雙期[3]。×
tsɿ^{35}tou^{21}pɯ^{31}sua^{44}tɕhi^{44}
真話未説出。
まことの話は言い出せぬ。

我利[4]保賭頭書印[5]，
ŋo^{31}kou^{35}po^{31}tu^{31}thou^{42}su^{33}jɯ^{55}
我與他賭頭輸贏，
我輩は包大臣と首を賭け、

狗艮賭咒怎阿偉[6]。
kou^{33}ȵi^{21}tu^{31}tsou^{55}tsɯ^{35}a^{31}ue^{33}
兩人相賭咒在此。
二人はともに誓い合う。

哦吐怎武𠫔妻之[7]，
ŋɯ^{55}no^{44}tsɯ^{33} vu^{33}nv̩^{33}tshe^{55}tsɿ^{44}
我實有妻室兒女，
本当は妻子がいたが、

直斗本雙期。×
tsɿ^{35}tou^{21}pɯ^{31}sua^{44}tɕhi^{44}
真話説不出。
まことの話は言い出せぬ。

第[8]格[9]之母[10]以[11]叭咽[12]，
ti^{55}keɹ^{35}tsɿ^{44}mo^{33}ji^{21}phia^{44}jɯ^{35}
祇怕母子來相訪，
ただ恐れるは、妻子の来訪。

哦土杯[13]日[14]己尾己[15]。
ŋɯ^{55}thu^{33}pe^{44}ȵi^{44}tɕi^{33}ŋv̩^{44}tɕi^{33}
我的前路下地獄。
我輩の前途は地獄へと向う。

包臣相[16]嘈[17]認燈[18]恨，
po^{35}tshɯ^{55}ɕa^{44}ta^{21}zɯ^{44}tɯ^{44}xɯ^{55}
包丞相若知道了，
包大臣が知ったなら、

打發我歸天。※
ta^{31}fa^{35}ŋo^{31}kui^{44}thie^{44}
打發我歸天。
もうおしまいだ。

[1] 直斗："真話"。直："直接的""正直的"。斗："話"。
[2] 本：表示否定，"不～"。
[3] 雙期："説出"。
[4] 利："與"。也發音爲［kou^{35}］。
[5] 書印："輸贏"。
[6] 阿偉："一個地方"。
[7] 武𠫔妻之："妻女、妻兒"。
[8] 第："僅僅""祇"。
[9] 格："怕"。
[10] 之母："孩子與母親"。
[11] 以："找"。
[12] 咽："來"。
[13] 杯："走""去"。
[14] 日："進入"。
[15] 己尾己："地獄"。
[16] 包臣相：白族漢語發音爲［po^{44}tshɯ^{42}ɕa^{44}］。
[17] 嘈："如果"。
[18] 認燈："知道"。

白:

本公陳士美自想:
pɯ^{31}kou^{44}tshɯ^{42}sɿ^{55}me^{31}tsɿ^{55}ɕa^{31}

〔陳世美〕本公陳士美自想:
我輩、陳世美は考えた。

此時叫我無主義,
tshɿ^{31}sɿ^{42}tɕo^{55}ŋo^{35}vu^{42}tsu^{31}ji^{55}

此時教我無主意,
このときは妙案も浮かばず、

走進書房閑坐片時。
tsou^{31}tɕɯ^{55}su^{44}fa^{42}ɕe^{42}tsuo^{55}phie^{55}sɿ^{42}

走進書房閑坐片時。
書斎に入り一休み。

詩:

時逢三年遭乾旱,
sɿ^{42}fɯ^{42}sa^{44}ȵe^{42}tso^{44}ka^{44}xa^{55}

時逢三年遭乾旱,
時に三年日照りに見舞われ、

(2頁上)

百姓老小受饑慌[1]。
peɹ^{35}ɕɯ^{55}lo^{31}ɕo^{31}sou^{55}tɕi^{44}xua^{44}

百姓老小受饑荒。
百姓は老いも若きも餓えにあえぐ。

丈夫下京無書信,
tsa^{55}fu^{44}ɕa^{55}tɕɯ^{44}vu^{42}su^{44}ɕɯ^{55}

丈夫下京無書信,
夫は都に上って、たよりもなし。

扶育兒女難上難。
fu^{35}jui^{35}eɹ^{42}ȵu^{31}na^{42}sa^{55}na^{42}

扶育兒女難上難。
子供を育てて苦労を重ねる。

白:

奴家秦香連[2]自想:
nu^{42}tɕa^{44}tɕhɯ^{42}ɕa^{44}ȵe^{42}tsɿ^{55}ɕa^{31}

〔秦香蓮〕奴家秦香蓮自想:
私め、秦香蓮は考えた。

丈夫陳士美下京求名,
tsa^{55}fu^{44}tshɯ^{42}sɿ^{55}me^{31}ɕa^{55}tɕɯ^{44}tɕhou^{42}miɯ^{42}

丈夫陳世美下京求名,
夫の陳世美は名を上げんと都に上り、

不寫書信已經三年,
pu^{35}ɕe^{31}su^{44}ɕɯ^{55}ji^{31}tɕɯ^{44}sa^{44}ȵe^{42}

不寫書信已經三年,
たよりも寄こさず、はや三年。

丢下我子母三人。
tiou^{44}ɕa^{55}ŋo^{31}tsɿ^{31}mu^{31}sa^{44}zɯ^{42}

丢下我母子三人。
母子三人を捨てたのか。

我湖廣京洲府,
ŋo^{31}xu^{42}kua^{31}tɕɯ^{44}tsou^{44}fu^{31}

我湖廣荆州府,
わが湖広の荊州府は、

---

[1] 饑慌:"饑荒",以下同。
[2] 秦香連:"秦香蓮",以下同。

受了早災三年無雨。
sou^{55}lio^{31}xa^{55}tsai^{44}sa^{44}ȵe^{42}vu^{42}jui^{31}

受了旱災三年無雨。
日照りが三年、雨降らず。

子母無吃無穿，
tsɿ^{31}mu^{31}vu^{42}tshɿ^{44}vu^{42}tshua^{44}

母子無吃無穿，
母子は衣食も欠く有様。

如何下落？
zu^{42}xo^{42}ɕa^{55}luo^{35}

如何下落？
いかに生きていくべきや。

想將起來，
ɕa^{31}tɕa^{44}tɕhi^{31}lai^{42}

想將起來，
考えただけでも、

阿呀，
a^{44}ja^{31}

阿呀，
あー、

傷心！
sa^{44}ɕɯ^{44}

傷心！
悲しいことだ。

—小哭

香蓮兩眼淚汪汪，
ɕa^{44}ȵe^{42}lia^{31}je^{31}lui^{55}ua^{44}ua^{44}

香蓮兩眼淚汪汪，
香蓮の両目に涙があふれる。

之女狗艮聽母雙。
tsɿ^{44}nṿ^{33}kou^{33}ȵi^{21}tɕheɹ^{55}mo^{33}sua^{44}

子女兩個聽媽講。
子供たち母の話を聞きなさい。

乾旱三年不下兩[1]，
ka^{44}ha^{55}sa^{44}ȵe^{42}pu^{35}ɕa^{55}jui^{31}

乾旱三年不下雨，
日照りが三年、雨降らず。

因只生[2]没三[3]。×
jɯ^{44}tsɿ^{21}sɯ^{44}mu^{33}sa^{44}

没有吃的啊。
食べるものさえありません。

爲娘鞋尖脚又小[4]，
ue^{42}ȵa^{42}xai^{42}tɕe^{31}tɕo^{31}jou^{55}ɕo^{31}

爲娘鞋尖脚又小，
母は（纏足のため）靴も小さく脚も小さい。

兒女你是小娃娃。
eɹ^{42}ȵu^{31}ȵi^{31}sɿ^{55}ɕo^{31}ua^{42}ua^{44}

兒女你是小娃娃。
子供たちや、お前たちは小さな子供。

[1] 兩：即“雨”。
[2] 只生：“東西”。〔怎生〕同。
[3] 三：語氣助詞，“啊”。
[4] 因纏足而脚小。

平日[1]因樹皮草根，
pe^{31}ȵi^{44}jɯ^{44}sʮ^{55}phi^{42}tsho^{31}kɯ^{44}

每天吃樹皮草根，
毎日、木の皮・草の根を食べている。

十一分悽慘。×
sɿ^{35}ji^{44}fɯ^{44}tɕhi^{44}tsha^{31}

十一分悽慘。
とってもかわいそう。

三錢銀子一砅[2]米，
sa^{44}tɕhe^{42}jɯ^{42}tsɿ^{31}ji^{35}ua^{31}mi^{31}

三錢銀子一碗米，
銀三銭で米一碗。

一兩銀子一斗糠。
ji^{35}lia^{31}jɯ^{42}tsɿ^{31}ji^{35}tou^{31}kha^{44}

一兩銀子一斗糠。
銀一両で米ぬか一斗。

好東貨物[3]賣因完[4]，
xo^{31}tʮ^{35}xuo^{44}ŋʮ^{33}kɯ^{21}jɯ^{44}uo^{31}

爲吃賣完家中産，
家財を売って食べ尽くす。

拿什麼生方[5]？×
na^{42}sɯ^{42}mo^{42}sɯ^{31}fa^{44}

還有啥辦法?
ほかに手立てがありましょうか。

提[6]坑[7]哝爹陳士美，
thi^{44}xɯ^{44}nɯ^{55}ti^{33}tshɯ^{42}sɿ^{55}me^{31}

提起你爹陳世美，
父さんの陳世美の話をすれば、

下京上雙本打央[8]。
thɯ^{55}tɕɯ^{35}sa^{55}sua^{44}pɯ^{31}ta^{32}ja^{44}

下京三年不回來。
父さんは都に上って三年帰らず。

下京三年無書信，
ɕa^{55}tɕɯ^{44}sa^{44}ȵe^{42}vu^{42}su^{44}ɕɯ^{55}

下京三年無書信，
都に上り三年たよりもなし。

咊[9]習[10]生[11]暗拉[12]。×
pɯ^{55}ɕi^{35}xeɹ^{55}a^{55}na^{44}

他心長在哪?
彼の心はどこにある。

---

[1] 平日："每日"。
[2] 砅："碗"。
[3] 貨物："物品"。
[4] 完："完""了"。
[5] 生方："方法""辦法"。
[6] 提：提起話題"提起"。
[7] 坑：放動詞后，表示動作發生、持續，"起""着"。也發音爲［khɯ^{44}］。參考趙燕珍《趙荘白語参考語法》第112—113頁。
[8] 打央："回來""回家"。單獨〔打〕、〔央〕也可表示"回來"的意思。
[9] 咊："他的"。
[10] 習："心"。
[11] 生："生""長"。
[12] 暗拉："哪裏"。

京城好比現[1]人坑，
tɕɯ^{44}tshɯ^{42}xo^{31}pi^{31}ɕe^{55}zɯ^{42}khɯ^{44}
京城好比陷人坑，
都は人を陥れる罠のようなもの。

强盗去了本想央。
tɕha^{42}to^{55}ŋeɹ^{21}lo^{32}pɯ^{31}ɕa^{31}ja^{44}
强盗一去不想回。
強盗がひとたび行けば帰れない。

飛空周[2]飛罷頭黨[3]，
fv̩^{35}khv̩^{55}tsou^{44}fv̩^{35}pa^{55}tɯ^{21}ta^{31}
飛空鳥也知歸巢，
空飛ぶ鳥は自分の場所へ飛んでいく。

忘没[4]好東端[5]。×
phe^{33}mu^{21}xo^{31}tv̩^{35}tua^{33}
他却忘了家。
（お父さんは）家を忘れてしまう。

（2頁下）
想要[6]下京杯以保，
ȵo^{44}ɕa^{31}thɯ^{55}tɕɯ^{35}pe^{44}ji^{21}po^{31}
想要下京去找他，
都に上り、あの人を訪ねたい。

京城土吐[7]杯旺[8]汪[9]。
tɕɯ^{35}tseɹ^{21}thu^{33}no^{44}pe^{44}ua^{55}ua^{44}
下京路上幾個月。
都への道は何ヶ月かかるやら。

亮[10]嘡本杯以味後[11]，
ȵa^{55}ta^{21}pɯ^{31}ji^{21}pɯ^{55}ɣɯ^{33}
我們若不去找他，
あの人の背中を捜しあてねば、

干之母餓香。×
ka^{44}tsɿ^{44}mo^{33}ŋou^{32}ɕa^{44}
母子得餓死。
母子は飢え死にです。

氣有百生[12]賣因完，
tɕhi^{55}jou^{32}peɹ^{44}sɯ^{44}kɯ^{21}jɯ^{44}uo^{31}
爲吃賣掉了所有，
あらゆるものを売り食べ尽くす。

賣不完一件衣裳。
mai^{55}pu^{35}ua^{42}ji^{35}tɕe^{55}ji^{44}sa^{44}
衹剩下一件衣裳。
この服だけはまだ売れていない。

[1] 現：即“陷”。
[2] 周：“鳥”。
[3] 頭黨：“地方”“壩子”“盆地”。
[4] 忘没：“忘”。
[5] 端：語氣助詞，“啊”。
[6] 想要：也發音爲[ȵou^{44}ɕa^{31}]。
[7] 土吐：“道上”“路上”。
[8] 旺：又寫作“旺”，意爲“幾（個）”。
[9] 汪：“～月”。
[10] 亮：“我們”。
[11] 後：“後面”“背後”。
[12] 氣有百生：各種各樣的東西。

求人不如求自己，
tɕhou^{42}zɯ^{42}pu^{35}zu^{42}tɕhou^{42}tsɿ^{55}tɕi^{31}

求人不如求自己，
人に頼まず、自分でしよう。

古人艮[1]所雙：×
ku^{31}zɯ^{35}ȵi^{21}suo^{31}sua^{44}

古時人所説：
昔の人のいうことには。

交[2]臘朱[3]汝[4]油利羊[5]，
tɕo^{31}la^{35}tsv̩^{35}zv̩^{31}jɯ^{21}ȵi^{55}jou^{21}

蠟燭需要油與蠟，
蝋燭を作るにゃ油と蝋とが必要だ。

下京要汝銀利八[6]。
thɯ^{55}tɕɯ^{35}ȵou^{44}zv̩^{31}ȵi^{21}ȵi^{55}pia^{44}

下京得用銀與錢。
都に上るにゃ、お金が必要。

㖠母我底[7]𡚸艮艮[8]，
nɯ^{55}mo^{33}ŋo^{31}ti^{21}nv̩^{33}ȵi^{21}ȵi^{21}

你媽衹是女流輩，
母はただの女に過ぎぬ。

自那[9]孟[10]舍央[11]。×
tsɿ^{55}na^{55}mɯ^{55}seɹ^{33}ja^{44}

你們想辦法。
お前たちで何とかなさい。

叫咋[12]春高利東妹[13]，
ɣɯ^{35}tso^{42}tshui^{33}ko^{44}ȵi^{55}tou^{44}me^{55}

春高冬妹你們來，
春高と冬妹とにさせたのは、

叫你上街賣衣裳。
tɕo^{55}ȵi^{31}sa^{55}kai^{55}mai^{55}ji^{44}sa^{44}

叫你上街賣衣裳。
街に行き衣裳を売ること。

到底那杯利本杯，
to^{55}ti^{31}na^{55}pe^{44}ȵi^{55}pɯ^{31}pe^{44}

你們到底去不去，
いったい、お前たちは行けますか？

直干母孟雙。×
tsɿ^{35}ka^{44}mo^{33}mɯ^{55}sua^{44}

對媽媽直講。
素直に母に言いなさい。

---

[1] 古人艮："古人"。
[2] 交："做""弄"。
[3] 臘朱：即"蠟燭"。
[4] 汝："用"。
[5] 羊："蠟"。
[6] 銀利八："銀錢"。
[7] 底："衹～""衹是～""僅是～"。
[8] 𡚸艮艮："女人"。
[9] 那："你們"。
[10] 孟："向～""對～""替～""這裏（那裏）"劍川方言發音爲［ ŋv̩^{55} ］。①放名詞後，表示該名詞爲賓語，。②放名詞後，表示場所、方位。參見徐琳、趙衍蓀編著《白語簡志》，第54—56頁；趙燕珍《趙荘白語参考語法》第155—157頁。
[11] 舍央："什麼"。也發音爲［ xeɹ^{31}ja^{44} ］。
[12] 叫咋："使～""叫～"。
[13] 東妹："冬妹"。以下同。

白：

媽媽言之有禮[1]，
ma^{44}ma^{44}je^{42}tsɿ^{44}jou^{31}li^{31}

〔春高、冬妹〕媽媽言之有理，
母さんの仰ることはもっともです。

古人説到[2]：
ku^{31}zɯ^{42}suo^{35}to^{55}

古人説道：
昔の人の言うことには、

事急無生方
sɿ^{55}tɕi^{35}vu^{42}sɯ^{44}fa^{44}

事急無辦法。
事、急なれば致し方なし、と。

衹望衣裳賣了，
tsɿ^{31}ua^{55}ji^{44}sa^{44}mai^{55}lio^{31}

衹望衣裳賣了，
ただ望むらくは衣裳を売り、

下京尋我爹。
ɕa^{55}tɕɯ^{44}ɕui^{42}ŋo^{31}tie^{44}

下京尋我爹。
都に上り、父を探すこと。

辭别母親，
tshɿ^{42}pie^{35}mu^{31}tɕhɯ^{44}

辭别母親，
母に別れを告げ、

兩兄妹去了。
lia^{31}ɕou^{44}me^{55}tɕhui^{55}lio^{31}

兩兄妹去了。
兄と妹は行きました。

想將起來，
ɕa^{31}tɕa^{44}tɕhi^{31}lai^{42}

想將起來，
考えてみると、

好傷心！
xo^{31}sa^{44}ɕɯ^{44}

好傷心！
なんと悲しいことでしょう。

—小哭

兄妹趕街賣衣裳，
ɕou^{44}me^{55}ka^{55}kai^{44}mai^{55}ji^{44}sa^{44}

兄妹趕街賣衣裳，
兄妹は街へと衣裳を売りに行く。

提溝[3]杯期倒門[4]汪[5]。
thi^{44}ko^{44}pe^{44}tɕhi^{44}to^{31}me^{21}ua^{44}

抬脚走出大門外。
脚を踏み出し門の外。

[1] 禮：即“理”。
[2] 説到：“説道”。
[3] 溝：“脚”。也發音爲［ kou^{44} ］。
[4] 倒門：“大門”。
[5] 汪：“外面”。

阿媽糾 [1] 亮賣衣 [2] 扣 ^{435}，
a^{31}mo^{33}tɕo^{44}ȵa^{55}kɯ^{21}ji^{35}khou^{44}
媽叫我們賣衣服，
母は僕らに衣裳を売らせ、

漢亮吐周 花[4] 。×
xa^{55}ȵa^{55}no^{44}tsou^{44}xua^{44}
看我們造化。
僕らの運気を図るのです。

肉胎 [5] 杯期街吐咽，
zy̩^{35}the^{44} pe^{44}tɕhi^{44}tsɿ^{33}no^{44}jɯ^{35}
兄妹走到街市上，
兄妹は街に出かけます。

漢燈艮格 [6] 熱日 [7] 香 [8] 。
xa^{55} tɯ^{44}ȵi^{21}keɹ^{35}ue^{35}ȵi^{44}ɕa^{44}
看到人們很熱鬧。
見れば、人で大賑わい。

十字街吐杯過咽，
sɿ^{35}tsɿ^{55}ke^{44}no^{44}pe^{44}kuo^{32}jɯ^{35}
走過十字街上來，
街の辻まで出てみても、

衣扣没艮阿 [9] 。×
ji^{35}khou^{44}mu^{33}ȵi^{21}a^{33}
衣服没人看。
誰も服など見やしない。

東街走到西街賣，
tou^{44}kai^{44}tsou^{31}to^{55}ɕi^{44}kai^{44}mai^{55}
東街走到西街賣，
東街から西街にまで売りに行く。

冬妹惱 [10] 聽阿哥雙：
tou^{44}me^{55}no^{31}tɕheɹ^{55}a^{31}ko^{44}sua^{44}
冬妹你聽哥哥說：
冬妹や、兄の言うこと、よくお聞き、

（3頁上）
希望多賣燈旺 [11] 力 [12] ，
ɕi^{44}ua^{55}tuo^{35}kɯ^{21}tɯ^{44}ua^{55}li^{35}
希望多賣幾文錢，
一文でも高く売らなくちゃ、

亮干爹後叭。×
ȵa^{55}ka^{44}ti^{33}ɣɯ^{33}phia^{44}
追到爹背後。
お父さんの背中に追いつけない。

---

[1] 糾："叫～""使～"。
[2] 衣："上衣""衣服"。
[3] 扣："（一）件（衣服）"。
[4] 周花："造化""運氣"。
[5] 肉胎："兄弟姐妹"。
[6] 艮格："人"。
[7] 熱日："熱鬧"。也發音爲［ ue^{35}ȵe^{44} ］。
[8] 香："非常"。
[9] 阿："看"。
[10] 惱："你"。
[11] 旺："幾～"。
[12] 力："（錢）～文"。

賣到少午[1]無信息，
mai^{55}to^{55}so^{31}vu^{31}vu^{42}ɕɯ^{55}ɕi^{35}

賣到午後無信息，
お昼を過ぎてもあてもなし。

没有一人買衣裳。
mu^{35}jou^{31}ji^{35}zɯ^{42}mai^{31}ji^{44}sa^{44}

没有一人買衣裳。
誰も服を買いません。

次[2]孟本没錢阿[3]力，
tshɿ^{55}mɯ^{55}pɯ^{31}mu^{33}tshe^{55}a^{31}li^{35}

身上没有半文錢，
身には一文の金もなし。

肚科[4]拉[5]記康[6]。×
fv̩^{44}khou^{33}la^{32}tɕi^{55}kha^{44}

肚子也餓了。
お腹もすくばかり。

伴伙[7]罷買因少午，
tɕa^{42}xuo^{44}pa^{55}meɹ^{32}jɯ^{44}ȵi^{44}tɯ^{21}

他們都買少午吃，
みなはおやつを買って食べるのに、

狗胎[8]亮底干罷阿。
kou^{33}the^{44}ȵa^{55}ti^{21}ka^{44}pa^{55}a^{33}

兄妹我們衹能看。
兄妹二人は、見てるだけ。

討飲罷孟冷水誤[9]，
thu^{55}ɣɯ^{33}pa^{55}mɯ^{55}kɯ^{35}ɕui^{33}vu^{55}

討他們些冷水喝，
冷たい水を少しだけもらい、

在此閑個凉。※
tsai^{55}tshɿ^{31}ɕe^{35}ko^{55}lia^{42}

在此閑個凉。
ここで、涼をとりましょう。

詩：

光陰似箭催人老，
kua^{44}jɯ^{31}sɿ^{55}tɕe^{55}tshui^{44}zɯ^{42}lo^{31}

光陰似箭催人老，
光陰は矢のごとく人を老いに導き、

日月如梭轉少年。[10]
zɿ^{35}jue^{35}zu^{42}suo^{44}tsua^{31}so^{31}ȵe^{42}

日月如梭趲少年。
日月は梭の速さで少年に追いつく。

記得少年騎竹馬，

記得少年騎竹馬，

---

[1] 少午："下午兩點左右"。又指"中飯與晚飯之間的午後點心"。
[2] 次："身體"。
[3] 阿："一～"。
[4] 科："（一）個（肚子）"。
[5] 拉："也～""還～""又～"。
[6] 記康："餓"。
[7] 伴伙："夥伴"，這裏指"别人"。
[8] 狗胎："兄弟姐妹兩人"。
[9] 誤："一些（液體）"。
[10]"轉"應作"趲"，"追趕"之意。〔元〕高明《琵琶記中相教女》："光陰似箭催人老，日月如梭趲少年。"

ʨi^{55}tɯ^{35}so^{31}ȵe^{42}ʨhi^{31}ʦu^{35}ma^{31}	少年が竹馬に乗っていたと思えば、
看看又是白頭翁。 kha^{55}kha^{44}jou^{55}sɿ^{55}peɹ^{35}thou^{42}ɣɯ^{44}	看看又是白頭翁。 またみると白髪頭の翁になっていた。

白：

老漢陳士榮自想： lo^{31}xa^{55}ʦhɯ^{42}sɿ^{55}jou^{42}ʦɿ^{55}ɕa^{31}	〔陳世榮〕老漢陳世榮自想： 陳世栄が思うに、
我堂弟陳士美， ŋo^{31}tha^{42}ti^{55}ʦhɯ^{42}sɿ^{55}me^{31}	我堂弟陳世美， いとこの陳世美は、
重得頭名狀元， ʦou^{55}tɯ^{35}thou^{42}miɯ^{42}ʦua^{55}jue^{42}	中得頭名狀元。 首席状元を得たものの、
家中丢下妻識兒女。 ʨa^{44}ʦou^{44}tiou^{44}ɕa^{55}ʨhi^{35}sɿ^{35}eɹ^{42}ȵui^{31}	家中丢下妻室兒女。 家に妻と子供を置き去りにした。
今年又遇干汗[1]， ʨɯ^{44}ȵe^{42}jou^{55}jui^{55}ka^{44}xa^{55}	今年又遇乾旱， 今年はまた日照りに遭い。
子母難以度日。 ʦɿ^{31}mu^{31}na^{42}ji^{31}tu^{55}zɿ^{35}	母子難以度日。 母子はその日を暮らすに難儀する。
今日天氣晴和， ʨɯ^{44}zɿ^{35}thie^{44}ʨhi^{55}ʨhɯ^{42}xo^{42}	今日天氣晴和， 今日は空も晴れて暖かい。
閑來無事， ɕe^{42}lai^{42}vu^{42}sɿ^{55}	閑來無事， やることもなし。
代[2]我出去街方， tai^{55}ŋo^{31}ʦhu^{35}ʨhui^{55}kai^{44}fa^{44}	待我出去街方， 街へ出てみよう。
遊閑一凡[3]才是。 jou^{42}ɕe^{42}ji^{35}fa^{42}ʦhai^{42}sɿ^{55}	遊閑一番才是。 ぶらぶらとするのもよいだろう。

一平高

老漢離家到街方，	老漢離家到街方，

[1] 干汗：即“乾旱”。
[2] 代：即“待”。
[3] 一凡：“一番”。

lo^{31}xa^{55}li^{42}tɕa^{44}to^{55}kai^{44}fa^{44}

わしは家を出て、街に向かう。

想起心頭事一莊[1]。
ɕa^{31}tɕhi^{31}ɕɯ^{44}thou^{42}sɿ^{55}ji^{35}tsua^{44}

想起心頭事一樁。
心中に浮かぶは他ならず。

自從陳士美下京，
tsɿ^{55}tshou^{42}thɯ^{42}sɿ^{55}me^{31}thɯ^{55}tɕɯ^{35}

自從陳世美下京，
陳世美が都に上って、

格[2]阿更上雙。×
keɹ^{44}a^{31}kɯ^{55}sa^{55}sua^{44}

今已過三年。
はや三年。

家中丟妻識兒女，
tɕa^{44}tsou^{44}tiou^{44}tɕhi^{44}sɿ^{35}eɹ^{42}ȵui^{31}

家中丟妻室兒女，
家中の妻子を捨て、

拉栽[3]因怎生[4]没三。
la^{32}tse^{44}jɯ^{44}tsɯ^{21}sɯ^{44}mu^{33}sa^{44}

再説吃的也没有。
食べるものすらない始末。

時年乾旱受蟲災，
sɿ^{42}ȵe^{42}ka^{44}xa^{55}sou^{55}tshou^{42}tsai^{44}

時年乾旱受蟲災，
時に日照りとイナゴの害。

雪上又加霜。×
ɕue^{35}sa^{55}jou^{55}tɕa^{44}sua^{44}

雪上又加霜。
雪に霜を加えるよう。

（3頁下）
老漢杯叭街吐咽，
lo^{32}xa^{55}pe^{44}phia^{44}tsɿ^{33}no^{44}jɯ^{35}

老漢走到街上來，
わしが街まで来てみれば、

漢燈艮格内[5]花花[6]。
xa^{55}tɯ^{44}ȵi^{21}keɹ^{35}lui^{33}xua^{44}xua^{44}

看到人們亂哄哄。
何やら人が騒がしい。

街吐本没賣米艮，
tsɿ^{33}no^{44}pɯ^{31}mu^{33}kɯ^{21}me^{33}ȵi^{21}

街上没有賣米人，
街には米を売る人なく、

底怎賣菜把[7]。×
ti^{21}tsɯ^{33}kɯ^{21}xeɹ^{55}pha^{44}

祇有賣菜人。
野菜だけが売られてる。

---

[1] 莊：即“樁”。
[2] 格：“離”。也寫作“隔”。
[3] 拉栽：“再”“更”。
[4] 怎生：“東西”。與“只生”同。
[5] 内：“亂”。
[6] 花花：非常嘈雜，“哄哄”。
[7] 菜把：“蔬菜”，也用作總稱“菜”“菜餚”。

三錢銀子一砟米，
sa^{44}tɕhe^{42}jɯ^{42}tsɿ^{31}ji^{35}ua^{31}mi^{31}

三錢銀子一碗米，
銀三銭で米一碗。

一兩銀子一斗糠。
ji^{35}lia^{31}jɯ^{42}tsɿ^{31}ji^{35}tou^{31}kha^{44}

一兩銀子一斗糠。
銀一両で米ぬか一斗。

買因米艮流眼淚，
meɹ^{32}jɯ^{44}me^{33}ȵi^{21}kɯ^{21}mi^{42}ji^{42}

買米的人流眼淚，
米買う人は、涙を流す。

空羅[1]來[2]揹[3]央。×
khy̩^{55}tɯ^{35}le^{21}jeɹ^{32}ja^{44}

背空籮回去。
空籠背負い帰っていく。

我由[4]街吐杯過咽，
ŋo^{31}jou^{35}tsɿ^{33}no^{44}pe^{44}kuo^{32}jɯ^{35}

我從街上走過來，
わしが街を過ぎ行くと、

看見兩個小娃娃。
kha^{55}tɕe^{55}lia^{31}ko^{55}ɕo^{31}ua^{42}ua^{44}

看見兩個小娃娃。
二人の子供が見えた。

手盂[5]保拿燈衣扣，
sɯ^{33}mɯ^{55}po^{31}ne^{44}tɯ^{44}ji^{35}khou^{44}

他手裏拿着衣服，
手には服が握られる。

莫非來賣他？ ※
mou^{35}fe^{44}lai^{42}mai^{55}tha^{44}

莫非來賣它？
売りに来たのではあるまいな。

白：

老漢看來：
lo^{31}xa^{55}kha^{55}lai^{42}

〔陳世榮〕老漢看來：
わしが見たところ、

這件衣裳果有意思，
tsɯ^{55}tɕe^{55}ji^{44}sa^{44}kuo^{31}jou^{31}ji^{55}sɿ^{55}

這件衣裳果有意思，
これには、わけがあるまいか。

你可是兩兄妹？
ȵi^{31}kho^{31}sɿ^{55}lia^{31}ɕou^{44}me^{55}

你可是兩兄妹？
お前たちは兄妹かい。

正是。

〔春高、冬妹〕正是。

---

[1] 羅：即“籮”。
[2] 來：“（一）個（籮）”。
[3] 揹：即“背”。
[4] 由：“從～”。
[5] 手盂：“手中”“手裏”。

tsɯ^{55}sɿ^{55}

そうです。

你家住何方?
ȵi^{31}tɕa^{44}tsu^{55}xo^{42}fa^{44}

〔陳世榮〕你家住何方?
お家はどこだい?

姓勝[1]名誰?
ɕɯ^{55}sɯ^{55}miɯ^{42}sui^{42}

姓甚名誰?
姓と名は?

説給我聽聽。
suo^{35}kɯ^{31}ŋo^{31}thiɯ^{44}thiɯ^{44}

説給我聽聽。
わしに聞かせておくれ。

阿呀!
ɑ^{44}ja^{31}

〔春高、冬妹〕阿呀!
あー、

老伯父聽稟——
lo^{31}peɹ^{35}fu^{55}thiɯ^{44}piɯ^{31}

老伯父聽稟——
伯父様聞いてくださいな。

—小哭

兄妹兩眼淚汪汪,
ɕou^{44}me^{55}lia^{31}je^{31}lui^{55}ua^{44}ua^{44}

兄妹兩眼淚汪汪,
兄妹の両目に涙があふれる。

大爹走頭[2]聽哦雙。
ta^{55}ti^{33}tsou^{31}tɯ^{21}tɕheɹ^{55}ŋa^{55}sua^{44}

大爹從頭聽我説。
伯父さま、はじめよりお聞きください。

利[3]嗒問坑哦坐處[4],
ȵi^{55}ta^{21}pieɹ^{44}xɯ^{44}ŋa^{55}kỵ^{32}tshỵ^{31}

您若問我們住處,
僕らの住所を問うのなら、

桑主粧爲家。×
sa^{44}tsu^{31}tsua^{44}ue^{42}tɕa^{44}

桑主莊爲家。
桑主荘が僕らの家。

哦爹名叫陳士美,
ŋɯ^{55}ti^{33}mieɹ^{35}ɣɯ^{35}tshɯ^{42}sɿ^{55}me^{31}

我爹名叫陳世美,
父の名前は陳世美です。

秦香蓮是我媽媽。
tɕhɯ^{42}ɕa^{44}ȵe^{42}sɿ^{55}ŋo^{31}ma^{44}ma^{44}

秦香蓮是我媽媽。
秦香蓮が僕らの母。

---

[1] 勝:即“甚(什)”。
[2] 走頭:“從頭”。
[3] 利:“您”。
[4] 坐處:“住所”。

哦名叫春高冬妹，
ŋa^{55}mieɹ^{35}ɣɯ^{35}tshui^{33}ko^{44}tou^{44}me^{55}
我們叫春高冬妹，
僕らの名前は春高・冬妹。

上街賣衣裳。×
sa^{55}kai^{44}mai^{55}ji^{44}sa^{44}
上街賣衣裳。
街には服を売りに来た。

爲父讀書有功名，
ue^{42}fu^{55}tu^{35}su^{44}jou^{31}kou^{44}miɯ^{42}
爲父讀書有功名，
父は読書で名をあげて、

哦爹下京本打央。
ŋɯ^{55}ti^{33}thɯ^{55}tɕɯ^{35}pɯ^{31}ta^{32}ja^{44}
我爹下京不回來。
都に上り帰りません。

湖廣京洲遭乾旱，
xu^{42}kua^{31}tɕɯ^{44}tsou^{44}tso^{44}ka^{44}xa^{55}
湖廣荆州遭乾旱，
湖広荊州は日照りに遭い、

百姓大饑慌。×
peɹ^{44}ɕeɹ^{32}ta^{55}tɕi^{44}xua^{44}
百姓大饑荒。
百姓たちは飢えにあえぐ。

哦母保底⿱乞一艮艮，
ŋɯ^{55}mo^{33}po^{31}ti^{21}nv̩^{33}ȵi^{21}ȵi^{21}
我媽衹是女流輩，
僕らの母は普通の女。

我們兄妹小娃娃。
ŋo^{31}mɯ^{33}ɕou^{44}me^{55}ɕo^{31}ua^{42}ua^{44}
我們兄妹小娃娃。
兄妹二人は小さな子供。

（4頁上）
好東本没米阿科[1]，
xo^{31}tv̩^{35}pɯ^{31}mu^{33}me^{33}a^{31}khou^{33}
家裏没有一粒米，
家には一粒の米もなく。

因只生没三。×
jɯ^{44}tsɿ^{21}sɯ^{44}mu^{33}sa^{44}
吃的也没有。
食べるものすらありません。

之母餓根上些[2]了，
tsɿ^{44}mo^{33}ŋou^{32}xɯ^{55}sa^{55}ɕeɹ^{44}lo^{32}
母子餓了三天了，
親子はお腹をすかせて、もう三日。

樹皮草根以因光。
sv̩^{55}phi^{42}tsho^{31}kɯ^{44}ji^{21}jɯ^{44}kua^{44}
樹皮草根找吃光。
木の皮・草の根すら食べつくす。

[1] 科："粒"。
[2] 些："～天"。

哦母吐栽溝 樹[1] 小，
ŋɯ^{55}mo^{33}no^{44}tse^{44}ko^{44}su^{55}se^{31}
再説我媽媽脚小（纏足），
僕らの母は脚が小さく、

喂坑哦朶[2] 三。×
ue^{32}xɯ^{44}ŋa^{55}tuo^{33}sa^{44}
養不起我們。
僕らを養えず。

提坑哦爹陳士美，
thi^{55}xɯ^{44}ŋɯ^{55}ti^{33}tshɯ^{42}sɿ^{55}me^{31}
提起我爹陳世美，
父の陳世美の話をすれば、

下京上雙本打央。
thɯ^{55}tɕɯ^{35}sa^{55}sua^{44}pɯ^{31}ta^{32}ja^{44}
下京三年不回來。
都に上り三年たっても帰らない。

上雙本没信阿封，
sa^{55}sua^{44}pɯ^{31}mu^{33}sɿ^{35}a^{31}fv̩^{35}
三年一封信也無，
三年、便り一つもありません。

不知在何方。×
pu^{35}tsɿ^{44}tsai^{55}xo^{42}fa^{44}
不知在何方。
どこに行ったやら。

之母哦杯以哦爹，
tsɿ^{44}mo^{33}ŋa^{55}pe^{44}ji^{21}ŋɯ^{55}ti^{33}
我們母子去找爹，
僕らは父を探したい。

京城土吐杯旺汪。
tɕɯ^{35}tseɹ^{21}thu^{33}no^{44}pe^{44}ua^{55}ua^{44}
京城要走幾個月。
都への道は何ヶ月かかるやら。

哦母糾哦賣衣扣，
ŋɯ^{55}mo^{33}tɕo^{44}ŋa^{55}kɯ^{21}ji^{35}khou^{44}
媽叫我們賣衣服，
母は僕らに服を売せます。

到京城地方。×
to^{55}tɕɯ^{44}tshɯ^{42}ti^{55}fa^{44}
到京城地方。
都に出かけるために。

白：

你兄妹二人不要哭了。
ȵi^{31}ɕou^{44}me^{55}eɹ^{55}zɯ^{42}pu^{35}jo^{55}khu^{35}lio^{31}
〔陳世榮〕你兄妹二人不要哭了。
兄妹や、泣くのはおよし。

你爹陳士美，
ȵi^{31}tie^{44}tshɯ^{42}sɿ^{55}me^{31}
你爹陳世美，
お前たちの父の陳世美は、

重得頭名狀元，
tsou^{55}tɯ^{35}thou^{42}miɯ^{42}tsua^{55}jue^{42}
中得頭名狀元，
首席狀元を授けられた。

[1] 樹：“（一）對（脚）”。
[2] 朶：“無力”“不能”“不可以”。

皇王招親，
xua42ua42tso44tɕhɯ44

皇王招親，
天子様が彼を召し、

把他招爲付馬。
pa31tha44tso44ue42fu55ma31

把他招爲駙馬。
駙馬とされたのじゃ。

衣裳不要賣了，
ji44sa44 pu35jo55mai55lio31

衣裳不要賣了，
服を売るには及ばない。

伯父借給你們銀錢白米五升，
peɹ35fu55tɕe35kɯ31ȵi31mɯ44
jɯ42tɕhe42peɹ35mi31vu31sɯ44

伯父借給你們銀錢白米五升，
銀銭とお米五升とを貸してやろう。

同我回家去罷。
thou42ŋo31xui42tɕa44tɕhui55pa44

同我回家去罷。
わしと一緒に家へ行こう。

一平

老漢上街回家們[1]，
lo31xa55sa55kai44xui42tɕa44mɯ42

老漢上街回家門，
わしは街から家に戻る。

春高冬妹把我聽。
tshui44ko44tou44me55pa31ŋo31thiɯ44

春高冬妹把我聽。
春高・冬妹、わしの話をよくお聞き。

狗胎坐下因少午，
kou33the44ky̩32thɯ55jɯ44ȵi44tɯ21

兩兄妹坐下吃少午，
兄妹座っておやつをお食べ。

飽吃回家們。×
po31tshɿ35xui42tɕa44mɯ42

吃飽回家門。
お腹いっぱいにして家にお戻り。

大爹借那銀十兩，
ta55ti33tɕeɹ44na55ȵi21tshɿ42no32

大爹借你十兩銀，
伯父さんが銀十両を貸してやろう。

再送你白米五升。
tsai55sou55ȵi31peɹ35mi31vu31sɯ44

再送你白米五升。
白米五升も持ってきな。

少午因恨杯打去，
ȵi44tɯ21jɯ44xɯ55pe44ta32ŋeɹ21

吃了少午再回去，
おやつを食べたらお家へ帰り、

[1] 們：即“門”。

説與你母親。×
suo^{35}jui^{31}ȵi^{31}mu^{31}tɕhɯ^{44}

説與你母親：
お母さんに話しなさい。

�

皇朝皇帝他招親。(皇帝博伙罷招親[1])
ŋv̩^{21}te^{31}po^{35}xo^{33}pa^{55}tso^{35}tɕhɯ^{44}

皇朝皇帝招了親。
皇帝皇后はお父さんをお召しになり、

(4頁下)

干保招自付馬公,
ka^{33}po^{31}tso^{35}tsɿ^{55}fu^{55}ma^{31}kou^{44}

把他招爲駙馬公,
駙馬様とされたのだ。

青害[2]豆收[3]後。×
tɕheɹ^{55}xe^{55}tou^{35}sou^{35}ɣɯ^{33}

有老天保佑。
これこそ天のご加護だろう。

阿更那好東貧窮,
a^{31}kɯ^{55}na^{55}xo^{31}tv̩^{35}khui^{33}tsou^{21}

如今你們家貧窮,
今、お前たちの家は貧しく、

平日因樹皮草根。
pe^{31}ȵi^{44}jɯ^{44}sv̩^{55}phi^{42}tsho^{31}kɯ^{44}

每天吃樹皮草根。
毎日、木の皮・草の根食べている。

想要因白米飯使[4],
ɕa^{31}ȵou^{44}jɯ^{44}peɹ^{42}me^{33}xeɹ^{55}zɿ^{31}

想要吃頓白米飯,
白いご飯を食べたければ、

尋夫到北京[5]。×
ɕui^{42}fu^{44}to^{55}peɹ^{35}tɕɯ^{44}

尋夫到北京。
夫を尋ねて北の都へ行けばよい。

京城土吐干細[6]倒[7],
tɕɯ^{35}tseɹ^{21}thu^{33}no^{44}ka^{33}ɕi^{55}to^{21}

京城之路多危險,
都への道は危険が多く、

小毛賊盜利及[8]冷[9]。
ɕo^{31}mo^{42}tseɹ^{35}to^{55}li^{55}tɕi^{35}lɯ^{44}

小毛盜賊數不清。
追いはぎ強盗もこれまた多い。

---

[1]( )内是黄永亮先生所改寫，國際音標即針對括號内句子。
[2] 青害："晴天"。
[3] 豆收："保佑""護佑"。此外，還有"整理""收藏"之意。
[4] 飯使："飯"。"㑥"，即"使"的俗寫字。
[5] 北京：應指"開封"。在本故事中，未出現其他具體的首都名稱。
[6] 干細："危險"。
[7] 倒："大"。
[8] 及："多"。
[9] 冷：語氣助詞，"了"。

人窮命薄古人説，
zɯ^{42}tɕhou^{42}miɯ^{55}po^{35}ku^{31}zɯ^{42}suo^{35}

人窮命薄古人説，
人窮すれば命薄しとは、昔の人も言う所。

有理講不清。×
jou^{31}li^{31}tɕa^{31}pu^{35}tɕhɯ^{44}

有理講不清。
こちらに理があろうと何も言えず。

不如杯只[1]請嘣舅，
pu^{35}zu^{42}pe^{44}tsɿ^{21}tɕheɹ^{33}nɯ^{55}tɕou^{55}

不如去請你舅舅，
おじ（舅）どのにお願いするのがよいであろう。

糾保領那上子母。
tɕo^{44}po^{31}tsou^{35}na^{55}sa^{55}tsɿ^{44}mu^{33}

叫他領你三母子。
お前たち母子三人を連れ、

底學[2]杯叭京城很[3]，
ti^{21}ɕo^{35}pe^{44}phia^{44}tɕɯ^{35}tseɹ^{21}xɯ^{31}

祇要走到京城裏，
ただ都にさえ上れれば、

石頭變黄金。×
sɿ^{35}thou^{42}pie^{55}xua^{42}tɕɯ^{44}

石頭變黄金。
石を黄金に変えられる。

白：

兄妹二人吃過少午，
ɕou^{44}me^{55}eɹ^{55}zɯ^{42}tshɿ^{35}kuo^{55}so^{31}vu^{31}

〔春高、冬妹〕兄妹二人吃過少午，
兄妹二人はおやつを食べた。

謝過伯父，
ɕe^{55}kuo^{55}peɹ^{35}fu^{55}

謝過伯父，
伯父にお礼を言いました。

妹妹收起銀子，
me^{55}me^{55}sou^{44}tɕhi^{31}jɯ^{42}tsɿ^{31}

妹妹收起銀子，
妹は銀子を収め、

哥哥揹起米回家。
ko^{55}ko^{55}pe^{55}tɕhi^{31}mi^{31}xui^{42}tɕa^{44}

哥哥揹起米回家。
兄はお米を背負って、家路につく。

一路來得快，
ji^{35}lu^{55}lai^{42}tɯ^{35}khuai^{55}

一路來得快，
帰りはあっという間に、

不覺到了家門。
pu^{35}tɕo^{35}to^{55}lio^{31}tɕa^{44}mɯ^{42}

不覺到了家門。
たちまち家に着きました。

[1] 只：放動詞後，表示動作的方向，"向""往"。參考楊應新等編寫《白文教程》，雲南民族出版社，1995，第231頁。
[2] 底學："祇要～"。
[3] 很："～中""～裏面"。

媽媽，
ma^{44}ma^{44}

媽媽，
お母さん。

兒女回來了！
eɹ^{42}ȵui^{31}xui^{42}lai^{42}lio^{31}

兒女回來了！
ただいま。

衣裳可賣了？
ji^{44}sa^{44}ko^{31}mai^{55}lio^{31}

〔秦香蓮〕衣裳可賣了？
服は売れたのかい。

媽媽要問，
ma^{44}ma^{44}jo^{55}vɯ^{55}

〔春高、冬妹〕媽媽要問，
お母様が問われるなら、

聽稟那——
thiɯ^{44}piɯ^{31}na^{55}

聽稟哪——
聞いてくださいな。

—平

開咀[1]干阿母孟雙，
khɯ^{55}tɕui^{33}ka^{44}a^{31}mo^{33}mɯ^{55}sua^{44}

開口我對媽媽説，
口を開いて母に言う。

個日[2]亮吐好周花。
keɹ^{55}ȵi^{44}ȵa^{55}no^{44}xu^{33}tsou^{44}xua^{44}

今天我們運氣好。
今日はとってもついていた。

肉胎杯叭街吐去，
zy̩^{35}the^{44}pe^{44}phia^{44}tsɿ^{33}no^{44}ŋeɹ^{21}

兄妹走到街上去，
僕らが街に出かけると、

伯父在街方。×
peɹ^{35}fu^{55}tsai^{55}kai^{44}fa^{44}

伯父在街上。
伯父様も街におりました。

他問我姓勝名誰，
tha^{44}vɯ^{55}ŋo^{31}ɕɯ^{55}sɯ^{55}miɯ^{42}sui^{42}

他問我姓甚名誰，
伯父様は僕らに名を問うて、

問我家住在何方。
vɯ^{55}ŋo^{31}tɕa^{44}tsu^{55}tsai^{55}xo^{42}fa^{44}

問我家住在何方。
家はどこだと聞きました。

哦干直斗雙給保，
ŋa^{55}ka^{44}tsɿ^{35}tou^{21}sua^{44}kɯ^{31}po^{31}

我把真話説給他，
僕らは全部お話しし、

爹媽報與他。×

爹媽報與他。

[1] 咀：“嘴”。
[2] 個日：“今日”。

tie^{44}ma^{44}po^{55}jui^{31}tha^{44}
父母のことも伝えたよ。

伯父聽恨習頭[1]吐，
peɹ^{35}fu^{55}tɕheɹ^{55}xɯ^{55}ɕi^{35}tɯ^{21}no^{44}
伯父聽了難安心，
伯父様は話を聞きいて、気にかけて、

糾哦衣扣要賣三。
tɕo^{44}ŋa^{55}ji^{35}khou^{44}ȵo^{44}kɯ^{21}sa^{44}
我們不得不賣衣。
僕らが服を服を売らないように、

（5頁上）
雙咋借亮銀十兩，
sua^{44}tso^{42}tɕeɹ^{44}ȵa^{55}ȵi^{21}tshɿ^{42}no^{32}
他説借我十兩銀，
僕らに銀十両を貸してくれ、

送亮白米量[2]。×
sou^{33}ȵa^{55}peɹ^{42}me^{33}ȵa^{44}
送一些白米。
お米をくれると言いました。

干哦領打[3]罷好東，
ka^{44}ŋa^{55}tsou^{35}ta^{32}pa^{55}xo^{31}tṿ^{35}
把我們帶到他家，
ぼくらをお家に呼んだのです。

大爹情以[4]比海寬。
ta^{55}ti^{33}tɕeɹ^{21}ji^{31}pi^{31}ko^{21}khua^{44}
大爹情義比海寬。
伯父様の義理人情は海より広い。

糾哦狗胎因少午，
tɕo^{44}ŋa^{55}kou^{33}the^{44}jɯ^{44}ȵi^{44}tɯ^{21}
給我兄妹吃少午，
ぼくらにおやつをくれました。

飽吃纔回家。×
po^{31}tshɿ^{35}tshai^{42}xui^{42}tɕa^{44}
吃飽纔回家。
お腹いっぱいでお家へ帰る。

哦大爹自[5]雙給哦，
ŋɯ^{55}ta^{55}ti^{33}tsɿ^{55}sua^{44}kɯ^{31}ŋa^{55}
大爹説給我們的，
伯父様が仰ることは、

點點記在我心昌[6]。
tie^{31}tie^{31}tɕi^{55}tsai^{55}ŋo^{31}ɕɯ^{44}tsha^{44}
點點記在我心腸。
一つひとつ、僕の心に刻まれた。

雙咋哦爹主狀元，
sua^{44}tso^{42}ŋɯ^{55}ti^{33}tsṿ^{31}tsua^{44}jue^{35}
他説我爹中狀元，
お父さんは状元を授けられ、

[1] 習頭：“心中”“心裏”“心頭”。
[2] 量：“一些（粒狀的）～”。
[3] 領打：“帶回”。
[4] 情以：“情義”。
[5] 自：“則”。
[6] 心昌：“心腸”，以下同。

招親在朝干[1]。×
tso^{44}tɕhɯ^{44}tsai^{55}tsho^{42}ka^{44}

招親在朝上。
朝廷に召されていった。

皇帝干保招[2]付馬，
ŋv̩^{21}te^{31}ka^{44}po^{31}tso^{33}fu^{55}ma^{31}

皇帝招他做駙馬，
皇帝はお父様を駙馬とされ、

罷干哦爹招咊當[3]。
pa^{55}ka^{44}ŋɯ^{55}ti^{33}tso^{33}pɯ^{55}ta^{44}

他們把我爹招那兒。
お父さんをそこに住まわせた、

亮要杯下京城很，
ȵa^{55}ȵou^{44}pe^{44}thɯ^{55}tɕɯ^{35}tseɹ^{21}xɯ^{31}

我們要去京城裏，
都に上って行きたいが、

土吐杯旺汪。×
thu^{33}no^{44}pe^{44}ua^{55}ua^{44}

路上走幾月。
道は幾月もかかります。

小毛賊盜利冷[4]及，
ɕo^{31}mo^{42}tseɹ^{35}to^{55}li^{55}la^{31}tɕi^{35}

小毛盜賊也很多，
追いはぎ強盜もいっぱいだ。

格亮土吐傷罷 當[5]。
keɹ^{35}ȵa^{55}thu^{33}no^{44}sa^{44}pa^{55}ta^{44}

我們怕上他們當。
道中だまされないかと心配だ。

不如杯只請哦舅，
pu^{35}zu^{42}pe^{44}tsɿ^{21}tɕheɹ^{33}ŋɯ^{55}tɕou^{55}

不如去請我舅舅，
舅さまにお願いのがよいだろう。

干亮土領叭。×
ka^{44}ȵa^{55}thu^{33}tsou^{35}phia^{44}

給我們帶路。
僕たちを連れて行って下さいな。

斗[6]利雙吐 非[7]明白，
tou^{21}li^{55}sua^{44}no^{44}fe^{33}me^{31}peɹ^{42}

話説得非常簡單，
話はとっても簡単だ。

希望亮杯叭咊當。
ɕi^{44}ua^{55}ȵa^{55}pe^{44}phia^{44}pɯ^{55}ta^{44}

希望我們到京城。
僕らはそこ（都）に行きたいだけ。

清潔[8]平安到京城，

清吉平安到京城，

[1] 朝干：“朝廷”“朝綱”，以下同。
[2] 招：此字以漢語音朗讀。（因是中國皇帝“招”，所以“招”字發音較爲生硬。）
[3] 咊當：“那裏”。
[4] 利冷：“果然”“還是”。
[5] 傷～當：“上～的當”。
[6] 斗：“話”“事情”。
[7] 非：“非常”。
[8] 清潔：即“清吉”，“清平吉祥”之意。

tɕhɯ^{44}tɕe^{35}phiɯ^{42}a^{44}to^{55}tɕɯ^{44}tshɯ^{42}

何事もなく都着けば、

纔有吃有穿。×
tshai^{42}jou^{31}tshɿ^{35}jou^{31}tshua^{33}

纔有吃有穿。
食べ物着物も手に入る。

白:

既然如此，
tɕi^{55}za^{42}zu^{42}tsɿ^{31}

〔秦香蓮〕既然如此，
それならば、と。

伯父恩情意重，
peɹ^{35}fu^{55}ɣɯ^{44}tɕhɯ^{42}ji^{55}tsou^{55}

伯父恩情意重，
伯父様の恩情義理は篤いもの。

借我們十兩銀子，
tɕe^{35}ŋo^{31}mɯ^{44}sɿ^{35}lia^{31}jɯ^{42}tsɿ^{31}

借我們十兩銀子，
私らに銀子を十両、

白米五升，
peɹ^{35}mi^{31}vu^{31}sɯ^{44}

白米五升，
白米五升を貸してくれた。

原是京城路途遥遠。
jue^{42}sɿ^{55}tɕɯ^{44}tshɯ^{42}lu^{55}thu^{42}jo^{42}jue^{31}

原是京城路途遥遠。
もとより都の道は遠いもの。

兒女，去請你舅父來，
eɹ^{42}ȵui^{31}tɕhui^{55}tɕhɯ^{31}ȵi^{31}tɕou^{55}fu^{55}lai^{42}

兒女，去請你舅父來，
子供たち、舅さんを呼んどくれ。

媽媽同他商量。
ma^{44}ma^{44}thou^{42}ta^{44}sa^{44}lia^{42}

媽媽同他商量。
母が相談してみましょう。

是了，
sɿ^{55}lio^{31}

〔春高、冬妹〕是了，
わかりました。

辭别母親，
tshɿ^{42}pie^{35}mu^{31}tɕhɯ^{44}

辭别母親，
お母さん。

兒女去了。
eɹ^{42}ȵui^{31}tɕhui^{55} lio^{31}

兒女去了。
僕ら、行って参ります。

一寸

春高冬妹等時[1]杯，
tshui^{44}ko^{44}tou^{44}me^{55}tɯ^{31}tsɿ^{31}pe^{44}

春高冬妹此時去，
春高・冬妹は出かけます。

[1] 等時:“此時”。

笑在眉頭喜心間。
ɕo^{55}tsai^{55}me^{42}thou^{42}ɕi^{31}ɕɯ^{33}tɕe^{33}
笑在眉頭喜心頭。
晴れやかに笑って、心もうきうき。

（5頁下）
個日杯時請哦舅，
keɹ^{55}ȵi^{44}pe^{44}tsʅ^{21}tɕheɹ^{33}ŋɯ^{55}tɕou^{55}
今日去請我舅舅，
今日は舅さまに頼み事。

杯叭倒門咀[1]。×
pe^{44}phia^{44}to^{31}me^{21}tɕui^{33}
走到大門口。
お家の前に着きました。

開咀哦叫咋阿舅，
khɯ^{55}tɕui^{33}ŋa^{55}ɣɯ^{35}tso^{42}a^{31}tɕou^{55}
我們開口對舅説，
口を開いて舅さまにお願いです。

哦母打發[2]哦狗胎，
ŋɯ^{55}mo^{33}teɹ^{44}feɹ^{44}ŋa^{55}kou^{33}the^{44}
我媽打發兄妹倆，
母は僕ら二人をここに遣り、

糾哦杯咽請阿舅，
tɕo^{44}ŋa^{55}pe^{44}jɯ^{35}tɕheɹ^{33}a^{31}tɕou^{55}
叫我們來請舅舅，
舅さまに頼み事。

過[3]利干[4]商衣[5]。×
kou^{35}ȵi^{55}ka^{44}sa^{35}ji^{44}
有事跟您商。
ご相談がございます。

自從哦父杯下京，
tsʅ^{55}tshou^{42}ŋɯ^{55}ti^{33}pe^{44}thɯ^{55}tɕɯ^{35}
自從我爹去下京，
父が都に上ってから、

三年書信不回歸。
sa^{35}ȵe^{42}su^{44}ɕɯ^{55}pu^{35}xui^{42}kui^{44}
三年書信不回歸。
三年手紙もくれません。

干哦狗胎丟好東，
ka^{44}ŋa^{55}kou^{33}the^{44}lio^{44}xo^{31}tv̩^{35}
把我兄妹丟在家，
僕ら二人は置き去りです。

可年[6]買因米。×
kho^{31}ȵe^{42}meɹ^{32}jɯ^{44}me^{33}
可憐買吃米（也買不起）。
哀れ、米を買うにも（事欠きます）。

---

[1] 倒門咀："大門口"。
[2] 打發："派～來""打發～來"。
[3] 過："和""跟"。
[4] 干：放動詞前，表示時間短暫或試探性的動作，"～一下""試試～"。參見徐琳、趙衍蓀編著《白語簡志》，第32—33頁；趙燕珍《趙荘白語参考語法》第113—114頁。
[5] 商衣："商議""商量"。
[6] 可年：即"可憐"。

哦爹保自歡樂過，
ŋɯ^{55}ti^{33}po^{31}tsɿ^{55}xua^{35}lo^{35}kuo^{32}

我爹他過得歡樂，
父は楽しく暮らしていても、

哦母自歐歐氣氣。
ŋɯ^{55}mo^{33}tsɿ^{55}ou^{44}ou^{44}tɕhi^{44}tɕhi^{44}

我媽她過得慪氣。
母の心は晴れません。

阿舅過哦叭好東，
a^{31}tɕou^{55}kou^{35}ŋa^{55}phia^{44}xo^{31}tv̩^{35}

舅舅請到我家來，
舅さま、僕らの家に来てください。

過利干殺衣[1]。※
kou^{35}ȵi^{55}ka^{44}sa^{35}ji^{44}

有事跟您議。
あなたにご相談がございます。

白：

既然如此，
tɕi^{55}za^{42}zu^{42}tshɿ^{31}

〔秦公子〕既然如此，
それならば、と。

舅父把門關起，
tɕou^{55}fu^{55}pa^{31}mɯ^{42}kua^{44}tɕhi^{31}

舅父把門關起，
舅は家の門を閉め、

同你們走上一走。
thou^{42}ȵi^{31}mɯ^{44}tso^{31}sa^{55}ji^{35}tso^{31}

同你們走上一走。
お前たちと行くとしよう。

一高：

秦公子白[2]托生由東世上，
tɕhɯ^{42}kou^{44}tsɿ^{31}tɕi^{32}xeɹ^{55}sa^{44}tou^{44}

秦公子托生世上，
秦公子（秦香蓮の弟）はこの世に生まれ、

上十雙吐武艮[3]没。
sa^{55}tshɿ^{42}sua^{44}no^{44}vu^{33}ȵi^{21}mu^{33}

三十歲還没媳婦。
三十過ぎても嫁はなし。

買婆賣婆周公[4]我，
mai^{31}pho^{42}mai^{55}pho^{42}tso^{44}fv̩^{44}ŋo^{31}

媒婆給我説了媒，
仲人がお嫁を紹介し、

周公怎旺土[5]。×
tso^{44}fv̩^{44}tsɯ^{33}ua^{55}thv̩^{33}

説媒好幾回。
紹介されたは数知れず。

[1] 殺衣：同〔商衣〕。即“商議”。
[2] 白：“自”。可能是衍字。
[3] 武艮：“妻子”。
[4] 周公：“周呼”。“斡旋”“介紹”之意。
[5] 土：“（一）回”“（一）次”。這裏也可解釋爲人數。

上艮討自錢阿習[1]，
sa^{55}ȵi^{21}thu^{55}tsɿ^{55}tshe^{55}a^{31}ɕi^{35}

要討三個花一百，
三人に渡すは一百銭。

媒人艮[2]吐送阿 吊[3]。
me^{35}zɯ^{35}ȵi^{21}no^{44}sou^{33}a^{31}tio^{44}

媒婆給她送一千。
仲人には銭一千。

阿吊錢討上姐妹，
a^{31}tio^{44}tshe^{55}thu^{55}sa^{55}tsɿ^{33}the^{44}

花一千討三姐妹，
一千文で娶るは三姉妹。

阿配配上土。×
a^{31}phe^{44}phe^{44}sa^{55}thv̩^{33}

一娶娶三個。
一度に三人を娶ったが、

第一本頭[4]青光必[5]，
te^{31}ji^{33}pɯ^{31}tɯ^{21}tɕheɹ^{55}kua^{44}pi^{35}

第一個没有人様，
一人目は人の姿をしていない。

第二本艮在第溝[6]。
te^{31}tsɿ^{31}pɯ^{31}ȵi^{21}tse^{42}ti^{55}ko^{44}

第二個偏又跛脚。
二人目は片足引きずる始末。

奶第[7]生打[8]後頭趕[9]，
pa^{42}ti^{55}xeɹ^{55}ta^{32}ɣɯ^{33}tɯ^{21}ka^{32}

第三個乳在背後，
（三人目は）乳房が肩甲骨と肩甲骨の間に生えている。

聽過吐怎没。×
tɕheɹ^{55}kuo^{32}no^{44}tsɯ^{35}mu^{33}

没有聽説過。
前代未聞とは、このことだ。

會妻[10]本嘆[11]保車[12]號[13]，
xue^{55}vu^{33}pɯ^{33}tha^{55}po^{31}tsheɹ^{33}xo^{55}

初面時她在睡覺，
初顔合わせで、女は寝てる。

交杯本嘆油誤没，
tɕo^{44}pe^{44}pɯ^{33}tha^{55}jɯ^{21}vu^{55}mu^{33}

交杯時没有燈油，
杯を交わすも、明かりの油が全くなし。

---

[1] 阿習：“一百（文錢）”。
[2] 媒人艮：“媒人”。
[3] 阿吊：“一千（文錢）”。
[4] 頭：“(一)隻”“(一)頭”“(一)匹”。原本是動物的量詞，這裏表示要娶的人相貌不普通、不正常。
[5] 青光必：“没有人樣”。“青”指“青色”“緑色”，“光必”指“肋骨”，意爲身體全身都是緑色的，不是人的姿態。
[6] 在第溝：“跛”。
[7] 奶第：“乳房”。
[8] 生打：“長在～”。
[9] 後頭趕：“兩肩胛骨之間的部位”。
[10] 會妻：結婚習俗中的第一次見面，“相親”。
[11] 本嘆：“那時候”。
[12] 車：“睡”“眠”。
[13] 號：“了”。

（6頁上）

後日[1]早坑[2]干漢咽，
ɣɯ^{33}ȵi^{44}tshe^{33}xɯ^{44}ka^{44}xa^{55}jɯ^{35}

次日早上我一看，
翌朝、ちらりと女を見れば、

味偉[3]底阿坡[4]。※
pɯ^{55}ue^{33}ti^{21}a^{31}phou^{44}

衹有一隻眼。
女の目玉は一つだけ。

白：

一路來得快，
ji^{35}lu^{55}lai^{42}tɯ^{35}khuai^{55}

〔秦公子〕一路來得快，
あっという間に、

到姐姐家中。
to^{55}tɕe^{31}tɕe^{31}tɕa^{44}tsou^{44}

到姐姐家中。
姉の家に到着だ。

打發兒女去請，
ta^{31}fa^{35}eɹ^{42}ȵui^{31}tɕhui^{55}tɕhɯ^{31}

打發兒女去請，
子供にお願いに来させたは、

有何事情？
jou^{31}xo^{42}sɿ^{55}tɕhɯ^{42}

有何事情？
いかなる御用がおありです。

賢弟若問，
ɕe^{42}ti^{55}zuo^{35}vɯ^{55}

〔秦香蓮〕賢弟若問，
弟よ、もしも聞いてくれるなら。

阿呀，
a^{44}ja^{31}

阿呀，
あー、

請聽——
tɕhɯ^{31}thiɯ^{44}

請聽——
聞いとくれ。

—小哭

香連兩眼淚汪汪，
ɕa^{44}ȵe^{42}lia^{31}je^{31}lui^{55}ua^{44}ua^{44}

香蓮兩眼淚汪汪，
香蓮の両目に涙があふれる。

阿胎走頭聽我雙。
a^{31}the^{44}tsou^{31}tɯ^{21}tɕheɹ^{55}ŋo^{31}sua^{44}

弟弟從頭聽我説。
弟よ、はじめから私の言葉を聞いとくれ。

[1] 後日：“第二天”。
[2] 早坑：“早上”。
[3] 偉：“眼睛”。
[4] 坡：身體的某部分，“（一）隻～”“（一）個～”。

嚨姐怎斗没雙處，
nɯ^{55}tɕi^{33}tsɯ^{33}tou^{21}mu^{33}sua^{44}tshv̩^{31}

你姐有話没處説，
姉は訴える場所もないのです。

干阿胎孟雙。×
ka^{44}a^{31}the^{44}mɯ^{55}sua^{44}

對弟弟你説。
弟のあなたに話しましょう。

提坑强盜[1]陳士美，
thi^{55}khɯ^{44}tɕha^{42}to^{55}tshɯ^{42}sɿ^{55}me^{31}

提起强盜陳世美，
陳世美のやつの話をすれば、

供保讀書賣甲當[2]。
kv̩^{35}po^{31}ɣɯ^{42}sɿ^{35}kɯ^{21}tɕa^{35}ta^{44}

供他讀書賣家産。
やつの勉学のため、家財を売ったのは、

第咋[3]糾保争功名，
ti^{55}tso^{42}tɕo^{44}po^{31}tsɯ^{35}ku^{35}mieɹ^{35}

祇希望他争功名，
ただあいつの功名を争い、

扶祖宗旗杆[4]。×
vu^{21}tou^{35}po^{35}tɕhi^{21}ka^{44}

扶祖宗氣概。
祖宗を支える気概を望んだから。

自從打發保下京，
tsɿ^{55}tshou^{42}teɹ^{44}feɹ^{44}po^{31}thɯ^{55}tɕɯ^{35}

自從打發他下京，
あいつを都に送ってから、

氣有百生利賣叭。
tɕhi^{55}jou^{32}peɹ^{44}sɯ^{44}li^{55}kɯ^{21}phia^{44}

所有東西都賣掉。
さまざまなものも売り払う。

要想富貴求功名，
jo^{55}ɕa^{31}fu^{55}kui^{55}tɕhou^{42}kou^{44}miɯ^{42}

要想富貴求功名，
富貴と功名求めるため、

佛争一炉香。×
fu^{35}tsɯ^{44}ji^{35}lu^{42}ɕa^{44}

佛争一炉香。
がんばってきたというのに。

不想起狼心狗肺，
pu^{35}ɕa^{31}tɕhi^{31}la^{42}ɕɯ^{44}kou^{31}fe^{55}

不想起狼心狗肺，
お思いもかけず、あの恩知らずは、

下京上雙本打央。
thɯ^{55}tɕɯ^{35}sa^{55}sua^{44}pɯ^{31}ta^{32}ja^{44}

下京三年不回來。
都に上り三年帰らず、

下京三年無書信，

下京三年無書信，

[1] 强盜：指“陳世美”。表現出秦香蓮對陳世美既愛又恨的心情。
[2] 甲當：“家産”“家當”。
[3] 第咋：“祇希望～”“祇要～”。
[4] 旗杆：即“氣概”。

ɕa^{55}tɕɯ^{44}sa^{44}ȵe^{42}vu^{42}su^{44}ɕɯ^{55}

都に上り三年便りもよこさない。

呠習拿狗咬。×

pɯ^{55}ɕi^{35}ne^{44}khua^{33}ŋa^{44}

他心被狗咬。

やつの心は犬にくれてやったのか。

强盜主[1]頭名狀元，

tɕha^{42}to^{55}tsy̩^{31}thou^{42}miɯ^{42}tsua^{44}jue^{35}

强盗中頭名狀元，

強盗は首席状元を授かって、

娘娘來帽插宫花。

ȵa^{42}ȵa^{44}lai^{42}mo^{55}tsha^{35}kou^{44}xua^{44}

娘娘來（给他）帽插宫花。

皇后はやつの冠に宮廷の花を挿し、

皇帝包艮招付馬，

ŋy̩^{21}te^{31}po^{35}ȵi^{21}tso^{35}fu^{55}ma^{31}

皇帝招他爲駙馬，

皇帝はやつを駙馬に招いた。

罷干招呠當[2]。×

pa^{55}ka^{44}tso^{35}pɯ^{55}ta^{44}

他們招到那。

あちらに招いてしまったの。

好東怎之𠫓狗艮，

xo^{31}ty̩^{35}tsɯ^{33}tsɿ^{44} ny̩^{33}kou^{33}ȵi^{21}

家裏有兩個子女，

家には二人の息子と娘。

湖廣京洲玉[3]格干[4]。

xu^{42}kua^{31}tɕɯ^{44}tso^{44}tso^{33}keɹ^{35}ka^{33}

湖廣荆州遭乾旱。

湖広荊州は日照りとなり。

平日因樹皮草根，

pe^{31}ȵi^{44}jɯ^{44}sy̩^{55}phi^{42}tsho^{31}kɯ^{44}

每天吃樹皮草根，

毎日、木の皮・草の根を食べ、

因怎生没三。×

jɯ^{44}tsɯ^{21}sɯ^{44}mu^{33}sa^{44}

吃的也没有。

食べるものはなし。

㖠姐我底𠫓艮艮，

nɯ^{55}tɕi^{33}ŋo^{31}ti^{21}ny̩^{33}ȵi^{21}ȵi^{21}

你姐我是女流輩，

あなたの姉はただの女。

兒女他是小娃娃。

eɹ^{42}ȵui^{31}tha^{44}sɿ^{55}ɕo^{31}ua^{42}ua^{44}

兒女他是小娃娃。

息子・娘もまだ子供。

---

[1] 主：即“中”。

[2] 呠當：同〔本當〕。“那裏”。

[3] 玉：“遭”“遇”。

[4] 格干：“乾旱”。

（6頁下）

第格之母餓香恨，
ti^{55}keɹ^{35}tsɿ^{44}mo^{33}ŋou^{32}ɕa^{44}xɯ^{55}

祇怕母子餓死了，
ただ恐れるは母子が餓死すること。

缺少後代香。×
tɕhue^{35}so^{31}xou^{55}tai^{55}ɕa^{44}

缺少後代香。
後代に、先祖への線香を絶やすこと。

想要下京杯以保，
ɕa^{31}ȵou^{44}thɯ^{55}tɕɯ^{35}pe^{44}ji^{21}po^{31}

想要下京去找他，
都に上り、あいつを訪ねたい。

京城土吐杯旺汪。
tɕɯ^{35}tseɹ^{21}thu^{33}no^{44}pe^{44}ua^{55}ua^{44}

京城之路幾個月。
都への道は幾月かかるやら。

路途遥遠有奸細[1]，
lu^{55}thu^{42}jo^{42}jue^{31}jou^{31}ka^{44}ɕi^{55}

路途遥遠有危險，
道は遠く、危険なこともあるでしょう。

出門不比家。×
tshu^{35}mɯ^{42}pu^{35}pi^{31}tɕa^{44}

出門不比家。
外出は家にいるほど楽でない。

個日干惱請叭咽，
keɹ^{55}ȵi^{44}ka^{44}no^{31}tɕheɹ^{33}phia^{44}jɯ^{35}

今天請你來這裏，
今日、お前を呼んだのは、

肉胎狗艮干商量。
zv̩^{35}the^{44}kou^{33}ȵi^{21}ka^{44}sa^{35}lia^{44}

姐弟兩個有事商。
姉弟二人の相談ため。

糾惱送哦上子母，
tɕo^{44}no^{31}sou^{33}ŋa^{55}sa^{55}tsɿ^{44}mu^{33}

叫你送我們三人，
お前に母子三人を送ってはもらえぬか。

到京城地方。×
to^{55}tɕɯ^{44}tshɯ^{42}ti^{55}fa^{44}

到京城地方。
都のあるあの場所へ。

土吐盤采[2]我供惱，
thu^{33}no^{44}pha^{55}tshe^{31}ŋo^{31}kv̩^{35}no^{31}

路上盤纏我給你，
道中の路銀は私が出しましょう。

再送你一套衣裳。
tsai^{55}sou^{55}ȵi^{31}ji^{35}tho^{55}ji^{44}sa^{44}

再送你一套衣裳。
服も一そろいあげましょう。

阿胎惱杯利本杯，
a^{31}the^{44}no^{31}pe^{44}ȵi^{55}pɯ^{31}pe^{44}

弟弟你去是不去，
弟よ、行くか行かぬか、

[1] 奸細："危險"。同〔干細〕。
[2] 盤采："盤纏""旅費"。

直斗對姐雙。×	對姐直説吧。
tsɿ^{35}tou^{21}tue^{32}tɕi^{33}sua^{44}	正直に姉に言っとくれ。

白:

阿呀!	〔秦公子〕阿呀!
a^{44}ja^{31}	あー、
姐姐不必交心[1],	姐姐不必焦心,
tɕe^{31}tɕe^{44}pu^{35}pi^{35}tɕo^{44}ɕɯ^{44}	姉様よ、焦りなさるな。
我們同齊到京城。	我們同齊到京城。
ŋo^{31}mɯ^{44}thou^{42}tɕhi^{42}to^{55}tɕɯ^{44}tshɯ^{42}	私らは一緒に都に行きましょう。
一路之上,	一路之上,
ji^{35}lu^{55}tsɿ^{44}sa^{55}	道中は、
有我當代就是。	有我擔待就是。
jou^{31}ŋo^{31}ta^{44}tai^{55}tɕou^{55}sɿ^{55}	すべて私に任せなさい。
姐姐,	姐姐,
tɕe^{31}tɕe^{44}	姉様よ。
今日是良辰吉日,	今日是良辰吉日,
tɕɯ^{44}zɿ^{35}sɿ^{55}lia^{42}tshɯ^{42}tɕi^{35}zɿ^{35}	今日は、日よりもよろしいようで。
我們就要去了。	我們就要去了。
ŋo^{31}mɯ^{44}tɕou^{55}jo^{55}tɕhui^{55}lio^{31}	私らはすぐにも出立しよう。
秦香連想來:	〔秦香蓮〕秦香蓮想來:
tɕhɯ^{42}ɕa^{44}ȵe^{42}ɕa^{31}lai^{42}	秦香蓮は考えた。
阿呀,	阿呀,
a^{33}ja^{31}	あー、
好傷心!	好傷心!
xo^{31}sha^{44}ɕɯ^{44}	悲しいことだ。

[1] 交心:“焦心”。

一小哭

香連兩眼淚汪汪，
ɕa^{44}ȵe^{42}lia^{31}je^{31}lui^{55}ua^{44}ua^{44}

香蓮兩眼淚汪汪，
香蓮の両目に涙があふれる。

手中拿起幾柱香。
sou^{31}tsou^{44}na^{42}tɕhi^{31}tɕi^{31}tsu^{55}ɕa^{44}

手中拿起幾柱香。
手には線香幾本かを取り、

今日辭三代祖宗，
keɹ^{55}ȵi^{44}tshɿ^{42}sa^{55}te^{31}tou^{35}po^{35}

今日辭三代祖宗，
今日こそ三代祖宗に別れを告げ、

到京城地方。×
to^{55}tɕɯ^{44}tshɯ^{42}ti^{55}fa^{44}

到京城地方。
都へ向かう。

古説出門同[1]吉利，
ku^{31}suo^{35}tshu^{35}mɯ^{42}thu^{42}tɕi^{35}li^{55}

古説出門圖吉利，
古くから、旅立ちの縁起を担ぐには、

敬天敬地敬三光 。
tɕɯ^{55}thie^{44}tɕɯ^{55}ti^{55}tɕɯ^{55}sa^{44}kua^{44}

敬天敬地敬三光。
天地・（日・月・星の）三光に祈ります。

艮格孟要同吉利，
ȵi^{21}keɹ^{35}mɯ^{55}ȵou^{44}thu^{42}tɕi^{35}li^{55}

人們都要圖吉利，
人が縁起を担ぐには、

神佛孟同光。×
tsɯ^{21}ue^{42}mɯ^{55}thu^{42}kua^{44}

求神佛保佑。
神仏におかげを図るという。

三代祖宗多保祐，
sa^{44}tai^{55}tsu^{31}tsou^{44}tuo^{44}po^{31}jou^{55}

三代祖宗多保祐，
三代祖宗よ、守りたまえ。

保祐陳家後代香。
po^{31}jou^{55}tshɯ^{42}tɕa^{44}xou^{55}te^{55}ɕa^{44}

保祐陳家後代香。
陳家後代の香火をお守りくださいませ。

（7頁上）

榮華富貴打央咽，
jou^{42}xua^{42}fu^{55}kui^{55}ta^{32}ja^{44}jɯ^{35}

榮華富貴帶回來，
栄誉・富貴を持ち帰れれば、

許[2]自災[3]上雙。×
tɕui^{31}tsɿ^{55}tseɹ^{35}sa^{55}sua^{44}

必做三年齋。
三年のお供え、約束します。

---

[1] 同："圖"，以下同。
[2] 許："約定""承諾""保證"。
[3] 自災："做齋"。

春高冬妹杯只頭[1]，
tshui^{33}ko^{44}tou^{44}me^{55}pe^{44}tsɿ^{21}tɯ^{21}

春高冬妹往前走，
春高と冬妹も旅立ちます。

我干門扇[2]鎖期汪。
ŋo^{31}ka^{44}me^{21}se^{32}suo^{33}tɕhi^{44}ua^{44}

我把門兒鎖起來。
私は門を閉めましょう。

之母個日杯期咽[3]，
tsɿ^{44}mo^{33}keɹ^{55}ȵi^{44}pe^{44}tɕhi^{44}jɯ^{35}

母子今天上路去，
母子は本日旅立ちます。

等[4]舍日[5]打央？ ※
tɯ^{33}seɹ^{33}ȵi^{44}ta^{32}ja^{44}

何日回家來？
いつなったら帰れるでしょう。

白：

姐姐不要哭了。
tɕe^{31}tɕe^{44}pu^{35}jo^{55}khu^{35}lio^{31}

〔秦公子〕姐姐不要哭了。
姉さまよ、お泣きになるな。

兄弟揹起行禮[6]，
ɕou^{44}ti^{55}pe^{33}tɕhi^{31}ɕɯ^{42}li^{31}

兄弟揹起行李，
弟が荷物を背負いましょう。

上前代路，
sa^{55}tɕhe^{42}tai^{55}lu^{55}

上前帶路，
ご案内いたしましょう。

往前就走！
ua^{31}tɕhe^{42}tɕou^{55}tsou^{31}

往前就走！
出立といたししましょう。

一高

之母下京等時杯，
tsɿ^{44}mo^{33}thɯ^{55}tɕɯ^{35}tɯ^{31}tsɿ^{31}pe^{44}

母子此時下京去，
母子が都へ旅立つ時、

開咀我叫咋阿胎：
khɯ^{55}tɕui^{33}ŋo^{31}ɣɯ^{35}tso^{42}a^{31}the^{44}

我開口叫聲弟弟：
口を開いて、弟を呼ぶ。

罷咋日了門耳[7]高，
pa^{55}tso^{42}ȵi^{44}lo^{32}me^{21}eɹ^{33}ka^{35}

人説進門門檻高，
人がいう、入るときには敷居は高く、

---

[1] 頭："前面"。
[2] 扇："（一）扇（門）"。
[3] 咽：〔去〕[ŋeɹ^{21}] 之誤。
[4] 等："等候"。
[5] 舍日："什麼日子"。
[6] 行禮："行李"。
[7] 門耳："門檻"。

出了門耳比[1]。×
tshu^{35}lo^{32}me^{21}eɹ^{33}pi^{33}

出門門檻低。
出る時には敷居は低い、と。

提溝杯期到門孟[2]，
thi^{55}ko^{44}pe^{44}ʨhi^{44}to^{21}mɯ^{21}mɯ^{35}

抬脚走出大門外，
足を上げて出る、家の門。

桃紅柳緑在於春。
tho^{42}xou^{42}liou^{31}ly̩^{35}tsai^{55}jui^{42}tshui^{44}

桃紅柳緑在於春。
桃花は紅く、柳は緑で春の風情。

二黨花[3]開冬季很，
eɹ^{55}ta^{21}xuo^{35}khɯ^{55}ty̩^{35}ʨi^{44}xɯ^{31}

櫻花開於冬季裏，
桜の花は冬に咲き、

害已[4]拉栽日[5]。×
xe^{55}ʨi^{33}la^{32}tse^{44}ȵi^{44}

天氣也暖和。
日和もこれまた暖かし。

黨很菜子花開黄，
ta^{21}xɯ^{31}tshɯ^{31}tsɿ^{44}xuo^{35}khɯ^{55}ŋy̩^{21}

盆地油菜花開黄，
盆地の菜の花、黄色く咲く。

祇見黄花遍地開。
tsɿ^{31}ʨe^{55}xua^{42}xua^{44}phie^{55}ti^{55}khai^{44}

祇見黄花遍地開。
見渡す限り黄色い花が咲いている。

出路由[6]如長流水，
tshu^{35}lu^{55}jou^{42}zu^{42}tsha^{42}liou^{42}sui^{31}

出路猶如長流水，
道は流れる水かのようにこれ長し。

抬頭細觀觀。×
thai^{42}thou^{42}ɕi^{55}kua^{44}kua^{44}

抬頭細觀觀。
頭を上げて、仔細にこれを見渡せば。

黨花[7]那[8]車[9]梅花白，
ta^{21}xuo^{35}na^{55}tsheɹ^{44}ʨe^{33}xuo^{35}peɹ^{42}

桃花很紅梅花白，
とっても赤い桃の花、梅の花もまた白し。

釵利花開白如雪。
ɕui^{55}li^{55}xuo^{35}khɯ^{55}peɹ^{42}zou^{33}ɕui^{44}

雪梨花開白如雪。
梨の花咲くこと白く雪の如し。

---

[1] 比："低""矮"。
[2] 到門孟："大門口"。〔門〕也發音爲［me^{21}］。〔孟〕發音爲［mɯ^{35}］。〔到〕與〔倒〕同。
[3] 二黨花："櫻花"。
[4] 害已："天與地（之間）"，引申爲"氣候"之意。
[5] 日："熱"。
[6] 由："猶"。
[7] 黨花："桃花"。
[8] 那："很""非常"。
[9] 車："紅"。

二黨花開冬季很， eɹ^{55}ta^{44}xuo^{35}khɯ^{55}tv̩^{35}tɕi^{44}xɯ^{31}	櫻花開於冬季裏， 桜の花は冬に咲く。
名叫小陽春。× miɯ^{42}tɕo^{55}ɕo^{31}ja^{42}tshui^{44}	名叫小陽春。 小春日和というのです。
杯恨阿黨出阿黨， pe^{44}xɯ^{55}a^{31}ta^{21}tshu^{35}a^{31}ta^{21}	走出盆地又盆地， 盆地を一つ抜ければ、また盆地。
杯了阿日怎[1]阿日。 pe^{44}lo^{32}a^{31}ȵi^{44}tsɯ^{33}a^{31}ȵi^{44}	走了一天又一天。 一日歩き、また一日。
杯燈下坡阿本本[2]， pe^{44}tɯ^{44}thɯ^{55}po^{21}a^{31}pɯ^{35}pɯ^{35}	下了一坡又一坡， 坂を一つ一つと下っていけば、
上坡阿栽栽[3]。× tsou^{33}po^{21}a^{31}tse^{33}tse^{33}	上坡又上坡。 また坂を一つ一つと上っていく。
青[4]咽咽[5]自整[6]頭尖， tɕheɹ^{55}jɯ^{35}jɯ^{35}tsɿ^{55}tsɯ^{31}tɯ^{21}tɕe^{35}	青綠綠的是樹尖， 青々とした樹のてっぺん。
白咽咽自江很水。 peɹ^{42}jɯ^{35}jɯ^{35}tsɿ^{55}kv̩^{35}xɯ^{31}ɕui^{33}	白嘩嘩的是江水。 白々とした江の水。
（7頁下） 處[7]周[8]之[9]怎整吐鳴， tshv̩^{55}tsou^{44}tsɿ^{33}tsɯ^{35}tsɯ^{31}no^{44}meɹ^{21}	春鳥在樹上鳴叫， 春の鳥は樹の上で鳴く。
十一分傷悲。× sɿ^{35}ji^{35}fɯ^{44}sa^{44}pe^{44}	十一分傷悲。 とても悲しげな様子。

[1] 怎：原本是“有”之意，這裏是“還”“又”的意思。
[2] 阿本本：表示一段一段時間，“一會一會”。
[3] 栽栽：表示一段一段具體的距離，“一段一段”。
[4] 青：“清”。
[5] 青咽咽：“清幽幽”。
[6] 整：“整”的異體字。意爲“樹木”。
[7] 處：春天。
[8] 周：“鳥”“春鳥”。
[9] 之：“則”。

杯叭山尖[1]利山趕[2]， pe^{44}phia^{44}se^{35}tɕe^{35}ȵi^{55}sv̩^{32}ka^{32}	走到山頂又山谷， 山のてっぺん、また山の谷。
春時不見冬時水。 tshui^{44}sɿ^{42}pu^{35}tɕe^{55}tou^{44}sɿ^{42}sui^{31}	春時不見冬時水。 春に、冬の冷水なし。
樹木[3]生滿山頭尖[4]， tsɯ^{31}ŋv̩^{44}xeɹ^{55}ma^{33}sv̩^{32}tɯ^{21}tɕe^{35}	樹木生满山頭尖， 樹木は山の頂を覆う。
不見我鄉村。× pu^{35}tɕe^{55}ŋo^{31}ɕa^{44}tshui^{44}	不見我鄉村。 私の村は見えません。
白鶴阿對阿對飛， peɹ^{35}xo^{35}a^{31}tue^{32}a^{31}tue^{32}fv̩^{35}	白鶴一對一對飛， 白鶴は一対一対飛んでいく。
馬鹿對對走岩山。 ma^{31}lu^{55}tui^{55}tui^{55}tsou^{31}ai^{42}se^{44}	馬鹿對對走岩山。 鹿もつがいで岩山をかけ、
江中河水青如龍， tɕa^{44}tsou^{44}xo^{42}sui^{31}tɕhɯ^{44}zu^{42}lou^{42}	江中河水青如龍， 河は青くて龍のよう。
雲如白鶴飛。× jou^{42}zu^{42}peɹ^{35}xo^{35}fe^{44}	雲如白鶴飛。 雲は白鶴の飛ぶが如し。
昌昌虚虚[5]堆山滿， tsha^{44}tsha^{44}tshui^{55}tshui^{55}tui^{44}se^{44}ma^{31}	蒼蒼翠翠堆山满， 青々と（樹木が）折り重なつて山を覆う。
白白紅紅開滿山。 peɹ^{35}peɹ^{35}xou^{42}xou^{42}khai^{44}ma^{31}se^{44}	白白紅紅開满山。 白々と赤々と（花が）咲き乱れて山を覆う。
春來處處生青草， tshui^{44}lai^{42}tshu^{31}tshu^{31}sɯ^{44}tɕhɯ^{44}tsho^{31}	春來處處生青草， 春来り、そこかしこで青草が生え、
古整[6]發青山[7]。× ku^{31}tsɯ^{31}feɹ^{44}tɕheɹ^{31}se^{33}	古樹發綠葉。 古木も青き葉を生やす。

[1] 山尖：“山頂”。山嶺發音爲[se^{35}]。
[2] 山趕：“山谷”“山坳”。
[3] 樹木：[tsɯ^{31}ŋv̩^{44}]指“樹林”。
[4] 山頭尖：“山頂”。
[5] 昌昌虚虚：“蒼蒼翠翠”。
[6] 古整：“古木”“古樹”。
[7] 青山：“綠葉”。

白豆花[1]開滿山坡，
peɹ^{42}tɯ^{21}xuo^{35}khɯ^{55}ma^{33}sɣ̩^{32}po^{33}

白杜鵑開滿山坡，
白いツツジも山の斜面で咲いている。

車之杯[2]利白之杯。
tsheɹ^{44}tsɿ^{33}pe^{44}ȵi^{55}peɹ^{42}tsɿ^{33}pe^{44}

紅的圓白的也圓。
赤き（花）は円く、白きも円い。

記康借[3]因白豆花，
tɕi^{55}kha^{44}tɕeɹ^{44}jɯ^{44}peɹ^{42}tɯ^{21}xuo^{35}

肚餓吃白杜鵑花，
ひもじくて、白ツツジを摘み食べました。

自干到[4]干密[5]。×
tsɿ^{55}ka^{35}to^{42}ka^{35}mi^{44}

有一點兒甜。
少しだけ甘かった。

過了一洲有一縣，
kuo^{55}lio^{31}ji^{35}tsou^{44}jou^{31}ji^{35}ɕe^{55}

過了一州有一縣，
州城抜ければ、また県城。

山中有一曲一灣。
se^{44}tsou^{44}jou^{31}ji^{35}tɕhui^{35}ji^{35}ua^{44}

山中有一曲一灣。
山の道はくねくねと。

杯自手比[6]溝利乃[7]，
pe^{44}tsɿ^{55}sɯ^{33}pi^{21}ko^{44}ȵi^{55}ne^{21}

走得手麻脚也酸，
歩き疲れて、手はしびれ、足もだるくなってくる。

坐下閑一閑。※
tsuo^{55}ɕa^{55}ɕe^{42}ji^{35}ɕe^{42}

坐下閑一閑。
座って一休みしましょうか。

白：

媽媽，
ma^{44}ma^{44}

〔春高、冬妹〕媽媽，
お母さま。

兄妹二人走不動了。
ɕou^{44}me^{55}eɹ^{55}zɯ^{42}tsou^{31}pu^{35}tou^{55}lio^{31}

兄妹二人走不動了。
僕ら二人は動けません。

想將起來：

想將起來：

[1] 白豆花："白杜鵑"。大理人食用白杜鵑，别的顔色的杜鵑花則通常不吃。將白杜鵑摘來，浸泡水中一兩天后，剔除花蕊等，做湯或其他菜餚。
[2] 杯："圓"。
[3] 借："摘"。
[4] 干到："一點兒"。
[5] 干密："甜"。
[6] 比："麻""發麻"。
[7] 乃："酸""發酸""酸疼"。

ɕa^{31}tɕa^{33}tɕhi^{31}lai^{42}

考えてみると。

阿呀，
a^{33}ja^{31}

阿呀，
あ一、

好傷心！
xo^{31}sa^{44}ɕɯ^{44}

好傷心！
悲しいことですね。

—小哭

春高冬妹東暗當，
tshui^{33}ko^{44}tou^{44}me^{55}tou^{44}a^{55}ta^{44}

春高冬妹跌倒在這裏，
春高冬妹、ここに倒れる。

開咀哦叫咋阿媽：
khɯ^{55}tɕui^{33}ŋa^{55}ɣɯ^{35}tso^{42}a^{31}ma^{44}

開口我們叫阿媽：
口を開いて母を呼ぶ。

土吐栽杯記 些[1] 賊[2]？
thu^{33}no^{44}tse^{44}pe^{44}tɕi^{55}ɕou^{33}tseɹ^{42}

還要走多少天啊？
あとどれほど歩くのです。

京城怎拉偉[3]？ ×
tɕɯ^{35}tseɹ^{21}tsɯ^{35}na^{44}ue^{33}

京城在哪裏？
都はどこにあるのでしょう。

哦利周[4] 草鞋本過[5]，
ŋa^{55}ȵi^{55}tso^{44}tshu^{44}keɹ^{42}pɯ^{31}kuo^{32}

我們草鞋也沒穿，
僕らには履く草履もありません。

溝樹吐自 莫[6] 期 雙[7]。
ko^{44}su^{55}no^{44}tsɿ^{55}mo^{32}tɕhi^{44}sua^{44}

脚上水泡磨出血。
脚には（マメが）つぶれて血が出ています。

（8頁上）

氣喘呼呼在山林，
tɕhi^{55}tshua^{31}xu^{44}xu^{44}tsai^{55}sa^{44}liɯ^{42}

氣喘呼呼在山林，
山森で息も絶え絶え。

夫科記康香。×
fu^{44}khou^{33}tɕi^{55}kha^{44}ɕa^{44}

肚子也很餓。
とてもお腹がすきました。

[1] 記些：“多少”。
[2] 賊：語氣助詞，“啊”。
[3] 拉偉：“哪裏”。
[4] 周：“穿（鞋）”。
[5] 本過：“没有”。此句語序倒置。
[6] 莫：“（脚與地摩擦，水泡）磨破”。
[7] 雙：“血”。

明聲[1]花哭[2]咋阿爹:	放聲大哭叫阿爹:
meɹ21tsheɹ55xua44kho44tso42a31ti33	大声で悲痛に呼ぶは、お父さま。
爹爹出門不想家,	爹爹出門不想家,
tie44tie44tshu35mɯ42pu35ɕa31tɕa44	父は家を出て顧みず。
漢哦爹自爹吐鬼[3],	想要見爹見不到,
xa55ŋɯ55ti33tsɿ55ti33no44kue32	父に会いたくとも会えません。
平日米利端。×	每天想着你。
pe31ȵi44mi33ȵi55tua33	毎日あなたを想っています。

白:

春高、冬妹,	〔秦公子〕春高、冬妹,
tshui44ko44tou44me55	春高・冬妹。
不要哭了。	不要哭了。
pu35jo55khu35lio31	泣くのはおよし。
阿舅唱給你們一個調子,	阿舅唱給你們一個調子,
a31tɕou55tsha55kɯ31ȵi31mɯ44ji35ko55tio55tsɿ31	おじさんが一曲歌ってやろう。
你們聽聽——	你們聽聽——
ȵi31mɯ44thiɯ44thiɯ44	聞いとくれ。

一高

青咽咽自白咽咽,	青綠綠的白白的,
tɕheɹ55jɯ35jɯ35tsɿ55peɹ42jɯ35jɯ35	青々と白々と、
鼠頭叫暗面[4]頭盂。	老鼠叫了一隻貓。
sɯ33tɯ21ɣɯ35a55mi55tɯ21mɯ55	鼠は猫を呼んどいて、
鼠頭叫咋干等冷,	老鼠却說等一下,
sɯ33tɯ21ɣɯ35tso42ka44tɯ31lɯ42	ちょっと待ってと言いました。
暗面笑坑咽。×	貓笑起來了。
a55mi55so31khɯ44jɯ35	猫は笑い出しました。

[1] 明聲:"大喊大叫"。
[2] 花哭:"悲痛"。
[3] 鬼:"見不到""没有"。
[4] 暗面:"貓"。

周頭保趕王[1]頭後，
ʦou^{44}tɯ^{21}po^{31}ʨe^{42}ua^{42}tɯ^{21}ɣɯ^{33}
小鳥追在老鷹後，
小鳥が鷹を追いかける。

保干王頭趕反[2]恨。
po^{31}ka^{44}ua^{42}tɯ^{21}ʨe^{42}feɹ^{33}xɯ^{55}
它把老鷹追上去。
小鳥は鷹を追い抜いた。

狗頭答因[3]燈虎頭，
khua^{44}tɯ^{21}ta^{35}jɯ^{44}tɯ^{44}lo^{21}tɯ^{21}
小狗去叼那老虎，
犬は虎を咥えて行った。

羊頭争哧盂。×
jou^{21}tɯ^{21}ʦɯ^{35}pɯ^{55}mɯ^{55}
小羊和它争。
羊は犬と争います。

格必好[4]吐水牛頭，
keɹ^{44}pieɹ^{44}xo^{31}no^{44}ɕui^{33}ŋɯ^{31}tɯ^{21}
隔壁有一頭水牛，
隣の家には水牛が、

鶏頭干保冬[5]香恨。
ke^{35}tɯ^{21}ka^{44}po^{31}tv̩^{44}ɕa^{44}xɯ^{55}
小雞把水牛啄殺。
鶏は水牛を啄み殺す。

馬頭杯官那[6]告保，
meɹ^{33}tɯ^{21}pe^{44}kua^{35}na^{55}ko^{33}po^{31}
馬去官府控告雞，
馬は白洲に鶏を訴える。

叫鶏招[7]牛命。×
ʨo^{55}ʨi^{44}ʦo^{44}ȵou^{42}miɯ^{55}
説鶏奪牛命。
鶏が牛の命を奪った、と。

安母[8]頭罷汝駄怎，
a^{44}mo^{33}tɯ^{21}pa^{55}zv̩^{31}ʦɯ^{31}ʦɯ^{21}
人叫母鴨駄東西，
メス鴨に荷物を担がせて、

套口鬧迷[9]頭蹈[10]山登[11]。
thou^{55}lou^{55}mieɹ^{21}tɯ^{21}ta^{42}se^{32}tɯ^{35}
驢子守著它的巣。
ロバは鴨の巣を守る。

[1] 王："老鷹"。
[2] 趕反："追趕""趕上""追上"。
[3] 答因："叼"。
[4] 格必好："鄰居"。
[5] 冬；"啄"。
[6] 那："～那邊"。
[7] 招："遭"。
[8] 安母："母鴨"。
[9] 套口鬧迷："驢"。
[10] 蹈："守（巣）"。
[11] 山登："（鳥）巣"。

倒偉筐[1]來[2]汝莊[3]水，
to^{31}ue^{33}nv̩^{33}le^{21}zv̩^{31}ʦou^{35}ɕui^{33}
用一個竹筐裝水，
目籠を使って水を汲んでも、

阿點本漏恨。×
a^{31}tie^{35}pɯ^{31}ɣɯ^{31}xɯ^{55}
一滴也不漏。
少しも漏れません。

直耳呆[4]很罷王[5]馬，
ʦɿ^{35}ȵou^{33}to^{42}xɯ^{31}pa^{55}ua^{42}meɹ^{33}
策馬驅進針孔裏，
針の穴へと馬を駆り、

干保阿菜[6]王通恨。
ka^{44}po^{31}a^{31}ʦhe^{55}ua^{42}thu^{44}xɯ^{55}
叫它來回跑一趟。
一往復、駆け抜ける。

嗎好之[7]吐罷 虎[8]猪，
ma^{44}xo^{31}ʦɿ^{44}no^{44}pa^{55}xu^{33}te^{42}
在茅屋頂上烤豬，
かやぶき小屋で豚を炙るも、

阿怎[9]本燒[10]恨。×
a^{31}ʦɯ^{35}pɯ^{31}sv̩^{44}xɯ^{55}
（茅草）一根也不燒。
一本（の茅）も焼けません。

蚊之[11]勾坑[12]整整吐，
mɯ^{44}ʦɿ^{44}ko^{42}khɯ^{44}ʦɯ^{31}ʦɯ^{31}no^{44}
蚊子停在樹木上，
蚊が木の上に止まれば、

保干整尖央瀉[13]恨。
po^{31}ka^{44}ʦɯ^{31}ʨe^{35}ja^{44}ueɹ^{35}xɯ^{55}
它把樹頂壓歪了。
樹のてっぺんを押し曲げる。

（8頁下）
忍[14]頭答[15]燈碓走[16]來[17]，
zɯ^{21}tɯ^{21}ta^{35}tɯ^{44}tui^{32}ʦou^{33}le^{21}
蒼蠅把碓頭叼來，
ハエは杵の頭を咥えてきて、

---

[1] 倒偉筐：“帶眼的竹筐”。〔倒偉〕意爲“大眼”。
[2] 來：“（一）個（筐）”。
[3] 莊：“裝（東西）”。
[4] 直耳呆：“針孔”。
[5] 王馬：“策馬”。
[6] 阿菜：“一個來回”。
[7] 嗎好之：“茅屋”。
[8] 虎：“糊”“烤糊”。
[9] 怎：“（一）根（草）”。
[10] 燒：“燃燒”。
[11] 蚊之：“蚊子”。
[12] 勾：“（蟲、鳥等）停”。
[13] 央瀉：“壓歪”。“瀉”也許是“寫”之誤。
[14] 忍：“蒼蠅”。
[15] 答：①用肩挑；②用嘴叼。這裏意爲“叼”。
[16] 碓走：“碓頭”，裝在脚踏碓或水車碓的杵頭的石頭。
[17] 來：“碓走”的數量詞。

把東[1]處頭孟[2]。×
pa^{32}tou^{44}tshy̩^{55}tɯ^{21}mɯ^{35}
絆倒在小巷。
町の小道でつまずき転ぶ。

獅頭奇[3]坑象頭吐，
sɿ^{35}tɯ^{21}kɯ^{21}xɯ^{44}jou^{33}tɯ^{21}no^{44}
獅子騎在大象上，
獅子は象に跨って、

由根[4]墻趕[5]很過咽。
jou^{42}xɯ^{55}ou^{33}ka^{32}xɯ^{31}kuo^{32}jɯ^{35}
從壁縫裏過來了。
壁の割れ目からやってきた。

泥氣潘[6]爲[7]保雙斗，
ne^{21}tɕhi^{55}pha^{44}ue^{42}tɕui^{35}tsɿ^{55}po^{31}sua^{44}tou^{21}
泥菩薩開口説話，
泥の仏が口を利く。

保栽飛坑咽。×
po^{31}tse^{44}fy̩^{35}khɯ^{44}jɯ^{35}
他再飛起來。
仏はさらに飛び上がる。

倒海習很罷周[8]朱[9]，
to^{31}ko^{21}ɕi^{35}xɯ^{31}pa^{55}tsou^{44}tsy̩^{44}
大海中心砍竹木，
大海原で竹を切り、

井痛山[10]吐罷猜[11]慶[12]。
tɕɯ^{33}tshou^{55}se^{35}no^{44}pa^{55}tshe^{44}tɕhɯ^{55}
蒼山之上淘田螺。
点蒼山でタニシ採り。

西山尖吐撈靠夫[13]，
se^{35}se^{35}tɕe^{35}no^{44}vu^{31}kho^{55}fu^{44}
西山頂上撈海菜，
西山のてっぺんでは海菜採り。

上丕[14]長怎怎[15]。※
sa^{55}phe^{31}tsou^{21}tsɯ^{35}tsɯ^{35}
每根三庹長。
一本が三丕の長さ。

[1] 把東："絆倒"。
[2] 處頭孟："巷道"。
[3] 奇："騎"。
[4] 由根："從～"。〔由〕也發音爲[jou^{35}]。
[5] 墻趕："墻縫"。
[6] 泥氣潘："泥巴"。
[7] 爲："佛"。
[8] 周："砍（木、竹）"。喜洲一帶也發音爲[tso^{33}]。
[9] 朱："竹"。
[10] 井痛山：點蒼山（又名苍山）的古稱。
[11] 猜："淘""疏通"。
[12] 慶："洱海的田螺"。
[13] 靠夫："洱海的海草"。
[14] 丕："一尋""庹"。
[15] 怎：海草等又長又柔軟的植物（草）的數量詞，"～根"。

詩:

家住鷄山東在東,
tɕa^{44}tsu^{55}tɕi^{44}sa^{44}tou^{44}tsai^{55}tou^{44}

家住鷄山東在東,
家は鶏足山の東のまた東。

今烈[1]剛强稱英雄。
tsɯ^{44}lie^{55}ka^{44}tɕha^{42}tshɯ^{44}jɯ^{44}ɕou^{42}

勁烈剛强稱英雄。
強靭剛強として英雄と称し、

月林斗金團兵將[2],
jue^{35}liɯ^{42}tou^{31}tɕɯ^{44}thua^{42}piɯ^{44}tɕa^{44}

月林斗金團兵將,
月林斗金(?)として兵将を集める。

要奪大國鐘打鐘[3]。
jo^{55}tuo^{35}ta^{55}kueɹ^{35}tsou^{44}ta^{31}tsou^{44}

要奪大國鐘打鐘。
大国を奪わんと欲して鐘打鐘(?)。

白:

本代王羅大是矣!
pɯ^{31}tai^{55}ua^{42}luo^{42}ta^{55}sɿ^{55}ji^{31}

〔羅大〕本大王羅大是矣!
大王の羅大様だ。

在我山前自立爲王。
tsai^{55}ŋo^{31}sa^{44}tɕhe^{42}tsɿ^{55}li^{35}ue^{42}ua^{42}

在我山前自立爲王。
おれさまはお山で自ら王となる。

今日天氣晴和,
tɕɯ^{44}zɿ^{35}thie^{44}tɕhi^{55}tɕhɯ^{42}xo^{42}

今日天氣晴和,
本日は天気も晴れてとても穏やか。

分付手下聽令:
fɯ^{44}fu^{55}sou^{31}ɕa^{55}thiɯ^{44}liɯ^{55}

吩咐手下聽令:
野郎ども命令するから、よっく聞け。

一勇[4]下山,
ji^{35}jou^{31}ɕa^{55}sa^{44}

一勇下山,
勇ましく下山せよ。

代過馬來,
tai^{55}kuo^{55}ma^{31}lai^{42}

帶過馬來,
馬を引いてこい。

打馬就走!
ta^{31}ma^{31}tɕou^{55}tsou^{31}

打馬就走!
馬を駆って出陣だ。

一高:

本代王今日下山,

本大王今日下山,

---

[1] 今烈: 勁烈。
[2] 月林斗金團兵將: 此句意思不明。
[3] 鐘打鐘: 是否意爲“奪江山”。不明。
[4] 一勇: 是否意爲“英雄”?

$pɯ^{31}tai^{55}ua^{42}tɕɯ^{44}zɿ^{35}ɕa^{55}sa^{44}$

大王さまは本日下山。

翁居[1]白馬緊加鞭。
$ɣɯ^{44}tɕui^{44}peɹ^{35}ma^{31}tɕɯ^{31}tɕa^{44}pie^{44}$

黑馬白馬緊加鞭。
黒い駿馬や白馬に、厳しく鞭を加えるがいい。

馬步兵丁朝前走，
$ma^{31}pu^{55}piɯ^{44}tiɯ^{44}tsho^{42}tɕhe^{42}tsou^{31}$

馬步兵丁朝前走，
騎兵歩兵は前進だ。

後面次飛軍。×
$xou^{55}mie^{55}tshɿ^{55}fe^{44}tɕui^{44}$

後面次飛軍。
さあ後軍は、飛軍に続け。

宋朝皇王我接搶[2]，
$sou^{55}tsho^{42}xua^{42}ua^{42}ŋo^{31}tɕe^{35}tɕha^{31}$

宋朝皇王我搶劫，
宋の皇帝だって奪いさらう。

個自杯自倒生易[3]。
$keɹ^{55}tsɿ^{55}pe^{44}tsɿ^{55}to^{31}sɯ^{35}ji^{44}$

今年去做大生意。
今年こそ、でかい商売に出けよう。

有人阻打[4]我路綫，
$jou^{31}zɯ^{42}tsu^{31}ta^{31}ŋo^{31}lu^{55}ɕe^{55}$

有人阻擋我路綫，
おれ様の道を邪魔するやつは、

干味種[5]殺杯。×。
$ka^{44}pɯ^{55}tsv̩^{33}ɕa^{44}pe^{44}$

殺掉他全家。
一族これ皆殺し。

白：

報——報——！
$po^{55}po^{55}$

〔手下人〕報——報——！
報告いたします。

所報何事？
$suo^{31}po^{55}xo^{42}sɿ^{55}$

〔羅大〕所報何事？
何事だ。

大王在上，
$ta^{55}ua^{42}tsai^{55}sa^{55}$

〔手下人〕大王在上，
大王さまにおかれましては。

一男一女，
$ji^{35}na^{42}ji^{35}ȵui^{31}$

一男一女，
一男一女、

[1] 翁居：是否“烏駿”？
[2] 接搶：“搶劫”。
[3] 生易：“生意”。
[4] 阻打：“阻擋”。
[5] 種：“種族”“一族”。〔味種〕意爲“家族”“一家庭”。

兩個娃娃，
lia^{31}ko^{55}ua^{42}ua^{44}

兩個娃娃，
二人の子供が、

闖山而過！
tshua^{31}sa^{44}eɹ^{42}kou^{55}

闖山而過！
山を侵し越えようとしています。

代將上來！
tai^{55}tɕa^{44}sa^{55}lai^{42}

〔羅大〕帶將上来！
つれてまいれ。

本代王要問青紅皂白。
pɯ^{31}tai^{55}ua^{42}jo^{55}vɯ^{55}tɕhɯ^{44}xou^{42}tso^{55}peɹ^{35}

本大王要問青紅皂白。
大王さまが問いただす。

（9頁上）
大王在上，
te^{55}ua^{42}tsai^{55}sa^{55}

〔手下人〕大王在上，
大王さまにおかれましては。

已經代到！
ji^{31}tɕɯ^{44}tai^{55}to^{55}

已經帶到！
連れてまいりました。

好，
xo^{31}

〔羅大〕好，
よし。

本大王且問你：
pɯ^{31}ta^{55}ua^{42}tɕhe^{31}vɯ^{55}ȵi^{31}

本大王且問你：
この大王さまが問いただしてくれよう。

你四人闖山而過，
ȵi^{31}sɿ^{55}zɯ^{42}tshua^{31}sa^{44}eɹ^{31}kuo^{55}

你四人闖山而過，
お前ら4人は山に侵入し、越えようとは。

該有何罪？！
kai^{44}jou^{31}xo^{42}tsui^{55}

該有何罪？！
何の罪にあたろうか。

阿呀！大王在上，
a^{33}ja^{31} ta^{55}ua^{42}tsai^{55}sa^{55}

〔秦香蓮〕阿呀！大王在上，
あ一、大王様におかれましては。

我家住在湖廣荆洲府。
ŋo^{31}tɕa^{44}tsu^{55}tsai^{55}xu^{42}kua^{31}tɕɯ^{44}tsou^{44}fu^{31}

我家住在湖廣荆州府。
私どもは湖広荊州府に住むものです。

爲因地方三年無雨，
ue^{42}jɯ^{44}ti^{55}fa^{44}sa^{44}ȵe^{42}vu^{42}jui^{31}

爲因地方三年無雨，
かの地方では三年雨が降らず。

遭了乾旱，
tso^{44}lio^{31}ka^{44}xa^{55}

遭了乾旱，
日照りに見舞われております。

無吃無穿，
vu^{42}tshɿ^{35}vu^{42}tshua^{44}

無吃無穿，
食べるものも着るものもございません。

我們討難[1]去京城。
ŋo^{31}mɯ^{44}tho^{42}na^{55}tɕhui^{55}tɕɯ^{44}tshɯ^{42}

我們逃難去京城。
私たちは逃げて都に行くつもりです。

請大人原凉[2]。
tɕhɯ^{31}ta^{55}zɯ^{42}jue^{42}lia^{55}

請大人原諒。
どうかお許しを。

哼！你闖山而過，
xɯ^{42} n̠i^{31}tshua^{21}sa^{44}eɹ^{31}kuo^{55}

〔羅大〕哼！你闖山而過，
ふん！お前が入り込んだこの山は、

本代王的山崗，
pɯ^{31}tai^{55}ua^{42}ti^{44}sa^{44}ka^{44}

本大王的山崗，
この大王さまの山だぞ。

可有買路銀子？！
kho^{31}jou^{31}mai^{31}lu^{55}jɯ^{42}tsɿ^{31}

可有買路銀子？！
通行料を払わせてやろう。

阿呀！大人在上，
a^{44}ja^{31} ta^{55}zɯ^{42}tsai^{55}sa^{55}

〔秦香蓮〕阿呀！大人在上，
あー、大王さまにおかれましては。

逃難之人，
tho^{42}na^{55}tsɿ^{44}zɯ^{42}

逃難之人，
逃げ出した人間には、

身邊没有半文錢。
sɯ^{44}pie^{44}mu^{35}jou^{31}pa^{55}vɯ^{42}tɕhe^{42}

身邊没有半文錢。
半文の銭も持ち合わせはありません。

既然如此，
tɕi^{55}za^{42}zu^{42}tshɿ^{31}

〔羅大〕既然如此，
しからば、

手下人，
sou^{31}ɕa^{55}zɯ^{42}

手下人，
野郎ども。

把他男人代[3]過山崗！
pa^{31}tha^{44}na^{42}zɯ^{42}tai^{55}kuo^{55}sa^{44}ka^{44}

把他男人帶過山崗！
この男を山まで、

拿起就走。

〔手下人〕拿起就走。

[1] 討難："逃難"。
[2] 原凉："原諒"。
[3] 代："帶"。

na^{42}tɕhi^{31}tɕou^{55}tsou^{31}

引っ立ててまいれ。

秦香蓮看來：
tɕhɯ^{42}ɕa^{44}ȵe^{42}kha^{55}lai^{42}

〔秦香蓮〕秦香蓮看來：
秦香蓮は思いました。

那是青天？
na^{55}sɿ^{55}tɕhɯ^{44}thie^{44}

哪是青天？
どこに正義があるのでしょうか。

一大哭

香連阿交[1]東[2]阿當，
ɕa^{44}ȵe^{42}a^{31}kheɹ^{55}tou^{44}a^{55}ta^{44}

香蓮在此跌一跤，
秦香蓮はここに倒れた。

糾我哭青害明汪[3]。
tɕo^{44}ŋo^{31}kho^{44}tɕheɹ^{55}xe^{55}meɹ^{21}ua^{44}

我對青天明月哭。
私は悲痛に慟哭した。

代王干哦胎魯[4]咋，
te^{55}ua^{42}ka^{44}ŋɯ^{55}the^{44}lu^{31}tso^{42}

大王擒擄我弟弟，
大王が私の弟を連れて行く。

撥馬回山崗。×
po^{35}ma^{31}xui^{42}sa^{44}ka^{44}

撥馬回山崗。
馬を返して山に帰った。

可年坐船玉[5]貴必[6]，
kho^{31}ȵe^{42}kv̩^{32}je^{21}jui^{44}kueɹ^{32}pi^{35}

可憐坐船遭怪風，
哀れむべし、船に乗り怪しい風に出遭うとは。

子母下京無主張。
tsɿ^{31}mu^{31}ɕa^{55}tɕɯ^{44}vu^{42}tsu^{31}tsa^{44}

母子下京無主張。
母と子は都を目指すもどうにもならず。

肉胎狗艮上思[7]號，
zv̩^{35}the^{44} kou^{33}ȵi^{21}sa^{55}sɿ^{35}xo^{55}

姐弟兩人離散了，
姉弟二人は別れ別れ。

骨肉兩分家。×
ku^{35}zv̩^{35}lia^{31}fɯ^{44}tɕa^{44}

骨肉兩分家。
骨肉はふたつに分かれてしまう。

明聲花哭咋阿胎，
meɹ^{21}tsheɹ^{55}xua^{44}kho^{44}tso^{42}a^{31}the^{44}

放聲大哭叫阿弟，
痛哭し呼ぶ、弟よ。

---

[1] 交："（跌一）跤"。
[2] 東："倒""跌倒"。
[3] 青害明汪："青天明月"。這裏有兩種意思：對着青天明月痛哭；從早到晚一直痛哭。
[4] 魯："擄"。也發音爲［ lu^{35} ］。
[5] 玉："遇""遭遇"。
[6] 貴必："怪風"。
[7] 上思："離散""分離"。

個自甲滿[1]三十雙。

keɹ^{55}tsɿ^{55}tɕa^{35}ma^{33}sa^{55}tshɿ^{42}sua^{44}

今年剛滿三十歲。

今年、三十路になったばかり。

使惱杯咽領哦土，

sɿ^{31}no^{31}pe^{44}jɯ^{35}tsou^{35}ŋa^{55}thu^{33}

讓你帶我去尋夫，

道案内をさせたばかりに、

把你姓命[2]傷！ ×

pa^{31}ȵi^{31}ɕɯ^{55}miɯ^{55}sa^{44}

把你性命傷！

お前を失ってしまうとは。

（9頁下）

黃梅不落青梅落，

xua^{42}me^{42}pu^{35}luo^{35}tɕhɯ^{44}me^{42}luo^{35}

黃梅不落青梅落，

黄梅落ちずに青梅が落ちた。

黃科本斷青科筐[3]。

ŋv̩^{21}khou^{33}pɯ^{31}tua^{42}tɕheɹ^{31}khou^{33}khua^{44}

黃的不落摘青的。

黄色が落ちずに青のが摘まれた。

嚨姐我干惱害號，

nɯ^{55}tɕi^{33}ŋo^{31}ka^{44}no^{31}xeɹ^{44}xo^{55}

你姐我把你傷害，

姉さんがお前を傷つけた。

爲姐吐受難。×

ue^{44}tɕi^{33}no^{44}sou^{44}na^{44}

因姐姐受難。

姉さんのために難を受く。

開咀我哭咋阿胎，

khɯ^{55}tɕui^{33}ŋo^{31}kho^{44}tso^{42}a^{31}the^{44}

我開口哭叫阿弟，

口を開いて私は泣いた、弟よ。

嚨姐害叭惱等央[4]。

nɯ^{55}tɕi^{33}xeɹ^{44}phia^{44}no^{31}tɯ^{31}ja^{44}

你姐害你到這樣。

姉さんは、お前を傷つけた。

嚨姐怎閃格[5]無去[6]，

nɯ^{55}tɕi^{33}tsɯ^{35}se^{32}keɹ^{35}vu^{42}tɕhui^{55}

你姐人世無意義，

姉さんが、この世に生きる意味はない。

同齊見閻王[7]！ ×

thou^{42}tɕhi^{42}tɕe^{55}je^{42}ua^{44}

同齊見閻王！

一緒に閻魔に会いに行こう。

---

[1] 甲："纔～""纔（～歲）"。
[2] 姓命："性命"。
[3] 筐："摘取"。
[4] 等央："這樣"。
[5] 閃格："人世"。
[6] 無去："没有意義""無趣"。
[7] 閻王："閻王"。爲了押韻，"王" 發音爲［ ua^{44} ］。

漢燈暗當松等整[1]，
xa^{55}tɯ^{44}a^{55}ta^{44}jou^{21}tɯ^{31}tsɯ^{31}

看到這裏松一棵，
見ればここに松の木が。

頭包[2]干恨[3]松吐 閼[4]。
tɯ^{21}po^{21}ka^{44}xɯ^{55}jou^{21}no^{44}kua^{44}

把頭挂在松樹上。
この首を松に掛けましょう。

前思後想真無去，
tɕe^{42}sɿ^{44}xou^{55}ɕa^{31}tsɯ^{44}vu^{42}tɕhui^{55}

前思後想真無趣，
考えていても意味がない。

吊香[5]恨暗當！ ×
tio^{44}ɕa^{44}xɯ^{55}a^{55}ta^{44}

在這裏上吊！
首をくくって死にましょう。

介：

春高已[6]定[7]阿母川[8]，
tshui^{33}ko^{44}tɕi^{33}tɕɯ^{31}a^{31}mo^{33}tshua^{44}

春高抓緊他媽媽，
春高は母をつかんで引き止めた。

阿媽要本吊香三。
a^{31}mo^{33}ȵou^{44}pɯ^{31}tio^{44}ɕa^{44}sa^{44}

阿媽不要吊死啊。
お母様、首吊りなんていけません。

有名[9]生來無名[10]死，
jou^{31}miɯ^{55}sɯ^{44}lai^{42}vu^{42}miɯ^{55}sɿ^{31}

有命生來無命死，
命数あれば生き残り、命数なければ死ぬという。

糾哦杯時拉[11]？ ×
tɕo^{44}ŋa^{55}pe^{44}tsɿ^{21}na^{44}

叫我們去哪？
僕らはいったいどうするの。

阿更留落[12]罷頭黨[13]，
a^{31}kɯ^{55}liou^{42}luo^{35}pa^{55}tɯ^{21}ta^{31}

現在流落陌生地，
今、知らない場所をさまよって、

前無親來後無家。
tɕhe^{42}vu^{42}tɕhɯ^{44}lai^{42}xou^{55}vu^{42}tɕa^{44}

前無親來後無家。
前に親戚、後ろに家もなし。

---

[1] 整："（一）顆（樹）"。
[2] 頭包："頭""腦袋"。
[3] 干恨："把這個～"。
[4] 閼："掛"。
[5] 吊香："吊死"。
[6] 已："拉"。
[7] 定："緊"。
[8] 川："（抓一）回"。
[9] 有名："有命"。
[10] 無名："無命"。
[11] 時拉："哪裏"。
[12] 留落："流落"。
[13] 罷頭黨："陌生之地"。

阿母利死哦利死， a^{31}mo^{33}li^{55}ɕi^{33}ŋa^{55}li^{55}ɕi^{33}	阿媽死我們也死， お母様死ねば、僕らも死ぬ。
同齊見閻王！ × thou^{42}tɕhi^{42}tɕe^{55}je^{42}ua^{44}	同齊見閻王！ ともに閻魔へお目通り。
我勸阿母干習悔[1]， ŋo^{31}tɕhue^{44}a^{31}mo^{33}ka^{44}ɕi^{35}xui^{31}	我勸阿媽消此念， お母様、思いとどまって。
必定到京城地方。 pi^{35}tiɯ^{55}to^{55}tɕɯ^{44}tshɯ^{42}ti^{55}fa^{44}	必定到京城地方。 必ず都へたどり着き、
底要過哦爹上[2]見， ti^{21}ȵou^{44}kou^{35}ŋɯ^{55}ti^{33}sa^{55}ke^{32}	衹要與我爹相見， お父様に会えたなら、
自然有主張。× tsɿ^{55}za^{42}jou^{31}tsu^{31}tsa^{44}	自然有主張。 おのずと名案も出るでしょう。

介：

冬妹拡[3]住我母親， tou^{44}me^{55}la^{44}tsu^{55}ŋo^{31}mu^{31}tɕhɯ^{44}	冬妹拉住我母親， 冬妹は母を引き止めた。
阿母習孟歐朶冷。 a^{31}mo^{33}ɕi^{35}mɯ^{55}ou^{44}tuo^{33}lɯ^{44}	阿媽你不要傷心。 お母様、悲しまないでくださいな。
古説善人天保祐， ku^{31}suo^{35}sa^{55}zɯ^{42}thie^{44}po^{31}jou^{55}	古説善人天保祐， 昔から、善人に天の助けがあるという。
且干眼淚生[4]。× tɕhe^{31}ka^{44}mi^{42}ji^{42}sɯ^{44}	且擦乾眼淚。 まずは涙を拭きましょう。
阿艮頭吐害阿 稱[5]， a^{31}ȵi^{21}tɯ^{21}no^{44}xe^{55}a^{31}tshɯ^{33}	一人頭上一片天， 一人の頭に、一つの天があるという。

[1] 習悔：“打消念頭”“重新考慮”。
[2] 上：“互相”。
[3] 拡：“拉”。
[4] 生：“拭”。
[5] 稱：“（一）片（天）”。

代王干哦舅拖坑。
te^{55}ua^{42}ka^{44}ŋɯ^{55}tɕou^{55}tɕi^{33}khɯ^{44}
大王把我舅帶走。
大王は舅様を連れては行きました。

罷干哦舅魯恨只[1]，
pa^{55}ka^{44}ŋɯ^{55}tɕou^{55}lu^{31}xɯ^{55}tsɿ^{21}
他們雖擒我舅舅，
舅様は捕らえられて行きました。

底學命珠[2]怎。×
ti^{21}ɕo^{35}mieɹ^{32}tsv̩^{44}tsɯ^{33}
祇要命保住。
命だけは助かった。

（10頁上）
醃菜有發天[3]之時[4]，
je^{44}tshai^{55}jou^{31}fa^{35}lv̩^{35}tsɿ^{44}sɿ^{42}
腌菜有發緑之時，
漬物に葉っぱが生えることもある。

一定[5]山代王招親。
ji^{35}tiɯ^{55}sa^{44}tai^{55}ua^{42}tso^{44}tɕhɯ^{44}
山大王或許招親。
大王が婿にするかもしれません。

哦舅本死怎閃格，
ŋɯ^{55}tɕou^{55}pɯ^{31}ɕi^{33}tsɯ^{35}se^{32}keɹ^{35}
若舅没死，在人間，
舅様は、死なずにこの世にいるならば、

自然叭亮後。×
tsɿ^{55}za^{42}phia^{44}ȵa^{55}ɣɯ^{33}
會趕上我們。
追いかけて来ることもあるでしょう。

漢燈前面房等結[6]，
xa^{55}tɯ^{44}tɯ^{21}mɯ^{35}xo^{31}tɯ^{31}tɕɯ^{42}
看到前面大房屋，
前に大きなお家が見えますよ。

白灰西自[7]亮亮生。
peɹ^{42}xui^{35}ɕi^{33}tsɿ^{55}ȵa^{44}ȵa^{44}sɯ^{33}。
白灰石灰明亮亮。
漆喰を塗ってぴかぴかです

自古出門早歇[8]店，
tsɿ^{55}ku^{31}tshu^{35}mɯ^{42}tso^{31}ɕe^{42}tie^{55}
自古出門早歇店，
昔から、出かけたら早めに宿で休めと、言う。

干店吐 私[9]坑。※
ka^{44}tɕe^{31}no^{44}sɿ^{44}khɯ^{44}
在店裏住下。
宿屋に泊まりましょう。

---

[1] 只："～的時候"。
[2] 珠："（一）条（命）"。
[3] 天：語意不通，可能是"緑"之誤。
[4] 醃菜有發天（緑）之時：比喻倒運之時也可能會有好事情。
[5] 一定：在白語中指"恐怕""可能"。
[6] 結："（一）所（房屋等）"。
[7] 西自："石灰"。
[8] 歇：發音爲[ɕe^{42}]。
[9] 私："住""宿"。

詩:

京城開小店,
tɕɯ^{44}tshɯ^{42}khai^{44}ɕo^{31}tie^{55}

京城開小店,
都で開く小さな旅籠。

賓客往常來。
piɯ^{33}kheɹ^{35}ua^{31}tsha^{42}lai^{42}

賓客往常來。
お客は常にいらっしゃる。

備務其生理[1],
pi^{55}vu^{55}tɕhi^{42}sɯ^{44}li^{31}

備務其生理,
家業をしかと務めるは、

事事在人爲。
sʅ^{55}sʅ^{55}tsai^{55}zɯ^{42}ue^{42}

事事在人爲。
万事、人が行うべし。

白:

店主張月祿是矣。
tie^{55}tsu^{31}tsa^{44}jue^{35}lu^{35}sʅ^{55}ji^{31}

〔張月祿〕店主張月祿是矣。
店主の張月祿である。

今日耳燒面熱,
tɕɯ^{44}zʅ^{35}eɹ^{31}so^{44}mie^{55}zɯ^{35}

今日耳燒面熱,
今日は何か予感があるぞ。

不如我出門迎客招待。
pu^{35}zu^{42}ŋo^{31}tshu^{35}mɯ^{42}jɯ^{42}kheɹ^{35}tso^{44}tai^{55}

不如我出門迎客招待。
外に出てお客をお出迎え。

手提虎頭牌[2],
sou^{31}thi^{42}xu^{31}thou^{42}phai^{42}

手提虎頭牌,
手に虎頭牌を引っさげて、

掛出門外,
kua^{55}tshu^{35}mɯ^{42}uai^{55}

掛出門外,
門の外に掛けておこう。

抬頭一看:
thai^{42}thou^{42}ji^{35}kha^{55}

抬頭一看:
ひょいと頭をもたげてみれば、

來了一個婦女,
lai^{42}lio^{31}ji^{35}ko^{55}fu^{55}ȵui^{31}

來了一個婦女,
一人のご婦人と、

兩個娃娃。
lia^{31}ko^{55}ua^{42}ua^{44}

兩個娃娃。
二人のお子様がやってきた。

[1] 生理:在白語中指“職業”。
[2] 虎頭牌:通行証。

你到那點地方？
ȵi^{31}to^{55}na^{31}tie^{31}ti^{55}fa^{44}

你到哪點地方？
どちらへいらっしゃいますか。

我到京城地方。
ŋo^{31}to^{55}tɕɯ^{33}tshɯ^{42} ti^{55}fa^{44}

〔秦香蓮〕我到京城地方。
都のほうへ。

你到京城所干何事？
ȵi^{31}to^{55}tɕɯ^{33}tshɯ^{42}sou^{31}ka^{44}xo^{42}sɿ^{55}

〔張月禄〕你到京城所干何事？
都に行って何をなさいます。

爲何眼淚不乾？
ue^{55}xo^{42}je^{31}lui^{55}pu^{35}ka^{44}

爲何眼淚不乾？
なぜ涙をためてらっしゃる。

你家住何方？
ȵi^{31}tɕa^{44}tsu^{55}xo^{42}fa^{44}

你家住何方？
お住まいはどちらで。

姓勝[1]名誰？
ɕɯ^{55}sɯ^{55}miɯ^{42}sui^{42}

姓甚名誰？
お名前は何とおっしゃる。

店主老闆在上，
tie^{55}tsu^{31}lo^{31}pa^{31}tsai^{55}sa^{55}

〔秦香蓮〕店主老闆在上，
だんなさん。

我家住湖廣荆洲府，
ŋo^{31}tɕa^{44}tsu^{55}xu^{42}kua^{31}tɕɯ^{44}tsou^{44}fu^{31}

我家住湖廣荆州府，
私の家は湖広の荊州府。

桑主莊人氏。
sa^{33}tsu^{31}tsua^{33}zɯ^{42}sɿ^{55}

桑主莊人氏。
桑主荘の人間です。

夫主名叫陳士美，
fu^{44}tsu^{31}miɯ^{42}tɕo^{55}tshɯ^{42}sɿ^{55}me^{31}。

夫主名叫陳世美，
主人の名は陳世美です。

奴家名叫秦香連。
nu^{42}tɕa^{44}miɯ^{42}tɕo^{55}tɕhɯ^{42}ɕa^{44}ȵe^{42}

奴家名叫秦香蓮。
私の名前は秦香蓮。

好！好！果然不錯，
xo^{31}xo^{31} kuo^{31}za^{42}pu^{35}tshuo^{55}

〔張月禄〕好！好！果然不錯，
なるほど、左様で。

不是平民百姓，
pu^{35}sɿ^{55}phiɯ^{42}miɯ^{42}peɹ^{35}ɕɯ^{55}

不是平民百姓，
普通のお方ではありませんでしたか。

[1] 勝："甚"。

原來是付馬公的原配夫人。
jue^{42}lai^{42}sɿ^{55}fu^{55}ma^{31}kou^{44}ti^{44}jue^{42} phai^{55}fu^{44}zɯ^{42}

原來是駙馬公的原配夫人。
駙馬様の元の奥方でしたか。

手下人好好招待!
sou^{31}ɕa^{55}zɯ^{42}xo^{31}xo^{31}tso^{44}tai^{55}

手下人好好招待!
お前たち、よくよくおもてなしせよ。

(10頁下)
我到目池宫,
ŋo^{31}to^{55}mu^{35}tshɿ^{42}kou^{44}

我到目池宫,
私は目池宮へ、

把夫人報信。
pa^{31}fu^{44}zɯ^{42}po^{55}ɕɯ^{55}

幫夫人報信。
奥様のたよりをもって、

代我走上一走。
tai^{55}ŋo^{31}tsou^{31}sa^{55}ji^{35}tsou^{31}

待我走上一走。
行ってまいりましょう。

一寸

張月禄怎京城司客[1],
tsa^{44}jue^{35}lu^{35}tsɯ^{35}tɕɯ^{35}tseɹ^{21}sɿ^{44}kheɹ^{44}

張月禄京城開旅店,
張さん都で宿屋の家業。

討燈婆娘[2]頭[3]孔[4]車。
thu^{55}tɯ^{44}ȵou^{35}mo^{33}tɯ^{21}khv̩^{33}tsheɹ^{33}

娶的婆娘很能睡。
娶った嫁は、よく眠る。

阿車下去打府趕[5],
a^{31}tsheɹ^{33}thɯ^{55}ŋeɹ^{21}teɹ^{44}fu^{31}keɹ^{32}

一睡下去打呼嚕,
ひとたび眠れば、いびきかき。

虎鳴吹第的[6]。×
lo^{21}meɹ^{21}phɯ^{44}ti^{55}teɹ^{44}

(好像)虎吼吹嗩吶。
虎が吼え、チャルメラを吹き鳴らすよう。

車本日[7]吐送味期[8],
tsheɹ^{33}pɯ^{31}ȵi^{44}no^{44}sou^{44}pɯ^{55}tɕhi^{33}

不入睡就受她氣,
眠らなければ、いじめられる。

[1] 司客:爲旅客提供住宿的職業。此句有八字。
[2] 婆娘:"媳婦"。
[3] 頭:〔婆娘〕的量詞。
[4] 孔:"能(擅長)~"。
[5] 打府趕:"打呼嚕"。
[6] 第的:"嗩吶"。
[7] 車本日:"睡不着"。〔車日〕意爲"入睡"。
[8] 送~期:"受~的氣"。

干保已不[1]床耳[2]車。
ka^{44}po^{31}tɕi^{33}thɯ^{55}tsou^{21}eɹ^{33}tsheɹ^{33}

把她拉下睡床下，
彼女をベッドから引っぱり寝かせ、

打牛母[3]汝五古[4]科[5]，
teɹ^{44}ȵou^{35}mo^{33}zv̩^{31}vu^{44}ku^{21}khou^{33}

用葫蘆打那婆娘，
嫁をひょうたんでぶったたき、

自[6]咮頭吐反[7]。×
tsɯ^{35}pɯ^{55}tɯ^{21}no^{44}feɹ^{33}

頭上按着轉。
頭にぐりぐり押し付けたいが、

晚生[8]糾保扣[9]我鋪[10]，
pe^{33}keɹ^{32}tɕo^{44}po^{31}khou^{55}ŋo^{31}phv̩^{55}

晚上叫她鋪我床，
夜には私の床をひかせ、

日很[11]糾保自因點[12]。
ȵi^{44}xɯ^{31}tɕo^{44}po^{31}tsɿ^{55}jɯ^{44}tieɹ^{44}

白天叫她做些菜。
昼間は料理を作らせたい。

怕老婆才有飯吃，
pha^{55}lo^{31}pho^{42}tshai^{31}jou^{31}fa^{55}tshɿ^{35}

怕老婆才有飯吃，
恐妻家でなければ飯も食えぬ。

忍[13]咮頭孟點。×
za^{31}pɯ^{55}tɯ^{21}mɯ^{35}tieɹ^{33}

讓她一下吧。
少しはあいつにゆずってやろう。

介：

老張我自喜歡香，
lo^{31}tsa^{44}ŋo^{31}tsɿ^{55}ɕi^{31}xua^{35}ɕa^{44}

老張我非常高興，
張月禄は大喜び。

杯本米[14]吐我自三[15]。
pe^{44}pɯ^{31}mi^{31}no^{44}ŋo^{31}tsɿ^{55}sa^{44}

走不够我就小跑。
歩くも足りず、駆け出した。

---

[1] 不："下"。
[2] 床耳："床下"。
[3] 牛母："婆娘"。
[4] 五古："葫蘆"。
[5] 科："（一）個（葫蘆）"。
[6] 自："在～"。
[7] 反："按著轉"。
[8] 晚生："晚上"。
[9] 扣："鋪（床）"。
[10] 鋪："床"。
[11] 日很："白天"。
[12] 因點："吃的東西"。
[13] 忍："忍""讓"。
[14] 本米："不够"。
[15] 自三："小跑"。

店吐司燈客上艮，
tɕe^{31}no^{44}sʅ^{44}tɯ^{44}kheɹ^{44}sa^{55}ȵi^{21}
住店的三位客人，
店に泊まった客三人。

該答 [1] 哦周花。×
ke^{35}ta^{35}ŋɯ^{55}tsou^{44}xua^{44}
該是我造化。
俺の運気に違いない。

他是付馬公原配，
tha^{44}sʅ^{55}fu^{55}ma^{31}kou^{44}jue^{42}phai^{55}
她是駙馬公原配，
彼女は駙馬の元の妻。

替保目池宮報叭。
thi^{55}po^{31}mu^{35}tshʅ^{42}kou^{44}po^{55}phia^{44}
替她報到目池宮。
彼女に代わり、目池宮にと知らせに行った。

罷夫妻嗻燈上見，
pa^{55}pɯ^{35}tshe^{55}ta^{21}tɯ^{44}sa^{55}ke^{32}
若他夫妻能相見，
もしも夫婦が再会すれば、

我栽罷吐 光[2] 。※
ŋo^{31}tse^{44}pa^{55}no^{44}kua^{44}
我沾他的光。
彼らのおかげを被れる。

詩：

斗大黄金印，
tou^{31}ta^{55}xua^{42}tɕɯ^{44}jɯ^{55}
斗大黄金印，
マスほどの大きな黄金の印。

天高白玉堂。
thie^{44}ko^{44}peɹ^{35}jui^{35}tha^{42}
天高白玉堂。
天に届くほどの白玉の堂。

不音 [3] 書萬卷，
pu^{35}jɯ^{44}su^{44}ua^{55}tɕue^{55}
不因書萬卷，
万巻の書に頼らなければ、

難得見君王。
na^{42}tɯ^{35}tɕe^{55}tɕui^{44}ua^{42}
難得見君王。
君王に見えることは難しい。

白：

本公自想：
pɯ^{31}kou^{44}tsʅ^{55}ɕa^{31}
〔陳世美〕本公自想：
我輩は考えた。

分付手下聽令，
fɯ^{44}fu^{55}sou^{31}ɕa^{55}thiɯ^{44}liɯ^{55}
吩咐手下聽令，
皆の者、命令を言いつける。

[1] 該答："應當""該當"。也可發音爲［ ke^{44}ta^{44} ］。
[2] 栽～光："沾～光"。
[3] 音："因"。

人役可齊備？
zɯ^{42}ji^{35}kho^{31}tɕhi^{42}pi^{55}

人役可齊備？
お前たち準備は良いか。

齊備多時！
tɕhi^{42}pi^{55}tuo^{44}sʅ^{42}

〔手下人〕齊備多時！
準備万端でございます。

既然如此，
tɕi^{55}za^{42}zu^{42}tshʅ^{31}

〔陳世美〕既然如此，
しからば。

抬轎回宮！
thai^{42}tɕo^{55}xui^{42}kou^{44}

抬轎回宮！
駕籠を上げて帰るとしよう。

（11頁上）
啓稟付馬公，
tɕhi^{31}piɯ^{31}fu^{55}ma^{31}kou^{44}

〔手下人〕啓稟駙馬公，
駙馬さまに申し上げます。

上轎高升！
sa^{55}tɕo^{55}ko^{44}sɯ^{44}

上轎高升！
駕籠をお上げいたします。

一高腔

辞王別駕轉回宮，
tshʅ^{42}ua^{42}pie^{35}tɕa^{55}tsua^{31}xui^{42}kou^{44}

辞王別駕轉回宮，
皇帝においとまをして、屋敷へ戻る。

我自氣思[1]干米休[2]。
ŋo^{31}tsʅ^{55}tɕhi^{55}sʅ^{33}ka^{44}mi^{33}ɕou^{33}

我仔細地想一想。
我輩、仔細に考える。

喜鵲怎恨整吐叫，
ou^{55}tsa^{42}tsɯ^{35}xɯ^{55}tsɯ^{31}no^{44}meɹ^{21}

喜鵲在樹上叫了，
カササギが樹木の上で鳴いている。

未知主吉凶。×
ve^{55}tsʅ^{44}tsu^{31}tɕi^{35}ɕou^{44}

未知主吉凶。
吉か凶かはわからない。

來到府門住了轎，
lai^{42}to^{55}fu^{31}mɯ^{42}tsu^{55}lio^{31}tɕo^{55}

來到府門住了轎，
府門に着いて駕籠が止まる。

手下聽我第一宗。
sou^{31}ɕa^{55}thiɯ^{44}ŋo^{31}ti^{55}ji^{35}tsou^{44}

手下聽我第一宗。
皆の者、命令一つ聞くがいい。

你們各人要退下，

你們各人要退下，

[1] 氣思："仔細"。
[2] 米休："想""思考"。

ȵi^{31}mɯ^{44}ko^{35}zɯ^{42}jo^{55}thui^{55}ɕa^{55}
それぞれ下がって、

干本公次後[1]。×
ka^{44}pɯ^{31}kou^{44}tshɿ^{44}xou^{44}
爲本公伺候。
我輩のために控えて待つがいい。

杯日二堂吐干坐，
pe^{44}ȵi^{44}eɹ^{55}tha^{42}no^{44}ka^{44}kv̩^{32}
進二堂裏我坐下，
奥の間に入り座る。

耳朶利熱偉皮[2]跳。
ȵou^{33}to^{32}li^{55}ȵe^{44}ue^{33}pe^{21}thiou^{44}
耳朶熱眼皮也跳。
耳は熱く、まぶたも震え、

耳燒面熱不安然，
eɹ^{31}so^{44}mie^{55}zɯ^{35}pu^{35}a^{44}za^{42}
耳燒面熱不安然，
耳熱く、顔がほてって不安になる。

習[3]科[4]夫很[5]没。×
ɕi^{35}khou^{33}fu^{44}xɯ^{31}mu^{33}
肚裏没了心。
心が腹にないようだ

本嘆我下京時加[6]，
pɯ^{33}tha^{55}ŋo^{31}thɯ^{55}tɕɯ^{35}tsɿ^{21}tɕa^{33}
那次我到京城時，
我輩が都に上った、まさにあのとき。

丢妻别子在家中。
tiou^{44}tɕhi^{44}pie^{35}tsɿ^{31}tsai^{55}tɕa^{44}tsou^{44}
丢妻别子在家中。
妻を捨て子供にも別れを告げた。

金林晏上招付馬，
tɕɯ^{44}liɯ^{42}je^{55}sa^{55}tso^{44}fu^{55}ma^{31}
瓊林宴上招駙馬，
瓊林宴にて駙馬に招かれ、

成你西我東。×
tshɯ^{42}ȵi^{31}ɕi^{44}ŋo^{31}tou^{44}
成你西我東。
離れ離れになったのだ。

金林晏上招親事，
tɕɯ^{44}liɯ^{42}je^{55}sa^{55}tso^{44}tɕhɯ^{44}sɿ^{55}
瓊林宴上招親事，
瓊林宴で駙馬に招かれて、

忘記我上代祖宗。
phe^{33}mu^{21}ŋo^{31}sa^{55}tai^{55}tsu^{31}tsou^{44}
忘記我三代祖宗。
三代の先祖を忘れてしまう。

---

[1] 次後:“等候”“伺候”。
[2] 偉皮:“眼皮”。
[3] 習科:“心”。
[4] 科:“(一)顆(心)”。
[5] 夫很:“腹中”“肚中”。
[6] 時加:“~的時候”。

木本水源[1]四個字，
mu^{35}pɯ^{31}sui^{31}jue^{42}sɿ^{55}ko^{55}tsɿ^{55}

木本水源四個字，
「木本水源」の四文字は、

做樂以忘擁[2]。×
tshuo^{55}lo^{35}ji^{31}ua^{55}jou^{44}

做樂以忘憂。
楽しんで、憂いを忘れよう。

介:

月禄杯本米自跳[3]，
jue^{35}lu^{35}pe^{44}pɯ^{31}mi^{31}tsɿ^{55}thiou^{44}

月禄走不快就小跑，
月禄は歩くも、間に合わずして走りだす。

該答哦[4]妻物[5]叭約[6]。
ke^{35}ta^{35}ŋɯ^{55}tshe^{55}vu^{33}phia^{44}jo^{35}

説你的夫人來到。
奥様がいらっしゃりましたぞ、と、

我干目池宮報日，
ŋo^{31}ka^{44}mu^{35}tshɿ^{42}kou^{44}po^{55}ȵi^{44}

我到目池宮報告，
目池宮へと知らせに入れば、

必定有官做。×
pi^{35}tiɯ^{55}jou^{31}kua^{44}tsuo^{55}

必定有官做。
必ず官位をいただける。

手盂提燈虎頭牌，
sɯ^{33}mɯ^{55}thi^{55}tɯ^{44}xu^{31}thou^{42}phe^{42}

手裏提着虎頭牌，
手に虎頭牌を引っさげる。

出入誰人來敢説。
tshu^{35}zu^{35}sui^{42}zɯ^{42}lai^{42}ka^{31}suo^{35}

出入誰人來敢説。
誰が出入りの問いかけをしよう。

忙上前來行一禮，
ma^{42}sa^{55}tɕhe^{42}lai^{42}ɕɯ^{42}ji^{35}li^{31}

忙上前來行一禮，
大急ぎにてご挨拶。

干付馬公賀。※
ka^{44}fu^{55}ma^{31}kou^{44}xou^{55}

對駙馬公賀。
駙馬様にお祝い述べる。

白:

這是付馬。
tsɯ^{55}sɿ^{55}fu^{55}ma^{31}

〔張月禄〕這是駙馬。
これは駙馬様。

---

[1] 樹的根和水的源頭。語本《左傳·昭公九年》:"我在伯父，猶衣服之有冠冕，木水之有本原，民人之有謀主也。"後以"木本水源"比喻事物的根源。多指血統關係。
[2] 擁:"憂"。
[3] 自跳:"小跑"。
[4] 哦:是否"〔咮〕[pɯ^{55}]"(意爲"他的")之誤?
[5] 妻物:"妻子"。
[6] 約:"來"。與〔咽〕同。

恭喜！
kou^{44}ɕi^{31}

恭喜！
おめでとうございます。

好！
xo^{31}

〔陳世美〕好！
よしよし。

本公分付手下，
pɯ^{31}kou^{44}fɯ^{44}fu^{55}sou^{31}ɕa^{55}

本公吩咐手下，
皆の者。

（11 頁下）
賞與老張一個元寶！
sa^{31}jui^{31}lo^{31}tsa^{44}ji^{35}ko^{55}jue^{42}po^{31}

賞與老張一個元寶！
張月録に銀子をひとつ褒美に与えよ。

謝賞了哪——
ɕe^{55}sa^{31}lio^{31}na^{31}

〔張月禄〕謝賞了哪——
ありがたき幸せ。

一正

老張賞燈銀阿包，
lo^{31}tsa^{44}sa^{31}tɯ^{44}ȵi^{21}a^{31}po^{35}

老張被賞銀一包，
張月禄、銀一包みを頂いた。

喜在心中面代笑。
ɕi^{31}tsai^{55}ɕɯ^{44}tsou^{44}mie^{55}tai^{55}ɕo^{55}

喜在心中面帶笑。
心中喜び、満面の笑み。

斗狗句[1]利雙本完，
tou^{21}kou^{33}tsheɹ^{55}li^{55}sua^{44} pɯ^{31}uo^{31}

兩句話還没説完，
話二つも終わらぬうちに、

賞下銀阿包。×
sa^{31}thɯ^{55}ȵi^{21}a^{31}po^{35}

賞下銀一包。
銀一包みをいただいた。

我嗐阿聲雙期咽，
ŋo^{31}ta^{21}a^{31}tsheɹ^{55}sua^{44}tɕhi^{44}jɯ^{35}

我若説出一聲來，
俺がもし話し始めたら、

發財在外有官做。
fa^{35}tshai^{42}tsai^{55}uai^{55}jou^{31}kua^{44}tsuo^{55}

發財在外有官做。
大もうけの上、官位もいただき。

忙上前來申一禮，
ma^{42}sa^{55}tɕhe^{42}lai^{42}sɯ^{44}ji^{35}li^{31}

忙上前來申一禮，
あわててお礼を申し上げ、

把付馬公賀。※

把駙馬公賀。

[1] 句：“（一）句（話）”。

pa31fu55ma31kou44xo55

駙馬様に向かってお祝いだ。

白：

手下人，
sou31ɕa55zɯ42

〔陳世美〕手下人，
皆の者。

賞與他一佰兩銀子！
sa31jui31tha44ji35peɹ35lia31jɯ42tsʅ31

賞與他一百兩銀子！
彼に百両の銀子を褒美に与えよ。

謝過付馬公了那——
ɕe55kuo55fu55ma31kou44lio31na55

〔張月禄〕謝過駙馬公了哪——
駙馬様にお礼申し上げます。

一正

張月禄我哈哈笑，
tsa44jue35lu35ŋo31xa44xa44ɕo55

張月禄我哈哈笑，
張月禄は笑いが止まらぬ。

阿回賞燈銀狗包。
a31xue35sa31tɯ44ȵi21kou33po35

一回被賞銀兩包。
一度に銀二包みもいただいた。

個日哦吐時候叭，
keɹ55ȵi44ŋɯ55no44sʅ42xou55phia44

今天我是走運了，
今日こそ俺の時が来た。

哦命很代[1]作[2]。×
ŋɯ55mieɹ32xɯ31te44tso35

命中帶來的。
俺にもツキがめぐってきた。

第三恭賀付馬公，
te32sa55ku44xou55fu55ma31kou44

第三恭賀駙馬公，
駙馬様に三つ目のお祝いです。

個日夫人以叭約。
keɹ55ȵi44vu33ȵi21ji21phia44jo35

今日夫人找來了。
本日、奥方様がいらっしゃった。

湖廣杯咽上子母，
xu42kua31pe44jɯ35sa55tsʅ44mu33

湖廣來了三母子，
湖広からの母子三人。

原配夫人到。※
jue42phai55fu44zɯ42to55

原配夫人到。
元の奥様にございます。

白：

付馬公在上，

〔張月禄〕駙馬公在上，

[1] 代："帶""帶來"。
[2] 作：語氣助詞，"啊"。

fu^{55}ma^{31}kou^{44}tsai^{55}sa^{55}

駙馬様におかれましては。

湖廣荊洲府來了三子母，
xu^{42}kua^{31}tɕɯ^{44}tsou^{44}fu^{31}lai^{42}lio^{31}sa^{44}tsɿ^{31}mu^{31}

湖廣荊州府來了三母子，
湖広荊洲府よりいらっしゃった母子三人は、

原配夫人、
jue^{42}phai^{55}fu^{44}zɯ^{42}

原配夫人、
元の奥様にございます。

少爺到此！
so^{55}je^{42}to^{55}tshɿ^{31}

少爺到此！
お坊ちゃまもいらっしゃいました。

本公自想：
pɯ^{31}kou^{44}tsɿ^{55}ɕa^{31}

〔陳世美〕本公自想：
我輩は考えた。

東天[1]吃冷水，
tou^{44}thie^{44}tshɿ^{35}lɯ^{31}sui^{31}

冬天吃冷水，
冬に冷水を飲むように、

點點記在心！
tie^{31}tie^{31}tɕi^{55}tsai^{55}ɕɯ^{44}

點點記在心！
一々はっきり心に刻まれている。

手下聽令，
sou^{31}ɕa^{55}thiɯ^{44}liɯ^{55}

手下聽令，
皆の者。

没收張月祿的虎頭牌！
mu^{35}so^{44}tsa^{44}jue^{35}lu^{35}ti^{44}xu^{31}thou^{42}phai^{42}

没收張月禄的虎頭牌！
張月禄の虎頭牌を召し上げろ。

取出無情板子，
tɕui^{31}tshu^{35}vu^{42}tɕhɯ^{42}pa^{31}tsɿ^{31}

取出無情板子，
無情なる板子を取り出して、

重打四十！
tsou^{55}ta^{31}sɿ^{55}sɿ^{35}

重打四十！
厳しく四十打ち据えよ。

手下聽令，
sou^{31}ɕa^{55}thiɯ^{44}liɯ^{55}

〔手下人〕手下聽令，
命令するぞ。

就要動手。
tɕou^{55}jo^{55}tou^{55}sou^{31}

就要動手。
ただちに行え。

[1] 東天："冬天"。

（12頁上）

一十！
ji^{35}sɿ^{35}

一十！
十。

二十！
eɹ^{55}sɿ^{35}

二十！
二十。

三十！
sa^{44}sɿ^{35}

三十！
三十。

四十！
sɿ^{55}sɿ^{35}

四十！
四十。

暗有有[1]——
a^{44}jou^{31}jou^{31}

〔張月禄〕哎喲喲——
あ一、

打死了，
ta^{31}sɿ^{31}lio^{31}

打死了，
死にそうだ。

惨天！
tsha^{31}thie^{44}

惨天！
ひどいことだ。

一大哭

月禄打自永拉拉[2]，
jue^{35}lu^{35}teɹ^{44}tsɿ^{55}jou^{31}na^{33}na^{33}

月禄打得直恍惚，
張月禄は打たれ、ふらふら。

付馬嗺習毒咋 加[3]。
fu^{55}ma^{31}nɯ^{55}ɕi^{35}tu^{35}tso^{42}tɕa^{33}

駙馬你心這樣毒。
駙馬の心はなんと残忍。

收打[4]哦孟虎頭牌，
sɯ^{35}ta^{32}ŋɯ^{55}mɯ^{55}xu^{31}thou^{42}phe^{42}

没收我的虎頭牌，
虎頭牌を召し上げて、

打我恨四十[5]張。×
teɹ^{44}ŋo^{31}xɯ^{55}ɕi^{21}tsa^{44}

把我打了四十張。
四十回も打ち据えた。

---

[1] 暗有有："哎喲喲"。
[2] 永拉拉："摇晃""恍惚"。
[3] 咋加："這麼""這樣"。也發音爲［ tso^{42}tɕa^{31} ］。
[4] 收打："没收""收回"。
[5] 四十：發音爲［ ɕi^{21} ］。

提坑湖廣京州府， thi^{55}xɯ^{44}xu^{42}kua^{31}tɕɯ^{44}tsou^{44}fu^{31}	提起湖廣荆州府， 湖広荊州府から来た、
原配妻子與娃娃， jue^{42}phai^{55}tɕhi^{44}tsɿ^{31}jui^{31}ua^{42}ua^{44}	原配妻子與娃娃， 元の奥方と子供の事で、
不由分説咽打我， pu^{35}jou^{42}fɯ^{44}suo^{35}jɯ^{35}teɹ^{44}ŋo^{31}	不由分説來打我， 理由も聞かず打ち据えた。
打東[1]我暗當。× teɹ^{44}tou^{44}ŋo^{31}a^{55}ta^{44}	打倒我在此。 打ち倒されたのだ。
花張[2]杯打哦店很， xua^{35}tsa^{35}pe^{44}ta^{32}ŋɯ^{55}tɕe^{31}xɯ^{31}	慌張回到我店裏， 大慌てで宿屋に戻り、
開言叫聲你家媽。 khai^{44}je^{31}tɕo^{55}sɯ^{44}ȵi^{31}tɕa^{44}ma^{44}	開言叫聲你家媽。 口を開いて、かみさんを呼ぶ。
叫期保上子母咽， ɣɯ^{35}tɕhi^{44}po^{31}sa^{55}tsɿ^{44}mu^{33}jɯ^{35}	叫她三母子出來， 母子三人をお呼びしな。
老子要問他！× lo^{31}tsɿ^{31}jo^{55}vɯ^{55}tha^{44}	老子要問他！ 聞きたいことがございます、と。

介：

香連聽燈店主雙， ɕa^{44}ȵe^{42}tɕheɹ^{55}tɯ^{44}tɕe^{31}tsu^{33}sua^{44}	香蓮聽到店主説， 秦香蓮、店主の言葉を聞くや否や、
花張杯期客堂汪。 xua^{35}tsa^{35}pe^{44}tɕhi^{44}kheɹ^{44}tha^{55}ua^{44}	慌張走出客堂外。 慌てて客間を飛び出した。
伯父爲我們受曲[3]， peɹ^{35}fu^{55}ue^{55}ŋo^{31}mɯ^{44}sou^{55}tɕhui^{35}	伯父爲我們受屈， おじ様よ、私らのために、ひどい目に。
咀很打期雙。× tɕui^{33}xɯ^{31}teɹ^{44}tɕhi^{44}sua^{44}	嘴裏打出血。 お口から血が出ています。
大罵强盗陳士美，	大罵强盗陳世美，

[1] 打東：“打倒”。
[2] 花張：“慌張”。
[3] 曲：“屈”。

ta^{55}ma^{55}tɕha^{42}to^{55}tshɯ^{42}sɿ^{55}me^{31}
強盜の陳世美を罵るに、

喺習自 孟[1] 毒咋加!
nɯ^{55}ɕi^{35}tsɿ^{55}mɯ^{55}tu^{35}tso^{42}tɕa^{33}
你心怎麼這麼毒!
なんと残酷なあなたの心。

之母上艮去認保,
tsɿ^{44}mo^{33}sa^{55}ȵi^{21}ŋeɹ^{21}zɯ^{44}po^{31}
母子三人去認他,
母子三人で会いに行こう。

漢保自孟雙! ×
xa^{55}po^{31}tsɿ^{55}mɯ^{55}sua^{44}
看他怎麼説!
どう言うかを見てみましょう。

戰場不殺報信人,
tsa^{55}tsha^{31}pu^{35}sa^{35}po^{55}ɕɯ^{55}zɯ^{42}
戰場不殺報信人,
戦場で使者は殺されることはない。

坤[2] 你讀四書文章。
khui^{44}ȵi^{31}tu^{35}sɿ^{55}su^{44}vɯ^{42}tsa^{44}
虧你讀四書文章。
あなたの四書文章にも背いている。

伯父恩情深四[3] 海,
peɹ^{35}fu^{55}ɣɯ^{44}tɕhɯ^{42}sɯ^{44}sɿ^{55}xai^{31}
伯父恩情深似海,
おじ様の恩情、海にも似たり。

爲哦吐受難。 ×
ue^{44}ŋa^{55}no^{44}sou^{44}na^{44}
爲我們受難。
私らのためにひどい目に遭わされた。

古説出門靠主人,
ku^{31}suo^{35}tshu^{35}mɯ^{42}kho^{55}tsu^{31}zɯ^{42}
古説出門靠主人,
昔から、外では(その)主人を頼れとか。

大爹情以比海寬。
ta^{55}ti^{33}tɕeɹ^{21}ji^{31}pi^{31}ko^{21}khua^{44}
大爹情義比海寬。
おじ様の情けは海より広し。

夫妻狗艮燈上見,
pɯ^{35}tshe^{55}kou^{33}ȵi^{21}tɯ^{44}sa^{55}ke^{32}
夫妻二人能相見,
夫婦二人が再会すれば、

自然有主張。※
tsɿ^{55}za^{42}jou^{31}tsu^{31}tsa^{44}
自然有主張。
おのずと考えも浮かぶもの。

(12頁下)

白:

秦香連,
〔張月禄〕秦香蓮,

---

[1] 自孟:“怎麼”。
[2] 坤:“虧”。
[3] 四:“似”。

tɕhɯ^{42}ɕa^{44}ȵe^{42}

秦香蓮。

我把你子母引進目池宮中，
ŋo^{31}pa^{31}ȵi^{31}tsɿ^{31}mu^{31}jɯ^{31}tɕɯ^{55}mu^{35}tshɿ^{42}kou^{44}tsou^{44}

我把你母子引進目池宮中，
わしがあなたたちを目池宮に引き入れて、

有交有代。
jo^{31}tɕo^{44}jou^{31}tai^{55}

有交有代。
できることはしてやろう。

子母三人，
tsɿ^{31}mu^{31}sa^{33}zɯ^{42}

〔秦香蓮、春高、冬妹〕母子三人，
母子三人は、

一路來得快，
ji^{35}lu^{55}lai^{42}tɯ^{31}khuai^{55}

一路來得快，
あっという間に、

不覺到府門。
pu^{35}tɕo^{35}to^{55}fu^{31}mɯ^{42}

不覺到府門。
府門にたどり着く。

這坐衙門，
tsɯ^{55}tsuo^{55}ja^{42}mɯ^{44}

〔張月祿〕這座衙門，
この役所が、

就是他們的衙門了。
tɕou^{55}sɿ^{55}tha^{44}mɯ^{44}ti^{44}ja^{42}mɯ^{42}lio^{31}

就是他們的衙門了。
あの人たちの役所です。

你子母進去，
ȵi^{31}tsɿ^{31}mu^{31}tɕɯ^{55}tɕhui^{55}

你母子進去，
あなたたちお入りなさい。

我回家了那——
ŋo^{31}xui^{42}tɕa^{44}lio^{31}na^{55}

我回家了哪——
家に帰ってきたのですね。

一平

秦氏抬頭我瞧瞧，
tɕhɯ^{42}sɿ^{55}thai^{42}thou^{42}ŋo^{31}tɕho^{42}tɕho^{44}

秦氏抬頭我瞧瞧，
秦氏は頭をめぐらし見てみれば、

圍杆等對高過朶[1]。
ue^{35}ka^{33}tɯ^{31}tue^{32}ka^{35}kuo^{35}tuo^{33}

一對圍杆高聳立。
一抱えの太さの柱一対は高く聳え立ち、

正中間立石排方[2]，
tsɯ^{55}tsou^{44}tɕe^{44}li^{35}sɿ^{35}phai^{42}fa^{44}

正中間立石牌坊，
真ん中に石の牌坊立てられて、

[1] 高過朶：非常高的樣子，"高高"。
[2] 排方："牌坊"。

也有一丈高。×
je^{31}jou^{31}ji^{35}tsa^{55}ko^{44}
也有一丈高。
一丈の高さがありました。

咊吐 章[1] 二 十[2] 四孝，
pɯ^{55}no^{44}tsa^{44}eɹ^{55}sɿ^{33}sɿ^{55}ɕo^{55}
上面刻二十四孝，
そこには二十四孝が彫られ、

還有仙鳥白英高[3]。
xa^{42}jou^{31}ɕe^{44}xo^{35}peɹ^{35}jɯ^{33}ko^{44}
還有仙鳥白鸚哥。
仙鳥の白い鸚哥も彫られている。

花[4] 燈吐十二九 處[5]，
xua^{44}tɯ^{44}no^{44}tshɿ^{42}ne^{44}tɕou^{31}tshv̩^{42}
畫的是十二生肖，
描かれているのは十二支や

富羅伯[6] 以母。×
fu^{55}luo^{42}peɹ^{35}ji^{21}mo^{33}
傅羅伯找母。
「傅羅伯、母を探す」の一場面。

金字之稟[7] 明亮亮，
tɕe^{35}sɿ^{35}tsɿ^{33}piɯ^{31}meɹ^{21}lia^{44}lia^{44}
金字匾額明亮亮，
金文字で書かれた扁額ぴかぴかで、

狀元及弟[8] 寫咊吐。
tsua^{44}jue^{35}tɕi^{35}ti^{55}ueɹ^{42}pɯ^{55}no^{44}
狀元及第寫上面。
そこには進士及第が書いたもの。

果然是天子門生，
kuo^{31}za^{42}sɿ^{55}thie^{44}tsɿ^{31}mɯ^{42}sɯ^{44}
果然是天子門生，
やっぱり天子の門下生。

自熱日[9] 過朵[10]。×
tsɿ^{55}ue^{35}ȵi^{44}kuo^{32}tou^{33}
真熱鬧極了。
たいそうご立派なことである。

大門進了有二門，
ta^{55}mɯ^{42}tɕɯ^{55}lio^{31}jou^{31}eɹ^{55}mɯ^{42}
大門進了有二門，
大門抜けると次の門。

官艮坐恨倒堂吐。
kua^{35}ȵi^{21}kv̩^{32}xɯ^{55}to^{31}tha^{55}no^{44}
官人坐在大堂上。
お役人が大堂に座る。

[1] 章："雕刻"。
[2] 二十：發音爲［eɹ^{55}sɿ^{33}］。
[3] 英高："鸚哥"。
[4] 花："畫"。
[5] 九處："生肖"。
[6] 富羅伯："傅羅伯"。
[7] 稟："匾額"。
[8] 及弟："及第"。
[9] 熱日："熱鬧"，這裏指狀元府欣欣向榮的樣子。
[10] 過朵："非常"。

次吐穿燈紫龍袍，	身上穿着紫龍袍，
tshɿ^{55}no^{44}ji^{32}tɯ^{44}tsɿ^{31}lou^{42}pho^{42}	身には紫龍の袍をまとい、
頭代[1]烏沙帽。×	頭戴烏紗帽。
thou^{42}tai^{55}u^{44}sa^{44}mo^{55}	頭に烏紗帽かぶっている。
千里路程來香[2]會，	千里路程來相會，
tɕhe^{44}li^{31}lu^{55}tshɯ^{42}lai^{42}ɕa^{44}xui^{55}	千里の道のりを越え会えました。
走服[3]記燈[4]我南麼[5]？	相公你記得我嗎?
tsou^{31}fy̩^{35}tɕi^{44}tɯ^{44}ŋo^{31}na^{35}mo^{44}	あなたや、私を覚えておいで。
個日夫妻燈上見，	今日夫妻能相見，
keɹ^{55}ȵi^{44}pɯ^{35}tshe^{55}tɯ^{44}sa^{55}ke^{32}	本日、夫婦が相見ゆ。
當自[6]害花[7]朶[8][9]。※	當做天上花。
ta^{44}tsɿ^{55}xe^{55}xuo^{35}tuo^{33}	天上の花になったよう。

白：

那是他爹爹，	〔秦香蓮〕那是他爹爹，
na^{55}sɿ^{55}tha^{44}tie^{44}tie^{44}	あれがおまえたちのお父さん。
你説我是何人？	你説我是何人?
ni^{31}suo^{35}ŋo^{31}sɿ^{55}xo^{42}zɯ^{42}	あなたは私が誰だと言うの。
我不知到[10]。	〔陳世美〕我不知道。
ŋo^{31}pu^{35}tsɿ^{44}to^{55}	我輩は知らん。
奴家非是別人，	〔秦香蓮〕奴家非是別人，
nu^{31}tɕa^{44}fe^{44}sɿ^{55}pie^{35}zɯ^{42}	私はほかでもありません。
就是你的原配妻子，	就是你的原配妻子，

[1] 代："戴"。
[2] 香："相"。
[3] 走服："夫""夫君""相公"。是古舊的説法。
[4] 記燈："記得"。
[5] 南麼：疑問詞，"嗎"。
[6] 當自："當做～"。
[7] 害花朶："天上花"。
[8] 朶："（一）朶（花）"。
[9] 當自害花朶：表示事情到了非常理想的状态。
[10] 知到："知道"。

tɕou^{55}sɿ^{55}ȵi^{31}ti^{44}jue^{42}phai^{55}tɕhi^{44}tsɿ^{31}

あなたの元の妻。

（13頁上）

秦香連了。
tɕhɯ^{42}ɕa^{44}ȵe^{42}lio^{31}

秦香蓮了。
秦香蓮です。

本公自想：
pɯ^{31}kou^{44}tsɿ^{55}ɕa^{31}

〔陳世美〕本公自想：
我輩は考えた。

上下兩難，
sa^{55}ɕa^{55}lia^{31}na^{42}

上下兩難，
上からも下からも災難が迫っている。

別無主意。
pie^{35}vu^{42}tsu^{31}ji^{55}

別無主意。
こうするより他はない。

我且問你：
ŋo^{31}tɕhe^{31}vɯ^{55}ȵi^{31}

我且問你：
まず聞くが、

你説你與我是夫妻關係，
ȵi^{31}suo^{35}ȵi^{31}jui^{31}ŋo^{31}sɿ^{55}fu^{44}tɕhi^{44}kua^{44}ɕi^{55}

你説你與我是夫妻關係，
お前は我輩と夫婦の関係にあるという。

到底家住何方？
pɯ^{31}fu^{31}tɕa^{44}tsu^{55}xo^{42}fa^{44}

到底家住何方？
我輩の家はどこだ。

姓勝名誰？
ɕɯ^{55}sɯ^{55}miɯ^{42}sui^{42}

姓甚名誰？
姓と名は。

夫妻有何感情？
fu^{44}tɕhi^{44}jou^{31}xo^{42}ka^{31}tɕhɯ^{42}

夫妻有何感情？
夫婦の間にはいかなる感情があり、

如何成親？
zu^{42}xo^{42}tshɯ^{42}tɕhɯ^{44}

如何成親？
どのように結婚したのか。

你好好的説！
ȵi^{31}xo^{31}xo^{31}ti^{44}suo^{35}

你好好的説！
よく話してみよ。

你若冒認官長，
ni^{31}zuo^{35}mo^{55}zɯ^{55}kua^{44}tsa^{31}

你若冒認官長，
もし欺いて我輩を夫と呼ぶのなら、

牽出袁門[1]斬首!
tɕhe^{44}tshu^{35}jue^{42}mɯ^{42}tsa^{31}sou^{31}

牽出轅門斬首!
轅門に引き出し、首を切り落とす。

阿呀!
a^{44}ja^{31}

〔秦香蓮〕阿呀!
あー、

奴夫請聽——
nu^{42}fu^{44}tɕhɯ^{31}thiɯ^{44}

奴夫請聽——
夫よ聞いてくださいな。

一小哭

走服問坑斗等央,
tsou^{31}fv̩^{35}pieɹ^{44}xɯ^{44}tou^{21}tɯ^{31}ja^{44}

丈夫問起這樣話,
夫はこのよう問うてきた。

㑚妻我干㑚孟雙:
nɯ^{55}tshe^{55}ŋo^{31}ka^{44}nɯ^{55}mɯ^{55}sua^{44}

你妻我對你説了:
あなたの妻だと、あなたに告げる。

白兔離家日子久,
peɹ^{35}tu^{55}li^{42}tɕa^{44}zɿ^{35}tsɿ^{31}tɕou^{31}

白兔離家日子久,
白いウサギは家を離れて久しくなれば、

認不得家鄉。×
zɯ^{55}pu^{35}tɯ^{35}tɕa^{44}ɕa^{44}

認不得家鄉。
故郷もわからなくなるという。

家住湖廣荆洲府,
tɕa^{44}tsu^{55}xu^{42}kua^{31}tɕɯ^{44}tsou^{44}fu^{31}

家住湖廣荆州府,
家は湖広の荊洲府。

桑主秙是我家鄉。
sa^{44}tsu^{31}tsua^{44}sɿ^{55}ŋo^{31}tɕa^{44}ɕa^{44}

桑主莊是我家鄉。
桑主荘がわが故郷。

走服名叫陳士美,
tsou^{31}fv̩^{35}mieɹ^{35}ɣɯ^{35}tshɯ^{42}sɿ^{55}me^{31}

丈夫名叫陳世美,
夫の名前は陳世美で、

甲滿廿六雙。×
tɕa^{35}ma^{33}ne^{21}fv^{44}sua^{44}

剛滿廿六歲。
二十六歳になったばかり。

夊我名叫秦香連,
nv̩^{33}ŋo^{31}mieɹ^{35}ɣɯ^{35}tɕhɯ^{42}ɕa^{44}ȵe^{42}

奴我名叫秦香蓮,
私の名前は秦香蓮。

中間有兒女一雙。
tsou^{44}tɕe^{44}jou^{31}eɹ^{42}ȵui^{31}ji^{35}sua^{44}

中間有兒女一雙。
二人の間に息子と娘の二人がいる。

[1] 袁門:"轅門"。

咊名叫春高冬妹，
pɯ^{55} mieɹ^{35}ɣɯ^{35}tshui^{33}ko^{44}tou^{44}me^{55}

他們叫春高冬妹，
二人の名前は春高・冬妹。

陳家後代香。×
tshɯ^{42}tɕa^{44}xou^{55}tai^{55}ɕa^{44}

陳家後代香。
陳家の跡取りです。

甲子皇王開科場，
tɕa^{35}tsɿ^{31}xua^{42}ua^{42}khai^{44}khou^{44}tsha^{31}

甲子皇王開科場，
甲子の歳に皇帝は、科挙の試験を行った。

丈夫下京離家鄉。
tsa^{55}fu^{44}ɕa^{55}tɕɯ^{44}li^{42}tɕa^{44}ɕa^{44}

丈夫下京離家鄉。
夫は都に上って、故郷を離れた。

下京雙過記少[1]斗，
thɯ^{55}tɕɯ^{35}sua^{44}kuo^{32}tɕi^{55}ɕou^{33}tou^{21}

下京説過幾句話，
あなたが都に上るときに話したことを、

點點記心昌：×
tie^{31}tie^{31}tɕi^{55}ɕɯ^{44}tsha^{44}

點點記心上：
一つ一つ覚えています。

一到京城寫家信，
ji^{35}to^{55}tɕɯ^{44}tshɯ^{42}ɕe^{31}tɕa^{44}ɕɯ^{55}

一到京城寫家信，
都に着いたら手紙を書いて、

多者一年轉回家。
tuo^{44}tsɯ^{31}ji^{35}ȵe^{42}tsua^{31}xui^{42}tɕa^{44}

多則一年轉回家。
年に一度は家にもどる、と。

從小夫妻甜如蜜，
tshu^{42}ɕo^{31}fu^{44}tɕhi^{44}thie^{42}zu^{42}mi^{35}

從小夫妻甜如蜜，
幼きより夫婦は仲睦まじくと、

惱記燈南嗎[2]？×
no^{31}tɕi^{44}tɯ^{44}na^{35}ma^{44}

你還記得嗎？
あなたは覚えておりますか。

湖廣荆洲遭乾旱，
xu^{42}kua^{31}tɕɯ^{44}tsou^{44}tso^{44}ka^{44}xa^{55}

湖廣荆州遭乾旱，
湖広荊洲、日照りに遭い、

武西本下恨上雙。
vu^{31}ɕi^{44}pɯ^{31}ou^{42}xɯ^{55}sa^{55}sua^{44}

這三年没有下雨。
三年、雨が降りません。

（13頁下）
田中五穀不成熟，

田中五穀不成熟，

[1] 記少：“多少”。與“幾些”同。
[2] 南嗎：與〔南麼〕同，疑問詞，“嗎”。

tie^{42}tsou^{33}vu^{31}ku^{35}pu^{35}tshɯ^{42}su^{35}

畑の五穀は実らずに、

碓上也無康[1]。×
tui^{55}sa^{55}je^{31}vu^{42}kha^{44}

碓上也無糠。
碓の上には籾殻もなし。

三錢銀子米一卧，
sa^{44}tɕhe^{42}jɯ^{42}tsɿ^{31}mi^{31}ji^{35}ua^{31}

三錢銀子米一碗，
銀三銭で米一碗。

時年乾旱大饑慌。
sɿ^{42}ȵe^{42}ka^{44}xa^{55}ta^{55}tɕi^{44}xua^{44}

時年乾旱大饑荒。
時に日照りで飢饉が起こる。

百姓因樹皮草根，
peɹ^{44}ɕeɹ^{32}jɯ^{44}sv̩^{55}phi^{42}tsho^{31}kɯ^{44}

百姓吃樹皮草根，
百姓は木の皮・草の根を食べている。

怎斗没處雙。×
tsɯ^{33}tou^{21}mu^{33}tshv̩^{31}sua^{44}

有話没處説。
どこにも訴えるところなし。

之[illegible]狗艮日雙[2]小，
tsɿ^{44}nv̩^{33}kou^{33}ȵi^{21}ȵi^{44}sua^{44}se^{31}

子女二人年紀小，
息子と娘はまだ幼い。

秦香連脚小婆娘。
tɕhɯ^{42}ɕa^{44}ȵe^{42}tɕo^{35}ɕo^{31}pho^{42}ȵa^{42}

秦香蓮脚小婆娘。
秦香蓮は脚が小さな女に過ぎず。

好東貨物賣因完，
xo^{31}tv̩^{35}xuo^{44}ŋv̩^{33}kɯ^{21}jɯ^{44}uo^{31}

爲吃賣完家中産，
家財を売って食べつくし、

望丈夫回家。×
ua^{55}tsa^{55}fu^{44}xui^{42}tɕa^{44}

望丈夫回家。
夫の帰りを待ち望む。

聽燈走服主狀元，
tɕheɹ^{55}tɯ^{44}tsou^{31}fv̩^{35}tsu^{31}tsua^{44}jue^{35}

聽説丈夫中狀元，
夫が状元になったと聞いた。

京城土吐杯旺汪。
tɕɯ^{35}tseɹ^{21}thu^{33}no^{44}pe^{44}ua^{55}ua^{44}

京城要走幾個月。
（しかし）都へは何ヶ月もかかります。

栽賣本完衣阿扣，
tse^{44}kɯ^{21}pɯ^{31}uo^{31}ji^{35}a^{31}khou^{44}

再把剩的一件衣，
まだ売ってなかった服一着を、

街上去賣他。×

街上去賣它。

[1] 康："糠"。
[2] 日雙："年齢"。

kai^{44}sa^{55}tɕhui^{55}mai^{55}tha^{44}	町に売りに行かせれば
街吐玉燈陳伯父，	街上遇到陳伯父，
tsɿ^{33}no^{44}jui^{44}tɯ^{44}tshɯ^{42}peɹ^{35}fu^{44}	町で陳世栄の伯父に遇いました。
糾哦衣扣要[1]賣三。	叫我不要賣衣服。
tɕo^{44}ŋa^{55}ji^{35}khou^{44}ȵo^{44}kɯ^{21}sa^{44}	私たちに服を売らせずに、
借給哦怎[2]銀十兩，	借給我十兩銀子，
tɕeɹ^{44}kɯ^{31}ŋa^{55}tsɯ^{35}ȵi^{21}tshɿ^{42}no^{32}	銀十両を貸してくれ、
到京城地方。×	到京城地方。
to^{55}tɕɯ^{44}tshɯ^{42}ti^{55}fa^{44}	都にたどり着きました。
賢弟送我到京城，	賢弟送我到京城，
ɕe^{42}ti^{55}sou^{55}ŋo^{31}to^{55}tɕɯ^{44}tshɯ^{42}	弟は都まで私らを送ろうとしたものの、
又遇代王下山干[3]。	又遇大王下山崗。
jou^{55}jui^{55}tai^{55}ua^{42}ɕa^{55}sa^{44}ka^{44}	大王の下山に遇って、
保干哦胎搶恨茶[4]，	他把我弟搶走了，
po^{31}ka^{44}ŋɯ^{55}the^{44}tɕha^{31}xɯ^{55}tso^{21}	攫われて、
骨肉兩分家。×	骨肉兩分家。
ku^{35}zou^{35}lia^{31}fɯ^{44}tɕa^{44}	離れ離れになりました。
之母上艮叭京城，	母子三人到京城，
tsɿ^{44}mo^{33}sa^{55}ȵi^{21}phia^{44}tɕɯ^{35}tseɹ^{21}	母子三人、都にいたり、
糾哦受恨記少難！	教我們受多少難！
tɕo^{44}ŋa^{55}sou^{33}xɯ^{55}tɕi^{55}ɕou^{33}na^{44}	私らの苦難はどれほどか。
個日夫妻燈上見，	今日夫妻得相見，
keɹ^{55}ȵi^{44}pɯ^{35}tshe^{55}tɯ^{44}sa^{55}ke^{32}	今日、夫婦は会えました。
之爹燈上阿。※	父子得相見。
tsɿ^{44}ti^{33}tɯ^{44}sa^{55}a^{33}	父子は会えました。

[1] 要："不要""不准""不能"。如此，則"要"與"本要"意思相同。
[2] 怎："～來"。
[3] 山干："山崗"。
[4] 茶：表示動作或變化已經完成，"了"。

詩:

世上衹怕不從衣[1]，
sɿ^{55}sa^{55}tsɿ^{31}pha^{55}pu^{35}tshou^{42}ji^{44}

世上衹怕不從一，
ただ恐れるは、一人の相手と添い遂げぬこと。

变起臉來不認妻。
pie^{55}tɕhi^{31}lie^{31}lai^{42}pu^{35}zɯ^{55}tɕhi^{44}

变起臉來不認妻。
態度を変えて妻を認めず。

不認前妻得活命，
pu^{35}zɯ^{55}tɕhe^{42}tɕhi^{44}tɯ^{35}xuo^{35}miɯ^{55}

不認前妻得活命，
前妻を認めなければ生きびられる。

認了前妻見獄君[2]。
zɯ^{55}lio^{31}tɕhe^{42}tɕhi^{44}tɕe^{55}je^{42}tɕui^{44}

認了前妻見獄君。
前妻を認めれば閻魔様とご対面。

白:

本公自想:
pɯ^{31}kou^{44}tsɿ^{55}ɕa^{31}

〔陳世美〕本公自想:
我輩は考えた。

不是别人，
pu^{35}sɿ^{55}pie^{35}zɯ^{42}

不是别人，
別人ではない。

本是前妻子女。
pɯ^{31}sɿ^{55}tɕhe^{42}tɕhi^{44}tsɿ^{31}ȵui^{31}

本是前妻子女。
まさしく前の妻と子供たち。

認了他，
zɯ^{55}lio^{31}tha^{44}

認了他，
認めてしまえば、

怕命難留;
pha^{55}miɯ^{55}na^{42}liou^{42}

怕命難留;
命をとどめることは難しい。

（14頁上）

不認他，
bu^{35}zɯ^{55}tha^{44}

不認他，
認めなくても、

衹有反心主義。
tsɿ^{31}jou^{31}fa^{31}ɕɯ^{44}tsu^{31}ji^{55}

衹有反心主義（違背良心）。
良心に反するまでのこと。

娘子你聽——
ȵa^{42}tsɿ^{31}ȵi^{31}thiɯ^{44}

娘子你聽——
女よ聞くがいい。

---

[1] 衣:“依”。
[2] 獄君:“閻王”。

一寸

本公開言笑哈哈，
pɯ31kou44khai44je31ɕo55xa44xa44
本公開言笑哈哈，
我輩は口を開いて、はははと笑う。

娘子惱且聽我雙：
ȵa42tsɿ31no31tɕe31tɕheɹ55ŋo31sua44
娘子你且聽我説：
お前さん、我輩の言葉を聞きなさい。

我利本表[1]陳士美，
ŋo31li55pɯ31pio33tshɯ42sɿ55me31
我也不是陳世美，
我輩は陳世美という者ではない。

那杯打去巴[2]。×
na55pe44ta32ŋeɹ21pa33
你們回去吧。
お前たちは帰りなさい。

我也不是你漢子，
ŋo31je31pu35sɿ55ȵi31xa55tsɿ31
我也不是你漢子，
我輩はお前の旦那でない。

你也不是我婆娘。
ȵi31je31pu35sɿ55ŋo31pho42ȵa42
你也不是我婆娘。
お前も我輩の嫁でない。

土吐盤彩打發惱，
thu33no44pha55tshe31teɹ44feɹ44no31
打發你路上盤纏，
帰りの路銀はくれてやろう。

子母回家鄉。×
tsɿ31mu31xui42tɕa44ɕa44
母子回家鄉。
母子で故郷へ帰りなさい。

不必怎恨京城恨[3]，
pu35pi35tsɯ35xɯ55tɕɯ35tseɹ21xɯ31
你不必在京城裏，
都に残ることもない。

能可[4]杯打好東巴。
nɯ42kho31pe44ta32xo31tv̩35pa33
還是回你的家吧。
家に帰ったほうがよい。

京城出怪事物及，
tɕɯ35tseɹ21tshu35kueɹ32sɿ31vu33tɕi35
京城出很多怪事，
都ではおかしなこともたくさん起こる。

姓命[5]也難當。※
性命也難當。

[1] 本表：“不是”。〔表〕也同樣爲“不是”的意思。
[2] 巴：語氣助詞，“吧”。
[3] 恨：也寫作〔很〕。
[4] 能可：“還是～爲好”“寧可～”。
[5] 姓命：“性命”。

ɕɯ^{55}miɯ^{55}je^{31}na^{42}ta^{44}

命も保ちがたいだろう。

白:

那是奴的夫，
na^{55}sɿ^{55}nu^{42}ti^{44}fu^{44}

〔秦香蓮〕那是奴的夫，
あれは私の夫なのに、

大真不認我了嗎?
ta^{55}tsɯ^{44}pu^{35}zɯ^{55}ŋo^{31}lio^{31}ma^{44}

當真不認我了嗎?
まったく私を認めない。

你是叫我如何認你?
ȵi^{31}sɿ^{55}tɕo^{55}ŋo^{31}zu^{42}xo^{42}zɯ^{55}ȵi^{31}

你是叫我如何認你?
あなたは私を、どうすれば認めるか。

你說如何認我?
ȵi^{31}suo^{35} zu^{42}xo^{42}zɯ^{55}ŋo^{31}

你說如何認我?
あなたは言う、なんで私を認めようかと。

相公你聽——
ɕa^{55}kou^{44}ȵi^{31}thiɯ^{44}

相公你聽——
あなた聞いてくださいな。

—小哭

叫聲相公你聽招[1]，
tɕo^{55}sɯ^{44}ɕa^{55}kou^{44}ȵi^{31}thiɯ^{44}tso^{44}

叫聲相公你聽着，
声を上げ呼ぶ、あなた聞いてくださいな。

爲何哦吐本認 燒[2]?
ue^{44}xo^{42}ŋa^{55}no^{44}pɯ^{31}zɯ^{44}so^{44}

爲何我們認不得?
どうして私らは認め合えぬ。

從小結髮同床睡，
tshou^{42}ɕo^{31}tɕe^{35}fa^{35}thou^{42}tshua^{42}sui^{55}

從小結髮同床睡，
幼い時から同じ床で眠っていたのは、

緊記習頭吐。×
tɕɯ^{31}tɕi^{44}ɕi^{35}tɯ^{21}no^{44}

緊記在心裏。
深く心に刻まれている。

從小記燈喍暗 號[3]，
tshou^{42}se^{31}tɕi^{44}tɯ^{44}nɯ^{55}a^{55}xo^{55}

從小記得你特徵，
小さい時からあなたの特徴は知っている。

喍溝 坡[4] 吐七星科。
nɯ^{55}ko^{44}phou^{44}no^{44}tɕhi^{35}ɕɯ^{33}khou^{33}

你脚上有七顆星。
あなたの足には七つ星。

[1] 招:“着”。爲了押韻，讀作[tso^{33}]。
[2] 燒:表示完成的助詞，“了”。
[3] 暗號:“特徵”。
[4] 坡:“(一)隻(脚)”。

七星生在左脚上，
tɕhi^{35}ɕɯ^{44}sɯ^{44}tsai^{55}tsuo^{31}tɕo^{35}sa^{55}

七星生在左脚上，
七つ星は左の足に。

溝子習[1]來[2]吐。×
ko^{44}tsɿ^{31}ɕi^{35}le^{21}no^{44}

在你脚心上。
足の裏にある。

惱干鞋坡[3]托[4]下咽，
no^{31}ka^{44}ŋe^{21}phou^{44}lui^{35}thɯ^{55}jɯ^{35}

你把鞋子脱下來，
あなたよ、靴を脱いでください。

左脚抬給我瞧瞧。
tsuo^{31}tɕo^{35}thai^{42}kɯ^{31}ŋo^{31}tɕo^{42}tɕo^{44}

左脚抬給我瞧瞧。
左足を上げて見せたまえ。

（14頁下）
左脚没有七星在，
tsuo^{31}tɕo^{35}me^{35}jo^{31}tɕhi^{35}ɕɯ^{44}tsai^{55}

左脚没有七星在，
左の足に七つの星がないのなら、

本認利生燒。※
pɯ^{31}zɯ^{44}li^{55}sɯ^{44}so^{44}

不認也算了。
認めなくても仕方がない。

白：

士美聽得此言，
sɿ^{55}me^{31}thiɯ^{44}tɯ^{35}tshɿ^{31}je^{31}

〔陳世美〕世美聽得此言，
陳世美は、これを聞く。

廣婦[5]婆娘在這里湖説八道[6]，
kua^{31}fu^{55}pho^{42}ȵa^{42}
tsai^{55}tsɯ^{55}li^{31}xu^{42}suo^{35}pa^{44}to^{55}

寡婦婆娘在這裏胡説八道，
後家女がいい加減なことばかり。

本狀元自想，真正可惱。
pɯ^{31}tsua^{55}jue^{42}tsɿ^{55}ɕa^{31}tsɯ^{44}tsɯ^{55}kho^{31}no^{31}

本狀元自想，真正可惱。
狀元さまが思うに、実に腹立たしいことよ。

一寸

士美聽聽[7]氣央張[8]，
sɿ^{55}me^{31}tɕheɹ^{55}tɕheɹ^{55}tɕhi^{44}ja^{44}tsa^{44}

世美越聽越生氣，
陳世美は聞けば聞くほど腹が立つ。

---

[1] 溝子習：“脚掌”。
[2] 來：“（一）隻（脚掌）”。
[3] 坡：“（一）隻（鞋）”。“一雙鞋” 則是［ ŋe^{21}tɕi^{33} ］。
[4] 托：“脱”。
[5] 廣婦：“寡婦”。
[6] 湖説八道：“胡説八道”。
[7] 聽聽：“越聽越～”。
[8] 氣央張：“生氣”“憤怒”。

惱自雙期斗等央。
no^{31}tsɿ^{55}sua^{44}tɕhi^{44}tou^{21}tɯ^{31}ja^{44}

你説出這樣的話。
お前が言ったこの話。

頭名狀元付馬公，
thou^{42}miɯ^{42}tsua^{55}jue^{42}fu^{55}ma^{31}kou^{44}

頭名狀元駙馬公，
首席狀元の駙馬様が、

起坑[1]答[2]惱阿！ ×
tɕhi^{31}khɯ^{44}ta^{35}no^{31}a^{33}

豈肯抬脚給你看！
何故（足を）挙げ、見せようか。

我也不是你丈夫，
ŋo^{31}je^{31}pu^{35}sɿ^{55}ȵi^{31}tsa^{55}fu^{44}

我也不是你丈夫，
我輩はお前の夫でもなくて、

你也不是我婆娘。
ȵi^{31}je^{31}pu^{35}sɿ^{55}ŋo^{31}pho^{42}ȵa^{42}

你也不是我婆娘。
お前は我輩の嫁のはずもない。

個日杯日哦宫很，
keɹ^{55}ȵi^{44}pe^{44}ȵi^{44}ŋɯ^{55}ku^{35}xɯ^{31}

今日闖進我宫裏，
今日、わが屋敷に入り込み、

你冒認官家！ ×
ȵi^{31}mo^{55}zɯ^{55}kua^{44}tɕa^{44}

你冒認官家！
役人様を欺かんとは。

膽大闖進狀元府，
ta^{31}ta^{55}tshua^{31}tɕɯ^{55}tsua^{55}jue^{42}fu^{31}

膽大闖進狀元府，
大胆に狀元府へ侵入し、

貧婦喺膽倒咋加！
phiɯ^{42}fu^{55}nɯ^{55}ta^{33}to^{31}tso^{42}tɕa^{33}

貧婦你膽這麼大！
なんと大胆な貧乏女め。

大叫一聲手下人，
ta^{55}tɕo^{55}ji^{35}sɯ^{44}sou^{31}ɕa^{55}zɯ^{42}

大叫一聲手下人，
大声上げて、手下を呼ぶ。

次後恨暗當！ ×
tshɿ^{44}xou^{44}xɯ^{55}a^{55}ta^{44}

在這裏伺候！
ここに出合え、出合え。

付馬公我下命令，
fu^{55}ma^{31}kou^{44}ŋo^{31}ɕa^{55}miɯ^{55}liɯ^{55}

駙馬公我下命令，
駙馬公の我輩が命令だ。

阿艮答吐棍阿光[3]！
a^{31}ȵi^{21}ta^{35}no^{44}kua^{42}a^{32}kua^{44}

来人哪，拿棍子來！
誰か棍棒をもって来い。

---

[1] 起坑："豈肯～"。
[2] 答："抬起""舉起"。
[3] 光："（一）根（棍子）"。

快快打出花子婆，
khuai^{55}khuai^{55}ta^{31}tshu^{35}xua^{44}tsɿ^{31}pho^{42}

快快打出花子婆，
早く物乞い女をたたき出せ。

趕期保去巴！ ※
tɕe^{42}tɕhi^{44}po^{31}ŋeɹ^{21}pa^{33}

把她趕出去！
こ奴をたたき出せ。

白：

秦香連想來：
tɕhɯ^{42}ɕa^{44}ȵe^{42}ɕa^{31}lai^{42}

〔秦香蓮〕秦香連想來：
秦香蓮は考えた。

他不認我了，
tha^{33}pu^{35}zɯ^{55}ŋo^{31}lio^{31}

他不認我了，
あいつは私を認めません。

此時把我趕出府門外，
tshɿ^{31}sɿ^{42}pa^{31}ŋo^{31}ka^{31}tshu^{35}fu^{31}mɯ^{42}uai^{55}

此時把我趕出府門外，
私を府門の外に追い出した。

叫我子母三人如何下落？
tɕo^{55}ŋo^{31}tsɿ^{31}mu^{31}sa^{44}zɯ^{42}zu^{42}xo^{42}ɕa^{55}luo^{35}

叫我子母三人如何下落？
我ら母子はどうなるのかやら。

想將起來，
ɕa^{31}tɕa^{44}tɕhi^{31}lai^{42}

想將起來，
考えただけでも。

那是青天？
na^{55}sɿ^{55}tɕhɯ^{44}thie^{44}

哪是青天？
どこに正義があるのでしょう。

一大哭

香連哭期衙門汪，
ɕa^{44}ȵe^{42}kho^{44}tɕhi^{44}ŋeɹ^{21}me^{21}ua^{44}

香蓮衙門外哭起，
秦香連、衙門の外で泣き出した。

春高冬妹聽母雙。
tshui^{33}ko^{44}tou^{44}me^{55}tɕheɹ^{55}mo^{33}sua^{44}

春高冬妹聽媽説：
春高・冬妹、母の話を聞きなさい。

狼心狗肺陳士美，
la^{42}ɕɯ^{33}kou^{31}fe^{55}tshɯ^{42}sɿ^{55}me^{31}

狼心狗肺陳世美，
情け知らずの陳世美は、

亮吐本認三。×
ȵa^{55}no^{44}pɯ^{31}zɯ^{44}sa^{44}

不認我們了。
私たちを（妻子と）認めません。

（15頁上）
之𡛂狗艮杯日去，
tsɿ^{44}ny̩^{33}kou^{33}ȵi^{21}pe^{44}ȵi^{44}ŋeɹ^{21}

子女二人走進去，
あなたたち二人で入ってお行きなさい。

苦其[1]强盗習悔叭。
khou^{31}tɕhi^{42}tɕha^{42}to^{55}ɕi^{35}xui^{31}phia^{44}
説不定强盗後悔。
あの強盗が悔いるやも知れません。

不認妻子認兒女，
pu^{35}zɯ^{55}tɕhi^{44}tsɿ^{31}zɯ^{55}eɹ^{42}ȵui^{31}
不認妻子認兒女，
妻を認めず、息子・娘を認めるなら、

又在作主張。×
jou^{55}tsai^{55}tsuo^{35}tsu^{31}tsa^{44}
又再作主張。
まだ考える余地はありましょう。

冬妹聽燈斗等央，
tou^{44}me^{55}tɕheɹ^{55}tɯ^{44}tou^{21}tɯ^{31}ja^{44}
冬妹聽到這些話，
冬妹はこの話を聞きました。

叫咋阿哥聽我雙。
ɣɯ^{35}tso^{42}a^{31}ko^{44}tɕheɹ^{55}ŋo^{31}sua^{44}
叫聲阿哥聽我説：
兄様よ、話を聞いてくださいな。

肉胎衣服托恨保，
zv̩^{35}the^{44}ji^{35}pe^{32}lui^{35}xɯ^{55}po^{31}
我們脱掉衣服吧，
私たち、服を脱ぎましょう。

托自車他拉[2]。×
lui^{35}tsɿ^{55}tsheɹ^{44}tha^{44}la^{44}
脱得像雛鳥。
生まれたばかりの雛のように。

到底是骨肉之情，
to^{55}ti^{31}sɿ^{55}ku^{35}zou^{35}tsɿ^{44}tɕhɯ^{42}
到底是骨肉之情，
やはり骨肉の情を以って

次吐肉吐骨吐雙。
tshɿ^{55}no^{44}keɹ^{21}tsɿ^{55}vu^{33}no^{44}sua^{44}
用身體的肉骨血，
体の肉、骨、血を以って

干亮狗胎認坑咽，
ka^{44}ȵa^{55}kou^{33}the^{44}zɯ^{44}khɯ^{44}jɯ^{35}
讓他認我們兄妹，
私ら二人を認めてもらいように、

慢慢相勸他。※
ma^{55}ma^{55}ɕa^{55}tɕhue^{55}tha^{44}
慢慢相勸他。
じっくりと、お父様に説きましょう。

白：

兄妹二人走上前來，
ɕou^{44}me^{55}eɹ^{55}zɯ^{42}tsou^{31}sa^{55}tɕhe^{42}lai^{42}
〔春高、冬妹〕兄妹二人走上前來，
兄妹二人は進み出た。

[1] 苦其：“説不定～”。
[2] 車他拉：剛出生，未長羽毛的雛鳥。

上付[1]把門老爺：
sa^{55}fu^{55}pa^{31}mɯ^{42}lo^{31}je^{42}

上復把門老爺：
門番様にお願いです。

由我兄妹進去，
jou^{42}ŋo^{31}ɕou^{44}me^{55}ʨɯ^{55}ʨhui^{55}

由我兄妹進去，
私ら兄妹を入れてください。

與我爹爹相會！
jui^{31}ŋo^{31}tie^{44}tie^{44}ɕa^{44}xui^{55}

與我爹爹相會！
お父様とお会いしたいのです。

相會！
ɕa^{44}xui^{55}

相會！
お会いしたいのです。

好，好，
xo^{31}xo^{31}

〔把門人〕好，好，
よしよし。

由你進去。
jou^{42}ȵi^{31}ʨɯ^{55}ʨhui^{55}

由你進去。
入ってお行き。

這是爹爹！
tsɯ^{55}sɿ^{55}tie^{44}tie^{44}

〔春高、冬妹〕這是爹爹！
これがお父様。

那是爹爹！
na^{55}sɿ^{55}tie^{44}tie^{44}

那是爹爹！
あれがお父様。

慘天——
tsha^{31}thie^{44}

慘天——
なんてことでしょう。

一大哭

春高冬妹跪暗當，
tshui^{33}ko^{44}tou^{44}me^{55}kv̩^{31}a^{55}ta^{44}

春高冬妹跪在此，
春高・冬妹、その場にひざまづきく。

樹手[2]已定阿爹川。
su^{55}sɯ^{33}ʨi^{33}ʨɯ^{31}a^{31}ti^{33}tshua^{44}

雙手抓緊我阿爹。
ぎゅっと両手で父を掴む。

之女斗母燈上見，
tsɿ^{44}nv̩^{31}tou^{35}mo^{33}tɯ^{44}sa^{55}ke^{32}

子女父母能相見，
息子・娘は両親ともに会えました。

雲開見日光。×
jui^{42}khai^{44}ʨe^{55}zɿ^{35}kua^{44}

雲開見日光。
雲が晴れ、日の光が見えたよう。

---

[1] 上付："上復"。
[2] 樹手："兩隻手""雙手"。

哦旺子母杯叭咽，
ŋa^{55}ua^{55}tsɿ^{44}mu^{33}pe^{44}phia^{44}jɯ^{35}

我三母子過来了，
僕ら母子はやってきた。

湖廣乾旱大饑慌。
xu^{42}kua^{31}ka^{44}xa^{55}ta^{55}tɕi^{44}xua^{44}

湖廣乾旱大饑荒。
湖広は日照りのために大飢饉。

旺汪本見飯使科，
ua^{55}ua^{44}pɯ^{31}ke^{32}xeɹ^{55}zɿ^{31}khou^{33}

幾月没見白米飯，
幾月もご飯ひとつ粒見当たらない。

餓自巴泠巴[1]。×
ŋou^{32}tsɿ^{55}pa^{33}lɯ^{44}pa^{33}

餓得摇晃晃。
お腹がすいて、ふらふらです。

哦母拉栽溝樹小。
ŋɯ^{55}mo^{33}la^{32}tse^{44}ko^{44}su^{55}se^{31}

再説我媽兩脚小，
さらに母の足は小さくて（纏足）、

兄妹年青小娃娃。
ɕou^{44}me^{55}ȵe^{42}tɕhɯ^{44}ɕou^{31}ua^{42}ua^{44}

兄妹年青小娃娃。
兄妹もまだ幼い子供。

好東貨物賣因完。
xo^{31}tv̩^{35}xuo^{44}ŋv̩^{33}kɯ^{21}jɯ^{44}uo^{31}

爲吃賣完家中産，
家財も売りつくして食べつくす。

做無處生方。×
tsuo^{55}vu^{42}tshu^{31}sɯ^{44}fa^{44}

没辦法生活。
どうすることもできません。

氣様百生哦因過。
tɕhi^{55}jou^{32}peɹ^{44}sɯ^{44}ŋa^{55}jɯ^{44}kuo^{32}

千様百様都吃過，
あらゆるものを食べました。

山毛[2]野菜以因光。
sa^{44}mo^{42}je^{31}tshai^{55}ji^{21}jɯ^{44}kua^{44}

山茅野菜都吃光。
山草・山菜食べつくす。

（15頁下）

因吐利没穿吐没。
jɯ^{44}no^{44}li^{55}mu^{33}ji^{32}no^{44}mu^{33}

吃的穿的都没有，
食べ物・着る物ありません。

孟[3]干爹後叭。×
mɯ^{55}ka^{44}ti^{33}ɣɯ^{33}phia^{44}

好不容易找到爹。
ようやくと父の背中にたどりつく。

---

[1] 巴泠巴：恍惚，站立不住的樣子，“摇晃”。
[2] 山毛：“山茅”。
[3] 孟：“終於～”“好不容易～”。

别的之[illegible]斗母喂。
pie^{35}ti^{44}tsɿ^{44}nṿ^{33}tou^{35}mo^{33}ue^{32}

别的兒女父母養，
よその子供は、父と母とが養うが、

可憐阿爹没處阿。
kho^{31}ȵe^{42}a^{31}ti^{33}mu^{33}tshṿ^{31}a^{33}

可憐没處看阿爹。
哀れ、お父様にはお会いできず。

哦叫爹孟爹吐鬼。
ŋa^{55}ɣɯ^{35}ti^{33}mɯ^{55}ti^{33}no^{44}kue^{31}

我們叫爹見不到，
父を呼んでも会えません。

平日米利端。×
pe^{31}ȵi^{44}mi^{33}ȵi^{55}tua^{33}

每天想着您。
父を毎日思い出す。

上雙本没信阿封。
sa^{55}sua^{44}pɯ^{31}mu^{33}sɿ^{35}a^{31}fṿ^{35}

三年没有信一封，
三年間、手紙一つもありません。

糾哦哭青害明汪。
tɕo^{44}ŋa^{55}kho^{44}tɕheɹ^{55}xe^{55}meɹ^{21}ua^{44}

叫我們放聲大哭。
僕たちは声を上げて泣きました。

自從阿爹下京恨。
tsɿ^{55}tshou^{42}a^{31}ti^{33}thɯ^{55}tɕɯ^{35}xɯ^{55}

自從阿爹下京去，
父が都に行ってしまい、

受恨記少難？ ×
sou^{33}xɯ^{55}tɕi^{55}ɕou^{33}na^{33}

受了多少難？
どれだけ苦労したでしょう。

肉胎咀偉怎前面，
zṿ^{35}the^{44}tɕui^{33}ue^{33}tsɯ^{35}tɕi^{21}mi^{32}

兄妹的臉在面前，
兄妹の顔はすぐ目の前。

阿爹自哦吐本阿。
a^{31}ti^{33}tsɿ^{55}ŋa^{55}no^{44}pɯ^{31}a^{33}

阿爹却不看我們。
父は僕らを見てくれない。

叫氣叫百本答應，
ɣɯ^{35}tɕhi^{55}ɣɯ^{35}peɹ^{44}pɯ^{31}ta^{35}jɯ^{31}

千叫百叫不答應，
何度呼んでも答えてくれぬ。

扯住你衣裳。※
tshɯ^{31}tsu^{55}ȵi^{31}ji^{44}sa^{44}

扯住您衣裳。
あなたの服を引っ張るのに。

白：

手下人聽令：
sou^{31}ɕa^{55}zɯ^{42}thiɯ^{44}liɯ^{55}

〔陳世美〕手下人聽令：
みなの者、命令だ。

拿與春高冬妹一包銀子，
na^{42}jui^{31}tshui^{44}ko^{44}tou^{44}me^{55}ji^{35}po^{44}jɯ^{42}tsɿ^{31}

拿與春高冬妹一包銀子，
春高と冬妹に銀子一包みと

一件衣裳！
ji^{35}tɕe^{55}ji^{44}sa^{44}

一件衣裳！
衣裳を一着を与えよ。

是了！
sɿ^{55}lio^{31}

〔手下人〕是了！
かしこまりました。

你們兩個不是我的兒女，
ȵi^{31}mɯ^{44}lia^{31}ko^{55}pu^{35}sɿ^{55}ŋo^{31}ti^{44}eɹ^{42}ȵui^{31}

〔陳世美〕你們兩個不是我的兒女，
お前たち二人、我輩の息子・娘ではなし、

我也不是你們的父親。
ŋo^{31}je^{31}pu^{35}sɿ^{55}ȵi^{31}mɯ^{44}ti^{44}fu^{55}tɕhɯ^{44}

我也不是你們的父親。
我輩もお前たちの父でもない。

你在扯住我大叫大哭，
ȵi^{31}tsai^{55}tshɯ^{31}tsu^{55}ŋo^{31}ta^{55}tɕo^{55}ta^{55}khu^{35}

你再扯住我大叫大哭，
なのに我輩にしがみつき大泣きしよる。

老子登[1]你幾脚，
lo^{31}tsɿ^{31}tɯ^{44}ȵi^{31}tɕi^{31}tɕo^{35}

老子蹬你幾脚，
我輩はお前たちを踏みつけるぞ。

要你的狗命！
jo^{55}ȵi^{31}ti^{44}kou^{31}miɯ^{55}

要你的狗命！
命をとってしまおうか。

秦香連看來：
tɕhɯ^{42}ɕa^{44}ȵe^{42}kha^{55}lai^{42}

〔秦香蓮〕秦香蓮看來：
秦香蓮が見てみると、

他把娃娃趕出，
tha^{44}pa^{31}ua^{42}ua^{44}ka^{31}tshu^{35}

他把娃娃趕出，
陳世美は子供たちを追い出した。

不好了！
pu^{31}xo^{31}lio^{31}

不好了！
なんと言うことでしょう。

一大哭

秦[2]香連眼淚流如水，
tɕhɯ^{42}ɕa^{44}ȵe^{42}mi^{42}ji^{42}kɯ^{21}zou^{33}ɕui^{33}

秦香蓮眼淚流如水，
秦香蓮の両目に涙が溢れる。

春高冬妹聽母叙[3]。
tshui^{33}ko^{44}tou^{44}me^{55}tɕheɹ^{55}mo^{33}ɕui^{33}

春高冬妹聽媽説：
春高・冬妹、母の話を聞きなさい。

---

[1] 登："蹬"。
[2] 秦：此字不讀出聲。
[3] 叙："叙述"。相比"雙"，表示更長時間的述説。

下京尋夫秦香連。
ɕa^{55}tɕɯ^{44}ɕui^{42}fu^{44}tɕhɯ^{42}ɕa^{44}ȵe^{42}

下京尋夫秦香蓮，
都に上り夫を尋ねた秦香蓮は、

杯咽聽問死[1]。×
pe^{44}jɯ^{35}tɕheɹ^{55}pieɹ^{44}ɕi^{33}

過來聽問死。
（夫が）死んだのかを聞きにきた。

衣扣丢打[2]給保怎[3]，
ji^{35}khou^{44}lio^{44}ta^{32}kɯ^{31}po^{31}tsɯ^{35}

把衣服丢回他吧，
服はあいつに投げ返し、

銀包張浪[4]味咀偉！
ȵi^{21}po^{35}tsa^{44}na^{31}pɯ^{55}tɕui^{33}ue^{33}

用銀子砸爛他臉！
銀子で顔を潰しなさい。

陳士美不認前妻，
tshɯ^{42}sɿ^{55}me^{31}pu^{35}zɯ^{55}tɕhe^{42}tɕhi^{44}

陳世美不認前妻，
陳世美が前妻認めないこと、

名傳與世閒。×
miɯ^{42}tshua^{42}jui^{31}sɿ^{55}tɕe^{33}

名傳與世間。
世間に知らせてやりましょう。

（16頁上）

罵咋强盗惱聽我，
ɣɯ^{44}tso^{42}tɕha^{42}to^{55}no^{31}tɕheɹ^{55}ŋo^{31}

罵你强盗、聽我説，
強盗を罵ってやろう、よっく聞け。

惱使我自没主衣，
no^{31}sɿ^{31}ŋo^{31}tsɿ^{55}mu^{33}tsv̩^{31}ji^{44}

你使我没了主意。
私にはどうにもならなくなりました。

從小功給[5]惱讀書。
tshou^{42}se^{31}ku^{35}kɯ^{31}no^{31}ɣɯ^{42}sɿ^{35}

從小供你去讀書，
幼きより、勉強をさせてあげたのは、

當做買棺材。×
ta^{44}tsuo^{55}mai^{31}kua^{44}tshe^{42}

當做買棺材。
棺おけを買ったようなものでした。

十上雙吐 央[6]嚨孟，
tshɿ^{42}sa^{55}sua^{44}no^{44}ja^{44}nɯ^{55}mɯ^{55}

十三歲時嫁給你，
十三歳であなたに嫁ぎ、

[1] 聽問死：也寫作“清問死”。大理一帶的風俗：若聽聞有人去世，先不帶任何東西，去其家詢問情況。“清”就是“不攜帶（東西）”的意思。在這裏，表示秦香蓮來京城確認陳世美死活之意。
[2] 丢打：“丢回”。
[3] 怎：語氣助詞，“啊”。
[4] 張浪：“砸爛”。
[5] 功給：“供給”。
[6] 央：“嫁”。

糾我怎唱[1]了没晚[2]。
tɕo44ŋo31tsɯ33tsha55lo32mu33pe33
有了午飯没晚飯。
朝食だけで夕食がなくとも、

哦爹平日漢三[3]惱，
ŋɯ55ti33pe31ȵi44xa55sa44no31
我爹每天照顧你，
父は毎日、あなたの面倒をみ、

孟干惱喂期。×
mɯ55ka44no31ue32tɕhi44
設法養着你。
何とかあなたを養った。

學綫學米[4]哦爹功[5]，
ɕo35tshe55ɕo35me33ŋɯ55ti33ku35
學錢學米我爹供，
学費やお米も父が出し、

每年逢[6]你兩套衣。
me31ȵe42fɯ42ȵi31lia31tho55ji44
每年縫你兩套衣。
年ごとに、衣服二揃えをあつらえた。

扶持你三更燈火，
fu42tshʅ42ȵi31sa44kɯ44tɯ44xuo31
扶持你三更燈火，
深夜まで明かりをかざしてあげて、

餵給你墨水[7]。×
ue32kɯ31no31mɯ44ɕui33
給你添墨水。
あなたの学問を養った。

第咋糾惱争功名，
ti35tso42tɕo44no31tsɯ35ku35mieɹ35
衹希望你争功名，
ただあなたが功名を争うため、

下京打發惱怕産[8]。
thɯ55tɕɯ35teɹ44feɹ44no31pha55tshe31
下京盤纏都給你。
都に上る路銀も出し、

銀頭[9]手師[10]賣完恨，
ȵi21tɯ21sou33sʅ44kɯ21uo31xɯ55
金銀首飾都賣掉，
金銀腕輪も売りつくし、

賣哦吐衣杯[11]，×
kɯ21ŋɯ55no44ji35pe32
賣了所有衣，
私の衣服すべてを売った。

---

[1] 唱:“上午吃的飯”。
[2] 晚:“晚飯”。
[3] 漢三:“照顧”。
[4] 學綫:“學錢”。
[5] 功:“供”。
[6] 逢:“縫”。
[7] 墨水: 學問或者歷來養成的品格、教養等。
[8] 怕産: 盤纏。
[9] 銀頭:“金銀”。
[10] 手師:“首飾”。
[11] 杯:“(一)套(衣服)”。

溝吐鞋己[1]賣答[2]吐，
ko^{44}no^{44}ŋe^{21}tɕi^{33}kɯ^{21}ta^{35}no^{44}

也賣掉所穿的鞋，
足に（履いている）靴も売り。

栽賣哦吐枕頭對。
tse^{44}kɯ^{21}ŋɯ^{55}no^{44}tsɿ^{33}tɯ^{21}tue^{32}

再賣掉一對枕頭。
枕一対も売りました。

阿更惱自燈倒官，
a^{31}kɯ^{55}no^{31}tsɿ^{55}tɯ^{44}to^{31}kua^{35}

現在你做大官了，
今やあなたは立派な役人。

官從何處起？ ×
kua^{44}tshu^{42}xo^{42}tshu^{31}tɕhi^{31}

官從何處起？
その官職はどこから来た。

哦吐惱嗐生[3]本認，
ŋɯ^{55}no^{44}no^{31}ta^{21}sɯ^{44}pɯ^{31}zɯ^{44}

你如果真的不認，
私のあなた、もし本当に認めない、

中間怎之⿱亠女阿對。
tsou^{44}tɕe^{33}tsɯ^{33}tsɿ^{44}nv̩^{33}a^{31}tue^{32}

中間有兒女一對。
二人の間に息子・娘がいることを。

第咋生後之[4]没情，
ti^{55}tso^{42}xeɹ^{55}xou^{35}tsɿ^{44}mu^{33}tɕeɹ^{21}

衹能説你無情漢，
これこそ薄情男だと、

古人艮所須[5]。 ×
ku^{31}zɯ^{35}ȵi^{21}suo^{31}ɕui^{33}

古時人所説。
昔の人も言う所。

之⿱亠女狗艮聽母咽[6]：
tsɿ^{44}nv̩^{33}kou^{33}ȵi^{21}tɕheɹ^{55}mo^{33}jɯ^{35}

兒呀女呀聽媽説：
子供たち、母の話を聞きなさい。

草阿怎[7]吐露阿點，
tshu^{44}a^{31}tsɯ^{35}no^{44}lu^{55}a^{31}tie^{33}

草上也有一滴露（任何人都有機會），
草一本にも露の一滴。（どんな人にも機会はある）。

阿母配那休[8]上後[9]，
a^{31}mo^{33}phe^{44}na^{55}ɕa^{35}sa^{55}ɣɯ^{44}

媽同你們一起罵，
母があなたたちと辱めに行きましょう。

[1] 己："（一）雙（鞋）"。
[2] 答："也～""還～"。
[3] 生："就～""即～""則～"。
[4] 生後之：指年齢高的已婚男子，"漢子"。
[5] 須："敘"。
[6] 咽："來～""做～"。
[7] 怎："（一）根（草）"。
[8] 休："羞辱"。
[9] 上後："吵架"。

亮休陳士美！ ※
ȵa^{55}ça^{35}tshɯ^{42}sɿ^{55}me^{31}

羞辱陳世美！
陳世美を辱めてやりましょう。

白：

這個花子婆，
tsɯ^{55}ko^{55}xua^{44}tsɿ^{31}pho^{42}

〔陳世美〕這個花子婆，
この物乞い女め。

爲何進宮罵我？！
ue^{55}xo^{42}tɕɯ^{55}kou^{44}ma^{55}ŋo^{31}

爲何進宮罵我？！
何ゆえ屋敷に入り込み、我輩を罵るか。

分付手下聽令，
fɯ^{44}fu^{55}sou^{31}ça^{55}thiɯ^{44}liɯ^{55}

吩咐手下聽令，
みなの者、命令だ。

將花子婆打出去！
tɕa^{44}xua^{44}tsɿ^{31}pho^{42}ta^{31}tshu^{35}tɕhui^{55}

將花子婆打出去！
物乞い女をたたき出せ。

是了！
sɿ^{55}lio^{31}

〔手下人〕是了！
かしこまりました。

花子婆鬼[1]出去！
xua^{44}tsɿ^{31}pho^{42}kui^{31}tshu^{35}tɕhui^{55}

花子婆滾出去！
物乞い女め出て行くがいい。

（16頁下）

陳士美自想：
tshɯ^{42}sɿ^{55}me^{31}tsɿ^{55}ça^{31}

〔陳世美〕陳世美自想：
陳世美は思った。

看見三子母，
kha^{55}tɕe^{55}sa^{44}tsɿ^{31}mu^{31}

看見三母子，
母子三人を見てみると、

出府門去了。
tshu^{35}fu^{31}mɯ^{42}tɕhui^{55}lio^{31}

出府門去了。
府門から出て行くところ。

思想起来，
sɿ^{44}ça^{31}tɕhi^{31}lai^{42}

思想起来，
考えただけで、

阿呀——
a^{44}ja^{31}

阿呀——
あー、

---

[1] 鬼："滾"。

傷心——
sa^{44}ɕɯ^{44}

傷心——
心苦しい。

一小哭

士美氣[1]東二堂吐，
sɿ^{55}me^{31}tɕhi^{44}tou^{44}eɹ^{55}tha^{42}no^{44}

世美氣倒二堂上，
陳世美は気もふさぎ、奥の間にて倒れ込む。

糾我抬坑頭包朶。
tɕo^{44}ŋo^{31}ta^{35}khɯ^{44}tɯ^{21}po^{21}tuo^{33}

叫我抬不起頭來。
頭をもたげられずにいた。

哦妻杯咽罵哦吐，
ŋɯ^{55}tɕhe^{55}pe^{44}jɯ^{35}ɣɯ^{44}ŋɯ^{55}no^{44}

我妻子過來罵我，
妻がきて我輩を罵った。

爲我自吐表[2]。×
ue^{44}ŋo^{31}tsɿ^{55}no^{44}pio^{33}

因爲我不對。
我輩がいけないことをしたからだ。

氣錯百唱[3]生我唱，
tɕhi^{55}tsha^{55}peɹ^{44}tsha^{55}sɯ^{44}ŋo^{31}tsha^{55}

千錯百錯全我錯，
すべての過ちは、私の過ち。

金林晏上把親招。
tɕɯ^{44}liɯ^{42}je^{55}sa^{55}pa^{31}tɕhɯ^{44}tso^{44}

瓊林宴上把親招。
瓊林の宴にて駙馬に招かれた。

皇王干我招付馬，
ŋv̩^{21}te^{31}ka^{44}ŋo^{31}tso^{35}fu^{55}ma^{31}

皇帝招我做駙馬，
皇帝が我輩を駙馬に招いた時、

直斗雙期朶。×
tsɿ^{35}tou^{21}sua^{44}tɕhi^{44}tuo^{33}

我没説真話。
真実を言い出すことは無理だった。

爲我阿時[4]雙倒斗，
ue^{44}ŋo^{31}a^{31}tsɿ^{21}sua^{44}to^{31}tou^{21}

因我那時説大話，
あの時に大きな話（嘘）を言ったため、

假吐我雙自直吐。
tɕa^{33}no^{44}ŋo^{31}sua^{44}tsɿ^{55}tsɿ^{35}no^{44}

我的假話成真話。
嘘が本当になったのだ。

包臣相嗐認燈[5]恨，
po^{35}tshɯ^{55}ɕa^{44}ta^{21}zɯ^{44}tɯ^{44}xɯ^{55}

包丞相若是知道，
包大臣が、もし知れば、

---

[1] 氣："鬱悶"。
[2] 表："不對""錯誤"。
[3] 氣錯百唱："千錯百錯"。
[4] 阿時："一時""那時"。
[5] 認燈："知道"。

要哦頭包科[1]。×
ȵou^{44}ŋɯ^{55}tɯ^{21}po^{21}khou^{33}
定要我腦袋。
この首を求めてこよう。

不認前妻不認兒，
pu^{35}zɯ^{55}tɕhe^{42}tɕhi^{44}pu^{35}zɯ^{55}eɹ^{42}
不認前妻不認兒，
前妻と息子・娘を認めない。

罪過怎恨哦頭吐。
tɕui^{55}kuo^{55}tsɯ^{35}xɯ^{55}ŋɯ^{55}tɯ^{21}no^{44}
罪過都在我頭上。
罪は我輩の頭上にある。

己甲[2]期自己甲悔，
tɕi^{31}tɕa^{35}tɕhi^{44}tsɿ^{55}tɕi^{31}tɕa^{35}xui^{31}
自己招來自己悔，
自業自得と言うものだ。

進書房靠靠。×
tɕɯ^{55}su^{33}fa^{42}kho^{55}kho^{33}
進書房靠靠。
書斎に入り、休むとしよう。

介：

之母趕期府門汪，
tsɿ^{44}mo^{33}tɕe^{42}tɕhi^{44}fu^{31}me^{21}ua^{44}
母子趕出府門外，
母と子は府門の外に追い出され、

春高我叫咋阿媽。
tshui^{33}ko^{44}ŋo^{31}ɣɯ^{35}tso^{42}a^{31}ma^{44}
春高我叫聲阿媽：
春高は声をば上げて母を呼ぶ。

個日哦爹本認亮，
keɹ^{55}ȵi^{44}ŋɯ^{55}ti^{33}pɯ^{31}zɯ^{44}ȵa^{55}
今日爹不認我們，
父は僕らを認めません。

到底杯暗拉。×
to^{55}ti^{31}pe^{44}a^{55}na^{44}
到底去哪裏？
どこに行ったらよいのやら。

京城本没氣吐艮[3]，
tɕɯ^{35}tseɹ^{21}pɯ^{31}mu^{33}tɕhi^{55}no^{44}ȵi^{21}
京城裏没有親人，
都には、親戚一人おりません。

前無親來後無家。
tɕhe^{42}vu^{42}tɕhɯ^{44}lai^{42}xou^{55}vu^{42}tɕa^{33}
前無親來後無家。
前に親戚、後ろに家なく、

代怎[4]盤産因完號，
te^{44}tsɯ^{35}pha^{55}tshe^{31}jɯ^{44}uo^{31}xo^{55}
帶來盤纏都用完，
路銀もすでに底を尽く。

[1] 科："（一）個（腦袋）"。
[2] 己甲："自己"。
[3] 氣吐艮："親戚"。
[4] 代怎："帶來"。

身穿浪[1]衣裳。×
sɯ^{44}tshua^{44}la^{55}ji^{44}sa^{44}

身穿爛衣裳。
着ている服も、ぼろぼろです。

周頭吐怎周[2]窩來[3]，
tsou^{44}tɯ^{21}no^{44}tsɯ^{33}tsou^{44}khy̩^{31}le^{21}

鳥都有自己的窩，
鳥には鳥の巣があって、

六畜[4]飛禽也有家。
lu^{35}su^{35}fe^{44}tɕhɯ^{42}je^{31}jou^{31}tɕa^{44}

六畜飛禽也有家。
六畜・家禽も家がある。

亮吐好東格[5]遠號，
ȵa^{55}no^{44}xo^{31}ty̩^{35}keɹ^{35}tui^{33}xo^{55}

我們家離這裏遠，
僕らの家は遠く離れて、

杯打去朶三。×
pe^{44}ta^{32}ŋeɹ^{21}tuo^{33}sa^{33}

也不能回去。
帰ることすらできません。

（17頁上）

介：

冬妹聽燈阿哥雙，
tou^{44}me^{55}tɕheɹ^{55}tɯ^{44}a^{31}ko^{44}sua^{44}

冬妹聽到阿哥説，
冬妹は兄の話を聞きました。

阿哥雙期斗等央。
a^{31}ko^{44}sua^{44}tɕhi^{44}tou^{21}tɯ^{31}ja^{44}

阿哥説出這樣話。
兄様よ、そんな話をしたのなら、

爲人衹要後[6]臉皮，
ue^{42}zɯ^{42}tsɿ^{31}jo^{55}xou^{55}ȵe^{31}phi^{42}

爲人衹要厚臉皮，
あつかましく生きることしかできません。

就[7]咊吐康張[8]。×
tɕou^{35}pɯ^{55}no^{44}kha^{31}tsa^{44}

隨他的安排。
では、このようにいたしましょう。

地上不生無名草，
ti^{55}sa^{55}pu^{35}sɯ^{44}vu^{42}miɯ^{42}tsho^{31}

地上不生無名草，
地上には名もない草など生えません。

山上不開無名花。

山上不開無名花。

---

[1] 浪：“爛”。
[2] 周窩：“鳥窩”。
[3] 來：“（一）個（鳥窩）”。
[4] 畜：發音爲［ su^{35} ］。
[5] 好東格：“一家人”“一家族”。
[6] 後：“厚”。
[7] 就：“按照”“隨從”。
[8] 康張：“安排”“計劃”。

sa^{44}sa^{55}pu^{35}khai^{44}vu^{42}miɯ^{42}xua^{44}	山上に名もない花など咲きません。
阿日討自阿日因， a^{31}ȵi^{44}thu^{55}ʦʅ^{55}a^{31}ȵi^{44}jɯ^{44}	一天討飯一天吃， 一日物乞い、その日を暮らす。
討飯使打央。× thu^{55}xeɹ^{55}zʅ^{31}ta^{32}ja^{44}	討着飯回去。 物乞いをして帰りましょう。

介：

聽燈之夲自加[1]雙， tsheɹ^{55}tɯ^{44}ʦʅ^{44}nv̩^{33}ʦʅ^{55}ʨa^{33}sua^{44}	聽到兒女這樣説， （秦香連は）子供たちの話を聞きました。
你説討飯回家鄉， ȵi^{31}suo^{35}tho^{31}fa^{55}xui^{42}ʨa^{44}ɕa^{44}	你説討飯回家鄉， 物乞いし、家に帰るというけれど、
乾旱三年不下雨， ka^{44}xa^{55}sa^{44}ȵe^{42}pu^{35}ɕa^{55}jui^{31}	乾旱三年不下雨， 日照りが三年、雨降らず。
杯打因舍央？ × pe^{44}ta^{32}jɯ^{44}seɹ^{33}ja^{44}	吃什麼回去？ 何を食べて帰るという。
古説事急無君子， ku^{31}suo^{35}sʅ^{55}ʨi^{35}vu^{42}ʨui^{44}ʦʅ^{31}	古説事急無君子， 昔の人の言うことにゃ、事を急いては君子になれずと。
逃浪[2]渡日做叫花。 tho^{42}na^{55}tu^{55}zʅ^{35}tsuo^{55}ʨo^{55}xua^{44}	逃難度日做叫花。 逃げ出して、その日暮らしの物乞いし、
千里尋夫討喂口， ʨhe^{33}li^{31}ɕui^{42}fu^{33}tho^{31}ue^{55}khou^{31}	千里尋夫討飯吃， 夫を尋ね一千里、物乞いしてると言うことを、
干閃格勸花[3]。× ka^{44}se^{32}keɹ^{35}ʨhue^{44}xua^{33}	給人作教化。 世間に教えてやりましょう。
舍來[4]事物利不管， seɹ^{33}le^{21}sʅ^{31}vu^{33}li^{55}pu^{35}kua^{31}	什麼事情都不管， どんな事でも気にしません。

[1] 自加："如此""這樣"。
[2] 逃浪："逃難"。
[3] 勸花："教化""勸化"。
[4] 舍來："如何""什麼"。

頭包利願[1]習科花[2]。
tɯ^{21}po^{21}li^{55}jui^{33}ɕi^{35}khou^{33}xua^{35}

頭也暈来心也慌。
頭はくらくら、心はうろたえ、

歐氣頭吐[3]加[4]習悔[5]，
ou^{44}tɕhi^{44}tɯ^{21}no^{44}tɕa^{44}ɕi^{35}xui^{31}

慪氣時把心想開，
ふさいだ気持ちを落ち着かせるため、

在此閑個涼。※
tsai^{55}tshɿ^{31}ɕe^{42}ko^{55}lia^{42}

在此閑個凉。
ここらで少し休みましょう。

詩：

宰相三朝老，
tsai^{31}ɕa^{55}sa^{44}tsho^{42}lo^{31}

宰相三朝老，
宰相は三朝の元老。

中久[6]三日秋。
tsou^{44}tɕhou^{44}sa^{44}zɿ^{35}tɕhou^{44}

中秋三日秋。
中秋三日の月。

當日能貫月，
ta^{44}zɿ^{35}nɯ^{42}kua^{55}jue^{35}

當日能貫月，
まさに日は月を貫くべし。

代代受王封。
tai^{55}tai^{55}sou^{55}ua^{42}fɯ^{44}

代代受王封。
代々皇帝の封を受ける。

白：

老夫王彦林[7]自想：
lo^{31}fu^{44}ua^{42}je^{55}liɯ^{42}tsɿ^{55}ɕa^{31}

〔王延齡〕老夫王延齡自想：
わし、王延齢が思うには、

宋王天子駕下爲臣。
sou^{55}ua^{42}thie^{44}tsɿ^{31}tɕa^{55}ɕa^{55}ue^{42}tshɯ^{42}

宋王天子駕下爲臣。
宋帝の即位してより臣となる。

今日八月十五，
tɕɯ^{44}zɿ^{35}pa^{35}jue^{35}sɿ^{35}vu^{31}

今日八月十五，
本日、八月十五日。

付馬公壽大之期。
fu^{55}ma^{31}kou^{44}sou^{55}ta^{55}tsɿ^{44}tɕhi^{44}

駙馬公壽大之期。
駙馬殿の誕生日。

[1] 願："暈"。
[2] 花："慌"。
[3] 頭吐："～的時候"。
[4] 加：介詞，"將"。參考趙燕珍《趙荘白語参考語法》第141—143頁。
[5] 悔："放鬆""想開"。
[6] 中久："中秋"。
[7] 王彦林："王延齡"。

文武百官，
vɯ^{42}vu^{31}peɹ^{35}kua^{44}

文武百官，
文武の百官たちが、

到目池宮拜壽。
to^{55}mu^{35}tshɿ^{42}kou^{44}pai^{55}sou^{55}

到目池宮拜壽。
目池宮にてご挨拶。

老夫坐轎，
lo^{31}fu^{44}tsuo^{55}tɕo^{55}

老夫坐轎，
わしは駕籠に腰おろす。

人役抬轎。
zɯ^{42}ji^{35}thai^{42}tɕo^{55}

人役抬轎。
お前たち駕籠をば上げるのだ。

啓稟大老爺高升！
tɕi^{31}piɯ^{31}ta^{55}lo^{31}je^{42}ko^{44}sɯ^{44}

〔手下人〕啓稟大老爺高升！
お殿様、駕籠をお上げいたします。

（17頁下）

—高腔

老夫拜壽等時杯，
lo^{32}fu^{44}pe^{55}sou^{55}tɯ^{31}tsɿ^{31}pe^{44}

老夫此時去拜壽，
このわしは（駙馬の）誕生日に御挨拶。

喜在眉頭笑心間。
ɕi^{31}tsai^{55}me^{42}thou^{42}ɕo^{55}ɕɯ^{44}tɕe^{44}

喜在眉頭笑心間。
喜びは眉間にたたえ、心に笑い。

一人之下萬人上，
ji^{35}zɯ^{42}tsɿ^{44}ɕa^{55}va^{55}zɯ^{42}sa^{55}

一人之下萬人上，
たった一人（皇帝）の下に立ち、これ万人の上に立つ。

誰人敢不聽。×
sui^{42}zɯ^{42}ka^{31}pu^{35}thiɯ^{44}

誰人敢不聽？
誰ぞかわしに歯向かわん。

依[1]三朝老夫安天下。
ji^{44}sa^{44}tsho^{42}lo^{31}fu^{44}a^{44}thie^{44}ɕa^{55}

三朝老夫安天下，
三朝の元老たるこのわしは、それ天下を安んずる。

包文正怎哦學生。
po^{33}vɯ^{42}tsɯ^{55}tsɯ^{33}ŋɯ^{55}ɕo^{35}sɯ^{33}

包文正是我學生。
包文正すらわしの学生。

除了皇帝就是我。
tshu^{42}lio^{31}xua^{42}ti^{55}tɕou^{55}sɿ^{55}ŋo^{31}

除了皇帝就是我，
皇帝以外は、わししか居らぬ。

---

[1] 依：此字不讀。

報皇王之恩。×
po^{55}xua^{42}ua^{42}tsɿ^{44}ɣɯ^{44}

報皇王之恩。
皇帝のご恩に報ぜねば。

抬頭争[1]眼細看看。
thai^{42}thou^{42}tsɯ^{44}je^{31}ɕi^{55}kha^{55}kha^{44}

抬頭睁眼細看看，
頭をめぐらせ、仔細に見れば、

土吐跪燈上子母。
thu^{33}no^{44}kɣ̩^{31}tɯ^{44}sa^{55}tsɿ^{44}mu^{33}

母子三人跪路上。
道端に母子三人が跪く。

叫聲人役住了轎。
tɕo^{55}sɯ^{44}zɯ^{42}ji^{35}tsu^{55}lio^{31}tɕo^{55}

叫聲人役住了轎，
人を遣り、わしの駕籠を止めさせた。

有什麼原因？
jou^{31}sɯ^{35}mo^{44}jue^{42}jɯ^{44}

有什麼原因？
いったい何があったのだ。

白：

報——報——
po^{55}po^{55}

〔手下人〕報——報——
ご報告いたします。

所報何事？
suo^{31}po^{55}xo^{42}sɿ^{55}

〔王延齡〕所報何事？
何事か。

大人在上！
ta^{55}zɯ^{42}tsai^{55}sa^{55}

〔手下人〕大人在上！
お殿様におかれては。

前面有一個婦人，
tɕhe^{42}mie^{42}jou^{31}ji^{35}ko^{55}fu^{55}zɯ^{42}

前面有一個婦人，
前には婦人が一人、

兩個娃娃，
lia^{31}ko^{55}ua^{42}ua^{44}

兩個娃娃，
子供が二人おり、

前來伸冤！
tɕhe^{42}lai^{42}sɯ^{44}jue^{44}

前來伸冤！
前にて冤罪を訴えておる様子。

既然如此，
tɕi^{55}za^{42}zu^{42}tshɿ^{31}

〔王延齡〕既然如此，
しからば、

呈狀上來！

呈狀上來！

[1] 争：“睁”。

tshɯ^{42}tsua^{55}sa^{55}lai^{42}

訴状をもて。

是了！
sɿ^{55}lio^{31}

〔手下人〕是了！
はっ。

代我打開一看，
tai^{55}ŋo^{31}ta^{31}khai^{44}ji^{35}kha^{55}

〔王延齡〕待我打開一看，
わしが訴状を開いて見れば、

紙上無名。
tsɿ^{31}sa^{55}vu^{42}miɯ^{42}

紙上無名。
訴状に名前が見当たらず。

好大膽的貧婦！
xo^{31}ta^{55}ta^{31}ti^{44}phiɯ^{42}fu^{55}

好大膽的貧婦！
何と大胆な貧乏女。

爲何紙上無名？！
ue^{55}xo^{42}tsɿ^{31}sa^{55}vu^{42}miɯ^{42}

爲何紙上無名？！
何ゆえ訴状に名前がない。

你告的是誰人？
ȵi^{31}ko^{55}ti^{44}sɿ^{55}sui^{42}zɯ^{42}

你告的是誰人？
お前は誰を訴える。

大人在上！
ta^{55}zɯ^{42}tsai^{55}sa^{55}

〔秦香蓮〕大人在上！
お殿様におかれては。

我告的是，
ŋo^{31}ko^{55}ti^{44}sɿ^{55}

我告的是，
私が訴えておりますのは、

天字出頭！
thie^{44}tsɿ^{55}tshu^{35}thou^{42}

天字出頭！
天の字より頭が突き出たもの。

聽得此言，
thiɯ^{44}tɯ^{35}tshɿ^{31}je^{42}

〔王延齡〕聽得此言，
その言葉、聞いたぞ。

好，好，
xo^{31}xo^{31}

好，好，
よかろう。

你莫非告的是夫？
ȵi^{31}mo^{35}fe^{44}ko^{55}ti^{44}sɿ^{55}fu^{44}

你莫非告的是夫？
もしや夫を訴えるのか。

夫乃是天，
fu^{44}nai^{31}sɿ^{55}thie^{44}

夫乃是天，
夫は天、

妻乃是地。
tɕhi^{44}nai^{31}sɿ^{55}ti^{55}

妻乃是地。
妻は地と言うぞ。

大人在上！
ta^{55}zɯ^{42}tsai^{55}sa^{55}

〔秦香蓮〕大人在上！
お殿様におかれては。

妻告夫之理，
tɕhi^{33}ko^{55}fu^{44}tsɿ^{44}li^{31}

妻告夫之理，
妻が夫を訴えるは、訳がある。

其中有滿復[1]冤仇。
tɕhi^{42}tsou^{44}jou^{31}ma^{31}fy̩^{35}jue^{44}tshou^{42}

其中有滿腹冤仇。
その中に腹を満たす恨みあり。

大人若問，
ta^{55}zɯ^{42}zuo^{35}vɯ^{55}

大人若問，
お殿様がもし問われるのなら。

請聽——
tɕhɯ^{31}thiɯ^{44}

請聽——
お聞きくださいませ。

一小哭

訴上苦情淚汪汪。
su^{55}sa^{55}khu^{31}tɕhɯ^{42}lui^{55}ua^{44}ua^{44}

訴上苦情淚汪汪，
お上には苦境を訴え、涙を流す。

大人在上聽一方[2]。
ta^{55}zɯ^{42}tsai^{55}sa^{55}thiɯ^{44}ji^{35}fa^{44}

大人在上聽一番。
お殿様、一つ聞いてくださいな。

（18頁上）

家住湖廣荆州府。
tɕa^{44}tsu^{55}xu^{42}kua^{31}tɕɯ^{44}tsou^{44}fu^{31}

家住湖廣荊州府，
家は湖広の荊洲府。

桑主粧爲家。×
sa^{44}tsu^{31}tshua^{44}ue^{42}tɕa^{44}

桑主莊爲家。
桑主荘に家はある。

走服名叫陳士美。
tsou^{31}fy̩^{35}mieɹ^{35}ɣɯ^{35}tshɯ^{42}sɿ^{55}me^{31}

丈夫名叫陳世美，
夫の名前は陳世美で、

個自[3]甲滿[4]廿六雙。
keɹ^{55}tsɿ^{55}tɕa^{35}ma^{33}ne^{21}fy̩^{44}sua^{44}

今年剛滿廿六歲。
今年二十六歳になる。

[1] 復：“腹”。
[2] 一方：“一番”。
[3] 個自：“今年”。
[4] 甲滿：“纔滿～歲”。

招夫結婚到插門。
tso^{44}fu^{44}tɕe^{35}xui^{44}tou^{55}tsha^{35}mɯ^{42}

招夫結婚倒插門，
夫を招き婿入りさせ、

娘家供給他。×
ȵa^{42}tɕa^{44}kou^{44}kɯ^{31}tha^{44}

娘家供給他。
私の家で養った。

⿱夂女我名叫秦香連。
nv̩^{33}ŋo^{31}mieɹ^{35}ɣɯ^{35}tɕhɯ^{42}ɕa^{44}ne^{42}

奴我名叫秦香蓮，
私めの名は秦香蓮。

個自年滿廿五雙。
keɹ^{55}tsɿ^{55}tɕa^{35}ma^{33}ne^{21}mu^{33}sua^{44}

今年年滿廿五歲。
今年で二十五歲となりました。

中間有一對兒女。
tsou^{44}tɕe^{44}jou^{31}ji^{35}tui^{55}eɹ^{42}ȵui^{31}

中間有一對兒女，
二人の間に息子と娘。

陳家後代香。×
tshɯ^{42}tɕa^{33}xou^{55}tai^{55}ɕa^{33}

陳家後代香。
これが陳家の跡取りです。

長子春高十三歲，
tsa^{31}tsɿ^{31}tshui^{44}ko^{44}sɿ^{35}sa^{44}sui^{55}

長子春高十三歲，
長子の春高、十三歲。

小⿱夂女冬妹十一雙。
se^{31}nv̩^{33}tou^{44}me^{55}tshɿ^{42}ji^{44}sua^{44}

小女冬妹十一歲。
次女の冬妹、十一歲。

夫妻結婚年雙[1]小，
pɯ^{35}tshe^{55}tɕe^{35}xui^{44}ȵi^{44}sua^{44}se^{31}

夫妻年小時結婚，
夫婦は幼いときに結婚し、

斗母早[2]没三。×
tou^{35}mo^{33}tsu^{33}mu^{33}sa^{44}

（丈夫）父母早去世。
（夫の）両親は早くに亡くなった。

自⿱夂女哦爹[3]功保書，
tsɿ^{55}nv̩^{33}ŋɯ^{55}ti^{33}ku^{35}po^{31}sɿ^{35}

我老爹供他讀書，
私の父は夫に学問をさせ、

丈夫是苦讀寒穿[4]。
tsa^{55}fu^{44}sɿ^{55}khu^{31}tu^{35}xa^{42}tshua^{44}

丈夫是苦讀寒窗。
夫は苦学に励んだ。

[1] 年雙：“年齡”。
[2] 早：喜洲以外的地方也發音爲［ tso^{33} ］。
[3] 自⿱夂女哦爹：“岳父”。自秦香蓮來説，指自己的父親。
[4] 苦讀寒穿：“苦讀寒窗”。

干保當自氣吐艮，
ka^{44}po^{31}ta^{44}tsɿ^{55}tɕhi^{55}no^{44}ȵi^{21}

把他當做親兒子，
彼を実の子と見做し、

費多少心昌？ ×
fe^{55}tuo^{44}so^{31}ɕɯ^{44}tsha^{44}

費多少心思？
どれほど心を配ったことか。

學錢學米哦爹供，
ɕo^{35}tshe^{55}ɕo^{35}me^{33}ŋɯ^{55}ti^{33}ky̩^{35}

學錢學米我爹供，
学費やお米は父が出し、

一年逢兩套衣裳。
ji^{35}nie^{42}fɯ^{42}lia^{31}tho^{55}ji^{44}sa^{44}

一年縫兩套衣裳。
毎年、服二揃えあつらえました。

扶持保上格 [1] 燈火，
fu^{42}tshɿ^{42}po^{31}sa^{55}keɹ^{35}tɯ^{35}xui^{44}

扶持他三更燈火，
遅くまで灯火を持って、彼に仕え、

夫妻情以叭。×
pɯ^{35}tshe^{55}tɕeɹ^{21}ji^{31}phia^{44}

盡夫妻情義。
夫婦の情義を尽くしました。

甲子皇王開科選，
tɕa^{35}tsɿ^{31}xua^{42}ua^{42}khai^{44}khou^{44}ɕue^{31}

甲子皇王開科選，
甲子の歳には科挙が開かれた。

叫他下京上朝干。
tɕo^{55}tha^{44}ɕa^{55}tɕɯ^{44}sa^{55}tsho^{42}ka^{44}

叫他下京上朝綱。
都に上り、朝廷に赴かせんとして、

第咋人争一口氣，
ti^{55}tso^{42}zɯ^{42}tsɯ^{44}ji^{35}khou^{31}tɕhi^{55}

祇説人争一口氣，
ただ、ただ、歯を食いしばり、

佛争一炉香。×
fu^{35}tsɯ^{44}ji^{35}lu^{42}ɕa^{44}

佛争一爐香。
ただ、ただ、がんばった。

自從陳士美下京，
tsɿ^{55}tshou^{42}tshɯ^{42}sɿ^{55}me^{31}thɯ^{55}tɕɯ^{35}

自從陳世美下京，
陳世美が都に上って行ってより、

湖廣荆洲害 [2] 格干。
xu^{42}kua^{31}tɕɯ^{44}tsou^{44}tso^{42}keɹ^{35}ka^{33}

湖廣荆州遭乾旱。
湖広荊洲は日照りとなり、

三年乾旱不下雨，
sa^{44}nie^{42}ka^{44}xa^{55}pu^{35}ɕa^{55}jui^{31}

三年乾旱不下雨，
三年日照りで雨が降らず、

[1] 上格：“三更”。
[2] 害：在這裏，發音爲［ tso^{44} ］。意爲“遭”。

百姓大饑慌。×
peɹ35ɕɯ55ta55tɕi44xua44

百姓大饑荒。
百姓、大いに餓えました。

三錢銀子一斗米，
sa44tɕhe42jɯ42tsɿ31ji35ua31mi31

三錢銀子一碗米，
銀三銭で米一碗。

一兩銀子一斗糠。
ji35lia31jɯ42tsɿ31ji35tou31kha33

一兩銀子一斗糠。
銀一両で米ぬか一斗。

（18頁下）

好東貨物賣因完，
xo31tv̩35xuo44ŋv̩33kɯ21jɯ44uo31

爲吃賣完家中産，
家財は売って食べつくし、

因怎生没三。×
jɯ44tsɯ21sɯ44mu33sa44

吃的也没有。
食べるものすらありません。

香連我鞋尖脚小，
ɕa44ȵe42ŋo31xai42tɕe44tɕo35ɕo31

香蓮我鞋尖脚小，
秦香蓮は足小さく、

兒女他是小娃娃。
eɹ42ȵui31tha44sɿ55ɕo31ua42ua44

兒女他是小娃娃。
息子娘はまだ幼い。

百姓因樹皮草根，
peɹ44ɕeɹ32jɯ44sv̩55phi42tsho31kɯ44

百姓吃樹皮草根，
百姓は木の皮・草の根を食べてるのに、

怎斗没處雙。×
tsɯ33tou21mu33tshv̩31sua44

有話没處説。
伝える場所もありません。

强盗三年無書信，
tɕha42to55sa44ȵe42vu42su44ɕɯ55

强盗（陳世美）三年無書信，
強盗（の陳世美）は三年便りを寄こしてこない。

第格干之母餓香。
ti55keɹ35ka44tsɿ44mo33ŋou32ɕa44

衹怕母子要餓死。
ただ恐れるはわれら母子が餓死すること。

之母上良叭京城，
tsɿ44mu33sa55ȵi21phia44tɕɯ35tseɹ21

母子三人到京城，
母子三人はようやく都にたどり着き、

干走服以叭。×
ka44tsou31fv̩35jĩ1phia44

來找我丈夫。
夫を探しあてたのです。

死没良心陳士美，
ɕi^{33}mu^{33}ȵa^{35}ɕɯ^{35}tshɯ^{42}sɿ^{55}me^{31}

死没良心陳世美，
良心をなくした陳世美め。

哦之母吐本認三。
ŋa^{55}tsɿ^{44}mo^{33}no^{44}pɯ^{31}zɯ^{44}sa^{44}

不認我們三母子。
私ら母子を認めません。

前無親來後無戚，
tɕhe^{42}vu^{42}tɕhɯ^{44}lai^{42}xou^{55}vu^{42}tɕhi^{35}

前無親來後無戚，
前・後ろに親戚おらず、

之母杯暗拉？ ×
tsɿ^{44}mo^{33}pe^{44}a^{55}na^{44}

母子去哪裏？
母子はどこへ行けという。

福[1]望大人行則引[2]，
fu^{35}ua^{55}ta^{55}zɯ^{42}ɕɯ^{42}tshɯ^{35}jɯ^{31}

伏望大人行惻隱，
伏して望む、お殿様の情けを以って、

十分罪[3]干哦吐干[4]。
tshɿ^{42}fv̩^{35}tɕui^{33}ka^{44}ŋa^{55}no^{44}ka^{33}

原諒我們的大罪。
われらの罪をお許しを。

等行[5]生哦吐苦情，
tɯ^{31}ɕɯ^{35}sɯ^{44}ŋa^{55}no^{44}khu^{33}tɕeɹ^{21}

我有苦衷這樣做，
これは苦境からの振る舞い。

半句也不差。※
pa^{55}tɕui^{55}je^{31}pu^{35}tsha^{55}

半句也不差。
いささかの誤りもなし。

白：

這是你的真實話了？
tsɯ^{55}sɿ^{55}ȵi^{31}ti^{44}tsɯ^{44}sɿ^{35}xua^{55}lio^{31}

〔王延齡〕這是你的真實話了？
これがお前の本当の話か。

不敢虛言！
pu^{35}ka^{31}ɕui^{33}je^{31}

〔秦香蓮〕不敢虛言！
あえて嘘は申しません。

我且問你：
ŋo^{31}tɕhe^{31}vɯ^{55}ȵi^{31}

〔王延齡〕我且問你：
では問うが、

今日是什麽日期？
tɕɯ^{44}zɿ^{35}sɿ^{55}sɯ^{35}mo^{44}zɿ^{35}tɕhi^{44}

今日是什麽日期？
今日は何の日だ。

---

[1] 福：“伏”。
[2] 則引：“惻隱”。
[3] 十分罪：“大罪”。
[4] 干：“寬恕”“原諒”。
[5] 行：“行爲”。

是强盗生日之期！
sɿ^{55}tɕha^{42}to^{55}sɯ^{44}zɿ^{35}tsɿ^{44}tɕhi^{44}

〔秦香蓮〕是强盗生日之期！
強盗めの誕生日です。

這[1]是這様，
tɕi^{55}sɿ^{55}tsɯ^{55}ja^{44}

〔王延齡〕既是這様，
それならば。

你午時當中，
ȵi^{31}vu^{31}sɿ^{42}ta^{44}tsou^{44}

你午時當中，
お前は正午に、

把你的苦情編成小調唱詞，
pa^{31}ȵi^{31}ti^{44}khu^{31}tɕhɯ^{42}pie^{44}tshɯ^{42}ɕo^{31}tio^{55}tsha^{55}tshɿ^{42}

把你的苦情編成小調唱詞，
その苦境を歌にして、

子母進宮來唱。
tsɿ^{31}mu^{31}tɕɯ^{55}kou^{44}lai^{42}tsha^{55}

母子進宮來唱。
母子ともに屋敷に入り、歌うがいい。

老夫叫你夫妻相認，
lo^{31}fu^{44}tɕo^{55}ȵi^{31}fu^{44}tɕhi^{44}ɕa^{55}zɯ^{55}

老夫叫你夫妻相認，
わしが夫婦と認めてやろう。

子母團圓。
tsɿ^{31}mu^{31}thua^{42}jue^{42}

母子團圓。
これで親子は円満だ。

他若不認你們，
tha^{44}zuo^{35}pu^{35}zɯ^{55}ȵi^{31}mɯ^{44}

他若不認你們，
もしあいつが認めなければ、

他有死路，
tha^{44}jou^{31}sɿ^{31}lu^{55}

他有死路，
死への旅路が待っている。

你們有活路。
ȵi^{31}mɯ^{44}ou^{31}xuo^{35}lu^{55}

你們有活路。
お前たちは生き延びられる。

緊緊記在心頭，
tɕɯ^{31}tɕɯ^{31}tɕi^{55}tsai^{55}ɕɯ^{33}thou^{42}

緊緊記在心頭，
しっかと心に留めておけ。

不可爲誤！
pu^{35}kho^{31}ue^{42}vu^{55}

不可爲誤！
誤ることの無きように。

人役抬轎，

人役抬轎，

[1] 這：“既”。

zɯ^{42}ji^{35}thai^{42}ʨo^{55}
お前たち駕籠を上げよ。

登程就走！
tɯ^{44}tshɯ^{42}ʨou^{55}tsou^{31}
登程就走！
出発だ。

（19頁上）

一高腔

老夫坐坑哦轎康[1]，
lo^{32}fu^{44}kv̩^{32}xɯ^{44}ŋɯ^{55}ʨo^{33}kha^{44}
老夫坐在轎子中，
わしは駕籠に腰掛けた。

想想起來心不干[2]。
ɕa^{31}ɕa^{31}ʨhi^{31}lai^{42}ɕɯ^{33}pu^{35}ka^{44}
思想起來心不甘。
思い返すも信じ難い。

陳士美不認前妻。
tshɯ^{42}sʅ^{55}me^{31}pu^{35}zɯ^{55}ʨhe^{42}ʨhi^{44}
陳世美不認前妻，
陳世美が元の妻を認めぬとは。

咊膽倒咋加！ ×
pɯ^{55}ta^{33}to^{31}tso^{42}ʨa^{33}
他膽這麼大！
奴がこれほど大胆だとは。

包文正利保打賭，
po^{33}vɯ^{42}tsɯ^{55}li^{55}po^{31}ta^{32}tu^{31}
包文正跟他打賭，
包文正とあいつは賭けをした。

招保時加保本雙。
tso^{35}po^{31}ʦʅ^{21}ʨa^{33}po^{31}pɯ^{31}sua^{44}
招駙馬時他不説。
あ奴めは駙馬に招かれても、言わずにいた。

金林宴上招付馬。
ʨɯ^{44}liɯ^{42}je^{55}sa^{55}tso^{44}fu^{55}ma^{31}
瓊林宴上招駙馬，
瓊林の宴で駙馬に招かれても、

由得保放光[3]。×
jou^{42}teɹ^{35}po^{31}fa^{55}kua^{44}
由得他威風。
奴の威光に文句は言えず。

悔前容易悔後難。
xui^{31}ʨhe^{42}jo^{42}ji^{55}xui^{31}xou^{55}na^{42}
悔前容易悔後難，
前を悔いるは容易だが、後悔難し。

妻子兒女來認他。
ʨhi^{44}ʦʅ^{31}eɹ^{42}ȵui^{31}lai^{42}zɯ^{55}tha^{44}
妻子兒女來認他。
妻子がやつを尋ねてきた。

---

[1] 康：“（一）頂（轎子）”。
[2] 不干：“不甘”。
[3] 放光：“威光四射”“威風”。

個日老夫相勸保。
keɹ^{55}ȵi^{44}lo^{32}fu^{44}ɕa^{44}tɕue^{44}po^{31}
今日老夫勸勸他，
今日はあいつに勧めよう。

團圓成一家。×
thua^{42}jue^{42}tshɯ^{42}ji^{35}tɕa^{44}
團圓成一家。
さあ一家団欒せよと。

如若他和我古口[1]。
zu^{31}zuo^{35}tha^{33}xo^{42}ŋo^{31}ku^{31}khou^{31}
如若他不願相認，
もし奴が認めぬのなら、

叫秦香連去告他。
tɕo^{55}tɕhɯ^{42}ɕa^{44}ȵe^{42}tɕhui^{55}ko^{55}tha^{44}
叫秦香蓮去告他。
秦香蓮に訴えさせる。

將來包文正回朝。
tɕa^{44}lai^{42}po^{44}vɯ^{42}tsɯ^{55}xui^{42}tsho^{42}
將來包文正回朝，
包文正が朝廷に戻るなら。

叫他見閻王。×
tɕo^{55}tha^{44}tɕe^{44}je^{42}ua^{44}
叫他見閻王。
奴を閻魔に会わせるだろう。

人役吹[2]轎來的[3]快。
zɯ^{42}ji^{35}tshui^{44}tɕo^{55}tsɿ^{31}lai^{42}tɯ^{44}khuai^{55}
仆役催轎來得快，
手下どもに駕籠を速く舁かせれば、

不覺杯叭府門汪。
pu^{35}tɕo^{35}pe^{44}phia^{44}fu^{31}me^{21}ua^{44}
不覺走到府門外。
あっという間に府門に到着。

文武百官來迎接。
vɯ^{42}vu^{31}peɹ^{35}kua^{44}lai^{42}jɯ^{42}tɕe^{35}
文武百官來迎接，
文武百官、お出迎え。

干生日拜叭。※
ka^{44}sɯ^{35}zɿ^{33}peɹ^{32}phia^{44}
來拜他生日。
誕生日を祝うとしよう。

詩：

頭代[4]烏沙帽，
thou^{42}tai^{55}u^{44}sa^{44}mo^{55}
頭戴烏紗帽，
頭には烏沙帽を戴き。

身穿紫龍袍。
sɯ^{44}tshua^{44}tsɿ^{31}lou^{42}pho^{42}
身穿紫龍袍。
身には紫龍の袍を着る。

---

[1] 古口："估口"，"嘴硬"之意。
[2] 吹："催"。
[3] 的："得"。
[4] 代："戴"。

腰記[1]黄金代[2]，
jo^{44}tɕi^{55}xua^{42}tɕɯ^{44}tai^{55}

腰繋黄金帶，
腰には黄金の帯を締める。

是一品當朝。
sɿ^{55}ji^{35}phiɯ^{31}ta^{44}tsho^{42}

是一品當朝。
これこそ当朝一品の官。

白：

本公自想：
pɯ^{31}kou^{44}tsɿ^{55}ɕa^{31}

〔陳世美〕本公自想：
我輩が思うに。

今日生日之期，
tɕɯ^{44}zɿ^{35}sɯ^{44}zɿ^{35}tsɿ^{44}tɕhi^{44}

今日生日之期，
今日は誕生日だ。

文武百官前來拜壽。
vɯ^{42}vu^{31}peɹ^{35}kua^{44}tɕhe^{42}lai^{42}pai^{55}sou^{55}

文武百官前來拜壽。
文武百官、こぞりて祝いに来る。

分付手下：
fɯ^{44}fu^{55}sou^{31}ɕa^{55}

吩咐手下：
みなの者。

府門外次後[3]！
fu^{31}mɯ^{42}uai^{55}tshɿ^{55}xou^{55}

府門外伺候！
府門の外に居並ぶがいい。

堂前鋪燈結彩，
tha^{42}tɕhe^{42}phu^{44}tɯ^{44}tɕe^{35}tshai^{31}

堂前鋪燈結彩，
堂前に提灯並べ、飾りつけ、

擺起香案，
pai^{31}tɕhi^{31}ɕa^{44}a^{55}

擺起香案，
香炉台を並べ置け。

走道、大門打掃齊整！
tsou^{31}to^{55}ta^{55}mɯ^{42}ta^{31}so^{31}tɕhi^{42}tsɯ^{31}

走道、大門打掃齊整！
通りや大門、掃き清めておけ。

(19頁下)

壽府[4]堂前，
so^{55}fu^{31}tha^{42}tɕhe^{42}

壽府堂前。
寿府堂前にて、

心中樂也！
ɕɯ^{44}tsou^{44}lo^{35}je^{31}

心中樂也！
心中楽し。

---

[1] 記："繋"。
[2] 代："帶"。
[3] 次後："伺候"。
[4] 壽府：爲祝壽而擺設的場所。

一寸

本公哦吐生日叭， pɯ^{31}kou^{44}ŋɯ^{55}no^{44}sɯ^{35}zɿ^{33}phia^{44}	本公我的生日到， 我輩の誕生日がやって来た。
喜在眉頭笑心唱[1]。 ɕi^{31}tsai^{55}me^{42}thou^{42}ɕo^{55}ɕɯ^{44}tsha^{55}	喜在眉頭笑心腸。 喜びは顔に表れ、心晴れやか。
文武百官來拜壽， vɯ^{42}vu^{42}peɹ^{35}kua^{44}lai^{42}pai^{55}sou^{55}	文武百官來拜壽， 文武百官、祝いに来たり。
有多少威光！ × jou^{31}tuo^{44}so^{31}ue^{44}kua^{44}	有多少威光！ どれほどの威光だろう。
以外[2]做鋪燈結彩， ji^{31}ue^{55}tshuo^{55}phu^{44}tɯ^{44}tɕe^{35}tshai^{31}	裏外做鋪燈結彩， 内と外とに提灯並べ、飾りつけ。
百有果子擺暗當。 peɹ^{44}jou^{32}kuo^{31}tsɿ^{44}pe^{31}a^{55}ta^{44}	百樣果子擺在此。 あらゆる果物ここに置く。
壽堂上燈燭輝煌， sou^{55}tha^{42}sa^{55}tɯ^{44}tsu^{35}xui^{44}xua^{42}	壽堂上燈燭輝煌， 祝いの場では提灯・蝋燭きらめいて、
渺渺一爐香。× mio^{31}mio^{31}ji^{35}lu^{42}ɕa^{44}	渺渺一爐香。 香炉の煙であたりはかすむ。
倒堂吐擺萬歲碑[3]， to^{31}tha^{55}no^{44}pe^{31}va^{55}sue^{55}phe^{42}	大堂上擺萬歲牌， 大堂においては万歳牌。
直師[4]旗號擺期汪。 tsɿ^{35}sɿ^{33}tɕhi^{42}xo^{55}pe^{31}tɕhi^{44}ua^{44}	儀仗旗號擺門外。 外には儀仗や旗をば並べ、
五色齊號[5]萬民樂， vu^{31}sɯ^{35}tɕhi^{42}xo^{55}va^{55}miɯ^{42}lo^{35}	五色旗號萬民樂， 五色の旗はこれ万民の楽しみ、
高脚牌金光。×	高脚牌金光。

[1] 心唱："心腸"。
[2] 以外："裏外"。
[3] 碑："牌"。
[4] 直師："執事"，婚嫁或喪事的場合所用旗、傘等儀仗（執儀仗之人）。
[5] 齊號："旗號"。

ko^{44}tɕo^{35}phai^{42}tɕɯ^{44}kua^{44}

脚高の牌が光り輝いた。

茶房厨房怎北方，
tsha^{42}fa^{42}tshu^{42}fa^{42} tsɯ^{35}pɯ^{44}po^{21}

茶房厨房在北側，
茶房と厨房、北側に、

細吹細打[1] 熱日香。
çi^{44}tshue^{31}çi^{44}ta^{31}ue^{35}ȵi^{44}ça^{44}

細吹細打很熱鬧。
高雅な調べはとてもにぎやか。

文武百官來拜壽，
vɯ^{42}vu^{31}peɹ^{35}kua^{33}lai^{42}pai^{55}sou^{55}

文武百官來拜壽，
文武百官、祝いに来たり。

杯期干罷加。※
pe^{44}tɕhi^{44}ka^{44}pa^{55}tɕa^{33}

過去接他們。
行って彼らを迎えよう。

白：

報——報——
po^{55}po^{55}

〔手下人〕報——報——
報告いたします。

所報何事？
suo^{31}po^{55}xo^{42}sɿ^{55}

〔陳世美〕所報何事？
何事だ。

付馬公在上，
fu^{55}ma^{31}kou^{44}tsai^{55}sa^{55}

〔手下人〕駙馬公在上，
駙馬様におかれましては。

老臣相前來拜壽！
lo^{31}tshɯ^{42}ça^{55}tɕhe^{42}lai^{42}pai^{55}sou^{55}

老丞相前來拜壽！
宰相様がお祝いにいらっしゃいました。

代本公見過老相爺。
tai^{55}pɯ^{31}kou^{44}tɕe^{55}kuo^{55}lo^{31}ça^{55}je^{42}

〔陳世美〕待本公見過老相爺。
宰相様にお目どおりいたします。

學生失於遠迎，
ço^{35}sɯ^{44}sɿ^{35}jui^{42}jue^{31}jɯ^{42}

學生失於遠迎，
それがし、お出迎えを怠りました。

請老相爺恕罪[2]！
tɕhɯ^{31}lo^{31}ça^{55}je^{42}su^{33}tsui^{55}

請老相爺恕罪！
宰相様におかれましてはお許しのほどを。

老夫拜壽來遲，
lo^{31}fu^{44}pai^{55}sou^{55}lai^{42}tshɿ^{42}

〔王延齡〕老夫拜壽來遲，
年寄りめはお祝いに遅れました。

[1] 細吹細打：平和的樂器、樂隊。
[2] 恕罪：也發音爲［ su^{55}tsui^{55} ］。

付馬公在上，
fu^{55}ma^{31}kou^{44}tsai^{55}sa^{55}

駙馬公在上，
駙馬殿におかれましては。

受老夫一拜！
sou^{55}lo^{31}fu^{44}ji^{35}pai^{55}

受老夫一拜！
年寄りの祝いをお受けくだされ。

不敢！不敢！
pu^{35}ka^{31}pu^{35}ka^{31}

〔陳世美〕不敢！不敢！
とんでもない、とんでもない。

分付手下人：
fɯ^{44}fu^{55}sou^{31}ɕa^{55}zɯ^{42}

吩咐手下人：
みなの者。

把酒席擺上來！
pa^{31}tɕou^{31}ɕi^{35}pai^{31}sa^{55}lai^{42}

把酒席擺上來！
酒席を整えよ。

已經齊備！
ji^{31}tɕɯ^{44}tɕhi^{42}pi^{55}

〔手下人〕已經齊備！
すでに整っております。

老相爺請坐上席，
lo^{31}ɕa^{55}je^{42}tɕhɯ^{31}tsuo^{55}sa^{55}ɕi^{35}

〔陳世美〕老相爺請坐上席，
宰相様、どうぞ上座へ。

小生陳士美敬酒三杯！
ɕo^{31}sɯ^{44}tshɯ^{42}sɿ^{55}me^{31}tɕɯ^{55}tɕou^{31}sa^{44}pai^{44}

小生陳士美敬酒三杯！
それがし陳世美の三杯の酒をお受けくだされ。

付馬公不必居禮[1]了，
fu^{55}ma^{31}kou^{44}pu^{35}pi^{35}tɕui^{44}li^{31}lio^{31}

〔王延齡〕駙馬公不必拘禮了，
駙馬殿よ、堅苦しいことはおよしなさい。

（20頁上）
你我自真自飲。
ȵi^{31}ŋo^{31}tsɿ^{55}tsɿ^{35}tsɿ^{55}jɯ^{31}

你我自斟自飲。
手酌でいきましょう。

老相爺請！
lo^{31}ɕa^{55}je^{42}tɕhɯ^{31}

〔陳世美〕老相爺請！
宰相様どうぞ。

一高

雙手舉起連花[2]杯，
sua^{44}sou^{31}tɕui^{42}tɕhi^{31}lie^{42}xua^{44}pai^{44}

雙手舉起蓮花杯，
諸手上げ、蓮華の杯をささげれば、

[1] 居禮："拘禮"。
[2] 連花："蓮花"。

二人同席笑西西[1]。
eɹ^{55}zɯ^{42}thou^{42}ɕi^{35}ɕo^{55}ɕi^{44}ɕi^{44}

二人同席笑嘻嘻。
二人は席を同じくし、はははと笑う。

今日付馬公壽旦，
tɕɯ^{44}zɿ^{35}fu^{55}ma^{31}kou^{44}sou^{55}ta^{55}

今日駙馬公壽誕，
今日、駙馬様の誕生日。

有多少何威[2]！ ×
jou^{31}tuo^{44}so^{31}xo^{42}ue^{44}

有多少豪威！
何と豪気なことだろう。

酒席擺得無其數，
tɕou^{31}ɕi^{35}pai^{31}tɯ^{35}vu^{42}tɕhi^{42}su^{55}

酒席擺得無其數，
酒席は数え切れないほど、

山山鷲鷲[3]美未[4]香。
sa^{44}sa^{44}uo^{42}uo^{42}me^{31}ue^{55}ɕa^{44}

山珍海味美味香。
山海珍味が並べられ。

在有海生[5]利海帶，
tse^{44}tsɯ^{33}xe^{31}sɯ^{33}ȵi^{55}xe^{31}te^{55}

再有海参又海帶，
さらにはナマコとコンブ。

由魚[6]配大蝦。×
jou^{42}jui^{42}phai^{55}ta^{55}ɕa^{44}

魷魚配大蝦。
イカ・大海老までが揃えられ。

己[7]之肉利馬鹿肉，
tɕi^{31}tsɿ^{33}keɹ^{21}li^{55}ma^{31}lu^{35}keɹ^{21}

麂子肉和馬鹿肉，
キョン・アカシカの肉。

百鶴[8]元子炒腰花。
peɹ^{35}xo^{35}jue^{42}tsɿ^{31}tsho^{31}jo^{44}xua^{44}

百合丸子炒腰花。
百合根の団子にマメ（腎臓）炒め。

真修[9]美味没來山[10]，
tsɯ^{44}ɕou^{44}me^{31}ue^{55}mu^{33}le^{21}sɿ̩^{32}

珍饈美味不能數，
珍しくおいしい料理が数知れず。

因巴[11]添期巴。×
jɯ^{44}pa^{44}thie^{55}tɕhi^{44}pa^{44}

吃了一碗碗。
一鉢食べれば、さらにおかわり。

---

[1] 西西："嘻嘻"。
[2] 何威："豪威"。
[3] 山山鷲鷲：此詞不知何意，待考。
[4] 未："味"。
[5] 海生："海参"。
[6] 由魚："魷魚"。
[7] 己："麂"。
[8] 百鶴："百合"。
[9] 真修："珍饈"。
[10] 没來山："不計其數"。
[11] 巴："大碗"。

馬魯[1]酒盅象牙筷，
ma^{44}no^{31} tɕou^{31}tsou^{44}ɕa^{44}ja^{42}khuai^{55}

瑪瑙酒盅象牙筷，
メノウの杯、象牙の箸。

四盤四跌[2]八寶湯。
sɿ^{55}pha^{42}sɿ^{55}tie^{35}pa^{35}po^{31}tha^{44}

四盤四碟八寶湯。
小皿四つに大皿四つ、八宝スープ。

獅子肝吐六米宴[3]，
sɿ^{35}tsɿ^{31}ka^{33}no^{44}lu^{35}miɯ^{42}je^{55}

有獅肝的鹿鳴宴，
獅子の肝ある鹿鳴の宴。

粗[4]燈碰鼻香。×
tshu^{55}tɯ^{44}phɯ^{55}pi^{35}ɕa^{44}

聞得撲鼻香。
においを嗅げば鼻うつ香り。

開咀雙給付馬公，
khɯ^{55}tɕui^{33}sua^{44}kɯ^{31}fu^{55}ma^{31}kou^{44}

開口説給駙馬公：
口開き駙馬殿に申し上げ。

湖廣荆洲害格干。
xu^{42}kua^{31}tɕɯ^{44}tsou^{44}tso^{42}keɹ^{35}ka^{33}

湖廣荆州遭乾旱，
湖広荊洲、日照りに遭い。

百姓逃難叭京城，
peɹ^{44}ɕeɹ^{32}tho^{42}na^{55}phia^{44}tɕɯ^{35}tseɹ^{21}

百姓逃難到京城，
百姓逃げて都に到る。

十一分悽慘。×
sɿ^{35}ji^{35}fɯ^{44}tɕhi^{44}tsha^{44}

十一分悽慘。
まったく悲惨なものである。

賣之賣女吐利及，
kɯ^{21}tsɿ^{44}kɯ^{21}nv̩^{33}no^{44}li^{55}tɕi^{35}

賣兒賣女也很多，
息子・娘を売る者多く、

打梅花樂在街方。
ta^{31}me^{42}xua^{44}lo^{35}tsai^{55}kai^{44}fa^{44}

打梅花樂在街坊。
「梅花楽」を街で歌う。

唱的是古文詩句，
tsha^{55}ti^{44}sɿ^{55}ku^{31}vɯ^{42}sɿ^{44}tɕui^{55}

唱的是古文詩句，
歌う文句は古文詩句。

干家譜唱[5]叭。×
ka^{44}tɕa^{44}phu^{31}tsha^{55}phia^{44}

來這唱家譜。
「家譜」を歌いにやって来る。

[1] 馬魯："瑪瑙"。
[2] 跌："碟"。
[3] 六米宴：上等宴會，"鹿鳴宴"。
[4] 粗："聞（氣味）""嗅"。
[5] 唱：或者發音爲［ tɕi^{21} ］？

付馬家住荆洲府，
fu^{55}ma^{31}tɕa^{44}tsu^{55}tɕɯ^{44}tsou^{44}fu^{31}

駙馬家住荆州府，
駙馬殿は荊洲府の生まれだとか。

本來是居住同鄉。
pɯ^{31}lai^{42}sʅ^{55}tɕui^{44}tsu^{55}thou^{42}ɕa^{44} も

本來是居住同鄉。
ともと同郷にお住まいか。

如果是親戚朋友，
zu^{42}kuo^{31}sʅ^{55}tɕhɯ^{44}tɕhi^{35}phɯ^{42}jou^{31}

如果是親戚朋友，
もし親戚や友人など居れば、

好好招待他。×
xo^{31}xo^{31}tso^{44}tai^{55}tha^{44}

好好招待他。
よくよくもてなしてやりましょう。

一來消賞[1]二愉樂。
ji^{35}lai^{42}ɕo^{44}sa^{31}eɹ^{55}jui^{42}lo^{35} 。

一來瀟灑二娛樂，
まずは粋、次には楽しむ。

付馬公米好東端?
fu^{55}ma^{31}kou^{44}mi^{33}xo^{31}tv̩^{35}tua^{33}

駙馬公也思鄉吧?
駙馬殿もお宅が恋しいことでしょう。

（20頁下）

保嘴湖廣荆洲府，
po^{31}ta^{21}xu^{42}kua^{31}tɕɯ^{44}tsou^{44}fu^{31}

若是湖廣荆州的，
もし湖広荊洲府の者いれば、

問燈亮[2]家鄉。※
pieɹ^{44}tɯ^{44}ȵa^{55}tɕa^{44}ɕa^{44}

可問你家鄉。
お郷のことも聞けましょう。

白:

手下人出府門，
sou^{31}ɕa^{55}zɯ^{42}tshu^{35}fu^{31}mɯ^{42}

〔手下人〕手下人出府門，
役人どもが府門を出たり。

抬頭觀看:
thai^{42}thou^{42}kua^{44}kha^{55}

抬頭觀看:
頭を上げて見てみれば。

來了一個婦人，
lai^{42}lio^{31}ji^{35}ko^{55}fu^{44}zɯ^{42}

來了一個婦人，
婦人が一人、

兩個娃娃。
lia^{31}ko^{55}ua^{42}ua^{44}

兩個娃娃。
子供が二人やって来た。

[1] 消賞:“瀟灑”。
[2] 亮: 白語〔亮〕也有“我們”的意思，但在親密關係的人們之間使用時，不僅僅表示“我們”。在這裏是“你的”的意思。

你可是小唱婆?
ȵi^{31}kho^{31}sɿ^{55}ɕo^{31}tsha^{44}pho^{42}

你可是小唱婆?
あんたが歌い女かい。

正是!
tsɯ^{55}sɿ^{55}

〔秦香蓮〕正是!
その通りでございます。

付馬公壽旦之期,
fu^{55}ma^{31}kou^{44}sou^{55}ta^{55}tsɿ^{44}tɕhi^{44}

〔手下人〕駙馬公壽誕之期,
駙馬殿の誕生日なので、

請你唱個調子!
tɕhɯ^{31}ȵi^{31}tsha^{55}ko^{55}tio^{55}tsɿ^{31}

請你唱個調子!
一曲、歌ってもらいたい。

好! 好!
xo^{31}xo^{31}

〔秦香蓮〕好! 好!
はい、かしこまりました。

一路來得快,
ji^{35}lu^{55}lai^{42}tɯ^{35}khuai^{55}

一路来得快,
あっという間に、

不覺到府門。
pu^{35}tɕo^{35}to^{55}fu^{31}mɯ^{42}

不覺到府門。
府門へ到着。

報——報——
po^{55}po^{55}

〔手下人〕報——報——
報告いたします。

所報何事?
suo^{31}po^{55}xo^{42}sɿ^{55}

〔王延齡〕所報何事?
何事だ。

老夫[1]在上,
lo^{31}fu^{44}tsai^{55}sa^{55}

〔手下人〕老相爺在上,
宰相様におかれては。

小唱婆請來了!
ɕo^{31}tsha^{55}pho^{42}tɕhɯ^{31}lai^{42}lio^{31}

小唱婆請來了!
歌い女が参ります。

好!
xo^{31}

〔王延齡〕好!
よし。

小唱婆,
ɕo^{31}tsha^{55}pho^{42}

小唱婆,
歌い女よ。

[1] 老夫:此詞有誤,應作“大臣”“老相爺”等詞。

我且問你，
ŋo^{31}tɕhe^{31}vɯ^{55}ȵi^{31}

我且問你，
まず聞くが、

你會唱什麽調子？
ȵi^{31}xui^{55}tsha^{55}sɯ^{35}mo^{44}tio^{55}tsɿ^{31}

你會唱什麽調子？
お前は何が歌えるか。

大人在上，
ta^{55}zɯ^{42}tsai^{55}sa^{55}

〔秦香蓮〕大人在上，
お殿様におかれては。

我會唱一場苦情！
ŋo^{31}xui^{55}tsha^{55}ji^{35}tsha^{31}khu^{31}tɕhɯ^{42}

我會唱一場苦情！
苦しき境遇、歌います。

是了，
sɿ^{55}lio^{31}

〔王延齡〕是了，
なるほどな。

唱來！
tsha^{55}lai^{42}

唱來！
歌うがいい。

阿呀，
a^{44}ja^{31}

〔秦香蓮〕阿呀，
あー、

大人你且聽——
ta^{55}zɯ^{42}ȵi^{31}tɕhe^{31}thiɯ^{44}

大人您且聽——
お殿様、まずはお聞きくださいませ。

一家譜

不唱家譜心不寒，
pu^{35}tsha^{55}tɕa^{44}phu^{31}ɕɯ^{44}pu^{35}xa^{42}

不唱家譜心不寒，
「家譜」を歌わないならば、心も凍えることはない。

唱我家譜我心傷。
tsha^{55}ŋo^{31}tɕa^{44}phu^{31}ŋo^{31}ɕɯ^{44}sa^{44}

唱我家譜我心傷。
「家譜」を歌えば心が痛む。

家住湖廣荆洲府。
tɕa^{44}tsu^{55}xu^{42}kua^{31}tɕɯ^{44}tsou^{44}fu^{31}

家住湖廣荆洲府，
家は湖広の荊州府。

桑主粧是我家鄉。×
sa^{44}tsu^{31}tsua^{44}sɿ^{55}ŋo^{31}tɕa^{44}ɕa^{44}

桑主莊是我家鄉。
桑主荘がわが故郷。

丈夫名叫陳士美。
tsa^{55}fu^{44}miɯ^{42}tɕo^{55}tshɯ^{42}sɿ^{55}me^{31}

丈夫名叫陳世美，
夫の名は陳世美で、

從小是苦讀寒穿。
tshou^{42}ɕo^{31}sɿ^{55}khu^{31}tu^{35}xa^{42}tshua^{44}

從小是苦讀寒窗。
幼いころから苦学した。

⿱小女我名叫秦香連。
ȵv̩^{33}ŋo^{31}mieɹ^{35}ɣɯ^{35}tɕhɯ^{42}ɕa^{44}ȵe^{42}

小女我名秦香蓮，
私めの名は秦香蓮。

從小結髮配成雙。※
tshou^{42}ɕo^{31}tɕe^{35}fa^{35}phai^{55}tshɯ^{42}sua^{44}

從小結髮配成雙。
幼いときに夫婦となった。

白：

這是花子婆！
tsɯ^{55}sɿ^{55}xua^{44}tsɿ^{31}pho^{42}

〔陳世美〕這是花子婆！
この物乞い女め。

本公居名，
pɯ^{31}kou^{44}ta^{55}miɯ^{42}

本公居名，
わしの名前を、

你亂叫亂喸[1]！
ȵi^{31}lua^{55}tɕo^{55}lua^{55}xa^{42}

你亂叫亂喊！
勝手に呼びおって。

分付手下，
fɯ^{44}fu^{55}sou^{31}ɕa^{55}

吩咐手下，
みなの者。

把他打出去！
pa^{31}tha^{44}ta^{31}tshu^{35}tɕhui^{55}

把她打出去！
こいつをたたき出せ。

阿呀，付馬公！
a^{44}ja^{31} fu^{55}ma^{31}kou^{44}

〔王延齡〕阿呀，駙馬公！
あー、駙馬殿よ。

同名同姓多多有，
thou^{42}miɯ^{42}thou^{42}ɕɯ^{55}tuo^{44}tuo^{44}jou^{31}

同名同姓多多有，
同姓同名など多々あること。

不要打他！
pu^{35}jo^{55}ta^{31}tha^{44}

不要打她！
叩くにはおよぶまい。

（21頁上）
你好好唱來！
ȵi^{31}xo^{31}xo^{31}tsha^{55}lai^{42}

你好好唱來！
お前はしっかりと歌うがいい。

二位大人請聽招[2]——

〔秦香蓮〕二位大人請聽着——

[1] 喸："喊"。
[2] 招："着"。

eɹ^{55}ue^{55}ta^{55}zɯ^{42}tɕhɯ^{31}thiɯ^{44}tso^{44}

おふた方、聞いてくださいませ。

一家譜

夫妻結髮到插門，
fu^{44}tɕhi^{44}tɕe^{35}fa^{35}to^{55}tsha^{35}mɯ^{42}

夫妻結髮倒插門，
夫婦がはじめて結ばれた。

同齊養兒女一雙。
thou^{42}tɕhi^{42}ja^{31}eɹ^{42}ȵui^{31}ji^{35}sua^{44}

同齊養兒女一雙。
ともに息子・娘を育ててきた。

長子名字取春高，
tsa^{31}tsɿ^{31}miɯ^{42}tsɿ^{55}tɕhui^{31}tshui^{44}ko^{44}

長子名字取春高，
長子は春高という名をつけた。

小女冬妹小姑娘。×
ɕo^{31}ȵui^{31}tou^{44}me^{55}ɕo^{31}ku^{44}ȵa^{42}

小女冬妹小姑娘。
妹は冬妹という女の子。

丈夫讀書年記小，
tsa^{55}fu^{44}tu^{35}su^{44}ȵe^{42}tɕi^{55}ɕo^{31}

丈夫讀書年紀小，
夫は幼いころから読書した。

三更燈火扶事他。
sa^{44}kɯ^{44}tɯ^{44}xuo^{31}fu^{42}sɿ^{55}tha^{44}

三更燈火服侍他。
三更まで灯火を持って夫に侍る。

甲子皇王開科選，
tɕa^{35}tsɿ^{31}xua^{42}ua^{42}khai^{44}khou^{55}ɕue^{31}

甲子皇王開科選，
甲子の年、天子は科挙を開かれた。

丈夫下京争威光。×
tsa^{55}fu^{44}ɕa^{55}tɕɯ^{44}tsɯ^{44}ue^{44}kua^{44}

丈夫下京争威光。
わが夫、都に上り誉れを争う。

湖廣荆洲遭乾旱，
xu^{42}kua^{31}tɕɯ^{44}tsou^{44}tso^{44}ka^{44}xa^{55}

湖廣荆洲遭乾旱，
湖広荊洲、日照りに遭う。

三年無雨大饑慌。
sa^{44}ȵe^{42}vu^{42}jui^{31}ta^{55}tɕi^{44}xua^{44}

三年無雨大饑荒。
三年雨降らずして大飢饉。

三錢銀子米一砞，
sa^{44}tɕhe^{42}jɯ^{42}tsɿ^{31}mi^{31}ji^{35}ua^{31}

三錢銀子米一碗，
銀三銭で米一碗。

一兩銀子一斗糠。×
ji^{35}lia^{31}jɯ^{42}tsɿ^{31}ji^{35}tou^{31}kha^{44}

一兩銀子一斗糠。
銀一両で一斗の糠。

百姓餓死無齊[1]數，
peɹ^{35}ɕɯ^{55}uo^{55}sɿ^{31}vu^{42}tɕhi^{42}su^{55}

百姓餓死無其數，
餓死する百姓、数え切れず。

山毛[2]野菜以因光。
sa^{44}mo^{42}je^{31}tshai^{55}ji^{21}jɯ^{44}kua^{44}

山茅野菜都吃光。
山の茅、山菜すらも食べつくす。

唱婆我鞋尖脚小，
tsha^{55}pho^{42}ŋo^{31}xai^{42}tɕe^{44}tɕo^{35}ɕo^{31}

唱婆我鞋尖脚小，
歌い女は靴が尖って脚小さく、

兒女他是小娃娃。×
eɹ^{42}ȵui^{31}tha^{44}sɿ^{55}ɕo^{31}ua^{42}ua^{44}

兒女他是小娃娃。
息子・娘はまだ子供。

不怕餓死秦香連，
pu^{35}pha^{55}uo^{55}sɿ^{31}tɕhɯ^{42}ɕa^{44}ȵe^{42}

不怕餓死秦香蓮，
飢え死に恐れぬ秦香蓮。

祇怕餓死後代香。
tsɿ^{31}pha^{55}uo^{55}sɿ^{31}xou^{55}tai^{55}ɕa^{44}

祇怕餓死後代香。
ただ恐れるは、後代香火が絶えること。

丈夫忘記夫妻情，
tsa^{55}fu^{33}ua^{55}tɕi^{55}fu^{33}tɕhi^{33}tɕhɯ^{42}

丈夫忘記夫妻情，
夫は忘れる夫婦の情。

三年書信不回家。
sa^{44}ȵe^{42}su^{44}ɕɯ^{55}pu^{35}xui^{42}tɕa^{44}

三年書信不回家。
三年間手紙すらもよこさない。

子母在家難度日，
tsɿ^{31}mu^{31}tsai^{55}tɕa^{44}na^{42}tu^{55}zɿ^{35}

母子在家難度日，
母子は家にて日々過ごし難く、

尋夫到京城地方。
ɕui^{42}fu^{44}to^{55}tɕɯ^{44}tshɯ^{42}ti^{55}fa^{44}

尋夫到京城地方。
夫を尋ねて都に参る。

丈夫重頭名狀元，
tsa^{55}fu^{44}tsou^{55}thou^{42}miɯ^{42}tsua^{55}jue^{42}

丈夫中頭名狀元，
夫は状元授けられ、

娘娘來帽插宮花。×
ȵa^{42}ȵa^{44}lai^{42}mo^{55}tsha^{35}kou^{44}xua^{44}

娘娘來帽插宮花。
皇后様は彼の帽子に宮花を挿した。

皇王招他爲付馬，
xua^{42}ua^{42}tso^{44}tha^{44}ue^{42}fu^{55}ma^{31}

皇王招他爲駙馬，
皇帝様は彼を招いて駙馬とした。

---

[1] 齊："其"。
[2] 山毛："山茅"。

一男九妻是應當。
ji^{35}na^{42}tɕou^{31}tɕhi^{44}sɿ^{55}jɯ^{44}ta^{44}

一男九妻是應當。
一夫九妻こそが相応だとか。

之母上艮認走服，
tsɿ^{44}mo^{33}sa^{55}ȵi^{21}zɯ^{44}tsou^{31}fv̩^{35}

母子三人認丈夫，
母子三人、夫を尋ねてみたものの、

他不認我與娃娃。×
tha^{44}pu^{35}zɯ^{55}ŋo^{31}jui^{31}ua^{42}ua^{44}

他不認我與娃娃。
私と子供を認めません。

可憐好東格遠號，
kho^{31}ȵe^{42}xo^{31}tv̩^{35}keɹ^{35}tui^{33}xo^{55}

可憐我家離這遠，
哀れむべきは家遠し。

世家女子做叫花。
sɿ^{55}tɕa^{44}ȵui^{31}tsɿ^{31}tsuo^{55}tɕo^{55}xua^{44}

世家女子做叫花。
名家の女が物乞いす。

（21頁下）
哦吐家譜唱完了，
ŋa^{55}no^{44}tɕa^{44}phu^{31}tɕi^{21}uo^{31}lo^{32}

我的家譜唱完了，
私の家譜はこれにて終わり。

老爺咀[1]干哦吐干[2]。※
lo^{31}je^{42}tɕui^{33}ka^{44}ŋa^{55}no^{44}ka^{33}

老爺原諒我的罪。
お殿様、私の罪を許したまえ。

白：

好，好，
xo^{31}xo^{31}

〔王延齡〕好，好，
よしよし。

唱的不錯！
tsha^{55}ti^{44}pu^{35}tshuo^{55}

唱的不錯！
うまいものだ。

小唱婆，
ɕo^{31}tsha^{55}pho^{42}

小唱婆，
歌い女よ。

我且問你：
ŋo^{31}tɕhe^{31}vɯ^{55}ȵi^{31}

我且問你：
まず問うが。

湖廣荆洲府桑主秷，
xu^{42}kua^{31}tɕɯ^{44}tsou^{44}fu^{31}sa^{44}tsu^{31}tshua^{44}

湖廣荆州府桑主莊，
湖広荊洲府の桑主荘には、

有幾個陳士美？

有幾個陳世美？

[1] 咀："罪"。
[2] 干："原諒"。

jou^{31}tɕi^{35}ko^{55}tshɯ^{42}sɿ^{55}me^{31}

陳世美は何人おる。

祇有一個。
tsɿ^{31}jou^{31}ji^{35}ko^{55}

〔秦香蓮〕祇有一個。
ただ一人にございます。

你丈夫可是付馬公?
ȵi^{31}tsa^{55}fu^{44}kho^{31}sɿ^{55}fu^{55}ma^{31}kou^{44}

〔王延齡〕你丈夫可是駙馬公?
お前の夫は、やはり駙馬殿。

是，是。
sɿ^{55}sɿ^{55}

〔秦香蓮〕是，是。
その通りでございます。

既然這樣，
tɕi^{55}za^{42}tsɯ^{55}ja^{44}

〔王延齡〕既然這樣，
そういうことか。

你莫要來冒認官長!
ȵi^{31}mo^{35}jo^{55}lai^{42}mo^{55}zɯ^{55}kua^{44}tsa^{31}

你莫要來冒認官長!
偽って大官殿に認めさせようとはまかりならん。

大老爺在上，
ta^{55}lo^{31}je^{42}tsai^{55}sa^{55}

〔秦香蓮〕大老爺在上，
お殿様におかれては。

我貧婦不敢。
ŋo^{31}phiɯ^{42}fu^{55}pu^{35}ka^{31}

我貧婦不敢。
そのような事はしておりません。

你説同他從小夫妻，
ȵi^{31}suo^{35}thou^{42}tha^{44}tshu^{42}ɕo^{31}fu^{44}tɕhi^{44}

〔王延齡〕你説同他從小夫妻，
お前と彼とは、幼いころからの夫婦だという。

有何爲證?
jou^{31}xo^{42}ue^{42}tsɯ^{44}

有何爲證?
何の証拠があって、

認夫之禮[1]，
zɯ^{55}fu^{44}tsɿ^{44}li^{31}

〔秦香蓮〕認夫之理，
夫に認めさせる道理があるか。

現在爲證。
ɕe^{55}tsai^{55}ue^{42}tsɯ^{44}

現在爲證。
ただいま証拠をお見せします。

認夫：
zɯ^{55}fu^{44}

認夫：
夫は、

[1] 禮："理"。

八月十五巳時生，
pa^{35}jue^{55}sɿ^{35}vu^{31}sɿ^{55}sɿ^{42}sɯ^{44}

八月十五巳時生，
八月十五日巳時の生まれ。

左脚生着七棵星。
tsuo^{31}tɕo^{35}sɯ^{44}tsuo^{35}tɕhi^{35}kho^{55}ɕɯ^{44}

左脚生着七顆星。
脚に七つのほくろあり。

四月十六成親事，
sɿ^{55}jue^{55}sɿ^{35}lu^{35}tshɯ^{42}tɕhɯ^{44}sɿ^{55}

四月十六成親事，
四月十六日、縁組し、

中間同[1]老張連生。
tsou^{44}tɕe^{44}jue^{35}lo^{31}tsa^{44}ȵe^{42}sɯ^{44}

中間月老張連生。
仲人の張連生が取り持って、

夫妻爲憑金玉葉，
fu^{44}tɕhi^{44}ue^{42}phiɯ^{31}tɕɯ^{44}jui^{35}je^{35}

夫妻爲憑金玉葉，
われら夫婦と成りました。

甲子六月夫下京。
tɕa^{35}tsɿ^{31}lu^{35}jue^{35}fu^{44}ɕa^{55}tɕɯ^{44}

甲子六月夫下京。
甲子の年に夫は都に上る。

如若我冒認官員，
zu^{42}zuo^{35}ŋo^{31}mo^{55}zɯ^{55}kua^{44}jue^{42}

如若我冒認官員，
もし偽ってお役人を騙すのなら、

雷打火燒不全身。
lui^{42}ta^{31}xuo^{31}so^{44}pu^{35}tɕhue^{42}sɯ^{44}

雷打火燒不全身。
雷に打たれこの身は焼かれましょう。

既然如此，
tɕi^{55}za^{42}zu^{42}tshɿ^{31}

〔王延齡〕既然如此，
それならば。

手下到厨房之中，
sou^{31}ɕa^{55}tou^{55}tshu^{42}fa^{42}tsɿ^{44}tsou^{44}

手下到厨房之中，
みなの者、厨房に、

擺起酒席，
pai^{31}tɕhi^{31}tɕou^{31}ɕi^{35}

擺起酒席，
酒席を整えよ。

好好招待小唱婆，子母三人。
xo^{31}xo^{31}tso^{44}tai^{55}ɕo^{31}tsha^{55}pho^{42} tsɿ^{31} mu^{31}sa^{44}zɯ^{42}

好好招待小唱婆，母子三人。
歌い女の母子三人の世話をせよ。

付馬公，
fu^{55}ma^{31}kou^{44}

駙馬公，
駙馬殿よ。

[1] 同：“月”。

請聽那——
tɕhɯ^{31}thiɯ^{44}na^{55}
請聽哪——
お聞きなさい。

—平

老夫開言笑哈哈，
lo^{31}fu^{44}khai^{44}je^{42}ɕo^{55}xa^{44}xa^{44}
老夫開言笑哈哈，
このわしは口を開いて、ははは と笑う。

付馬公且聽我雙。
fu^{55}ma^{31}kou^{44}tɕhe^{31}tɕheɹ^{55}ŋo^{31}sua^{44}
駙馬公且聽我説。
駙馬殿や、わしの話をお聞きなさい。

今日請來小唱婆，
tɕɯ^{44}zɿ^{35}tɕhɯ^{31}lai^{42}ɕo^{31}tsha^{55}pho^{42}
今日請來小唱婆，
今日、歌い女を召してみれば、

莫非夫人叭? ×
mo^{35}fe^{33}fu^{44}zɯ^{42}phia^{44}
莫非夫人到?
まさかの奥方殿、ご到着。

（22頁上）

吥吐之亝怎狗艮，
pɯ^{55}no^{44}tsɿ^{44}nṿ^{33}tsɯ^{33}kou^{33}ȵi^{21}
她有兩個兒女，
息子・娘も二人いて、

上與[1]付馬公相央[2]。
sa^{55}jui^{21}fu^{55}ma^{31}kou^{44}ɕa^{55}ja^{44}
長得很像駙馬公。
顔立ちも駙馬殿に似ているよう。

分明是前妻兒女，
fɯ^{44}miɯ^{42}sɿ^{55}tɕhe^{42}tɕhi^{44}eɹ^{42}ȵui^{31}
分明是前妻兒女，
明らかに、これ前妻と子供たち。

一點也不差。×
ji^{35}tie^{31}je^{31}pu^{35}tsha^{55}
一點也不差。
少しも間違いはなかろう。

亮干之母請期咽，
ȵa^{55}ka^{44}tsɿ^{44}mo^{33}tɕheɹ^{33}tɕhi^{44}jɯ^{35}
我們請母子出來，
わしらは母子を呼び出そう。

進了花園換衣裳。
tɕɯ^{55}lio^{31}xua^{44}jue^{42}xua^{55}ji^{44}sa^{44}
進了花園換衣裳。
花園に行って衣裳を換えさせよう。

夫妻個日燈上見，
pɯ^{35}tshe^{55}keɹ^{55}ȵi^{44}tɯ^{44}sa^{55}ke^{32}
夫妻今日能相見，
夫婦は本日再会す。

---

[1] 上與：“很像”。
[2] 相央：“樣子”。

雲開見日光。×
jui^{42}khai^{44}tɕe^{55}zɿ^{35}kua^{44}

雲開見日光。
雲開き日の光をば現れる。

一介寸

陳士美聽燈氣央張，
tshɯ^{42}sɿ^{55}me^{31}tsheɹ^{55}tɯ^{44}tɕhi^{44}ja^{44}tsa^{44}

陳世美聽了發怒，
陳世美はこれを聞いて腹が立つ。

相爺喃斗雙只拉[1]！
ɕa^{55}je^{42}nɯ^{55}tou^{21}sua^{44}tsɿ^{21}na^{44}

相爺您説什麽話！
宰相殿、何の話をされるのか。

好艮好格我本認，
xu^{33}ȵi^{21}xu^{33}keɹ^{35}ŋo^{31}pɯ^{31}zɯ^{44}

連善人我都不認，
善人とても認めぬに。

爲何認叫花？ ×
ue^{55}xo^{42}zɯ^{55}tɕo^{55}xua^{44}

爲何認叫花？
何ゆえ物乞い女を認めよう。

我也不是他丈夫，
ŋo^{31}je^{31}pu^{35}sɿ^{55}tha^{44}tsa^{55}fu^{44}

我也不是他丈夫，
我輩は奴の夫ではないし、

他也不是我婆娘！
tha^{33}je^{31}pu^{35}sɿ^{55}ŋo^{31}pho^{42}ȵa^{42}

她也不是我婆娘！
奴も我輩の妻でない。

無故認妻室兒女。
vu^{42}ku^{55}zɯ^{55}tɕhi^{44}sɿ^{35}eɹ^{42}ȵui^{31}

無故認妻室兒女，
妻と子を認めるいわれがあるはずない。

理由怎暗拉？ ※
le^{33}le^{21}tsɯ^{35}a^{55}na^{44}

理由在哪裏？
どこに理由があるだろう。

白：

阿呀——
a^{44}ja^{31}

〔王延齡〕阿呀——
あー、

付馬公！
fu^{55}ma^{31}kou^{44}

駙馬公！
駙馬殿よ。

你説無故認妻，
ȵi^{31}suo^{35}vu^{42}ku^{55}zɯ^{55}tɕhi^{44}

你説無故認妻，
認めるいわれはあらずと言うが、

怕有些原故。

怕有些原故。

[1] 拉："哪裏"，與〔暗拉〕同。

pha^{55}jou^{31}ɕe^{44}jue^{42}ku^{55}

おそらくいわれはあるだろう。

唱婆説你左脚生着七星，
tsha^{55}pho^{42}suo^{35}ȵi^{31}tsuo^{31}tɕo^{35}sɯ^{44}tsuo^{35}tɕhi^{35}ɕɯ^{44}

唱婆説你左脚生着七星，
歌い女は、左の脚に七つのほくろがあると言う。

抬與我老夫看看！
thai^{42}jui^{31}ŋo^{31}lo^{31}fu^{44}kha^{55}kha^{44}

抬與我老夫看看！
わしに見せてはくれまいか。

老相爺在上！
lo^{31}ɕa^{55}je^{42}tsai^{55}sa^{55}

〔陳世美〕老相爺在上！
宰相殿におかれては。

今日是我的生日之期，
tɕɯ^{44}zɿ^{35}sɿ^{55}ŋo^{31}ti^{44}sɯ^{44}zɿ^{35}tsɿ^{44}tɕhi^{44}

今日是我的生日之期，
我輩、今日は誕生日。

不可抬脚捏衣。
pu^{35}kho^{31}thai^{42}tɕo^{35}ȵe^{35}ji^{44}

不可抬脚捏衣。
脚を挙げ服をからげるはずもない。

老相爺聽得此言，
lo^{31}ɕa^{55}je^{42}thiɯ^{44}tɯ^{35}tshʅ^{31}je^{31}

〔王延齡〕老相爺聽得此言，
宰相様はこれを聞く。

代我哈哈大笑。
tai^{55}ŋo^{31}xa^{44}xa^{44}ta^{55}ɕo^{55}

待我哈哈大笑。
わしは、ははははと大笑い。

一高

王彦林我笑哈哈，
ua^{42}je^{55}liɯ^{42}ŋo^{31}ɕo^{55}xa^{44}xa^{44}

王延齡我笑哈哈，
王延齡は、ははははと笑う。

付馬惱且聽我雙。
fu^{55}ma^{31}no^{31}tɕhe^{31}tɕheɹ^{55}ŋo^{31}sua^{44}

駙馬你且聽我説。
駙馬殿や、わしの話を聞きなさい。

我拿阿艮比[1]給惱，
ŋo^{31}ne^{44}a^{31}ȵi^{21}pi^{31}kɯ^{31}no^{31}

給你舉一個例子，
ある人を例えに挙げて、

干閃格勸花。×
ka^{44}se^{32}keɹ^{35}tɕhue^{44}xua^{33}

把世間勸化。
世間を教化してみよう。

蔡伯皆[2]主燈狀元，
tshe^{55}peɹ^{35}ke^{44}tsv̩^{31}tɯ^{44}tsua^{44}jue^{35}

蔡伯喈中得狀元，
蔡伯喈は狀元となり。

[1] 比："比喻"。
[2] 蔡伯皆："蔡伯喈"，《琵琶記》的主人公。

劉月英干招味當。
liou^{42}jue^{35}jɯ^{44}ka^{44}tso^{35}pɯ^{55}ta^{44}

劉月英招作女婿。
劉月英、婿にと彼を招いたら、

（22頁下）

下京三年無書信，
ɕa^{55}tɕɯ^{44}sa^{44}ȵe^{42}vu^{42}su^{44}ɕɯ^{55}

下京三年無書信，
都に上り三年間、手紙一つもありゃしない。

當[1]噥吐 阿 央[2]。×
ta^{44}nɯ^{55}no^{44}a^{31}ja^{44}

跟你是一樣。
あなた場合と全く同じ。

丟下妻子趙五娘，
tiou^{44}ɕa^{55}tɕhi^{44}tsɿ^{31}tso^{55}vu^{31}ȵa^{42}

丟下妻子趙五娘，
妻である趙氏五娘と、

還有兩位老爹媽。
xa^{42}jou^{31}lia^{31}ue^{55}lo^{31}tie^{44}ma^{44}

還有兩位老爹媽。
さらには老いた父母すら捨てた。

陳劉縣[3]乾旱七年，
tshɯ^{42}liou^{42}ɕe^{55}ka^{44}xa^{55}tɕhi^{35}ȵe^{42}

陳留縣乾旱七年，
陳留県は七年日照り。

百姓大饑慌。×
peɹ^{35}ɕɯ^{55}ta^{55}tɕi^{44}xua^{44}

百姓大饑荒。
百姓たちは大いに飢えた。

趙五娘剪髮行孝，
tso^{55}vu^{31}ȵa^{42}tɕe^{31}fa^{35}ɕɯ^{42}ɕo^{55}

趙五娘剪髮行孝，
趙氏五娘は髪切り孝行尽くしたが、

斗母狗艮拉没三。
tou^{35}mo^{33}kou^{33}ȵi^{21}la^{32}mu^{33}sa^{44}

父母二人也去世。
父母の二人もまた亡くなった。

害吐送保引神貼，
xe^{55}no^{44}sou^{33}po^{31}jɯ^{31}seɹ^{35}thie^{35}

老天送她引神貼，
天は彼女にお札を送り、

到京城地方。×
to^{55}tɕɯ^{44}tshɯ^{42}ti^{55}fa^{44}

到京城地方。
都にたどり着いたのだ。

五娘尋夫到京城，
vu^{31}ȵa^{42}ɕui^{42}fu^{44}to^{55}tɕɯ^{44}tshɯ^{42}

五娘尋夫到京城，
趙五娘、夫を尋ねて都にいたる。

---

[1] 當："和～""跟～""與～"。
[2] 阿央："一樣"。
[3] 陳劉縣："陳留縣"。

唱小調來彈琵琶。
tsha^{55}ço^{31}tio^{55}lai^{42}tha^{42}phi^{42}pha^{44}

唱小調來彈琵琶。
小調を歌い、琵琶爪弾く。

以後夫妻燈上認，
peɹ^{55}ɣɯ^{33}pɯ^{35}tshe^{55}tɯ^{44}sa^{55}zɯ^{44}

後來夫妻得相見，
夫婦は互いに認め合い。

跪下拜望他。×
kui^{55}ça^{55}pai^{55}ua^{55}tha^{44}

跪下拜望他。
跪いては夫を拝す。

蔡伯皆拜趙五娘，
tshe^{55}peɹ^{35}k^{44}peɹ^{32}tso^{55}vu^{31}ȵa^{42}

蔡伯喈拜趙五娘，
蔡伯喈の趙五娘を拝するは、

等於孝敬二爹媽。
tɯ^{31}jui^{42}ço^{55}tɕɯ^{33}eɹ^{55}tie^{44}ma^{44}

等於孝敬二爹媽。
あたかも父母に孝を尽くすが如し。

蔡伯皆周公之理，
tshe^{55}peɹ^{35}ke^{44}tsou^{44}kou^{44}tsɿ^{44}li^{31}

蔡伯喈周公之理，
蔡伯喈の周公の理、

算得頂光光。×
sua^{55}tɯ^{35}tiɯ^{31}kua^{44}kua^{44}

算得頂呱呱。
すこぶる素晴らしいことだ。

仙姬送子夫妻情，
çe^{44}tɕi^{44}sou^{55}tsɿ^{31}fu^{44}tɕhi^{44}tɕhɯ^{42}

仙姬送子夫妻情，
天女の子を授けるは、夫婦の情。

香子度期[1]上天干。
ça^{44}tsɿ^{31}tu^{55}tɕhi^{44}sa^{55}thie^{44}ka^{44}

（韓）湘子度妻上天上。
韓湘子、妻を救いて天に登る。

從小夫妻甜如蜜，
tshou^{42}ço^{31}fu^{44}tɕhi^{44}thie^{42}zu^{42}mi^{35}

從小夫妻甜如蜜，
幼時より夫婦の仲は睦まじく、

古人艮所雙：×
ku^{31}zɯ^{35}ȵi^{21}suo^{31}sua^{44}

古人也曾說：
それこそ昔の人も言うところ。

干色[2]利第[3]艮格成，
ka^{44}seɹ^{44}li^{55}ti^{55}ȵi^{21}keɹ^{35}tseɹ^{21}

乞丐也是一樣人，
乞食も所詮ただの人。

富貴落莫成叫花。
fu^{55}kui^{55}luo^{35}mo^{35}tshɯ^{42}tɕo^{55}xua^{44}

富貴落寞成叫花。
金持ちも落ちてしまえば乞食とならん。

---

[1] 香子度期：《韓湘子度妻》。
[2] 干色："乞丐"。
[3] 利第："（果然）還是～"。

爲人想貪新忘舊，
ue^{42}zɯ^{42}ɕa^{31}tha^{44}ɕɯ^{44}ua^{55}tɕou^{55}

爲人想貪新忘舊，
人として新しきをば貪りて古きを忘れてしまっては、

死了罪難當。×
sɿ^{31}lio^{31}tsui^{55}na^{42}ta^{44}

死了罪難當。
死んでも罪は耐え難し。

我勸付馬干習悔，
ŋo^{31}tɕhue^{33}fu^{55}ma^{31}ka^{44}ɕi^{35}xui^{31}

我勸駙馬改前非，
駙馬殿には悔いるようと勧めよう。

認妻認兒女應當。
zɯ^{55}tɕhi^{44}zɯ^{55}eɹ^{55}ȵui^{31}jɯ^{44}ta^{44}

認妻認兒女應當。
妻と子たちを認めることは、これ当然。

從此干罷認坑因，
tshou^{42}tshɿ^{31}ka^{44}pa^{55}zɯ^{44}khɯ^{44}jɯ^{35}

從此認了他母子，
今から母子を認めなさい。

一立[1]我成當。×
ji^{35}li^{35}ŋo^{31}tshɯ^{42}ta^{44}

（責任）一律我承當。
すべての責任、わしがとろう。

金林宴上招親事，
tɕɯ^{44}liɯ^{42}je^{55}sa^{55}tso^{44}tɕhɯ^{44}sɿ^{55}

瓊林宴上招親事，
瓊林の宴で婿に招かれたこと、

老夫點點記心昌。
lo^{31}fu^{44}tie^{31}tie^{31}tɕi^{55}ɕɯ^{44}tsha^{44}

老夫點點記心上。
一々心に留めている。

（23頁上）

包臣相利惱打賭，
po^{35}tshɯ^{55}ɕa^{44}ȵi^{55}ȵo^{31}ta^{32}tu^{31}

包丞相跟你打賭，
駙馬殿は包大臣と賭けをした。

惱直斗本雙。×
no^{31}tsɿ^{35}tou^{21}pɯ^{31}sua^{44}

你不説真話。
駙馬殿が本当のことを言わずにいると。

不怕你賭頭書印，
pu^{35}pha^{55}ȵi^{31}tu^{42}thou^{42}su^{44}jɯ^{55}

不怕你賭頭輸贏，
その首賭けたというものの、何も恐れることはない。

我拿好言安慰他。
ŋo^{31}na^{42}xo^{31}je^{42}a^{44}ue^{55}tha^{44}

我拿好言安慰他。
わしが一言口添えしよう。

[1] 一立："一律"。

鋼刀鐵鍘不留情，
ka^{44}to^{44}thie^{31}tsa^{35}pu^{35}liou^{42}tɕhɯ^{42}

鋼刀鐵鍘不留情，
鋼鉄の首切り刀は、容赦はないが、

鍘惱吐本叭。 ×
tsa^{44}no^{31}no^{44}pɯ^{31}phia^{44}

你不會被鍘。
刀はあなたに及ぶまい。

包文正怎哦學生，
po^{33}vɯ^{42}tsɯ^{55}tsɯ^{33}ŋɯ^{55}ɕo^{35}sɯ^{33}

包文正是我學生，
包文正はわが教え子。

六角莊前救過他。
lu^{35}ko^{35}tsua^{44}tɕhe^{42}tɕou^{55}kuo^{55}tha^{44}

六角莊前救過他。
六角荘にて救ってやった。

我杯時[1]好相勸保，
ŋo^{31}pe^{44}tsɿ^{21}xu^{33}ɕa^{44}tɕhue^{44}po^{31}

我去好好相勸他，
わしが行き、よくよく彼にとりなせば、

保本一[2]怎拉？ ×
po^{31}pɯ^{31}ji^{35}tsɯ^{35}na^{33}

他怎會不依？
聞き入れぬはずがない。

介寸

士美聽燈氣養張，
sɿ^{55}me^{31}tɕheɹ^{55}tɯ^{44}tɕhi^{44}ja^{44}tsa^{44}

世美一聽就發怒，
陳世美はこれを聞いて腹が立つ。

相爺雙期斗等央！
ɕa^{55}je^{42}sua^{44}tɕhi^{44}tou^{21}tɯ^{31}ja^{44}

相爺説出這樣話！
宰相はかくの如くにおっしゃるが、

不是親來不是戚，
pu^{35}sɿ^{55}tɕhɯ^{44}lai^{42}pu^{35}sɿ^{55}tɕhi^{35}

不是親來不是戚，
親類縁者、来たでなし。

爲何來認他？ ×
ue^{55}xo^{42}lai^{42}zɯ^{55}tha^{44}

爲何來認他？
なぜにこいつを認めるか。

不認也把我没法，
pu^{35}zɯ^{55}je^{31}pa^{31}ŋo^{31}mu^{35}fa^{31}

不認也把我没法，
受け入れられぬは、仕方なし。

老子不怕包臣相。
lo^{32}tsɿ^{44}pu^{35}pha^{55}po^{35}tshɯ^{55}ɕa^{44}

老子不怕包丞相。
包大臣なぞ怖くない。

鋼刀不鍘無罪人，

鋼刀不鍘無罪人，

[1] 時：同〔只〕。放動詞後，表示動作的方向，“向～”“往～”。
[2] 本一：“不聽”“不依”。

ka^{44}to^{44}pu^{35}tsa^{35}vu^{42}tsui^{55}zɯ^{42}
鋼の刀も無実の人は切れまいて。

他把我無方。×
tha^{44}pa^{31}ŋo^{31}vu^{42}fa^{33}
他把我無方。
奴とていかんともし難し。

不怕他鋼刀鐵鍘，
pu^{35}pha^{55}tha^{55}ka^{44}to^{44}thie^{35}tsa^{35}
不怕他鋼刀鐵鍘，
鋼鉄の首切り刀は怖くない。

不怕臣相掌朝干。
pu^{35}pha^{55}tshɯ^{42}ɕa^{55}tsa^{31}tsho^{42}ka^{44}
不怕丞相掌朝綱。
大臣が朝廷の要だろうと怖くない。

黑大頭瞎不開眼，
xeɹ^{35}ta^{55}thou^{42}ɕa^{44}pu^{35}khai^{44}je^{31}
黑大頭瞎不開眼，
あの黒頭の目なし野郎、

杯張[1]狗去巴！ ×
pe^{44}tsa^{44}khua^{33}ŋeɹ^{21}pa^{33}
去鍘隻狗吧！
犬でも斬りに行きやがれ。

本公靠着青天坐，
pɯ^{31}kou^{44}kho^{55}tsuo^{35}tɕhɯ^{44}thie^{44}tsuo^{55}
本公靠着青天坐，
我輩には青天の後ろ盾。

一靠皇公二娘娘。
ji^{35}kho^{55}xua^{42}kou^{44}eɹ^{55}ȵa^{42}ȵa^{44}
一靠皇公二娘娘。
一には公主、二には皇后、

第上靠燈老國泰，
te^{31}sa^{55}kho^{55}tɯ^{44}lo^{32}kueɹ^{35}the^{55}
第三靠着老國太，
三は皇太后を頼る。

皇王包怎當[2]。×
ŋv̩^{21}te^{31}po^{35}tsɯ^{35}ta^{44}
皇上在這裏。
皇帝様もここにいる。

分明我前妻兒女，
fɯ^{44}miɯ^{42}ŋo^{31}tɕhe^{42}tɕhi^{44}eɹ^{42}ȵui^{31}
分明我前妻兒女，
明らかに前妻と子であろうとも、

老子堅决不認他！
lo^{31}tsɿ^{31}tɕe^{44}tɕue^{35}pu^{35}zɯ^{55}tha^{44}
老子堅決不認他！
我輩、絶対認めぬぞ。

相爺請打嚨府去，
ɕa^{55}je^{42}tɕheɹ^{33}ta^{32}nɯ^{55}fu^{31}ŋeɹ^{21}
相爺請回您府去，
宰相よ、どうぞ屋敷にお帰りを。

不與你相干！ ×
不與你相干！

[1] 張："鍘"。
[2] 當：同〔暗當〕。"這裏"。

pu^{35}jui^{31}ȵi^{31}ɕa^{55}ka^{44}
あなたに関わりないことだ。

一介寸

老夫聽燈肚子張，
lo^{32}fu^{44}tɕheɹ^{55}tɯ^{44}tu^{33}tsɿ^{31}tsa^{44}
老夫聽了很生氣，
このわしは、これを聞いて腹が立つ。

出色[1]喍膽倒咋加！
tshv̩^{44}seɹ^{35}nɯ^{55}ta^{33}to^{31}tso^{42}tɕa^{33}
畜生你膽這麼大！
この畜生、これほど大胆な奴だとは。

（23頁下）
我是當朝老宰相，
ŋo^{31}sɿ^{55}ta^{44}tsho^{42}lo^{31}tsai^{31}ɕa^{55}
我是當朝老宰相，
わしこそはこの朝廷の老宰相。

喍偉很[2]没三！ ×
nɯ^{55}ue^{33}xɯ^{31}mu^{33}sa^{44}
你的眼裏没有我！
お前には、わしなど問題外らしい。

皇代包主惱狀元，
ŋv̩^{21}te^{31}po^{35}tsv̩^{31}no^{31}tsua^{44}jue^{35}
皇上中了你狀元，
皇帝はお前に狀元授けたが、

奎[3]你讀四書文章。
khui^{42}ȵi^{31}tu^{35}sɿ^{55}su^{44}vɯ^{42}tsa^{44}
虧你讀四書文章。
お前に四書の文才あったため。

龍走害[4]由整吐成，
nv̩^{21}tsou^{33}xe^{55}jou^{35}tsɯ^{31}no^{44}tseɹ^{21}
龍升天也從樹始，
龍も天へ升るに、木よりはじまる。

喍習毒乍加！ ×
nɯ^{55}ɕi^{35}tu^{35}tso^{31}tɕa^{33}
你心這麼毒！
これほどに、お前の心が悪辣だとは。

不認前妻陳士美，
pu^{35}zɯ^{55}tɕhe^{42}tɕhi^{44}tshɯ^{42}sɿ^{55}me^{31}
不認前妻陳世美，
前妻認めぬ陳世美よ。

自期喍孟羊[5]朶三。
tsɿ^{55}tɕhi^{44}nɯ^{55}mɯ^{55}ja^{42}tuo^{31}sa^{44}
你那樣做就不行。
お前のやり口、うまくはいかぬ。

古説犯法身無主，
ku^{31}suo^{35}fa^{55}fa^{35}sɯ^{44}vu^{42}tsu^{31}
古説犯法身無主，
昔から、法を犯せば身保ち難し。

---

[1] 出色：“畜生”。
[2] 偉很：“眼裏”。是否應作“偉很”？
[3] 奎：“虧”。
[4] 走害：“升天”。
[5] 羊：“～樣子”。

漢惱没[1]暗拉！ ×
xa^{55}no^{31}mu^{31}a^{55}na^{44}
看你能逃哪！
どこへ逃げるか見てやろう。

開言叫聲秦香連，
khai^{44}je^{42}tɕo^{55}sɯ^{44}tɕhɯ^{42}ɕa^{44}ȵe^{42}
開言叫聲秦香蓮，
口開き呼ぶ、秦香蓮を。

之母上艮聽我雙：
tsɿ^{44}mo^{33}sa^{55}ȵi^{21}tɕheɹ^{55}ŋo^{31}sua^{44}
母子三人聽我説：
母子三人、わしの言うこと聞くがよい。

老夫送那銀十兩，
lo^{32}fu^{44}sou^{33}na^{55}ȵi^{21}tshɿ^{42}no^{32}
我送你們銀十兩，
お前たちに、銀十両をくれてやろう。

不要回家鄉。 ×
pu^{35}jo^{55}xui^{42}tɕa^{44}ɕa^{44}
不要回家鄉。
故郷に帰るに及ばない。

白扇等把交給那，
peɹ^{42}se^{32}tɯ^{31}pa^{42}tɕo^{35}kɯ^{31}na^{55}
給你們這把白扇，
この白扇を渡しておこう。

白扇是重頭正章。
peɹ^{35}sa^{55}sɿ^{55}tsou^{55}thou^{42}tsɯ^{55}tsa^{44}
白扇是重頭正章。
白扇こそが大事な証。

告日包文正拉[2]去，
ko^{33}ȵi^{44}po^{33}vɯ^{42}tsɯ^{55}na^{32}ŋeɹ^{21}
包文正那告他去，
包文正に訴えて、

吃他的腦花。 ×
tshɿ^{35}tha^{44}ti^{44}no^{31}xua^{44}
吃他的腦花。
やつ（陳世美）の脳みそ食ってやれ。

宿日張月禄店很，
sɿ^{44}ȵi^{44}tsa^{44}jue^{35}lu^{35}tɕe^{31}xɯ^{31}
住到張月禄店裏，
張月禄の宿に泊まって待っていろ。

級那上汪少狗汪。
tɕi^{35}na^{55}sa^{55}ua^{44}ɕou^{33}kou^{33}ua^{44}
多則三月少兩月。
長くて三月、早けれゃ二月。

皇王聖子到京城，
xua^{42}ua^{42}sɯ^{55}tsɿ^{31}to^{55}tɕɯ^{33}tshɯ^{42}
皇王聖旨到京城，
皇帝の聖旨が都に到るなら、

調打包臣相。 ×
tio^{55}ta^{32}po^{35}tshɯ^{55}ɕa^{44}
調回包丞相。
包大臣が召し返えされる。

[1] 没："逃"。
[2] 拉："那裏"。

聽燈包文正央咽，
tɕheɹ^{55}tɯ^{44}po^{33}vɯ^{42}tsɯ^{55}ja^{44}jɯ^{35}

聽得包文正回來，
包文正の帰朝を聞いたなら、

拿起白扇去告他。
na^{42}tɕhi^{31}peɹ^{35}sa^{55}tɕhui^{55}ko^{55}tha^{44}

拿起白扇去告他。
白扇取り出し訴えよ。

本格咊吐勢力倒，
pɯ^{31}keɹ^{35}pɯ^{55}no^{44}sɿ^{55}li^{35}to^{31}

不要怕他勢力大，
陳世美の力の大きさ恐れるな。

一定干保張！ ×
ji^{35}tiɯ^{55}ka^{44}po^{31}tsa^{44}

定能鍘掉他！
必ずやつの首を切れ。

不要命的陳士美，
pu^{35}jo^{55}miɯ^{55}ti^{44}tshɯ^{42}sɿ^{55}me^{31}

不要命的陳世美，
命知らずの陳世美よ。

哦吐杯咽栽古干[1]。
ŋɯ^{55}no^{44}pe^{44}jɯ^{35}tse^{44}ku^{31}ka^{33}

我過來也還嘴硬。
このわしが来て、なおも認めず。

分付人役快抬轎。
fɯ^{44}fu^{55}zɯ^{42}ji^{35}khuai^{55}thai^{42}tɕo^{55}

吩咐人役快抬轎，
役人どもに命令だ、早く駕籠を上げるがいい。

干宰相府央[2]。※
ka^{44}tse^{31}ɕa^{55}fu^{31}ja^{44}

回去宰相府。
宰相府へと帰るとしよう。

白：

人役抬轎回府。
zɯ^{42}ji^{31}thai^{42}tɕo^{55}xui^{42}fu^{31}

〔王延齡〕人役抬轎回府。
役人に駕籠を上げさせ屋敷に戻る。

秦香連回到張月禄店中。
tɕhɯ^{42}ɕa^{44}ȵe^{42}xui^{42}to^{55}tsa^{44}jue^{35}lu^{35}tie^{55}tsou^{44}

〔秦香蓮〕秦香蓮回到張月禄店中。
秦香蓮、張月禄の宿へと戻る。

（24頁上）

老伯父，要在你店内歇宿。
lo^{31}peɹ^{35}fu^{55} jo^{55}tsai^{55}ȵi^{31}tie^{55}lui^{55}ɕe^{42}su^{35}

老伯父，要在你店内歇宿。
おじ様よ、お宿にお泊めくださいな。

娘子認夫如何？
ȵa^{42}tsɿ^{31}zɯ^{55}fu^{44}zu^{42}xo^{42}

〔張月禄〕娘子認夫如何？
お前さま、夫婦と認めてもらったかい。

---

[1] 古干：不承認，態度不好，“嘴硬”。
[2] 央：是否〔叭〕之誤？

老伯父請聽——
lo^{31}peɹ^{35}fu^{55}tɕhɯ^{31}thiɯ^{44}

〔秦香蓮〕老伯父請聽——
おじ様よ、一つ聞いとくれ。

一小哭

開咀干大伯孟雙，
khɯ^{55}tɕui^{33}ka^{44}ta^{55}peɹ^{35}mɯ^{55}sua^{44}

開口我對大伯説，
口開き、おじ様に向かい話しましょう。

强盗哦吐本認三。
tɕha^{42}to^{55}ŋa^{55}no^{44}pɯ^{31}zɯ^{44}sa^{44}

强盗不認我們了。
強盗め、私たちを認めない。

之母上艮杯期咽，
tsɿ^{44}mo^{33}sa^{55}ȵi^{21}pe^{44}tɕhi^{44}jɯ^{35}

母子三人走出来，
母子三人、追い出されてしまったところ。

答怎轎阿康。×
ta^{35}tsɯ^{35}tɕo^{33}a^{31}kha^{44}

走過一抬轎。
お駕籠が一台過ぎります。

王老臣相來拜壽，
ua^{42}lo^{31}tshɯ^{42}ɕa^{55}lai^{42}pai^{55}sou^{55}

王老丞相来拜壽，
王宰相、誕生日の祝いにやって来た。

我拿口詞告與他。
ŋo^{31}na^{42}khou^{31}tshɿ^{42}ko^{55}jui^{31}tha^{44}

我拿口詞告與他。
口頭で丞相様に訴えた。

臣相糾我莊唱婆，
tshɯ^{42}ɕa^{55}tɕo^{44}ŋo^{31}tsua^{35}tsha^{55}pho^{42}

丞相叫我扮唱婆，
宰相はこの私に歌い女の格好させて、

干目池宮叭。×
ka^{44}mu^{35}tshɿ^{42}kou^{44}phia^{44}

去到目池宮。
目池宮へと参らせて。

到他府去唱家譜，
to^{55}tha^{44}fu^{31}tɕhui^{55}tsha^{55}tɕa^{44}phu^{31}

到他府去唱家譜，
陳世美の屋敷で家譜を歌わせた。

臣相好言相勸他。
tshɯ^{42}ɕa^{55}xo^{31}je^{42}ɕa^{55}tɕhue^{55}tha^{44}

丞相好言相勸他。
宰相も言葉を尽くし口添えしたが、

不認妻子罵臣相，
pu^{35}zɯ^{55}tɕhi^{44}tsɿ^{31}ma^{55}tshɯ^{42}ɕa^{55}

不認妻子罵丞相，
妻を認めず、宰相様を罵る始末。

本艮[1]氣央張。×
pɯ^{33}ȵi^{21}tɕhi^{44}ja^{44}tsa^{44}

丞相很生氣。
宰相、腹を立てました。

[1] 本艮："其人"。

送哦之母銀十兩，
sou^{33}ŋa^{55}tsʅ^{44}mo^{33}ȵi^{21}tshʅ^{42}no^{32}

送我們銀子十兩，
（宰相は）私ら母子に銀十両を授けられ、

叫我千急莫回家。
tɕo^{55}ŋo^{31}tɕhe^{44}tɕi^{35}mo^{35}xui^{42}tɕa^{44}

叫我千急莫回家。
あわてて家に帰らぬように、仰った。

交給我怎[1]白扇巴，
tɕo^{35}kɯ^{31}ŋo^{31}tsɯ^{35}peɹ^{42}se^{32}pa^{42}

交給我一把白扇，
白い扇子を手渡され、

拿白扇告他。×
na^{42}peɹ^{35}sa^{55}ko^{55}tha^{44}

拿白扇告他。
この白扇もて、訴え出よと仰った。

皇王聖旨出京殿，
xua^{42}ua^{42}sɯ^{44}tsʅ^{31}tshu^{35}tɕɯ^{44}tie^{55}

皇王聖旨出京殿，
皇帝の聖旨が宮廷よりいでて、

皇代調打包臣相。
ŋv̩^{21}te^{31}tio^{55}ta^{32}po^{35}tshɯ^{55}ɕa^{44}

皇上調回包丞相。
皇帝が包大臣を召し返す時、

阿狀告己[2]包大人，
a^{31}tsou^{31}ko^{33}tɕi^{31}po^{33}ta^{55}zɯ^{42}

向包大人狀告他，
訴状をもち包大人に訴えでれば、

一定干保鍘！×
ji^{35}tiɯ^{55}ka^{44}po^{31}tsa^{44}

定能鍘掉他！
必ずやあいつの首を切れるだろう、と。

阿更宿打利店很，
a^{31}kɯ^{55}sʅ^{44}ta^{32}ȵi^{55}tɕe^{32}xɯ^{31}

現在回住您店裏，
今おじ様のお宿に泊まり、

多那上汪少狗汪。
tuo^{35}na^{55}sa^{55}ua^{44}ɕou^{33}kou^{33}ua^{44}

多則三月少兩月。
長くて三月、さもなくば二月。

味後[3]之母燈[4]出頭。
pɯ^{55}ɣɯ^{33}tsʅ^{44}mo^{33}tɯ^{44}tshv̩^{44}tɯ^{21}

然後母子會出頭，
そうすれば母子の苦境は救われる。

来報答你家。※
lai^{42}po^{55}ta^{35}ȵi^{31}tɕa^{44}

来報答你家。
おじ様に報いることもできましょう。

[1] 怎：在這裏，與表示動作趨勢的“來”意義接近。
[2] 己：從某場所向某場所靠近，“靠近”“接近”。
[3] 味后：“然後”。
[4] 燈：“能～”“會～”“得～”。

詩:

不怕老虎三隻眼，
pu^{35}pha^{55}lo^{31}xu^{31}sa^{44}tsɿ^{31}je^{31}

不怕老虎三隻眼，
三つ目の 虎など怖くない。

衹怕一人起二心。
tsɿ^{31}pha^{55}ji^{35}zɯ^{42}tɕhi^{31}eɹ^{55}ɕɯ^{44}

衹怕一人起二心。
ただ恐ろしきは、人が二心を起こすこと。

富貴功名得成利，
fu^{55}kui^{55}kou^{44}miɯ^{42}tɯ^{35}tshɯ^{42}li^{55}

富貴功名得成利，
富貴功名は利を生むも、

五雷八得[1] 丢河心。
vu^{31}lui^{42}pa^{44}tɯ^{35}tiou^{44}xo^{42}ɕɯ^{44}

五倫八德丢河心。
五倫八徳は川の真ん中へ捨てさられる。

（24頁下）

白:

本公陳士美自想：
pɯ^{31}kou^{44}tshɯ^{42}sɿ^{55}me^{31}tsɿ^{55}ɕa^{31}

〔陳世美〕本公陳世美自想：
我輩、陳世美は考える。

分明我妻室兒女進宮認我，
fɯ^{44}miɯ^{42}ŋo^{31}tɕhi^{44}sɿ^{55}eɹ^{55}ȵui^{31}
tɕɯ^{55}kou^{44}zɯ^{55}ŋo^{31}

分明我妻室兒女進宮認我，
明らかに妻と子供がこの屋敷に会いに来た。

我不認他。
ŋo^{31}pu^{35}zɯ^{55}tha^{44}

我不認他。
我輩が彼女を認めぬと、

王老臣相在中勸解，
ua^{42}lo^{31}tshɯ^{42}ɕa^{55}tsai^{55}tsou^{44}tɕhue^{55}kai^{31}

王老丞相在中勸解，
王宰相が間を取り持とうとした。

爲我以惡言對付他，
ue^{55}ŋo^{31}ji^{31}uo^{35}je^{31}tui^{55}fu^{55}tha^{44}

爲我以惡言對付他，
我輩が悪言もて宰相に応えたため、

他把白扇交與秦香連，
tha^{44}pa^{31}peɹ^{35}sa^{55}tɕo^{44}jui^{31}tɕhɯ^{42}ɕa^{44}ȵe^{42}

他把白扇交與秦香蓮，
宰相は秦香蓮に白扇を与え、

前去告我。
tɕhe^{42}tɕhui^{55}ko^{55}ŋo^{31}

前去告我。
わしを訴えさせようとしている。

如若包文正認得，
zu^{42}zuo^{35}po^{44}vɯ^{42}tsɯ^{55}zɯ^{55}tɯ^{35}

如若包文正認得，
もし包文正がこれを認めれば、

[1] 五雷八得：“五倫八德”。

想將起來——
ɕa^{31}tɕa^{44}tɕhi^{31}lai^{42}

想將起來——
考えただけでも、

阿呀——，好哭！
a^{44}ja^{31} xo^{31}khu^{35}

阿呀——，好哭！
あ一、泣きたくなる。

一小哭

士美格自皮利跳[1]，
sɿ^{55}me^{31}keɹ^{35}tsɿ^{55}pe^{21}li^{55}thiou^{44}

世美起雞皮疙瘩，
陳世美は恐れて鳥肌を立てた。

怎恨[2]倒堂吐花哭。
tsɯ^{35}xɯ^{55}to^{31}tha^{55}no^{44}xua^{44}kho^{44}

在大堂放聲大哭。
大堂で声を放って泣き出した。

人有後悔趕不及，
zɯ^{42}jou^{31}xou^{55}xui^{31}ka^{31}pu^{35}tɕi^{35}

人有後悔趕不及，
人はこれ後悔するもすでに及ばず。

第格干命送。×
ti^{55}keɹ^{35}ka^{44}mieɹ^{32}sou^{33}

衹怕我命喪。
ただ我輩は死を恐れた。

王相爺杯咽勸我，
ua^{42}ɕa^{55}je^{42}pe^{44}jɯ^{35}tɕhue^{44}ŋo^{31}

王相爺過來勸我，
王宰相が、我輩を諭しにやってきた。

爲我聽本艮斗没，
ue^{44}ŋo^{31}tɕheɹ^{55}pɯ^{33}ȵi^{21}tou^{21}mu^{33}

因我没聽他的話，
我輩は彼の勧めを聞き入れず、

阿更我盂米燈保，
a^{31}kɯ^{55}ŋo^{31}mɯ^{55}mi^{33}tɯ^{44}po^{31}

現在我才想起他，
今さらこれを思っても、

水落第三垢。×
sui^{31}luo^{35}ti^{55}sa^{44}tɕhou^{44}

水落第三垢（已經太晚了）。
すでに手遅れだ。

白扇交與秦香連，
peɹ^{35}sa^{55}tɕo^{44}jui^{31}tɕhɯ^{42}ɕa^{44}ȵe^{42}

白扇交與秦香蓮，
白扇は秦香蓮に渡された。

包臣相拉干我告。
po^{35}tshɯ^{55}ɕa^{44}na^{32}ka^{44}ŋo^{31}ko^{33}

向包丞相告發我。
包大臣へと訴え出れば、

好比釘子遇斧頭，

好比釘子遇斧頭，

[1] 自皮利跳："起鷄皮疙瘩"。
[2] 怎恨："在於～"。

xo^{31}pi^{31}tiɯ^{55}tsɿ^{31}jui^{55}fu^{31}thou^{42}

釘もて斧に立ち向かうがごとし。

公鷄遇蜈蚣。×
kou^{44}tɕi^{44}jui^{55}vu^{42}kou^{44}

公鷄遇蜈蚣。
雄鶏がムカデに出遇うがごとし。

金林宴上招親事，
tɕɯ^{44}liɯ^{42}je^{55}sa^{55}tso^{44}tɕhɯ^{44}sɿ^{55}

瓊林宴上招親事，
瓊林の宴において婿に招かれた時、

雙咋哦吐武艮没。
sua^{44}tso^{42}ŋɯ^{55}no^{44}vu^{33}ȵi^{21}mu^{33}

我説我没有妻子。
我輩は、妻はいないと言った。

包臣相他氣不福[1]，
po^{44}tshɯ^{42}ɕa^{44}tha^{44}tɕhi^{55}pu^{35}fu^{35}

包丞相他氣不服，
包大臣は納得せずに。

當哦吐倒鬧[2]。×
ta^{44}ŋɯ^{55}no^{44}to^{31}no^{33}

（直到）要我的大腦。
我輩の首を欲したのだ。

他和我賭頭書印，
tha^{44}xo^{42}ŋo^{31}tu^{31}thou^{42}su^{44}jɯ^{55}

他和我賭頭輸贏，
包大臣と我輩は首を賭け、

王老臣相在其中。
ua^{42}lo^{31}tshɯ^{42}ɕa^{55}tsai^{55}tɕhi^{42}tsou^{44}

王老丞相在其中（作爲證人）。
王宰相は間に立った。

娘娘面前説假話，
ȵa^{42}ȵa^{44}mie^{55}tɕhe^{42}suo^{35}tɕa^{31}xua^{55}

娘娘面前説假話，
皇后の面前にて嘘を言い、

招爲付馬公。×
tso^{44}ue^{42}fu^{55}ma^{31}kou^{44}

招爲駙馬公。
駙馬にと招かれた。

阿更哦妻杯叭約，
a^{31}kɯ^{55}ŋɯ^{55}tshe^{55}pe^{44}phia^{44}jo^{35}

現在我妻子過來，
たった今、我輩の妻がやって来た。

包臣相拉干我告。
po^{35}tshɯ^{55}ɕa^{44}na^{32}ka^{44}ŋo^{31}ko^{33}

向包丞相告發我。
包大臣の所で我輩を訴えれば、

（25頁上）
鋼刀鐵鍘不留情，
ka^{44}to^{44}thie^{31}tsa^{35}pu^{35}liou^{42}tɕhɯ^{42}

鋼刀鐵鍘不留情，
鋼鉄の首切り刀は情を知らぬ。

---

[1] 福：“服”。
[2] 倒鬧：“大腦”。

鍘答[1]留情没。×
tsa^{44}ta^{35}liou^{35}tɕeɹ^{21}mu^{33}

鍘刀不留情。
首切り刀は情を知らぬ。

低下頭來細思想，
ti^{31}ɕa^{55}thou^{42}lai^{42}ɕi^{55}sɿ^{44}ɕa^{31}

低下頭來細思想，
うつむいて仔細に思いをめぐらした。

一不做來二不凶[2]。
ji^{35}pu^{35}tsuo^{55}lai^{42}eɹ^{55}pu^{35}ɕoɯ^{44}

一不做來二不休。
こうなれば引くにも引けぬ。

干恨[3]將軍叫期咽，
ka^{44}xɯ^{55}tɕa^{44}tɕui^{44}ɣɯ^{35}tɕhi^{44}jɯ^{35}

把將軍他叫過來，
将軍を呼びだして、

殺依使[4]等土[5]。 ※
sa^{35}ji^{33}sɿ^{31}tɯ^{31}thy̩^{33}

商議這件事。
このことを話し合おう。

白：

分付手下人，
fɯ^{44}fu^{55}sou^{31}ɕa^{55}zɯ^{42}

〔陳世美〕吩咐手下人，
お前たちに命令だ。

叫出趙將軍來！
tɕo^{55}tshu^{35}tso^{55}tɕa^{44}tɕui^{44}lai^{42}

叫出趙將軍來！
趙将軍を呼んでまいれ。

是了！
sɿ^{55}lio^{31}

〔手下人〕是了！
かしこまりました。

行行走走，到了營中。
ɕɯ^{42}ɕɯ^{42}tsou^{31}tsou^{31} to^{55}lio^{31}jɯ^{42}tsou^{44}

行行走走，到了營中。
歩き歩いて、軍営に到着。

玉[6]龍將軍在上，
jui^{55}lou^{42}tɕa^{44}tɕui^{44}tsai^{55}sa^{55}

玉龍將軍在上，
玉龍将軍におかれましては。

付馬公有請！
fu^{55}ma^{31}kou^{44}jou^{31}tɕhɯ^{31}

駙馬公有請！
駙馬様のお召しでございます。

來矣！
lai^{42}ji^{31}

〔趙百春〕來矣！
参る。

[1] 鍘答：“鍘刀”。
[2] 凶：“休”。
[3] 干恨：與〔干〕同。“把”。
[4] 使：“事”“事情”。
[5] 等土：“這一件（事情）”。
[6] 玉：發音爲［jui^{55}］。

詩:

頭代[1] 烏沙應[2] 日紅，
thou^{42}tai^{55}vu^{44}sa^{44}jɯ^{44}zɿ^{35}xou^{42}

頭戴烏紗映日紅，
頭には烏沙帽をば頂いて、日の赤きを映し、

身穿金甲扣鈴龍[3]。
sɯ^{44}tshua^{44}tɕɯ^{44}tɕa^{35}khou^{55}liɯ^{42}lou^{42}

身穿金甲扣鈴龍。
身には金甲をば穿ち、精巧を極める。

一個六能成大用，
ji^{35}ko^{55}lu^{35}nɯ^{42}tshɯ^{42}ta^{55}jou^{44}

一個六能成大用，
一介の人材、大器とならん。

萬馬軍中稱英雄。
va^{55}ma^{31}tɕui^{44}tsou^{44}tshɯ^{44}jɯ^{44}ɕou^{42}

萬馬軍中稱英雄。
萬馬軍中に英雄と称す。

白:

本將軍姓趙，
pɯ^{31}tɕa^{44}tɕui^{44}ɕɯ^{55}tso^{55}

〔趙百春〕本將軍姓趙，
それがしは、姓は趙。

名百春，
miɯ^{42} peɹ^{35}tshui^{44}

名百春，
名は百春。

字寒棋[4] 是矣。
tsɿ^{55}xa^{42}tɕhi^{42}sɿ^{55}ji^{31}

字韓琪是矣。
字は韓琪である。

七歲文，八歲武，
tɕhi^{44}sui^{55}vɯ^{42} pa^{35}sui^{55}vu^{31}

七歳文，八歳武，
七歳から学問を学び、八歳で武術を学ぶ。

十二歲文武雙全。
sɿ^{35}eɹ^{55}sui^{55}vɯ^{42}vu^{31}sua^{44}tɕhue^{42}

十二歳文武雙全。
十二歳で文武備わる。

皇王封我玉龍將軍，
xua^{42}ua^{42}fɯ^{44}ŋo^{31}jui^{55}lou^{42}tɕa^{44}tɕui^{44}

皇王封我玉龍將軍，
皇帝陛下はそれがしを玉龍将軍に封じた。

直掌[5] 玉龍兵馬，
tsɿ^{35}tsa^{21}jui^{55}lou^{42}piɯ^{44}ma^{31}

執掌玉龍兵馬，
玉龍の兵馬をつかさどらしめ、

[1] 代:“戴”。
[2] 應:“映”。
[3] 鈴龍:“玲瓏”。
[4] 寒棋:“韓琪”。
[5] 直掌:“執掌”。

保衛宋朝江山。
po^{31}ue^{55}sou^{55}tsho^{42}tɕa^{44}sa^{44}

保衛宋朝江山。
宋朝の領土を防衛させる。

代起十名兵丁，
tai^{55}tɕhi^{31}sɿ^{35}miɯ^{42}piɯ^{44}tiɯ^{44}

帶起十名兵丁，
十名の兵丁を率い、

到目池宫。
to^{55}mu^{35}tshɿ^{42}kou^{44}

到目池宫。
目池宫に赴こうぞ。

近見[1]付馬公在上！
tɕɯ^{55}tɕe^{55}fu^{55}ma^{31}kou^{44}tsai^{55}sa^{55}

覲見駙馬公在上！
駙馬公様にお目通りいたします。

將軍見禮。
tɕa^{44}tɕui^{44}tɕe^{55}li^{31}

將軍見禮。
参上いたしました。

有禮相迎。
jou^{31}li^{31}ɕa^{55}jɯ^{42}

〔陳世美〕有禮相迎。
よう参られた。

這是趙將軍，
tsɯ^{55}sɿ^{55}tso^{55}tɕa^{44}tɕui^{44}

這是趙將軍，
趙将軍よ。

本公敬你三杯青酒，
pɯ^{31}kou^{44}tɕɯ^{55}ȵi^{31}sa^{44}pe^{44}tɕhɯ^{44}tɕou^{31}

本公敬你三杯青酒，
我輩は三杯の清酒と、

一方寶劍，
ji^{35}fa^{44}po^{31}tɕe^{55}

一方寶劍，
宝剣一振り、

十兩黄金，
sɿ^{35}lia^{31}xua^{42}tɕɯ^{44}

十兩黄金，
黄金十両、

一支大令。
ji^{35}tsɿ^{44}ta^{55}liɯ^{55}

一支大令。
令牌を授けよう。

叫你到張家店中，
tɕo^{55}ȵi^{31}to^{55}tsa^{44}tɕa^{44}tie^{55}tsou^{44}

叫你到張家店中，
張月禄の宿に行き、

次[2]殺子母三人。
tshɿ^{55}sa^{35}tsɿ^{31}mu^{31}sa^{44}zɯ^{42}

刺殺母子三人。
母子三人を殺してもらいたい。

[1] 近見：“覲見”。
[2] 次：“刺”。

你若把他們殺了，
ȵi31zuo35pa31tha44mɯ44sa35lio31

你若把他們殺了，
もし、やつらを殺せば、

官加三級；
kua44tɕa44sa44tɕi35

官加三級；
官位を三級加えよう。

若凡不殺，
zuo35fa42pu35sa35

若凡不殺，
もし殺さぬなら、

殺你十三人家卷[1]。
sa35ȵi31sɿ35sa44zɯ42tɕa44tɕue55

殺你十三人家眷。
お前の家族十三人を殺してしまうが、

到底你去不去？
to55ti31ȵi31tɕhui55pu35tɕhui55

到底你去不去？
行ってもらえるか。

那是付馬公，
na55sɿ55fu55ma31kou44

〔趙百春〕那是駙馬公，
駙馬様。

（25頁下）
請聽那——
tɕhɯ31thiɯ44na55

請聽哪——
お聞きください。

一平

付馬利且聽原因，
fu55ma31ȵi55tɕhe31tɕheɹ55jue42jɯ44

駙馬您且讓我聽原因，
駙馬様よ、まずは理由をお聞かせを。

糾我殺罷上子母，
tɕo44ŋo31ɕa44pa55sa55tsɿ44mu33

叫我殺那三母子，
それがしに母子三人を殺させる、

分明你兒女原配，
fɯ44miɯ42ȵi31eɹ42ȵui31jue42phai55

分明你兒女原配，
それはまさしくあなたの子供と前の妻。

小將不忍心。×
ɕo31tɕa44pu35zɯ31ɕɯ44

小將不忍心。
それがしに、できることではありませぬ。

他與你從小結髮，
tha44jui31ȵi31tsou42ɕo31tɕe35fa35

她與你從小結髮，
彼女とあなた、幼い時より契りをむすぶ。

一日夫妻百日恩。

一日夫妻百日恩。

[1] 家卷：“家眷”。

ji^{35}zɿ^{35}fu^{44}tɕhi^{44}peɹ^{35}zɿ^{35}ɣɯ^{44}	一日の夫婦になれば百日の恩。
叫他受鋼刀之罪， tɕo^{55}tha^{44}sou^{55}ka^{44}to^{44}tsɿ^{44}tsui^{55}	叫她受鋼刀之罪， 鋼刀の罪を受けさせようという。
利且干米冷。× ȵi^{55}tɕhe^{31}ka^{44}mi^{33}lɯ^{44}	您且想一想。 まずはお考えのほどを。
兒女是你親身養， eɹ^{42}ȵui^{31}sɿ^{55}ȵi^{31}tɕhɯ^{44}sɯ^{44}ja^{31}	兒女是你親身養， 子供らもあなたの子供たち。
阿更利罷吐本認。 a^{31}kɯ^{55}ȵi^{55}pa^{55}no^{44}pɯ^{31}zɯ^{44}	現在您不認她們。 あなたは彼らを認めずに、
不認子母把他殺， pu^{35}zɯ^{55}tsɿ^{31}mu^{31}pa^{31}tha^{44}sa^{35}	不認母子把他殺， 母子を認めず殺してしまい、
絶了後代根。× tɕue^{35}lio^{31}xou^{55}tai^{55}kɯ^{44}	絶了後代根。 跡取りを根絶やしにするおつもりか。

介寸

本公聽聽氣央張， pɯ^{31}kou^{44}tɕheɹ^{55}tɕheɹ^{55}tɕhi^{44}ja^{44}tsa^{44}	本公越聽越生氣， 我輩は聞けば聞くほど腹が立つ。
出生[1]喺膽倒咋加！ tshy̩^{44}seɹ^{35}nɯ^{55}ta^{33}to^{31}tso^{42}tɕa^{33}	畜生你膽這麼大！ 畜生め、これほどまでに大胆だとは。
害稱掉下由我頂， xe^{55}tshɯ^{33}tua^{42}thɯ^{55}jou^{35}ŋo^{31}tiɯ^{31}	天掉下來由我頂， 天が落ちても、我輩の頭の上に落ちるだけ。
不與你相干。× pu^{35}jui^{31}ȵi^{31}ɕa^{44}ka^{44}	不與你相干。 お前にはかかわりのないことだ。
古説玆心[2]生禍害， ku^{31}suo^{35}tshʅ^{42}ɕɯ^{44}sɯ^{44}xuo^{55}xai^{55}	古説慈心生禍害， 昔から情は禍、生むと言う。
那人做事那人當。 na^{55}zɯ^{42}tsuo^{55}sʅ^{55}na^{55}zɯ^{42}ta^{44}	哪人做事哪人當。 やった者だけ、責任を持つ。

[1] 出生："畜生"。
[2] 玆心："慈心"。

今日你若不依從，
tɕɯ44zɿ35ȵi31zuo35pu35ji44tshou42

今日你若不依從，
今日、お前が従わぬなら、

牽[1]期干惱殺！ ×
khe55tɕhi44ka44no31ɕa44

（把你）牽出去殺了！
お前を引き出し、殺してやろう。

常言命令如山倒，
tsha42je42miɯ55liɯ55zu42sa44to31

常言命令如山倒，
命令は山の倒れるがごとく（重し）と言う。

莫非你反動國家？
mo35fe44ȵi31fa31dou55kueɹ35tɕa44

莫非你反動國家？
もしや国家に歯向かうか。

到底惱杯利本杯，
to55ti31no31pe44ȵi55pɯ31pe44

到底你要去不去，
さあ、行くのか行かぬのか。

直斗對我雙！ ※
tsɿ35tou21tue32ŋo31sua44

直接對我説！
はっきりと我輩に言うがいい。

白：

付馬公，
fu55ma31kou44

〔趙百春〕駙馬公，
駙馬様。

我去就是！
ŋo31tɕhui55tɕou55sɿ55

我去就是！
行けばよろしいのでしょう。

好！
xo31

〔陳世美〕好！
よし。

你若殺了三子母，
ȵi31zuo35sa35lio31sa44tsɿ31mu31

你若殺了三母子，
もし母子三人を殺したならば、

人頭見面，
zɯ42thou42tɕe55mie55

人頭見面，
首をもってこい。

或刀上見形。
xuo35to44sa55tɕe55ɕɯ42

或刀上見形。
あるいは（首を切った）刀の痕を見せよ。

你若不殺他們，
ȵi35zuo35pu35sa35tha44mɯ44

你若不殺他們，
もしやつらを殺さぬのなら、

---

[1] 牽：牽引牛、馬、人等。不用作“開門”等（拉）意。

叫你不得好死！
tɕo^{55}ȵi^{31}pu^{35}tɯ^{35}xo^{31}sɿ^{31}

叫你不得好死！
お前は、いい死に方はしないだろう。

趙百春聽得此言，
tso^{55}peɹ^{35}tshui^{44}thiɯ^{44}tɯ^{35}tshɿ^{31}je^{42}

〔趙百春〕趙百春聽得此言，
趙百春はこれを聞くや、

手下人代馬，
sou^{31}ɕa^{55}zɯ^{42}tai^{55}ma^{31}

手下人帶馬，
手下に馬を引かせ、

（26頁上）
抬起寶劍，
thai^{42}tɕhi^{31}po^{31}tɕe^{55}

抬起寶劍，
宝剣をひっさげ、

打馬走上一走！
ta^{31}ma^{31}tsou^{31}sa^{55}ji^{35}tso^{31}

打馬走上一走！
馬を鞭打ち一散に駆け去った。

一高腔

將軍干馬吐牽坑，
tɕa^{44}tɕui^{44}ka^{44}meɹ^{33}no^{44}khe^{55}khɯ^{44}

將軍牽起一匹馬，
将軍は馬一頭を引き出した。

陳士美死没良心。
tshɯ^{42}sɿ^{55}me^{31}sɿ^{31}mu^{35}ȵa^{42}ɕɯ^{44}

陳世美死沒良心。
陳世美は良心をば失った。

味妻之⿱亽女杯叭咽，
pɯ^{55}tshe^{55}tsɿ^{44}nv̩^{33}pe^{44}phia^{44}jɯ^{35}

他的妻兒來找他，
妻と子供がやってきて、

保罷吐本認。×
po^{31}pa^{55}no^{44}pɯ^{31}zɯ^{44}

他不認他們。
認めもせず。

罷吐本認利算[1]了，
pa^{55}no^{44}pɯ^{31}zɯ^{44}li^{55}sue^{44}lo^{32}

不認他們也算了，
認めないのは仕方ない。

不該去宰[2]草除根。
pu^{35}kai^{44}tɕhui^{55}tsa^{31}tsho^{31}tshu^{42}kɯ^{44}

不該去斬草除根。
しかし根絶やしにすべきでなない。

個日干我打發怎，
keɹ^{55}ȵi^{44}ka^{44}ŋo^{31}teɹ^{44}feɹ^{44}tsɯ^{35}

今日打發我過來，
今日、私に命令し、

[1] 算：原文作“祘”。
[2] 宰：發音爲［tsa^{31}］。

殺罷上子母。×
ɕa^{44}pa^{55}sa^{55}tsʅ^{44}mu^{33}

殺他們三人。
母子三人を殺させる。

我嗒本杯保殺我，
ŋo^{31}ta^{21}pɯ^{31}pe^{44}po^{31}ɕa^{44}ŋo^{31}

我若不去他殺我，
行かなければ、私のほうが殺される。

叫我死也不全身，
tɕo^{55}ŋo^{31}sʅ^{31}je^{31}pu^{35}tɕhue^{42}sɯ^{44}

叫我死也不全身，
私をば殺すだけでは飽き足らず、

殺我十三人家卷，
sa^{35}ŋo^{31}sʅ^{35}sa^{44}zɯ^{42}tɕa^{44}tɕue^{55}

殺我十三人家眷，
わが家族十三人を殺すと言う。

味習十分稱[1]。×
pɯ^{55}ɕi^{35}tshʅ^{42}fv̩^{35}tshɯ^{33}

他心十分壞。
やつの心は残忍だ。

事到如今講不起，
sʅ^{55}to^{55}zu^{42}tɕɯ^{44}tɕa^{31}pu^{35}tɕhi^{31}

事到如今講不起，
事ここに、到れば何も言えぬのだ。

叫聲手下把我聽：
tɕo^{55}sɯ^{44}sou^{31}ɕa^{55}pa^{31}ŋo^{31}thiɯ^{44}

叫聲手下把我聽：
部下を呼び、命令を下したり、

打馬行程到店門，
ta^{31}ma^{31}ɕɯ^{42}tshɯ^{42}to^{55}tie^{55}mɯ^{42}

打馬行程到店門，
馬に鞭打ち、宿屋にまで走らせよ、

不要放他們。※
pu^{35}jo^{55}fa^{55}tha^{44}mɯ^{44}

不要放她們。
彼女らを逃がしてはならぬ。

白：

張月祿快快開門來！
tsa^{44}jue^{35}lu^{35}khuai^{55}khuai^{55}khai^{44}mɯ^{42}lai^{42}

〔趙百春〕張月祿，快快開門來！
張月祿、早く門を開けろ。

開門！
khai^{44}mɯ^{42}

開門！
開けるのだ。

外面有人叫，
uai^{55}mie^{55}jou^{31}zɯ^{42}tɕo^{55}

〔張月祿〕外面有人叫，
外で誰かが叫んでいる。

雙手把門開。
sua^{44}sou^{31}pa^{31}mɯ^{42}khai^{44}

雙手把門開。
諸手で門を開ける。

[1] 稱："壞"。

不知何人到此，
pu^{35}tsɿ^{44}xo^{42}zɯ^{42}to^{55}tshɿ^{31}

不知何人到此，
誰が来たはわからなかった。

我張月禄抬頭一看：
ŋo^{31}tsa^{44}jue^{35}lu^{35}thai^{42}thou^{42}ji^{35}kha^{55}

我張月禄抬頭一看：
この張月禄が頭をあげて見てみれば、

原來趙將軍到此，
jue^{42}lai^{42}tso^{55}tɕa^{44}tɕui^{44}to^{55}tsɿ^{31}

原來趙將軍到此，
果たして趙将軍がいらっしゃる。

所幹何事？
suo^{31}ka^{44}xo^{42}sɿ^{55}

所幹何事？
どんな御用で。

你不必管我！
ȵi^{31}pu^{35}pi^{35}kua^{31}ŋo^{31}

〔趙百春〕你不必管我！
お前には関係ない。

奉付馬公的命令，
fɯ^{55}fu^{55}ma^{31}kou^{44}ti^{44}miɯ^{55}liɯ^{55}

奉駙馬公的命令，
駙馬様の命令を受け、

前來殺人！
tɕhe^{42}lai^{42}sa^{35}zɯ^{42}

前來殺人！
人を殺しに来た。

你把湖廣荆洲府三子母交與我來！
ȵi^{31}pa^{31}xu^{42}kua^{31}tɕɯ^{44}tsou^{44}fu^{31}sa^{44}tsɿ^{31}
mu^{31}tɕo^{44}jui^{31}ŋo^{31}lai^{42}

你把湖廣荆州府三母子交與我來！
湖広荊州府の母子三人を差し出せ。

將軍在上，
tɕa^{44}tɕui^{44}tsai^{55}sa^{55}

〔張月禄〕將軍在上，
将軍様におかれては。

他三子母前三日不歇我店，
tha^{44}sa^{44}tsɿ^{31}mu^{31}tɕhe^{42}sa^{44}zɿ^{35}pu^{35}ɕe^{42}
ŋo^{31}tie^{55}

他三母子前三日不歇我店，
その母子三人、三日前からうちの宿には泊まっておらず。

不知往哪里去了。
pu^{35}tsɿ^{44}ua^{31}na^{31}li^{31}tɕhui^{55}lio^{31}

不知往哪裏去了。
どこに行ったものやら。

將軍到别店找吧。
tɕa^{44}tɕui^{44}to^{55}pie^{35}tie^{55}tso^{31}pa^{44}

將軍到别店找吧。
将軍様、別の宿をお探しになられては。

阿呀——，你張月禄，
a^{44}ja^{31} ȵi^{31}tsa^{44}jue^{35}lu^{35}

〔趙百春〕阿呀——，你張月禄，
あー、張月禄よ。

（26頁下）

媒[1]天過海，
ma^{42}thie^{44}kuo^{44}xai^{31}

瞞天過海，
隠し事があろう。

老子給你冷陰陰的一刀！
lo^{31}tsɿ^{31}kɯ^{31}ȵi^{31}lɯ^{31}jɯ^{44}jɯ^{44}ti^{44}ji^{35}to^{44}

老子給你冷陰陰的一刀！
冷たい刀をお見舞いしようか。

阿呀——，將軍不要殺我，
a^{44}ja^{31} tɕa^{44}tɕui^{44}pu^{35}jo^{55}sa^{35}ŋo^{31}

〔張月禄〕阿呀——，將軍不要殺我，
あー、将軍、殺さないでください。

我去叫他們就是。
ŋo^{31}tɕhui^{55}tɕo^{55}tha^{44}mɯ^{44}tɕou^{55}sɿ^{55}

我去叫他們就是。
呼んでまいります。

快快叫來！
khuai^{55}khuai^{55}tɕo^{55}lai^{42}

〔趙百春〕快快叫來！
さっさと呼んで来い。

是了！
sɿ^{55}lio^{31}

〔張月禄〕是了！
かしこまりました。

秦香連，你快快出來！
tɕhɯ^{42}ɕa^{44}ȵe^{42} ȵi^{31}khuai^{55}khuai^{55}tshu^{35}lai^{42}

秦香蓮，你快快出來！
秦香蓮や、早く出ておいで。

哪個叫我？
na^{31}ko^{55}tɕo^{55}ŋo^{31}

〔秦香蓮〕哪個叫我？
どなたですか。

你快快躲起！
ȵi^{31}khuai^{55}khuai^{55}tuo^{31}tɕhi^{31}

〔張月禄〕你快快躲起！
早くお隠れ。

陳士美打發將軍，
tshɯ^{42}sɿ^{55}me^{31}ta^{31}fa^{35}tɕa^{44}tɕui^{44}

陳世美打發將軍，
陳世美が将軍を送ってきた。

前來殺你子母三人！
tɕhe^{42}lai^{42}sa^{35}ȵi^{31}tsɿ^{31}mu^{31}sa^{44}zɯ^{42}

前來殺你母子三人！
お前たち母子三人を殺しに来たのだよ。

秦香連自想：
tɕhɯ^{42}ɕa^{44}ȵe^{42}tsɿ^{55}ɕa^{31}

〔秦香蓮〕秦香連自想：
秦香蓮は思った。

不好了！
pu^{35}xo^{31}lio^{31}

不好了！
なんと言うことでしょう、と。

[1] 媒："瞞"。

一大哭

秦香連聽燈自加雙，
tɕhɯ^{42}ɕa^{44}ȵe^{42}tɕheɹ^{55}tɯ^{44}tsɿ^{55}tɕa^{33}sua^{44}
香蓮聽到這些話，
秦香蓮は聞く、この言葉、

習科跳期咀皮[1]汪。
ɕi^{35}khou^{33}thiou^{44}tɕhi^{44}tɕui^{33}pe^{21}ua^{44}
心要跳出嘴唇外。
心臓が唇の外へ飛び出しそう。

氣之噔亽[2]聽母咽：
tɕhi^{55}tsɿ^{44}tɯ^{42}ȵeɹ^{33}tɕheɹ^{55}mo^{33}jɯ^{35}
親愛兒女聽媽說：
いとしい子供、母の話を聞きなさい。

事物本求[3]三。×
sɿ^{31}vu^{33}pɯ^{31}tɕhou^{55}sa^{44}
事情不好了。
まずいことになりました。

⿰口能爹打發怎艮格，
nɯ^{55}ti^{33}teɹ^{44}feɹ^{44}tsɯ^{35}ȵi^{21}keɹ^{35}
你爹打發人來了，
父さんは人を遣って来たのです。

打發將軍干亮殺。
teɹ^{44}feɹ^{44}tɕa^{44}tɕui^{44}ka^{44}ȵa^{55}ɕa^{44}
打發將軍殺我們。
将軍を遣って殺しに来たのです。

前門後門違[4]坑約，
tɕi^{31}me^{21}ɣɯ^{33}me^{21}ue^{35}khɯ^{44}jo^{35}
前門後門圍住了，
前の門・後の門も囲まれた。

到底没暗拉？×
to^{55}ti^{31}mu^{21}a^{55}na^{44}
到底逃哪裏？
どこに逃げればよいのやら。

底得[5]没日後花南[6]，
ti^{21}teɹ^{35}mu^{21}ȵi^{44}ɣɯ^{33}xuo^{35}na^{21}
衹好逃到後花園，
裏にある花園へと逃げ込もう。

之亽女狗艮聽母雙：×
tsɿ^{44}nv̩^{33}kou^{33}ȵi^{21}tɕheɹ^{55}mo^{33}sua^{44}
兒女兩人聽媽說：
お前たち母の話を聞きなさい。

死利之母一齊死，
ɕi^{33}li^{55}tsɿ^{44}mo^{33}ji^{35}tɕhi^{42}ɕi^{33}
死也母子一起死，
死ぬのなら母子一緒に死にましょう。

---

[1] 咀皮："嘴唇"。
[2] 氣之噔亽："非常親愛的兒女"。
[3] 求："好"。
[4] 違："圍"。
[5] 底得："衹得"。
[6] 花南："花園"。

亮雙流阿昌。×
ȵa^{55}sua^{44}kɯ^{21}a^{31}tha^{44}

一起將血流。
私らの血をば一緒に流しましょう。

介:

春高格自永拉拉，
tshui^{33}ko^{44}keɹ^{35}tsʅ^{55}jou^{31}na^{33}na^{33}

春高嚇得打哆嗦，
春高は怖くて体を震わせた。

阿母利且聽我雙:
a^{31}mo^{33}ȵi^{55}tɕhe^{31}tɕheɹ^{55}ŋo^{31}sua^{44}

阿媽您且聽我説:
お母さん僕の言うこと聞いとくれ。

早利死自晚利死，
tsu^{33}li^{55}ɕi^{33}tsʅ^{55}me^{33}li^{55}ɕi^{33}

早也死来晚也死，
遅かれ早かれ死ぬのなら、

趕米[1]後世巴。×
tɕe^{42}mi^{31}ɣɯ^{33}xeɹ^{55}pa^{33}

来世能相見。
来世でお会いできましょう。

哦爹保自坑黑習[2]，
ŋɯ^{55}ti^{33}po^{31}tsʅ^{55}khɯ^{44}xɯ^{44}ɕi^{35}

我爹他起黑心腸，
わが父は悪い心を起こしたり。

之母上艮殺情[3]香。
tsʅ^{44}mo^{33}sa^{55}ȵi^{21}sa^{35}tɕeɹ^{21}ɕa^{44}

母子三人很悲傷。
母子三人、悲惨なことになりました。

之母死日一答下，
tsʅ^{44}mo^{33}ɕi^{33}ȵi^{44}ji^{35}ta^{35}eɹ^{33}

母子死在一刀下，
母と子は一刀の下に死にますが、

死也心不甘。×
sʅ^{31}je^{31}ɕɯ^{44}pu^{35}ka^{44}

死也心不甘。
死んでも納得できません。

（27頁上）

介:

冬妹格自動朵三，
to^{44}me^{55}keɹ^{35}tsʅ^{55}tv̩^{31}tuo^{33}sa^{44}

冬妹怕得走不動，
冬妹は恐ろしくなり動けない。

阿哥阿母聽我雙:
a^{31}ko^{44}a^{31}mo^{33}tɕheɹ^{55}ŋo^{31}sua^{44}

阿哥阿媽聽我説:
兄・母よ、私の話を聞いとくれ。

好病好死自算了。
xu^{33}peɹ^{31}xu^{33}ɕi^{33}tsʅ^{55}sue^{44}lo^{32}

好病好死就算了，
病気なり、よい死に方なら仕方がない。

---

[1] 趕米:“趕追”。
[2] 黑習:“黑心”。
[3] 殺情:“悲傷”。

過刀不應當。×
kuo^{55}to^{44}pu^{35}jɯ^{44}ta^{44}

過刀（死於刀下）不應當。
刀で死ぬのは真っ平よ。

我利好比花古六[1]，
ŋo^{31}li^{55}xo^{32}pi^{31}xuo^{35}ku^{21}lu^{35}

我還好比鮮花蕾，
まだ私、花のつぼみようなもの。

個自甲滿十一雙。
keɹ^{55}tsɿ^{55}tɕa^{35}ma^{33}tshɿ^{42}ji^{44}sua^{44}

今年才滿十一歲。
今年でようやく十一歳。

糾亮死日一答下，
tɕo^{44}ȵa^{55}ɕi^{33}ȵi^{44}ji^{35}ta^{35}eɹ^{33}

叫咱死在一刀下，
私たち、一刀の下に殺される。

自錯恨舍央？！×
tshɿ^{55}tsha^{55}xɯ^{55}seɹ^{33}ja^{44}

犯了什麼錯？！
なにか過ち犯したか。

介：
之亝狗艮聽母雙：
tsɿ^{44}nv̩^{33}kou^{33}ȵi^{21}tɕheɹ^{55}mo^{33}sua^{44}

子女二人聽媽説：
お前たち、母の話を聞きなさい。

喃母我死恨利 三[2]，
nɯ^{55}mo^{33}ŋo^{31}ɕi^{33}xɯ^{55}li^{55}sa^{44}

你媽死也就算了，
母は死んでも仕方ない。

栽代筆[3] 燈[4] 那狗子胎，
tse^{44}te^{32}tɕhe^{33}na^{55}kou^{33}tsɿ^{33}the^{44}

又牽連你們兄妹，
また巻き添えなる、お前たち。

爲母吐受難。×
ue^{44}mo^{33}no^{44}sou^{44}na^{44}

因媽媽受難。
母のため、大変な目に遭ってしまう。

耳古光[5] 對[6] 托下咽，
ȵou^{33}ku^{33}kua^{44}tue^{32}lui^{35}thɯ^{55}jɯ^{35}

摘下去一對耳環，
この耳飾をはずして。

之亝那干銀氣[7] 加[8]。
tsɿ^{44}nv̩^{33}na^{55}ka^{44}ȵi^{21}tɕhi^{44}tɕa^{33}

給你們倆作銀氣。
お前たちの「銀気」にすることにしましょう。

---

[1] 花古六："花蕾"。
[2] 三："没辦法""算了"。
[3] 代筆："牽連"。也寫作"代千"。
[4] 燈：此爲衍字。
[5] 耳古光："耳飾""耳環"。
[6] 對："（一）對（耳環）"。
[7] 銀氣：讓死者含着的東西。大理一帶的風俗。若不含此物，則表示死者没有親戚、友人。除了銀氣，還使死者含生米、絹絲之類的東西。
[8] 加："附加""連接"。

等世[1]喻母代千[2]那，
tɯ^{31}xeɹ^{55}nɯ^{55}mo^{33}te^{32}tɕhe^{33}na^{55}

此世媽牽連你們，
この世にて巻き添えにしたお前たち、

莫記在心昌。×
mo^{35}tɕi^{55}tsai^{55}ɕɯ^{44}tsha^{44}

莫記在心腸。
どうぞ忘れてくださいな。

漢燈將軍杯叭約，
xa^{55}tɯ^{44}tɕa^{44}tɕui^{44}pe^{44}phia^{44}jo^{35}

看到將軍走過來，
ふと見れば、将軍様がやって来る。

手孟答燈寶劍昌[3]。
sɯ^{33}mɯ^{55}ta^{35}tɯ^{44}po^{32}tɕe^{55}tsha^{44}

手裏把寶劍掄起。
手には宝剣、振り上げる。

且[4]利阿答要哦命，
tɕheɹ^{44}ȵi^{55}a^{31}ta^{35}ȵou^{44}ŋɯ^{55}mieɹ^{32}

請您一刀要我命，
お慈悲です、一太刀にて殺し給え。

旺答要本香。×
ua^{55}ta^{35}ȵou^{44}pɯ^{31}ɕa^{44}

不要砍幾刀。
何度も斬らないでください。

香連我自跪前頭，
ɕa^{44}ȵe^{42}ŋo^{31}tsɿ^{55}kv̩^{31}tsɯ^{21}tɯ^{21}

香蓮我跪在前頭，
秦香蓮、前に進みて跪く。

一對兒女跪後方。
ji^{35}tui^{55}eɹ^{42}ȵui^{31}kui^{55}xou^{55}fa^{44}

一對兒女跪後方。
子供ふたりは後ろに下がり跪く。

難爲將軍利情以，
na^{35}ue^{35}tɕa^{44}tɕui^{44}ȵi^{55}tɕeɹ^{21}ji^{31}

感謝將軍您情義，
将軍よ、あなたの情けに感謝します。

留起後代香。×
liou^{42}tɕhi^{31}xou^{55}tai^{55}ɕa^{44}

留起後代香。
後代の香火の煙（跡継ぎ）を留めたまえ。

能可殺我秦香連，
nɯ^{42}kho^{31}ɕa^{44}ŋo^{31}tɕhɯ^{42}ɕa^{44}ȵe^{42}

寧可殺我秦香蓮，
この秦香蓮を殺すとも、

之⿱女一狗艮要本香。
tsɿ^{44}nv̩^{33}kou^{33}ȵi^{21}ȵou^{44}pɯ^{31}ɕa^{44}

不要殺兄妹兩個。
子供二人はお許しを。

---

[1] 等世："今世"。
[2] 千："牽連"。
[3] 昌："（一）把（寶劍）"。現在很少使用這種用法。
[4] 且："乞求""請求"。

糾罷狗胎安葬我，
tɕo^{44}pa^{55}kou^{33}the^{44}a^{44}tsa^{55}ŋo^{31}
兄妹兩個安葬我，
二人が私を弔うのなら。

死也心得甘。×
sɿ^{31}je^{31}ɕɯ^{44}tɯ^{35}ka^{44}
死也心得甘。
死ぬのも厭わない。

介：

春高樹溝跪暗當，
tshui^{33}ko^{44}su^{55}ko^{44}ky̩^{31}a^{55}ta^{44}
春高我跪在這裏，
春高、ここに跪く。

將軍情以比海寬。
tɕa^{44}tɕui^{44}tɕeɹ^{21}ji^{31}pi^{31}ko^{21}khua^{44}
將軍情義比海寬。
将軍のお心、海より寛し。

能可殺哦狗子，
nɯ^{42}kho^{31}ɕa^{44}ŋa^{55} kou^{33}tsɿ^{33}the^{44}
寧可殺我兩兄妹，
僕ら兄妹殺すとも、

哦母吐要殺。×
ŋɯ^{55}mo^{33}no^{44}ȵou^{44}ɕa^{44}
不要殺我媽。
母を殺すことなかれ。

（27頁下）

利嗜干哦母殺恨，
ȵi^{55}ta^{21}ka^{44}ŋɯ^{55}mo^{33}ɕa^{44}xɯ^{55}
您如果殺了我媽，
母が殺されてしまうなら、

糾哦狗胎杯暗拉？
tɕo^{44}ŋa^{55}kou^{33}the^{44}pe^{44}a^{55}na^{44}
叫我們倆去哪裏？
兄妹はどこに行ったらよいのやら。

爲咽[1]好東格遠號，
ue^{44}jɯ^{35}xo^{31}ty̩^{35}keɹ^{35}tui^{33}xo^{55}
我家離此地很遠，
家は遠くに離れており、

十一分悽慘。×
sɿ^{35}ji^{35}fɯ^{44}tɕhi^{44}tsha^{55}
十一分悽慘。
まったく悲惨です。

介：

冬妹樹溝跪暗當，
tou^{44}me^{55}su^{55}ko^{44}ky̩^{31}a^{55}ta^{44}
冬妹我跪在這裏，
冬妹、ここに跪く。

將軍利且聽我雙：
tɕa^{44}tɕui^{44}ȵi^{55}tɕhe^{31}tɕheɹ^{55}ŋo^{31}sua^{44}
將軍您且聽我說：
将軍様、私の話を聞き給え。

[1] 爲咽："因爲"。

能可殺哦⿱幺女毋[1]咽，
nɯ^{42}kho^{31}ça^{44}ŋa^{55}nv̩^{33}mo^{33}jɯ^{35}

寧可殺我們母女，
娘や母を殺しても、

哦哥吐要殺。×
ŋɯ^{55}ko^{44}no^{44}ȵou^{44}ça^{44}

不要殺我哥。
兄様に殺すことなかれ。

我們是女流之半[2]，
ŋo^{31}mɯ^{44}sɿ^{55}ȵui^{31}liou^{42}tsɿ^{44}pe^{55}

我們是女流之輩，
私らはただの女に過ぎません。

哥哥陳家後代香。
ko^{55}ko^{55}tshɯ^{42}tça^{44}xou^{55}tai^{55}ça^{44}

哥哥陳家後代香。
兄は、陳家の跡取りです。

哦哥本死怎閃格，
ŋɯ^{55}ko^{44}pɯ^{31}çi^{33}tsɯ^{35}se^{32}keɹ^{35}

我哥不死留人間，
兄が死なずに生き残るなら、

干哦香火加。※
ka^{44}ŋa^{55}çou^{35}xue^{33}tça^{33}

接我們香火。
線香に上げてもらえます。

介：白：

趙百春自想：
tso^{55}peɹ^{35}tshui^{44}tsɿ^{55}ça^{31}

〔趙百春〕趙百春自想：
趙百春は考えた。

聽得你子母之言，
thiɯ^{44}tɯ^{35}ȵi^{31}tsɿ^{31}mu^{31}tsɿ^{44}je^{42}

聽得你子母之言，
お前たち母子の言葉を聞くにつけ、

阿呀——
a^{44}ja^{31}

阿呀——
あ一、

好傷心！
xo^{31}sa^{44}çɯ^{44}

好傷心！
心が痛む。

一小哭

將軍聽燈自加雙，
tça^{44}tçui^{44}tçheɹ^{55}tɯ^{44}tsɿ^{55}tça^{33}sua^{44}

將軍聽了這些話，
将軍聞いた、この言葉、

氣江[3]眼淚流期汪。
tçhi^{55}kv̩^{35}mi^{42}ji^{42}kɯ^{21}tçhi^{44}ua^{44}

流出眼淚如千江。
両目から涙があふれる、千の川。

[1] 毋：“母”。
[2] 半：“輩”。
[3] 氣江：“千條河流”，形容流很多淚水。

叫我如何來下手，
tɕo55ŋo31zu42xo42lai42ɕa55sou31

叫我如何来下手，
どう手を下せばよいのやら。

殺利本很香。×
ɕa44li55pɯ31xɯ31ɕa44

殺也不敢殺。
殺そうにも殺せない。

狼心狗肺陳士美，
la42ɕɯ44kou31fe55tshɯ42sɿ55me31

狼心狗肺陳世美，
残忍なり、陳世美よ。

糾我杯咽干那香。
tɕo44ŋo31pe44jɯ35ka44na55ɕa44

叫我過来殺你們。
私を殺しに遣らせたが、

干那之母嗐殺根，
ka44na55tsɿ44mu33ta21ɕa44xɯ55

如果殺你們母子，
お前たち母子を殺すなら、

哦吐官直[1]加。×
ŋɯ55no44kua35tsɿ35tɕa33

我升官加職。
私に官位が加えられ、

送與我黄金十兩，
sou55jui31ŋo31xua42tɕɯ44sɿ35lia31

送與我黄金十兩，
黄金十両贈られて、

一支大令保朝干。
ji35tsɿ33ta55liɯ55po31tsho42ka33

一支大令保朝廷。
令牌によって朝廷守れといい、

賜給我一方寶劍，
sɿ55kɯ31ŋo31ji35fa44po31tɕe55

賜給我一方寶劍，
剣一振り、賜って、

殺尽你全家。×
sa35tɕɯ55ȵi31tɕhue42tɕa44

殺盡你全家。
お前たちをば皆殺し。

我嗐那吐本殺根，
ŋo31ta21na55no44pɯ31ɕa44xɯ55

如果我不殺你們，
もしお前たちを殺さねば、

陳士美起毒心昌。
tshɯ42sɿ55me31tɕhi31tu35ɕɯ44tsha44

陳世美起毒心腸。
陳世美は、あくどい心を生じさせ、

殺我十三人家卷，
sa35ŋo31sɿ35sa44zɯ42tɕa44tɕue55

殺我十三人家眷，
わが家族十三人が殺される。

[1] 官直："官職"。

叫我無主張。×
tɕo^{55}ŋo^{31}vu^{42}tsu^{31}tsa^{44}

叫我無主張。
もう考える余地はない。

（28頁上）

哦爹甲滿六十一[1]，
ŋɯ^{55}ti^{33}tɕa^{35}ma^{33}lu^{35}sɿ^{35}ji^{35}

我爹剛滿六十一，
父は六十一になり。

哦母利滿六十雙。
ŋɯ^{55}mo^{33}li^{55}ma^{33}fv̩^{44}tshɿ^{42}sua^{44}

我媽也滿六十歲。
母もすでに六十歳。

殺我十三人家卷，
sa^{35}ŋo^{31}sɿ^{35}sa^{44}zɯ^{42}tɕa^{44}tɕue^{55}

殺我十三人家眷，
家族十三人は殺されて、

全家見閻王。×
tɕhue^{42}tɕa^{44}tɕe^{55}je^{42}ua^{44}

全家見閻王。
みんなで閻魔にお目通り。

能可香哦好東格，
nɯ^{42}kho^{31}ɕa^{44}ŋa^{55}xo^{31}tv̩^{35}keɹ^{35}

寧可殺我家裏人，
私の家族を殺しても、

放你子母遊四方。
fa^{55}ȵi^{31}tsɿ^{31}mu^{31}jou^{42}sɿ^{55}fa^{44}

放你母子遊四方。
お前たち母子をよそに逃がしてやろう。

没只别處逃難去，
mu^{21}tsɿ^{21}pie^{35}tshv̩^{31}tho^{42}na^{55}ŋeɹ^{21}

跑到别處逃難去，
別の場所に逃げだして、難を避けるがいい。

暗當要怎三。×
a^{55}ta^{44}ȵou^{44}tsɯ^{35}sa^{33}

不要在這裏。
ここに留まってはならぬ。

那嗐栽怎京城很。
na^{55}ta^{21}tse^{44}tsɯ^{35}tɕɯ^{35}tseɹ^{21}xɯ^{31}

如果你們在京城，
お前たち、もしまだ都にいるならば、

子母一定岩[2]刀槍。
tsɿ^{31}mu^{31}ji^{35}tiɯ^{55}ai^{42}to^{44}tɕha^{44}

母子一定挨刀槍。
かならず刀を浴びせるぞ。

頭回不着二回着，
thou^{42}xui^{42}pu^{35}tsuo^{35}eɹ^{55}xui^{42}tsuo^{35}

頭回不着二回着，
一度目はつかまらずとも、二度目ははない。

死恨没處雙。×
ɕi^{33}xɯ^{55}mu^{33}tshv̩^{31}sua^{44}

死也没處説。
死んでも文句はあるまいな。

---

[1] 哦爹甲滿：雖無下劃綫，但這一部分是白語。
[2] 岩："挨"。

名狗聲[1]吐解[2]恨保，
mieɹ^{35}kou^{31}tsheɹ^{55}no^{44}ke^{31}xɯ^{55}po^{31}
你們倆要改名字，
二人は名前を改めよ。

春高冬妹要叫三。
tshui^{33}ko^{44}to^{44}me^{55}ȵou^{44}ɣɯ^{35}sa^{44}
不要叫春高冬妹。
春高と冬妹などと名乗らぬよう。

解保自陳衆孝連，
ke^{31}po^{31}tsɿ^{55}tshɯ^{42}tsou^{44}ɕo^{55}ȵe^{42}
改成陳衆和孝連，
陳衆・孝連と改めよ。

緊緊記心昌。×
tɕɯ^{31}tɕɯ^{31}tɕi^{55}ɕɯ^{44}tsha^{44}
緊緊記心腸。
きつく心にとどめておけ。

我干寶劍答抗咽，
ŋo^{31}ka^{44}po^{32}tɕe^{55}ta^{35}khɯ^{44}jɯ^{35}
我把寶劍舉起來，
私は宝剣、振り上げる。

之母上艮没去巴！
tsɿ^{44}mo^{33}sa^{55}ȵi^{21}mu^{21}ŋeɹ^{21}pa^{33}
母子三人逃走吧！
母子三人、さあ逃げよ。

提起寶劍自砍頭，
thi^{55}khɯ^{44}po^{32}tɕe^{55}tsɿ^{55}kha^{31}thou^{42}
提起寶劍自砍頭，
宝剣引っさげ首を落とす。

自家殺自家。×
tsɿ^{55}tɕa^{44}sa^{35}tsɿ^{55}tɕa^{44}
自家殺自家。
自分で自分を殺すのだ。

白：

啊呀——，媽媽！
a^{44}ja^{31} ma^{44}ma^{44}
〔春高、冬妹〕啊呀——，媽媽！
あー、お母様。

趙將軍自殺了！
tso^{55}tɕa^{44}tɕui^{44}tsɿ^{55}sa^{35}lio^{31}
趙將軍自殺了！
趙将軍が自刃されました。

秦香連看來：
tɕhɯ^{42}ɕa^{44}ȵe^{42}kha^{55}lai^{42}
〔秦香蓮〕秦香連看來：
秦香蓮は見た。

這是將軍！
tsɯ^{55}sɿ^{55}tɕa^{44}tɕui^{44}
這是將軍！
将軍様。

那是將軍！
那是將軍！

[1] 聲："（一）個（名字）"。
[2] 解："改"。

na^{55} sɿ^{55}tɕa^{44}tɕui^{44}

將軍樣。

青天！
tɕhɯ^{44}thie^{44}

青天！
なんということでしょう。

一大哭

秦香連格東[1]暗當，
tɕhɯ^{42}ɕa^{44}ȵe^{42}keɹ^{35}tou^{44}a^{55}ta^{44}

秦香蓮嚇倒在地，
秦香蓮、恐怖のあまり倒れこむ。

心慈命[2]軟好心昌。
ɕɯ^{44}tshɿ^{42}mie^{55}zua^{31}xo^{31}ɕɯ^{44}tsha^{44}

心慈面軟好心腸。
慈悲深く優しいお心もて、

爲我子母來自殺，
ue^{55}ŋo^{31}tsɿ^{31}mu^{31}lai^{42}tsɿ^{55}sa^{35}

爲我母子來自殺，
母子のために自刃され。

名傳後代阿！ ×
mieɹ^{35}tshua^{42}ɣɯ^{33}te^{31}a^{33}

名傳後代啊！
その御名は後の世にも伝わるでしょう。

强盜打發利殺哦，
tɕha^{42}to^{55}teɹ^{44}feɹ^{44}ȵi^{55}ɕa^{44}ŋa^{55}

强盜叫您殺我們，
强盜は、私たちを殺そうと將軍あなたを遣わした。

之母跪下干情雙。
tsɿ^{44}mu^{33}kv̩^{31}thɯ^{55}ka^{44}tɕeɹ^{21}sua^{44}

母子跪下説實情。
母と子は跪いて事情を話す。

干哦之母留閃格，
ka^{44}ŋa^{55}tsɿ^{44}mu^{33}liou^{35}se^{32}keɹ^{35}

留着我們在人間，
我ら母子をこの世にとどめ、

自家殺自家。×
tsɿ^{55}tɕa^{44}sa^{35}tsɿ^{55}tɕa^{44}

自家殺自家。
自身が命を絶たれてしまう。

（28頁下）
事物等太[3]本求了，
sɿ^{31}vu^{33}tɯ^{31}the^{55}pɯ^{31}tɕhou^{55}lo^{32}

這件事情不好了，
まずいことにとあいなりました。

之𡚸狗艮聽母雙：
tsɿ^{44}nv̩^{31}kou^{33}ȵi^{21}tɕheɹ^{55}mu^{33}sua^{44}

子女兩個聽媽説：
兄妹二人、母の話を聞きなさい。

---

[1] 格東："嚇得跌倒在地"。
[2] 命："面"。
[3] 太："（一）件（事情）"。

將軍自意[1]等偉很，
tɕa^{44}tɕui^{44}tsɿ^{55}ji^{55}tɯ^{31}ue^{33}xɯ^{31}

將軍自盡在此地，
将軍はここで自刃されました

之母没期汪。×
tsɿ^{44}mo^{33}mu^{21}tɕhi^{44}ua^{44}

母子逃出去。
母子は外に逃げ出せます。

叫咋陳衆利孝連，
ɣɯ^{35}tso^{42}tshɯ^{42}tsou^{44}ȵi^{55}ɕo^{55}ȵe^{42}

叫來陳衆和孝連，
陳衆と孝連とを呼びました。

等偉本認怎暗拉？
tɯ^{31}ue^{33}pɯ^{31}zɯ^{44}tsɯ^{35}a^{55}na^{44}

不知此地爲何處？
一体ここはどこでしょう。

耳盂聽燈金鶏叫，
ȵui^{33}mɯ^{55}tɕheɹ^{55}tɯ^{44}tɕe^{35}ke^{35}meɹ^{21}

耳裏聽到金雞叫，
金鶏の声が聞こえたり。

東風[2]明亮亮。×
tv̩^{35}fv̩^{35}meɹ^{21}lia^{44}lia^{44}

東方明亮亮。
東のほうが明るくなった。

漢燈暗當寺等寺[3]，
xa^{55}tɯ^{44}a^{55}ta^{44}se^{35}tɯ^{31}se^{35}

看到這裏有座廟，
見やれば、ここにお寺あり。

之母上艮咊很叭。
tsɿ^{44}mo^{33}sa^{55}ȵi^{21}pɯ^{55}xɯ^{31}phia^{44}

母子三人到裏面。
母子三人、そこに行く。

咊很本没艮格艮，
pɯ^{55}xɯ^{31}pɯ^{31}mu^{33}ȵi^{21}keɹ^{35}ȵi^{21}

裏面没有一個人，
中に人っ子一人おりません。

拜佛祖菩薩。×
pai^{55}fu^{35}tsu^{31}phu^{42}sa^{44}

拜佛祖菩薩。
仏祖菩薩を拝みましょう。

介：

陳衆抬頭咽干阿，
tshɯ^{42}tsou^{44}ta^{35}tɯ^{21}jɯ^{35}ka^{44}a^{33}

陳衆抬頭來看看，
陳衆は頭をあげて見てみれば、

開咀我叫咋阿媽。
khɯ^{55}tɕui^{33}ŋo^{31}ɣɯ^{35}tso^{42}a^{31}ma^{44}

開口叫聲我媽媽。
口を開いて母を呼ぶ。

[1] 自意：“自縊”“自殺”。
[2] 東風：“東方”。
[3] 寺：“（一）座（寺廟）”。

寺等寺生三官廟，
se^{35}tɯ^{31}se^{35}sɯ^{44}sa^{33}kua^{44}mio^{55}
這寺廟是三官廟，
ここのお廟は三官廟。

天地水三官。×
thie^{44}ti^{55}sui^{31}sa^{44}kua^{44}
天地水三官。
天地水の三官です。

亮生宿日等寺很，
ȵa^{55}sɯ^{44}sɿ^{44}ȵi^{44}tɯ^{31}se^{35}xɯ^{31}
我們住在這座廟，
ぼくたちはここのお廟に泊まりましょう。

日很杯期朶災難。
ȵi^{44}xɯ^{31}pe^{44}tɕhi^{44}tuo^{31}tse^{35}na^{44}
白天不出躲災難。
昼間出歩きゃ災難に遭う。

之母討燈漢因[1]漢[2]，
tsɿ^{44}mo^{33}thu^{55}tɯ^{44}xeɹ^{55}zɿ^{31}xa^{55}
母子要討一些飯，
母と子はご飯をすこしもらいながら、

誰[3]且過時光。×
sui^{42}tɕhe^{31}kuo^{55}sɿ^{42}kua^{44}
暫且過時光。
しばらく時間を稼ぎましょう。

子母逃難一月滿，
tsɿ^{31}mu^{31}tho^{42}na^{55}ji^{35}jue^{35}ma^{31}
母子逃難一月滿，
母と子が難を逃れて、一ヶ月。

土吐杯期百里汪。
thu^{33}no^{44}pe^{44}tɕhi^{44}peɹ^{44}le^{33}ua^{44}
走了一百多里路。
百里以上の道のり歩く。

亮生宿打三官廟。
ȵa^{55}sɯ^{44}sɿ^{44}ta^{32}sa^{33}kua^{44}mio^{55}
我們回三官廟住，
私らは三官廟に戻って泊まり、

次後包臣相。※
tshɿ^{44}xou^{44}po^{35}tshɯ^{55}ɕa^{44}
等候包丞相。
包大臣を待ちましょう。

詩：

赤膽忠心保宋朝，
tshɿ^{35}ta^{31}tsou^{44}ɕɯ^{44}po^{31}sou^{55}tsho^{42}
赤膽忠心保宋朝，
赤胆忠心もて宋朝を守る。

公案之上看立条[4]。
kou^{44}a^{55}tsɿ^{44}sa^{55}kha^{55}li^{35}thio^{42}
公案之上看律條。
公案の上で律条を見る。

[1] 漢因："白米飯"。
[2] 漢："一些（飯）"。
[3] 誰："隨"。
[4] 立条："律條"。

王法如爐鐵也鬆，
ua^{42}fa^{35}zu^{42}lu^{42}thie^{35}je^{31}sou^{44}

王法如爐鐵也鬆，
王法は炉のごとくして鉄すら脆し。

銅刀鐵鍘定不饒。
thou^{42}to^{33}thie^{35}tsa^{35}tiɯ^{55}pu^{35}zo^{42}

銅刀鐵鍘定不饒。
銅刀や鉄の首切り刀が許さない。

白：

本部府姓包，
pɯ^{31}pu^{55}fu^{31}ɕɯ^{55}po^{44}

〔包文正〕本部府姓包，
本知府、姓は包。

名文正。
miɯ^{42} vɯ^{42}tsɯ^{55}

名文正。
名は文正。

與宋王駕下爲臣，
jui^{31}sou^{55}ua^{42}tɕa^{55}ɕa^{55}ue^{42}tshɯ^{42}

與宋王駕下爲臣，
宋皇帝の聖駕の下で臣となり、

李國母又封我龍同[1]大學士。
li^{31}kueɹ^{35}mu^{31}jou^{55}fɯ^{44}ŋo^{31}lou^{42}thou^{42} ta^{55}ɕo^{35}sɿ^{55}

李國母又封我龍圖大學士。
李国母は、また私を龍図大学士に封ず。

（29頁上）

上打昏君，
sa^{55}ta^{31}xui^{44}tɕui^{44}

上打昏君，
上は暗君を懲らしめて、

下鍘奸臣。
ɕa^{55}tsa^{35}tɕe^{44}tshɯ^{42}

下鍘奸臣。
下は奸臣を斬らん。

奉了聖旨，
fɯ^{55}lio^{31}sɯ^{55}tsɿ^{31}

奉了聖旨，
聖旨を奉り、

叫我城中[2]安民。
tɕo^{55}ŋo^{31}tshɯ^{42}tsou^{44}a^{44}miɯ^{42}

教我陳州安民。
陳州の民を安んぜん。

城洲[3]地方，
tshɯ^{42}tsou^{44}ti^{55}fa^{44}

陳州地方，
陳州の地方は、

果然國太[4]民安，

果然國泰民安，

[1] 同："圖"。包拯爲龍圖閣直學士，因而又稱"包龍圖"。
[2] 城中："陳州"。
[3] 城洲："陳州"，以下同。
[4] 太："泰"。

kuo31za42kueɹ35thai55miɯ42a44

果たして天下泰平。

風調雨順。
fɯ44thio42jui31sui55

風調雨順。
気候も順調。

皇王聖旨送到城洲，
xua42ua42sɯ55tsɿ31sou55to55tshɯ42tsou44

皇王聖旨送到陳州，
皇帝は聖旨を陳州に送られた。

叫我老包回朝。
tɕo55ŋo31lo31po44xui42tsho42

叫我老包回朝。
この包を朝廷に召し戻す。

張龍趙虎，
tsa44lou42tso55xu31

張龍趙虎，
張龍・趙虎。

王朝馬漢聽令：
ua42tsho42ma31xa55thiɯ44liɯ55

王朝馬漢聽令：
王朝・馬漢、命令だ。

人役馬扶[1]齊備！
zɯ42ji35ma31fu44tɕhi42pi55

人役馬夫齊備！
役人馬子をそろえるがいい。

包大人在上！
po44ta55zɯ42tsai55sa55

〔張趙王馬〕包大人在上！
包大人におかれては。

已經齊備多時！
ji31tɕɯ44tɕhi42pi55tuo44sɿ42

已經齊備多時！
すでに整いました。

手下人等，
sou31ɕa55zɯ42tɯ31

〔包文正〕手下人等，
みなの者、

一路之上平買平賣，
ji35lu55tsɿ44sa55phiɯ42mai31phiɯ42mai55

一路之上平買平賣，
道々、公平な売り買いせよ。

不可繞[2]亂百姓！
pu42kho31zo31lua55peɹ35ɕɯ55

不可擾亂百姓！
民を煩わせてはならぬ。

人役抬轎，
zɯ42ji35thai42tɕo55

〔手下人〕人役抬轎，
お前たち駕籠をあげよ。

啓稟包大人高升！

啓稟包大人高升！

[1] 扶："夫"。
[2] 繞："擾"。

tɕhi^{31}piɯ^{31}po^{44}ta^{55}zɯ^{42}ko^{44}sɯ^{44}	包大人、お駕籠をお上げいたします。

一高腔

想起本部我出身， ɕa^{31}tɕhi^{31}pɯ^{31}pu^{55}ŋo^{31}tshu^{35}sɯ^{44}	想起本部我出身， この身の出生、思い起こす。
月[1]想起來月傷心。 jue^{35}ɕa^{31}tɕhi^{31}lai^{42}jue^{35}sa^{33}ɕɯ^{33}	越想起來越傷心。 思い起こせば心が痛む。
自從我托生下咽， tsɿ^{55}tshou^{42}ŋo^{31}tɕi^{32}xeɹ^{55}thɯ^{55}jɯ^{35}	自從我托生下來， この世に生を受けてより、
咀偉丈稱[2]黑。× tɕui^{33}ue^{33}tsa^{44}tshɯ^{33}xɯ^{44}	整個臉烏黑。 顔がまっ黒だったため、
他們説我是妖貴[3]， tha^{44}mɯ^{44}suo^{35}ŋo^{31}sɿ^{55}jo^{44}kueɹ^{55}	他們説我是妖怪， 人は私を化け物と呼ぶ。
及時黑死[4]我娘親。 tɕi^{35}sɿ^{42}xeɹ^{35}sɿ^{31}ŋo^{31}ȵa^{42}tɕhɯ^{44}	其時嚇死我娘親。 私の母は驚いて。
干我丟期鳳凰慶， ka^{44}ŋo^{31}lio^{44}tɕhi^{44}fɯ^{55}xua^{42}tɕhɯ^{55}	把我丟下鳳凰箐， 鳳凰箐に捨て去って。
在那里安身。× tsai^{55}na^{55}li^{31}a^{44}sɯ^{44}	在那裏安身。 この身は置き去りに。
日很鳳凰彼[5]日匹[6]， ȵi^{44}xɯ^{31}fɯ^{55}xua^{42}pe^{33}ȵi^{44}phi^{31}	白天鳳凰遮太陽， 昼は鳳凰、日陰をつくり。
夜很[7]虎奶喂我飲。 pe^{33}keɹ^{32}lo^{21}pa^{42}ue^{32}ŋo^{31}jɯ^{44}	晚上母虎喂我奶。 夜には虎が乳飲ます。

[1] 月：“越”。
[2] 丈稱：“整個臉”。此外，一張臉作〔咀偉稱〕。
[3] 妖貴：“妖怪”。
[4] 黑死：非常吃驚，“嚇死了”。
[5] 彼：“遮蔽”。
[6] 日匹：“太陽”。
[7] 夜很：“夜晚”“晚上”。

<u>孟底 [1] 格恨上些南 [2]，</u>
mɯ^{55}ti^{21}keɹ^{44}xɯ^{55}sa^{55}ɕeɹ^{44}na^{31}

在那衹呆了三天，
ただこの場所に三日の間いただけで、

<u>砍習伙 [3] 漢燈。</u> ×
thu^{55}ɕi^{35}xuo^{33}xa^{55}tɯ^{44}

被樵夫看見。
薪拾いに見つけらる。

<u>砍習伙自杯打趕 [4]，</u>
thu^{55}ɕi^{35}xuo^{33}tsɿ^{55}pe^{44}ta^{32}tɕe^{42}

樵夫回去找人家，
薪拾い、帰って人を呼んできて、

及時説與大嫂聽。
tɕi^{35}sɿ^{42}suo^{35}jui^{31}ta^{55}so^{31}thiɯ^{44}

及時説與大嫂聽。
すぐに、大嫂に伝えた。

<u>哦嫂干我抱打咽，</u>
ŋɯ^{55}tsv̩^{33}ka^{44}ŋo^{31}po^{55}ta^{32}jɯ^{35}

我嫂把我抱回來，
嫂は私を抱き上げて帰り、

<u>咊奶喂我飲。</u> ×
pɯ^{55}pa^{42}ue^{32}ŋo^{31}ɣɯ^{33}

她奶喂給我。
自分の乳を私に飲ます。

<u>哦侄飲右我飲左，</u>
ŋɯ^{55}tɕi^{42}ɣɯ^{33}tseɹ^{32}ŋo^{31}ɣɯ^{33}pi^{35}

我侄吃右我吃左，
おいが右飲み、私が左。

大嫂詳 [5] 是我母親。
ta^{55}so^{31}tɕha^{42}sɿ^{55}ŋo^{31}mu^{31}tɕhɯ^{44}

大嫂恰是我母親。
嫂こそ、わが母上。

（29頁下）
<u>米坑哦大嫂功勞，</u>
mi^{33}xɯ^{44}ŋɯ^{55}ta^{55}so^{31}ku^{35}lo^{35}

想起我大嫂功勞，
嫂のおかげを考えるたびに、

永世不忘恩。 ×
jou^{31}sɿ^{55}pu^{35}ua^{55}ɣɯ^{44}

永世不忘恩。
永遠に恩義を忘れられぬ。

娘嫂見我也喜歡，
ȵa^{42}so^{31}tɕe^{55}ŋo^{31}je^{31}ɕi^{31}xua^{44}

娘嫂見我也喜歡，
母たる嫂、私を見ると喜び、

送到學堂讀五經。
sou^{55}to^{55}ɕo^{35}tha^{42}tu^{35}vu^{31}tɕɯ^{44}

送到學堂讀五經。
学堂に送り五経を読ませたり。

---

[1] 孟底：“衹有～”。
[2] 南：語氣助詞。
[3] 砍習伙：“大柴的”“樵夫”。[thu^{55}ɕi^{35}xuo^{31}] 含有“受山神賜予柴薪之人”的意思。
[4] 趕：“叫來～”“喚來～”。
[5] 詳：“恰”。

阿日我讀書十雜[1]，
a^{31}ȵi^{44}ŋo^{31}ɣɯ^{42}sɿ^{35}ʦhɿ^{42}ʦa^{35}

一天我讀十本書，
一日に十冊もの本を読み。

阿讀生記燈。×
a^{31}ɣɯ^{42}sɯ^{44}ʨi^{44}tɯ^{44}

一看就記得。
ひとたび読めば覚えてしまう。

十二歲身入紅門[2]，
sɿ^{35}eɹ^{55}sui^{55}sɯ^{44}zu^{35}xou^{42}mɯ^{42}

十二歲身入紅門，
十二歳には(学校の)朱色の門をくぐって入り、

十三歲時去下京。
sɿ^{35}sa^{44}sui^{55}sɿ^{42}ʨhui^{55}ɕa^{55}ʨɯ^{44}

十三歲時去下京。
十三歳で都に上る。

我由龍山前吐過，
ŋo^{31}jou^{35}lou^{42}sa^{44}ʨi^{31}no^{44}kuo^{32}

我從龍山前過去，
龍山の前をよぎる時、

雷打狐貍精。×
lui^{42}ta^{31}xu^{42}li^{35}ʨɯ^{44}

雷打狐狸精。
狐の精を雷が打つ。

後來狐貍精得道，
xou^{55}lai^{42}xu^{42}li^{35}ʨɯ^{44}tɯ^{35}to^{55}

後來狐貍精得道，
後に狐の精は成仏し、

保干皮張送哦後[3]。
po^{31}ka^{44}pe^{21}ʦou^{35}sou^{33}ŋɯ^{55}ɣɯ^{33}

給我留了一張皮。
毛皮一枚を私に残す。

我干逢自枕頭來，
ŋo^{31}ka^{44}tse^{21}ʦɿ^{55}ʦɿ^{33}tɯ^{21}le^{21}

我縫做一個枕頭，
毛皮を縫って枕作れば、

陰陽認得青[4]。×
jɯ^{44}ja^{42}zɯ^{55}tɯ^{35}ʨhɯ^{44}

陰陽認得清。
事の陰陽、明かになる。

下京來到五朝門[5]，
ɕa^{55}ʨɯ^{33}lai^{42}to^{55}vu^{31}tsho^{42}mɯ^{42}

下京來到午朝門，
都に上り午朝の門に来て見れば、

五百名很我主燈。
ŋv̩^{33}peɹ^{44}mieɹ^{35}xɯ^{31}ŋo^{31}tsv̩^{31}tɯ^{44}

中了五百名及第。
（合格者の）五百名の中に私の名があった。

[1] 雜："（一）本（書）"。
[2] 紅門：是否表示學校等紅色的門？
[3] 後："後面""旁邊"。
[4] 青："清"。
[5] 五朝門："午朝門"。

西宮娘娘奏一本，
ɕi^{44}kou^{44}ȵa^{42}ȵa^{44}tsou^{44}ji^{35}pɯ^{31}

西宮娘娘奏一本，
西宮娘娘、上奏す。

説我是妖精。×
suo^{35}ŋo^{31}sɿ^{55}jo^{44}tɕɯ^{44}

説我是妖精。
私はこれ妖怪だ、と。

狀元重與了張宣，
tsua^{55}jue^{42}tsou^{55}jui^{31}lio^{31}tsa^{44}ɕue^{44}

狀元中與了張宣，
狀元は張宣に授けらる。

回家見不得六親。
xui^{42}tɕa^{44}tɕe^{55}pu^{55}tɯ^{35}lu^{35}tɕhɯ^{44}

回家見不得六親。
家に帰れば身内に合わせる顔もなし。

六角莊前我自意，
lu^{35}ko^{35}tsua^{44}tɕhe^{42}ŋo^{31}tsɿ^{55}ji^{55}

六角莊前我自縊，
六角莊にて自ら命を絶とうとした。

恩師人意深。×
ɣɯ^{44}sɿ^{44}zɯ^{42}ji^{55}sɯ^{33}

恩師情義深。
（しかし）恩師（王延齢）の心は深いもの。

把我要求李國母，
pa^{31}ŋo^{31}jo^{44}tɕhou^{42}li^{31}kueɹ^{35}mu^{31}

把我要求李國母，
李国母の御前に願い出て、

金扁[1]殿上來求恩。
tɕɯ^{33}lua^{42}tie^{55}sa^{55}lai^{42}tɕhou^{42}ɣɯ^{44}

金鑾殿上來求恩。
金鑾殿上に恩を求める。

正宮娘娘奏一本，
tsɯ^{55}kou^{44}ȵa^{42}ȵa^{44}tsou^{55}ji^{35}pɯ^{31}

正宮娘娘奏一本，
正宮娘娘（皇后）、上奏するや、

封我文曲星。×
fɯ^{44}ŋo^{31}vɯ^{42}tɕhui^{35}ɕɯ^{44}

封我文曲星。
私は文曲星に封ぜらる。

三尺龍布白玉盆，
sa^{44}tshɿ^{35}lou^{42}pu^{55}peɹ^{35}jui^{35}phɯ^{42}

三尺龍布白玉盆，
三尺の龍布と白玉の盆で、

中身自月洗月黑。
tsou^{44}sɯ^{33}tsɿ^{55}jue^{35}se^{33}jue^{35}xɯ^{44}

全身則越洗越黑。
全身洗えば黒くなる。

西宮娘娘格等[2]格，
ɕi^{44}kou^{44}ȵa^{42}ȵa^{33}keɹ^{35}tɯ^{44}keɹ^{35}

西宮娘娘嚇得很，
西宮娘娘は恐れ、

[1] 金扁："金鑾"。
[2] 等：是否應作〔燈〕？

黑[1]倒地當心。×
xeɹ^{35}to^{31}ti^{55}ta^{44}ɕɯ^{44}

嚇倒在地上。
驚き地面に突っ伏した。

他連三本奏萬歲，
tha^{44}ȵe^{42}sa^{44}pɯ^{31}tsou^{55}va^{55}sue^{55}

他連三本奏萬歲，
彼女は三度も上奏するや、

皇帝賜[2]我銀合金。
xua^{42}ti^{55}tshɿ^{55}ŋo^{31}jɯ^{42}xo^{42}tɕɯ^{44}

皇帝賜我銀和金。
皇帝は私に金銀を賜い、

（30頁上）
纔分[3]我二甲進士，
tshai^{42}fɯ^{44}ŋo^{31}eɹ^{55}tɕa^{35}tɕɯ^{55}sɿ^{55}

纔封我二甲進士，
二甲進士（准狀元）を授けられ、

頂狀元出身。×
tiɯ^{31}tsua^{55}jue^{42}tshu^{35}sɯ^{44}

頂狀元出身。
狀元出身となった。

調我城洲去安民，
tio^{55}ŋo^{31}tshɯ^{42}tsou^{44}tɕhui^{55}a^{44}miɯ^{42}

調我陳州去安民，
民を安んずるため、私は陳州へと派遣され、

銅刀鉄鍘隨代身。
thou^{42}to^{44}thie^{35}tsa^{35}sui^{42}tai^{55}sɯ^{44}

銅刀鉄鍘隨帶身。
銅刀と鉄鍘（首切り刀）とを携えた。

一路遇着無頭事，
ji^{35}lu^{55}jui^{55}tsuo^{35}vu^{42}thou^{42}sɿ^{55}

一路遇着無頭事，
道すがら、難事件に出くわして、

死而又復生。×
sɿ^{31}eɹ^{42}jou^{55}fu^{35}sɯ^{44}

死而又復生。
迷宮入りを解決す。

第一案對嗚[4]盆記[5]，
te^{31}ji^{33}a^{33}tue^{32}vu^{33}phɯ^{42}tɕi^{55}

第一案斷《烏盆記》，
一つ目は「烏盆記」の事件解決し。

第二我對李魚精[6]。
ti^{55}eɹ^{55}ŋo^{31}tui^{55}li^{31}jui^{42}tɕɯ^{44}

第二我斷《鯉魚精》。
二つ目は「鯉魚精」をも明らかに。

我對賣花張氏女，

我斷《賣花張氏女》，

[1] 黑："駭"。
[2] 賜：也發音作［sɿ^{55}］。
[3] 分："封"。
[4] 嗚："烏"。
[5] 第一案對嗚盆記：以下列舉包公解決的案件的名稱。
[6] 李魚精："鯉魚精"。

ŋo^{31}tui^{55}me^{55}xua^{44}tsa^{44}sɿ^{55}ȵui^{31}

さらには「売花張氏女」や、

仁宋認母親。×
zɯ^{42}tsou^{33}zɯ^{55}mu^{31}tɕhɯ^{44}

《仁宗認母親》。
「仁宗認母親」、

王氏謀害了張義，
ua^{42}sɿ^{55}mou^{42}xai^{55}lio^{31}tsa^{44}ji^{55}

《王氏謀害了張義》，
「王氏謀害了張義」、

一頭釪[1]對兩頭釘。
ji^{35}thou^{42}tiɯ^{55}tui^{55}lia^{31}thou^{42}tiɯ^{55}

《一頭釘對兩頭打（雙釘記）》。
「一頭釘対両頭釘（双釘記）」。

對開白驢子告狀，
tui^{55}khai^{33}peɹ^{35}lu^{42}tsɿ^{31}ko^{55}tsua^{55}

斷《開白驢子告狀》，
「開白驢子告状」、

王宋珍[2]觀燈。×
ua^{42}sou^{55}tsɯ^{44}kua^{44}tɯ^{44}

《王素珍觀燈》。
「王素珍観灯」。

南朝我對南國舅，
na^{42}tsho^{42}ŋo^{31}tui^{55}na^{42}kueɹ^{35}tɕou^{55}

南朝我斷《南國舅》，
南は「南国舅」を解決し、

白[3]朝我對趙皇親。
peɹ^{35}tsho^{42}ŋo^{31}tui^{55}tso^{55}xua^{42}tɕhɯ^{44}

北朝我斷《趙皇親》。
北は「趙氏皇親」解決す。

四下河南滴血珠，
sɿ^{55}ɕa^{55}xo^{42}na^{42}ti^{35}ɕue^{35}tsu^{44}

《四下河南滴血珠》，
「四下河南滴血珠」。

李寶同下京。×
li^{31}po^{31}thou^{42}ɕa^{55}tɕɯ^{44}

《李寶同下京》。
「李宝同下京」。

七十二案無頭案，
tɕhi^{35}sɿ^{35}eɹ^{55}a^{55}vu^{42}thou^{42}a^{55}

七十二樁無頭案，
七十二件の難事件、

陰刁老鼠[4]對不清。
jɯ^{44}dio^{44}lo^{31}tɕhu^{31}tui^{55}pu^{31}tɕhɯ^{44}

《鷹叼老鼠》斷不清。
「鷹叼老鼠」のみ解決できず。

老包我三下陰朝，
lo^{31}po^{44}ŋo^{31}sa^{44}ɕa^{55}jɯ^{44}tsho^{42}

老包我三下陰曹，
私は三度あの世に下り、

---

[1] 釪：“釘”。
[2] 王宋珍：“王素珍”。
[3] 白：是否爲“北”之誤？。
[4] 陰刁：“鷹叼”。

陰陽兩邊分。×
jɯ^{44}ja^{42}lia^{31}pie^{44}fɯ^{44}

陰陽兩邊分。
白黒をはっきりさせた。

千里路成杯叭咽，
tɕhie^{33}li^{31}lu^{55}tshɯ^{42}pe^{44}phia^{44}jɯ^{35}

走千里路來到此，
千里の道越えここに到り、

三官廟吐干香敬。
sa^{33}kua^{44}mio^{55}no^{44}ka^{44}ɕou^{35}tɕɯ^{44}

在三官廟裏敬香。
三官廟でお香をささぐ。

能許人來莫許神，
nɯ^{42}ɕui^{31}zɯ^{42}lai^{42}mo^{35}ɕui^{31}sɯ^{42}

能許人來莫許神，
人に誓えど神にはできぬ。

當初許願心。×
ta^{44}tshu^{44}ɕui^{31}jue^{55}ɕɯ^{44}

當初許願心。
かつて、ここで願かけす。

張龍趙虎聽我咽。
tsa^{44}lou^{42}tso^{55}xu^{31}tɕheɹ^{55}ŋo^{31}jɯ^{35}

張龍趙虎聽我來，
張龍・趙虎よ私の言葉を聞くがいい。

王朝馬漢聽原因。
ua^{42}tsho^{42}ma^{31}xa^{55}tɕheɹ^{55}jue^{42}jɯ^{44}

王朝馬漢聽原因。
王朝・馬漢、由来を聞き、

若有路頭伸寃人。
zuo^{35}jou^{31}lu^{55}thou^{42}sɯ^{44}jue^{44}zɯ^{42}

若有路頭申冤人，
路頭にて人が冤罪を訴えれば、

莫阻擋他們。※
mo^{35}tsu^{31}ta^{31}tha^{44}me^{44}

莫阻擋他們。
これを妨げてはならぬ。

白：

報——報——
po^{55}po^{55}

［張趙王馬］報——報——
報告いたします。

所報何事？
suo^{31}po^{55}xo^{42}sɿ^{55}

［包文正］所報何事？
何事だ。

包大人在上！
po^{44}ta^{44}zɯ^{42}tsai^{55}sa^{55}

［張趙王馬］包大人在上！
包大人におかれては。

前面有一個婦人，
tɕhe^{42}mie^{42}jou^{31}ji^{35}ko^{55}fu^{55}zɯ^{42}

前面有一個婦人，
前に婦人が一人。

（30頁下）

兩個娃娃，
lia^{31}ko^{55}ua^{42}ua^{44}

兩個娃娃，
子供が二人。

前來伸冤！
tɕhe^{42}lai^{42}sɯ^{44}jue^{44}

前來伸冤！
冤罪を訴えでております。

既然如此，
tɕi^{55}za^{42}zu^{42}tshʅ^{31}

〔包文正〕既然如此，
左様か。

人役住轎！
rɯ^{42}ji^{35}tsu^{55}tɕo^{55}

人役住轎！
お前たち駕籠を止めよ。

可有壯詞[1]上來？
kho^{31}jou^{31}tsua^{55}tshʅ^{42}sa^{55}lai^{42}

可有狀詞上來？
訴え状をもって参れ。

本部抬頭一看：
pɯ^{31}pu^{55}thai^{42}thou^{42}ji^{35}kha^{55}

本部抬頭一看：
わしがみてやろう。

紙上無名，
tsʅ^{31}sa^{55}vu^{42}miɯ^{42}

紙上無名，
訴え状に名前なし。

果[2]得一把白扇。
kuo^{31}tɯ^{35}ji^{35}pa^{31}peɹ^{35}sa^{55}

裹得一把白扇。
白扇一本をくるんでおる。

是李國母賜下與我的白扇，
sʅ^{55}li^{31}kueɹ^{35}mu^{31}sʅ^{55}ɕa^{55}jui^{31}ŋo^{31}ti^{44}peɹ^{35}sa^{55}

是李國母賜下與我的白扇，
李国母が私に賜りし白扇。

如何在你手中？
zu^{42}xo^{42}tsai^{55}ȵi^{31}sou^{31}tsou^{44}

如何在你手中？
いかにして、お前の手中にあるや。

你好好告將上來！
ȵi^{31}xo^{31}xo^{31}ko^{55}tɕa^{44}sa^{55}lai^{42}

你好好告將上來！
しっかりと訴えよ。

包大人若問，
po^{44}ta^{55}zɯ^{42}zuo^{35}vɯ^{55}

〔秦香蓮〕包大人若問，
包大人、もし問われるのなら、

請聽——
tɕhɯ^{31}thiɯ^{44}

請聽——
お聞きくださいまし。

[1] 壯詞："狀詞"。
[2] 果："裹"。

一小哭

秦香連樹溝跪暗當，
tɕhɯ^{42}ɕa^{44}ȵe^{42}su^{44}ko^{44}kv̩^{31}a^{55}ta^{44}
秦香蓮跪在這裏，
秦香蓮は跪く。

大人在上聽一方。
ta^{55}zɯ^{42}tsai^{55}sa^{55}thiɯ^{44}ji^{35}fa^{44}
大人在上聽一方。
お殿様、一つお聞きくださいな。

家住湖廣京洲府，
tɕa^{44}tsu^{55}xu^{42}kua^{31}tɕɯ^{44}tsou^{44}fu^{31}
家住湖廣荆州府，
家は湖広の荊州府。

桑主莊爲家。×
sa^{44}tsu^{31}tsua^{44}ue^{42}tɕa^{44}
桑主莊爲家。
桑主荘にございます。

丈夫名叫陳士美，
tsou^{31}fv̩^{35}mieɹ^{35}ɣɯ^{35}tshɯ^{42}sɿ^{55}me^{31}
丈夫名叫陳世美，
夫の名前は陳世美で、

個自甲滿廿六雙。
keɹ^{55}tsɿ^{55}tɕa^{35}ma^{33}ne^{21}fv̩^{44}sua^{44}
今年剛滿二十六。
本年、ようやく二十六。

招夫結婚到插門，
tso^{44}fu^{44}tɕe^{35}xui^{44}to^{55}tsha^{35}mɯ^{42}
招夫結婚倒插門，
夫を招き婿入りさせた。

娘家供給他。×
ȵa^{42}tɕa^{33}kou^{44}kɯ^{31}tha^{44}
娘家供給他。
妻（私）の家にて養った。

⿱厶二我名叫秦香連，
nv̩^{33}ŋo^{31}mieɹ^{35}ɣɯ^{35}tɕhɯ^{42}ɕa^{44}ȵe^{42}
奴我名叫秦香蓮，
私の名は秦香蓮。

個自年滿廿五雙。
keɹ^{55}tsɿ^{55}tɕa^{35}ma^{33}ne^{21}mu^{33}sua^{44}
今年年滿二十五。
今年で二十五歳です。

中間有一男一女，
tsou^{44}tɕe^{44}jou^{31}ji^{35}na^{42}ji^{35}ȵui^{31}
中間有一男一女，
二人の間に一男一女。

陳家後代香。×
tshɯ^{42}tɕa^{44}xou^{55}tai^{55}ɕa^{44}
陳家後代香。
陳家の跡取りになる者です。

長子春高十三歲，
tsa^{31}tsɿ^{31}tshui^{44}ko^{44}sɿ^{35}sa^{44}sui^{55}
長子春高十三歲，
長男春高、十三歳。

小玄冬妹十一雙。
se^{31}nv̩^{33}tou^{44}me^{55}tshʅ^{42}ji^{44}sua^{44}

小女冬妹十一歲。
次女の冬妹、十一歳。

夫妻結婚日雙小，
pɯ^{35}tshe^{55}tɕe^{35}xui^{44}ȵi^{44}sua^{44}se^{31}

夫妻從小結了婚，
夫婦は若くに結婚し、

斗母早没三。×
tou^{35}mo^{33}tsu^{33}mu^{33}sa^{44}

他父母早亡。
（陳世美の）父母は早くに亡くなった。

自玄處[1]爹供保書，
tsʅ^{55}ȵieɹ^{33}tshv̩^{31}ti^{33}kv̩^{35}po^{31}sʅ^{35}

我爹供他去讀書，
妻（私）の父が学問をさせ、

丈夫是苦讀寒穿。
tsa^{55}fu^{44}sʅ^{55}khu^{31}tu^{35}xa^{42}tshua^{44}

丈夫是苦讀寒窗。
夫は苦学いたします。

干保當自氣之艮，
ka^{44}po^{31}ta^{44}tsʅ^{55}tɕhi^{55}tsʅ^{44}ȵi^{21}

把他當做親生子，
彼を見ること我が子のごとく、

費多少心昌。×
fe^{55}tuo^{33}so^{31}ɕɯ^{44}tsha^{44}

費多少心腸。
とても心を配ります。

學錢學米哦爹供，
ɕo^{35}tshe^{55}ɕo^{35}me^{33}ŋɯ^{55}ti^{33}kv̩^{35}

我爹供學錢學米，
学費・お米は父が与え、

一年逢[2]兩套衣裳。
ji^{35}ȵe^{42}fɯ^{42}lia^{31}tho^{55}ji^{44}sa^{44}

一年縫兩套衣裳。
一年に二度は服をあつらえて、

（31頁上）

扶持他三更燈火，
fu^{42}tɕhʅ^{42}tha^{44}sa^{44}kɯ^{44}tɯ^{44}xuo^{31}

扶持他三更燈火，
三更の深夜に到る灯火の油、

夫妻情以叭。×
pɯ^{35}tshe^{55}tɕeɹ^{21}ji^{31}phia^{44}

盡夫妻情義。
夫婦の情義を尽くします。

甲子皇王開科選，
tɕa^{35}tsʅ^{31}xua^{42}ua^{42}khai^{44}khou^{44}ɕue^{31}

甲子皇王開科選，
甲子の年に科挙が開かれて、

叫他下京上朝干。
tɕo^{55}tha^{44}ɕa^{55}tɕɯ^{44}sa^{55}tsho^{42}ka^{44}

叫他下京上朝綱。
彼を都にある朝廷にと赴かす。

[1] 自玄處：“娘家”。
[2] 逢：“縫”。

古説人争一口氣，
ku^{31}suo^{35}zɯ^{42}tsɯ^{44}ji^{35}khou^{31}tɕhi^{55}

古説人争一口氣，
古くから、人は一つの気を争い、

佛争一爐香。×
fu^{35}tsɯ^{44}ji^{35}lu^{42}ɕa^{44}

佛争一爐香。
仏すら一炉の香を争うと言う。

自從陳士美下京，
tsɿ^{55}tshou^{42}tshɯ^{42}sɿ^{55}me^{31}thɯ^{55}tɕɯ^{35}

自從陳世美下京，
陳世美が都に上ってより以来、

湖廣荆洲害格干。
xu^{42}kua^{31}tɕɯ^{44}tsou^{44}tso^{42}keɹ^{35}ka^{33}

湖廣荆州遭乾旱。
湖広荊州、日照りに遭い、

乾旱三年不下雨，
ka^{44}xa^{55}sa^{44}ȵe^{42}pu^{35}ɕa^{55}jui^{31}

乾旱三年不下雨，
日照りは三年、雨降らず、

百姓大饑慌。×
peɹ^{35}ɕɯ^{55}ta^{55}tɕi^{44}xua^{44}

百姓大饑荒。
百姓大いに飢餓に苦しむ。

三錢銀子一砵米，
sa^{44}tɕhe^{42}jɯ^{42}tsɿ^{31}ji^{35}ua^{31}mi^{31}

三錢銀子一碗米，
銀三銭で米一碗。

一兩銀子一斗糠。
ji^{35}lia^{31}jɯ^{42}tsɿ^{31}ji^{35}tou^{31}kha^{44}

一兩銀子一斗糠。
銀一両でぬか一斗。

百姓因樹皮草根，
peɹ^{44}ɕeɹ^{32}jɯ^{44}sv̩^{55}phi^{42}tsho^{31}kɯ^{44}

百姓吃樹皮草根，
民は木の皮・草の根を食べ、

餓自巴泠巴。×
ŋou^{32}tsɿ^{55}pa^{33}lɯ^{44}pa^{33}

餓得直摇晃。
ひどく餓えてふらふらです。

香連我鞋尖脚小，
ɕa^{44}ȵe^{42}ŋo^{31}xai^{42}tɕe^{44}tɕo^{35}ɕo^{31}

香蓮我鞋尖脚小，
この 秦香蓮、靴は尖って脚小さく、

兒女他是小娃娃。
eɹ^{42}ȵui^{31}tha^{44}sɿ^{55}ɕo^{31}ua^{42}ua^{44}

兒女他是小娃娃。
息子娘もまだ子供。

好東貨物賣因完，
xo^{31}tv̩^{35}xuo^{44}ŋv̩^{33}kɯ^{21}jɯ^{44}uo^{31}

爲吃賣完家中産，
家財は売って食べつくし、

因怎生没三。×
jɯ^{44}tsɯ^{21}sɯ^{44}mu^{33}sa^{44}

吃的也没了。
食べるもさえなくなった。

强盗三年無書信，
tɕha^{42}to^{55}sa^{44}ȵe^{42}vu^{42}su^{44}ɕɯ^{55}
强盗三年無書信，
強盗は三年便り一つなし。

第格干之母餓香。
ti^{55}keɹ^{35}ka^{44}tsɿ^{44}mo^{33}ŋou^{32}ɕa^{44}
母子祇怕要餓死。
母と子はただ飢え死に恐れ、

之母上艮叭京城，
tsɿ^{44}mo^{33}sa^{55}ȵi^{21}phia^{44}tɕɯ^{35}tseɹ^{21}
母子三人到京城，
母子三人で都に至る。

干走服以叭。×
ka^{44}tsou^{31}fv̩^{35}ji^{21}phia^{44}
來尋找丈夫。
夫を尋ねて参ります。

死没良心陳士美，
ɕi^{33}mu^{33}ȵa^{35}ɕɯ^{35}tshɯ^{42}sɿ^{55}me^{31}
没有良心陳世美，
良心なくした陳世美は、

哦之母吐本認三。
ŋa^{55}tsɿ^{44}mo^{33}no^{44}pɯ^{31}zɯ^{44}sa^{44}
不認我們三母子。
私ら母子を認めません。

京城格好東遠號，
tɕɯ^{35}tseɹ^{21}keɹ^{44}xo^{31}tv̩^{35}tui^{33}xo^{55}
京城離我家好遠，
都は家から遠くに離れ、

子母無處安。×
tsɿ^{31}mu^{31}vu^{42}tshu^{31}a^{44}
母子無處安。
母子の居場所はございません。

土吐玉燈王大人，
thu^{33}no^{44}jui^{44}tɯ^{44}ua^{42}ta^{55}zɯ^{42}
路上遇到王大人，
その途中、王大人にお遇いする。

子母上前去告他。
tsɿ^{31}mu^{31}sa^{55}tɕhe^{42}tɕhui^{55}ko^{55}tha^{44}
母子上前去告他。
母と子は大人へと訴えでれば、

叫我莊[1]彈連花落，
tɕo^{33}ŋo^{31}tsua^{35}ta^{21}ȵe^{42}xua^{33}luo^{35}
叫我扮彈“蓮花落”，
私に「蓮花落」をば爪弾く女の格好させ、

干咊宮很叭。×
ka^{44}pɯ^{55}ku^{35}xɯ^{31}phia^{44}
引進他宮裏。
目池宮へ引き入れた。

到目池宮去[2]唱家譜，
to^{55}mu^{35}tshɿ^{42}kou^{44}tsha^{55}tɕa^{44}phu^{31}
到目池宮唱家譜，
目池宮では「家譜」を歌い、

[1] 莊：“裝”“扮”。
[2] 去：此爲衍字。

王老臣相香[1]勸他。
ua42lo31tshɯ42ɕa55ɕa44tɕhue55tha44
王老丞相相勸他。
王宰相、陳世美をば説得するも、

（31頁下）

十利本認五本認，
tshɿ42le55pɯ31zɯ44mu33pɯ31zɯ44
十回不認五不認，
何度言おうが認めません。

栽干倒斗雙。×
tse44ka44to31tou21sua44
又説了大話。
さらにはまた嘘をつく。

王老大人心不福[2]，
ua42lo31ta55zɯ42ɕɯ44pu35fu35
王老大人心不服，
王大人も納得されず、

交我白扇去告他。
tɕo44ŋo31peɹ35sa55tɕhui55ko55tha44
交我白扇去告他。
私に白扇を授け訴えよと、

送給我怎銀十兩，
sou33kɯ31ŋo31tsɯ35ȵi21tshɿ42no32
送給我銀子十兩，
銀十両も授けられ、

干張家店叭。×
ka44tsa44tɕa44tie55phia44
使（我）住張家店。
張家の宿に行かせます。

士美咊習比蛇毒，
sɿ55me31pɯ55ɕi35pi31khy̩33tu35
世美心比蛇還毒，
陳世美の心はあたかも毒蛇のごとし、

打發艮格干哦殺。
teɹ44feɹ44ȵi21keɹ35ka44ŋa55ɕa44
打發人來殺我們。
人を遣り私たちをば殺さんとす。

趙百春心慈面軟，
tso55peɹ35tshui44ɕɯ44tshɿ42mie55zua31
趙百春心慈面軟，
趙百春は心優しく、

保哦吐本香。×
po31ŋa55no44pɯ31ɕa44
他不殺我們。
私たちをば殺せません。

趙將軍利雙給我，
tso55tɕa44tɕui44li55sua44kɯ31ŋo31
趙將軍告訴我説：
趙将軍のおっしゃるに、

他不殺我就殺他。
他不殺我，（陳世美）就殺他。

[1] 香："相"。
[2] 福："服"。

tha^{44}pu^{35}sa^{35}ŋo^{31}tɕou^{55}sa^{35}tha^{44}

私めを殺さなければ、将軍様が殺される。

殺他十三人家眷，
sa^{35}tha^{44}sɿ^{35}sa^{44}zɯ^{42}tɕa^{44}tɕue^{55}

殺他十三人家眷，
十三人の彼の家族が殺される、

干哷好東香。×
ka^{44}pɯ^{55}xo^{31}ty̩^{35}ɕa^{44}

殺他家裏人。
その家族が殺される。

能可 [1] 殺他的家眷，
nɯ^{42}kho^{31}sa^{35}tha^{44}ti^{44}tɕa^{44}tɕue^{55}

寧可殺他的家眷，
たとえ家族が殺されるとも、

放我子母遊四方。
fa^{55}ŋo^{31}tsɿ^{31}mu^{31}jou^{42}sɿ^{55}fa^{44}

放我子母遊四方。
我ら母子を逃がしてやろう。

拿起寶劍自砍頭，
na^{42}tɕhi^{31}po^{31}tɕe^{55}tsɿ^{55}kha^{31}thou^{42}

拿起寶劍自砍頭，
宝剣をふりあげ、首を落とされた。

自家殺自家。×
tsɿ^{55}tɕa^{44}sa^{35}tsɿ^{55}tɕa^{44}

自家殺自家。
自ら亡くなった。

逼死國家大將士，
pi^{35}sɿ^{31}kueɹ^{35}tɕa^{44}ta^{55}tɕa^{44}sɿ^{55}

逼死國家大將士，
大将軍を死に追いやり，

之母上艮没期汪。
tsɿ^{44}mo^{33}sa^{55}ȵi^{21}mu^{21}tɕhi^{44}ua^{44}

母子三人逃出去。
母子三人、逃げ出した。

逃難没日三官廟，
tho^{42}na^{55}mu^{21}ȵi^{44}sa^{33}kua^{44}mio^{55}

逃難到了三官廟，
難を逃れて三官廟へ。

隨且過時光。×
sui^{42}tɕhe^{31}kuo^{55}sɿ^{42}kua^{44}

暫且過時光。
しばしの時を待ちました。

日每次後包大人 [2]，
pe^{31}ȵi^{44}tshɿ^{55}xou^{55}po^{44}ta^{55}zɯ^{42}

每日等候包大人，
日々お待ちする、包大人

城洲安民本打央。
tɕhɯ^{42}tsou^{44}a^{44}miɯ^{42}pɯ^{31}ta^{32}ja^{44}

陳州安民未回來。
陳州に民を安んじ帰らない。

[1] 能可：此爲漢語。在大理，說漢語的也用“能可”一詞。
[2] 日每次後包大人：原文雖無下劃綫，但此句爲白語。

個日干哦之母救，
ke$\mathrm{ɹ}^{55}$ȵi^{44}ka^{44}ŋa^{55}tsɿ^{44}mo^{33}kɯ^{31}

今日救我們母子，
今日こそは我ら母子は救われる。

利情比海寬。※
ȵi^{55}tɕe$\mathrm{ɹ}^{21}$pi^{31}ko^{21}khua^{44}

情義比海寬。
あなたの情けは海より広し。

白：

本部府聽得此言：
pɯ^{31}pu^{55}fu^{31}thiɯ^{44}tɯ^{35}tshɿ^{31}je^{42}

〔包文正〕本部府聽得此言：
私はこの言葉を聴いた。

嘿！
xe^{42}

嘿！
ふん。

不認前妻，
pu^{35}zɯ^{55}tɕhe^{42}tɕhi^{44}

不認前妻，
前妻を認めず。

逼死皇朝大將軍，
pi^{35}sɿ^{31}xua^{42}tsho^{42}ta^{55}tɕa^{44}tɕui^{44}

逼死皇朝大將軍，
朝廷の大将軍を死に追いやっただと。

起[1]有此理！
tɕhi^{31}jou^{31}tshɿ^{31}li^{31}

豈有此理！
とんでもないことだ。

人役抬轎回府，
zɯ^{42}ji^{35}thai^{42}tɕo^{55}xui^{42}fu^{31}

人役抬轎回府，
みなの者、駕籠をあげて屋敷に帰る。

你子母隨轎而來！
ȵi^{31}tsɿ^{31}mu^{31}sui^{42}tɕo^{55}e$\mathrm{ɹ}^{42}$lai^{42}

你母子隨轎而來！
お前たち母子は駕籠について来い。

到本部府中，
to^{55}pɯ^{31}pu^{55}fu^{31}tsou^{44}

到本部府中，
わが屋敷にて、

（32頁上）
寬閑幾日。
khua^{44}ɕe^{42}tɕi^{31}zɿ^{35}

寬閑幾日。
ゆるりと数日を過ごせ。

人役來得快，
zɯ^{42}ji^{35}lai^{42}tɯ^{35}khuai^{55}

人役来得快，
役人が急ぎ来る。

不覺到府門。

不覺到府門。

[1] 起："豈"。

pu^{35}tɕo^{35}to^{55}fu^{31}mɯ^{42}

あっという間に屋敷の前。

人役住轎，
zɯ^{42}ji^{35}tsu^{55}tɕo^{55}

人役住轎，
役人が駕籠を止めると、

本部府出轎，
pɯ^{31}pu^{55}fu^{31}tshu^{35}tɕo^{55}

本部府出轎，
私は駕籠を降り、

走進大堂。
tsou^{31}tɕɯ^{55}ta^{55}tha^{42}

走進大堂。
大堂へと進む。

叫聲張龍趙虎聽令：
tɕo^{55}sɯ^{44}tsa^{44}lou^{42}tso^{55}xu^{31}thiɯ^{44}liɯ^{55}

叫聲張龍趙虎聽令：
声を上げ、張龍・趙虎に命令する。

你二人走到目池宮提拿陳士美！
ȵi^{31}eɹ^{55}zɯ^{42}tsou^{31}to^{55}mu^{35}tshɿ^{42}kou^{44} thi^{42}na^{42}tshɯ^{42}sɿ^{55}me^{31}

你二人走到目池宮提拿陳世美！
お前たち二人で目池宮に行き、陳世美をば召し取って参れ。

快快就走！
khuai^{55}khuai^{55}tɕou^{55}tsou^{31}

快快就走！
早く行け。

一高

張龍趙虎等時杯，
tsa^{44}lou^{42}tso^{55}xu^{31}tɯ^{31}tsɿ^{31}pe^{44}

張龍趙虎出發時，
張龍・趙虎、この時出発。

花邊票子代身邊。
xua^{44}pie^{33}phio^{55}tsɿ^{31}tai^{55}sɯ^{44}pie^{44}

花邊票子（逮捕令）帶身邊。
逮捕状を携えて、

胎收[1]阿習[2]拿手盂，
the^{44}sou^{44}a^{31}ɕi^{35}ne^{44}sɯ^{33}mɯ^{55}

手裏拿一條鏈子，
手には召し取るための鎖をひとつ。

伙計聽我釵[3]：×
xuo^{31}tɕi^{55}tɕheɹ^{55}ŋo^{31}ɕui^{33}

兄弟聽我説：
兄弟よ、俺の言葉を聞くがいい。

保嗜本杯自 無[4] 保，
po^{31}ta^{21}pɯ^{31}pe^{44}tsɿ^{55}vu^{42}po^{31}

他若不來就捆他，
奴が、もし行かぬというなら縛り上げよ。

---

[1] 胎收：抓捕犯人時所用鎖鏈。
[2] 習：“一根（鉄鏈）”。
[3] 釵：“叙”。
[4] 無：“捆”。

上級命令倒如山。
sa^{55}tɕi^{35}miɯ^{55}liɯ^{55}to^{31}zu^{42}se^{44}

上級命令倒如山。
お上の命令、山のごとし。

古説犯法身無主
ku^{31}suo^{35}fa^{44}fa^{35}sɯ^{44}vu^{42}tsu^{31}

古説犯法身無主，
昔から法を犯せば救い難し。

活捉陳士美。×
xuo^{35}tsuo^{35}tshɯ^{42}sɿ^{55}me^{31}

活捉陳世美。
陳世美を生け捕りにしてしまおう。

一路之上來得快，
ji^{35}lu^{55}tsɿ^{44}sa^{55}lai^{42}tɯ^{35}khuai^{55}

一路之上來得快，
道中は、あっという間に、

不覺杯叭府門咀。
pu^{35}tɕo^{35}pe^{44}phia^{44}fu^{31}me^{21}tɕui^{33}

不覺走到府門口。
たちまち屋敷の門の前。

看見門丁兩邊立，
kha^{55}tɕe^{55}mɯ^{42}tiɯ^{44}lia^{31}pie^{44}li^{35}

看見門丁兩邊立，
見れば門の両側に二人の門番立っている。

説與把門官。※
suo^{35}jui^{31}pa^{31}mɯ^{42}kua^{44}

説與把門官。
門番に話しかけるとしよう。

白：

門上人請了！
mɯ^{42}sa^{55}zɯ^{42}tɕhɯ^{31}lio^{31}

〔張龍、趙虎〕門上人請了！
門番殿。

得罪了，
tɯ^{35}tsui^{55}lio^{31}

得罪了，
申し訳ない。

今日包大人的命令，
tɕɯ^{44}zɿ^{35}po^{44}ta^{55}zɯ^{42}ti^{44}miɯ^{55}liɯ^{55}

今日包大人的命令，
今日は包大人の命令です。

到此來請付馬公，
to^{55}tsɿ^{31}lai^{42}tɕhɯ^{31}fu^{55}ma^{31}kou^{44}

到此來請駙馬公，
駙馬殿にお願いの儀があり参上した。

請門上人通稟
tɕhɯ^{31}mɯ^{42}sa^{55}zɯ^{42}thou^{44}piɯ^{31}

請門上人通稟
門番殿よ、お伝え願いたい。

付馬公得知！
fu^{55}ma^{31}kou^{44}tɯ^{35}tsɿ^{44}

駙馬公得知！
駙馬様にお知らせ下され。

好，好！
xo^{31}xo^{31}

〔門上人〕好，好！
承知いたしました。

報——報——
po^{55}po^{55}

報——報——
報告いたします。

所報何事?
suo^{31}po^{55}xo^{42}sʅ^{55}

〔陳世美〕所報何事?
何事か。

付馬公在上!
fu^{55}ma^{31}kou^{44}tsai^{55}sa^{55}

〔門上人〕駙馬公在上!
駙馬様におかれては。

包大人有請!
po^{44}ta^{55}zɯ^{42}jou^{31}tɕhɯ^{31}

包大人有請!
包大人からのお召しです。

傳來花邊標[1]一張,
tshua^{42}lai^{42}xua^{44}pie^{44}phio^{55}ji^{35}tsa^{44}

傳來花邊票一張,
逮捕状一枚を伝えて参りました。

請付馬公觀看!
tɕhɯ^{31}fu^{55}ma^{31}kou^{44}kua^{44}kha^{55}

請駙馬公觀看!
駙馬公様、ご覧ください。

代本公觀看!
tai^{55}pɯ^{31}kou^{44}kua^{44}kha^{55}

〔陳世美〕待本公觀看!
もってこい。

嘿!
xe^{42}

嘿!
ふん。

這是包公黑大頭,
tsɯ^{55}sʅ^{55}po^{44}kou^{44}xeɹ^{35}ta^{55}thou^{42}

這是包公黑大頭,
包公の黒頭め。

陳洲安民回來,
tshɯ^{42}tsou^{44}a^{44}miɯ^{42}xui^{42}lai^{42}

陳州安民回來,
陳州の民を安んじ帰って来たか。

爲何不拜望?
ue^{55}xo^{42}pu^{35}pai^{55}ua^{55}

爲何不拜望?
なぜ挨拶にも来ずに。

當他現在來請我,
ta^{44}tha^{44}ɕe^{55}tsai^{55}lai^{42}tɕhɯ^{31}ŋo^{31}

當他現在來請我,
いまさらわしを召しだすのか。

(32頁下)
我不去了!

我不去了!

[1] 標:"票"。

ŋo^{31}pu^{35}tɕhui^{55}lio^{31}

行くものか。

好！

xo^{31}

〔張龍、趙虎〕好！

よし。

你不去，

ȵi^{31}pu^{35}tɕhui^{55}

你不去，

行かぬというなら。

叫你穿上衛生理掛[1]，

tɕo^{55}ȵi^{31}tshua^{44}sa^{44}ue^{55}sɯ^{44}li^{31}kua^{55}

叫你穿上衛生理掛，

お前にチョッキを着せるように、

緊緊捆起！

tɕɯ^{31}tɕɯ^{31}khui^{31}tɕhi^{31}

緊緊捆起！

きつく縛り上げてやる。

你若不去就打！

ȵi^{31}zuo^{35}pu^{35}tɕhui^{55}tɕou^{55}ta^{31}

你若不去就打！

行かぬというなら打ち据えるぞ。

陳士美看來：

tshɯ^{42}sɿ^{55}me^{31}kha^{55}lai^{42}

〔陳世美〕陳世美看來：

陳世美が思った、

不好了！

pu^{35}xo^{31}lio^{31}

不好了！

まずいことになった、と。

一大哭

皇公兩眼淚汪汪，

xua^{42}kou^{33}lia^{31}je^{31}lui^{55}ua^{44}ua^{44}

公主兩眼淚汪汪，

涙あふれる公主の両目。

我利干西宮很叭。

ŋo^{31}li^{55}ka^{44}ɕi^{44}kou^{44}xɯ^{31}phia^{44}

我也往西宮裏去。

私も西宮へと行くとしよう。

使物[2]等太[3]本求了，

sɿ^{31}vu^{33}tɯ^{31}the^{55}pɯ^{31}tɕhou^{55}lo^{32}

這件事情不好了，

まずい事になりました。

干哦母孟雙。×

ka^{44}ŋɯ^{55}mo^{33}mɯ^{55}sua^{44}

對我母親說。

母に伝えましょう。

不覺來到西宮内，

pu^{35}tɕo^{35}lai^{42}to^{55}ɕi^{44}kou^{44}lui^{55}

不覺來到西宮内，

あっという間に西宮へ、

[1] 衛生理掛：原本指馬甲之類的東西。在這裏指像穿馬甲一樣捆縛犯人。

[2] 使物："事""事情"。

[3] 太："（一）件（事情）"。

開咀我叫咋阿媽。
khɯ^{55}tɕui^{33}ŋo^{31}ɣɯ^{35}tso^{42}a^{31}ma^{44}

開口叫聲我阿媽。
口を開いて母を呼ぶ。

丈夫做事太湖圖[1]，
tsa^{55}fu^{44}tsuo^{55}sɿ^{55}the^{55}xu^{42}thu^{42}

丈夫做事太糊塗，
夫が馬鹿げたことをした。

前妻去告他。×
tɕhe^{42}tɕhi^{44}tɕhui^{55}ko^{55}tha^{33}

前妻去告他。
前妻が彼を訴えた。

包臣相出花邊標，
po^{44}tshɯ^{42}ɕa^{55}tshu^{35}xua^{44}pie^{44}phio^{55}

包丞相出花邊票，
包大臣が逮捕状を発行し、

張龍趙虎來拿他。
tsa^{44}lou^{42}tso^{55}xu^{31}lai^{42}na^{42}tha^{44}

張龍趙虎來拿他。
張龍・趙虎が連れて行く。

扯扯拉拉到臣府，
la^{44}la^{44}tshɯ^{31}tshɯ^{31}to^{55}tshɯ^{42}fu^{31}

扯扯拉拉到相府，
包大臣のお白州へ引き出されれば、

一定見閻王。×
ji^{35}tiɯ^{55}tɕe^{55}je^{42}ua^{44}

一定見閻王。
きっと閻魔にお目通り。

介：

娘娘聽燈自加雙，
ȵa^{42}ȵa^{33}tɕheɹ^{55}tɯ^{44}tsɿ^{55}tɕa^{33}sua^{44}

娘娘聽到這些話，
皇后がこれを聞いて、のたまうに。

小⿱亠女惱認燈舍央。
se^{31}nṿ^{33}no^{31}zɯ^{44}tɯ^{44}xeɹ^{31}ja^{44}

小女你知道什麼。
お前は何もわかってない。

鐵面無私包臣相，
thie^{35}mie^{55}vu^{42}sɿ^{55}po^{44}tshɯ^{42}ɕa^{55}

鐵面無私包丞相，
鉄面無私の包大臣、

我把他無方。×
ŋo^{31}pa^{31}tha^{44}vu^{42}fa^{44}

我把他無方。
どうにもなりません。

祇得求及老國太，
tsɿ^{31}tɯ^{35}tɕhou^{42}tɕi^{35}lo^{31}kueɹ^{35}thai^{55}

祇得求及老國太，
老国太（皇太后）にすがりましょう。

[1] 湖圖："糊塗"。

杯時干喺奶孟雙。
pe^{44}tsɿ^{21}ka^{44}nɯ^{55}ne^{44}mɯ^{55}sua^{44}

該去找你奶奶説。
おばあさまにこう言いなさい。

除了老國太一人，
tshu^{42}lio^{31}lo^{31}kueɹ^{35}thai^{55}ji^{35}zɯ^{42}

除了老國太一人，
皇太后ただ一人だけ。

别的人無方。※
pie^{35}ti^{44}zɯ^{42}vu^{42}fa^{44}

别的人無方。
ほかの者では手が出せぬ。

詩：

頭代鳳凰秀花[1]槍[2]，
thou^{42}tai^{55}fɯ^{55}xua^{42}ɕou^{55}xua^{44}ʨha^{44}

頭帶鳳凰綉花槍，
頭には鳳凰の刺繍の花釵を戴いて、

右秀團花邊發光。
jou^{55}ɕou^{55}thua^{42}xua^{44}pie^{44}fa^{35}kua^{44}

右綉團花邊發光。
右には団花の刺繍を輝かす。

左秀龍全[3]三河[4]水，
tsuo^{31}ɕou^{55}lou^{42}ʨhue^{42}sa^{44}xo^{42}sui^{31}

左綉龍泉山河水，
左には龍泉山河の水を刺繍する。

萬民國太是吾家。
va^{55}miɯ^{42}kueɹ^{35}thai^{55}sɿ^{55}vu^{42}ʨa^{44}

萬民國太是吾家。
万民の国太とは、わらわのこと。

白：

報——報——
po^{55}po^{55}

〔手下人〕報——報——
報告いたします。

所報何事？
suo^{31}po^{55}xo^{42}sɿ^{55}

〔老國太〕所報何事？
何事じゃ。

老國太在上！
lo^{31}kueɹ^{35}thai^{55}tsai^{55}sa^{55}

〔手下人〕老國太在上！
皇太后様におかれましては。

（33頁上）
付馬公陳士美，
fu^{55}ma^{31}kou^{44}tshɯ^{42}sɿ^{55}me^{31}

駙馬公陳世美，
駙馬公の陳世美が、

不認前妻，

不認前妻，

[1] 秀花："綉花"。
[2] 槍：是否應作"釵"？
[3] 龍全：是否應作"龍泉"？
[4] 三河：是否應作"山河"？

pu^{35}zɯ^{55}tɕhe^{42}tɕhi^{44}	前妻を認めぬため。
前妻來告他， tɕhe^{42}tɕhi^{33}lai^{42}ko^{55}tha^{44}	前妻來告他， 前妻が彼を訴えました。
告與包臣相。 ko^{55}jui^{31}po^{44}tshɯ^{42}ɕa^{55}	告與包丞相。 包大臣に訴えました。
現在張龍趙虎， ɕe^{55}tsai^{55}tsa^{44}lou^{42}tso^{55}xu^{31}	現在張龍趙虎， 現在、張龍・趙虎が、
到目池宮 to^{55}mu^{35}tshɿ^{42}kou^{44}	到目池宮 目池宮に至り、
活捉付馬公。 xuo^{35}tsuo^{35}fu^{55}ma^{31}kou^{44}	活捉駙馬公。 駙馬公を生け捕りました。
請老國太求情！ tɕhɯ^{31}lo^{31}kueɹ^{35}thai^{55}tɕhou^{42}tɕhɯ^{42}	請老國太求情！ 皇太后様、お口添えを。
但[1]真是實[2]？ ta^{55}tsɯ^{44}sɿ^{55}sɿ^{35}	〔老國太〕當真事實? まことか。
那有虛言? na^{31}jou^{31}ɕui^{44}je^{42}	〔手下人〕哪有虛言? 嘘などあろうはずが。
老國太聽得此言， lo^{31}kueɹ^{35}thai^{55}thiɯ^{44}tɯ^{35}tshɿ^{31}je^{42}	〔老國太〕老國太聽得此言， 老国太はこれを聞いた。
黑大頭真正可惱！ xeɹ^{35}ta^{55}thou^{42}tsɯ^{44}tsɯ^{55}kho^{31}no^{31}	黑大頭真正可惱！ 黒大頭め、にくらしい。

一寸

國太聽聽氣央張， kueɹ^{35}the^{55}tɕheɹ^{55}tɕheɹ^{55}tɕhi^{44}ja^{44}tsa^{44}	國太越聽越生氣， 老国太、聞けば聞くほど腹が立つ。
叫一聲皇公娘娘。 tɕo^{55}ji^{35}sɯ^{44}xua^{42}kou^{44}ȵa^{42}ȵa^{44}	叫一聲公主皇后。 公主と皇后とを呼んで、

[1] 但："當"。
[2] 是實："事實"。

上艮杯日臣相府，
sa^{55}ȵi^{21}pe^{44}ȵi^{44}tshɯ^{42}ɕa^{55}fu^{31}

三人去到丞相府，
三人、丞相府にむかい、

杯己[1]包臣相。×
pe^{44}tɕi^{31}po^{35}tshɯ^{55}ɕa^{44}

去逼包丞相。
包大臣に詰め寄らん。

不認前妻小意思，
pu^{35}zɯ^{55}tɕhe^{42}tɕhi^{44}ɕo^{31}ji^{55}sɿ^{44}

（陳世美）不認前妻小意思，
前妻を認めぬなどは些細なこと。

私形[2]王法[3]不應當。
sɿ^{44}ɕɯ^{42}ua^{42}fa^{35}pu^{35}jɯ^{44}ta^{44}

私刑枉法不應當。
私に刑を行い法を枉げるは、まかりならん。

我爲君來他爲臣，
ŋo^{31}ue^{42}tɕui^{44}lai^{42}tha^{44}ue^{42}tshɯ^{42}

我爲君來他爲臣，
我らが君主で、あ奴は臣下。

咊膽倒咋加！×
pɯ^{55}ta^{33}to^{31}tso^{42}tɕa^{33}

他膽這麽大！
なんと大胆なことよ。

叫聲人役快抬轎，
tɕo^{55}sɯ^{44}zɯ^{42}ji^{35}khuai^{55}thai^{42}tɕo^{55}

叫聲人役快抬轎，
役人を呼んで駕籠を上げさせた。

上艮坐坑轎上康。
sa^{55}ȵi^{21}kv̩^{32}khɯ^{44}tɕo^{33}sa^{55}kha^{44}

三人各自坐下轎。
三人は三頂の駕籠、乗り込んだ。

人役抬轎來得快。
zɯ^{42}ji^{35}thai^{42}tɕo^{55}lai^{42}tɯ^{35}khuai^{55}

〔手下人〕人役抬轎來得快，
役人がお駕籠を舁くや、あっという間に。

包臣相府叭。※
po^{35}tshɯ^{55}ɕa^{44}fu^{31}phia^{44}

到了丞相府。
丞相府へと到着す。

白：

報——報——
po^{55}po^{55}

〔手下人〕報——報——
報告いたします。

所報何事？
suo^{31}po^{55}xo^{42}sɿ^{55}

〔包文正〕所報何事？
何事だ。

包大人在上！

〔手下人〕包大人在上！

---

[1] 杯己："走近""靠近"。
[2] 私形："私刑"。
[3] 王法："枉法"。

po^{44}ta^{55}zɯ^{42}tsai^{55}sa^{55}

包大人におかれては。

國泰娘娘皇公到此！
kueɹ^{35}thai^{55}ȵa^{42}ȵa^{44}xua^{42}kou^{44}to^{55}tshɿ^{31}

國太、娘娘、皇公到此！
皇太后様・皇后様・公主様の御成りです。

好！好！
xo^{31}xo^{31}

〔包文正〕好！好！
よし。

既然如此，
tɕi^{55}za^{42}zu^{42}tɕhɿ^{31}

既然如此，
それならば。

老包以禮爲先。
lo^{31}po^{44}ji^{31}li^{31}ue^{42}ɕe^{55}

老包以禮爲先。
わしから先にご挨拶。

見過國泰娘娘來到！
tɕe^{55}kuo^{55}kueɹ^{35}thai^{55}ȵa^{42}ȵa^{44}lai^{42}to^{55}

見過國太、娘娘來到！
皇太后・皇后様にお目通り。

有何事幹？
jou^{31}xo^{42}sɿ^{55}ka^{44}

有何事幹？
いかなる御用で。

阿呀，
ɑ^{44}ja^{31}

〔老國太〕阿呀，
あー、

學士公在上！
ɕo^{35}sɿ^{55}kou^{44}tsai^{55}sa^{55}

學士公在上！
学士公よ。

付馬公犯得何罪？
fu^{55}ma^{31}kou^{44}fa^{55}tɯ^{35}xo^{42}tsui^{55}

駙馬公犯得何罪？
駙馬公はいかなる罪を犯したか。

老國泰在上！
lo^{31}kueɹ^{35}thai^{55}tsai^{55}sa^{55}

〔包文正〕老國太在上！
皇太后様におかれましては。

陳士美不認前妻，
tshɯ^{42}sɿ^{44}me^{31}pu^{35}zɯ^{55}tɕhe^{42}tɕhi^{44}

陳世美不認前妻，
陳世美は前妻を認めず、

逼死皇朝大將軍。
pi^{35}sɿ^{31}xua^{42}tsho^{42}ta^{55}tɕa^{44}tɕui^{44}

逼死皇朝大將軍。
皇朝の大将軍を死に追いやりました。

好！
xo^{31}

〔老國太〕好！
なるほど。

這也無方[1]。
tsheɹ^{55}je^{31}vu^{42}fa^{44}

這也無妨。
それは已む無き事。

爲何私形王法?
ue^{55}xo^{42}sɿ^{44}ɕɯ^{42}ua^{42}fa^{35}

爲何私刑枉法?
(では)何ゆえ刑を私し、法を枉げるのか。

你説這也無方?
ȵi^{31}suo^{35}tseɹ^{55}je^{31}vu^{42}fa^{44}

〔包文正〕你説這也無妨?
これも已む無き事と言うか。

(33頁下)

爲人莫犯法,
ue^{42}zɯ^{42}mo^{35}fa^{55}fa^{35}

爲人莫犯法,
人として法を犯すなかれ。

犯法身無主!
fa^{55}fa^{35}sɯ^{44}vu^{42}tsu^{31}

犯法身無主!
法を犯せば身は保ちがたし。

分付手下人:
fɯ^{44}fu^{55}sou^{31}ɕa^{55}zɯ^{42}

吩咐手下人:
みなの者。

將陳士美代[2]將上來!
tɕa^{44}tshɯ^{42}sɿ^{55}me^{31}tai^{55}tɕa^{44}sa^{55}lai^{42}

將陳世美帯將上來!
陳世美を引き出し、

秦香連子母代到!
tɕhɯ^{42}ɕa^{44}ȵe^{42}tsɿ^{31}mu^{31}tai^{55}to^{55}

(將)秦香蓮母子帶到!
秦香蓮母子を連れて来い。

秦香連,
tɕhɯ^{42}ɕa^{44}ȵe^{42}

秦香蓮,
秦香蓮。

我且問你:
ŋo^{31}tɕhe^{31}vɯ^{55}ȵi^{31}

我且問你:
まず問おう。

你拿什麼憑據認他?
ȵi^{31}na^{42}sɯ^{35}mɯ^{44}phi^{42}tɕui^{55}zɯ^{55}tha^{44}

你拿什麼憑據認他?
いかなる証拠で彼を夫と認めるか。

大人在上!
ta^{55}zɯ^{42}tsai^{55}sa^{55}

〔秦香蓮〕大人在上!
お殿様におかれては。

以苦情作詩!
ji^{31}khu^{31}tɕhɯ^{42}tsuo^{35}sɿ^{55}

以苦情作詩!
苦境をもって詩を作りました。

[1] 無方:“無妨”,以下同。
[2] 代:“帶”,以下同。

你講詩來！
ȵi^{31}tɕa^{21}sɿ^{44}lai^{42}

〔包文正〕你講詩來！
詩を読むがいい。

好——
xo^{31}

〔秦香蓮〕好——
はい。

詩:

八月十五巳時生，
pa^{33}jue^{35}sɿ^{35}vu^{31}sɿ^{55}sɿ^{42}sɯ^{44}

八月十五巳時生，
八月は十五日の巳の時生れ。

左脚生得七科星。
tsuo^{31}tɕo^{35}sɯ^{33}tɯ^{35}tɕhi^{35}khou^{33}ɕɯ^{44}

左脚生得七顆星。
左の足には七つ星。

四月十六成婚事，
sɿ^{55}jue^{35}sɿ^{35}lu^{35}tshɯ^{42}xui^{44}sɿ^{55}

四月十六成婚事，
四月十六の日に婚礼し。

中間月老張年生[1]。
tsou^{44}tɕe^{44}jue^{35}lo^{31}tsa^{44}ȵe^{42}sɯ^{44}

中間月老張連生。
張連生が媒酌人。

夫妻同床十三載，
fu^{44}tɕhi^{44}thou^{42}tshua^{42}sɿ^{35}sa^{44}tse^{31}

夫妻同床十三載，
十三年夫婦は床を共にする。

甲子六月夫下京。
tɕa^{35}tsɿ^{31}lu^{35}jue^{35}fu^{44}ɕa^{55}tɕɯ^{44}

甲子六月夫下京。
甲子の年の六月、夫は都へ上りたり。

白:

陳士美，
tshɯ^{42}sɿ^{55}me^{31}

〔包文正〕陳世美，
陳世美よ。

可是你妻室兒女？
kho^{31}sɿ^{55}ȵi^{31}tɕhi^{44}sɿ^{55}eɹ^{42}ȵui^{31}

可是你妻室兒女？
これこそお前の妻と子供。

不是！
pu^{35}sɿ^{55}

〔陳世美〕不是！
違う。

這是地方花子婆！
tsɯ^{55}sɿ^{55}ti^{55}fa^{44}xua^{44}tsɿ^{31}pho^{42}

這是地方花子婆！
これは田舎の物乞い女。

[1] 張年生："張連生"。

手下人！
sou^{31}ça^{55}zɯ^{42}

〔包文正〕手下人！
みなの者。

看他左脚上，
kha^{55}tha^{44}tsuo^{31}tɕo^{35}sa^{55}

看他左脚上，
そいつの左の足を見よ。

可有七科星？！
kho^{31}jou^{31}tɕhi^{35}khou^{44}ɕɯ^{44}

可有七顆星？！
七つの星があるや否や。

大人在上！
ta^{55}zɯ^{42}tsai^{55}sa^{55}

〔手下人〕大人在上！
殿様におかれましては。

他左脚真正有了七科星！
tha^{44}tsuo^{31}tɕo^{35}tsɯ^{44}tsɯ^{55}jou^{31}lio^{31}
tɕhi^{35}khou^{44}ɕɯ^{44}

他左脚真正有了七顆星！
こいつの左足にはまさしく七つの星。

這是狗出身[1]的！
tsɯ^{55}sɿ^{55}kou^{31}tsu^{35}sɯ^{44}ti^{44}

〔包文正〕這是狗畜生的！
この畜生め。

真正可惱！
tsɯ^{44}tsɯ^{55}kho^{31}no^{31}

真正可惱！
全く腹立たしい。

寸：
包臣聽聽氣養張，
po^{35}tshɯ^{55}tɕheɹ^{55}tɕheɹ^{55}tɕhi^{44}ja^{44}tsa^{44}

包丞相越聽越怒，
包大臣、聞け聞くほど腹が立つ。

士美喍膽倒咋加！
sɿ^{55}me^{31}nɯ^{55}ta^{33}to^{31}tso^{42}tɕa^{33}

世美你膽這麼大！
陳世美め、お前はなんと大胆な。

前妻兒女你不認，
tɕhe^{42}tɕhi^{44}eɹ^{42}ȵui^{31}ȵi^{31}pu^{35}zɯ^{55}

前妻兒女你不認，
前妻と息子・娘を認めぬ上に、

栽怎[2]干罷殺！ ×
tse^{44}tsɯ^{33}ka^{44}pa^{55}ça^{44}

還想殺她們！
さらにはこれを殺そうとは。

趙百春心慈面軟，
tso^{55}peɹ^{35}tshui^{44}ɕɯ^{44}tshɿ^{42}mie^{55}zua^{31}

趙百春心慈面軟，
趙百春は、その心根優しくて、

放他子母遊四方。

放他母子遊四方。

[1] 出身："畜生"。
[2] 栽怎："還""還要"。

fa^{55}tha^{44}tsɿ^{31}mu^{31}jou^{42}sɿ^{55}fa^{44}
母子をよそへ逃がしたが故、

殺他十三人家眷，
sa^{35}tha^{44}sɿ^{35}sa^{44}zɯ^{42}tɕa^{44}tɕue^{55}
殺他十三人家眷，
彼の家族十三人は殺された。

㗈習 師[1] 狗咬？ ×
nɯ^{55}ɕi^{35}sɿ^{31}khua^{33}ŋa^{44}
你心狗咬了？
お前の心、犬に食わせでもしたか。

寒旗 [2] 心上不可忍，
xa^{42}tɕhi^{42}ɕɯ^{44}sa^{55}pu^{35}kho^{31}zɯ^{31}
韓琪心上不可忍，
韓琪は心に忍びがたく、

糾罷之母没期汪。
tɕo^{44}pa^{55}tsɿ^{44}mo^{33}mu^{21}tɕhi^{44}ua^{44}
叫她們母子逃走。
母子をよそへ逃がれさせ、

（34頁上）

提起寶劍自砍頭，
tɕhi^{42}tɕhi^{31}po^{31}tɕe^{55}tsɿ^{55}kha^{31}thou^{42}
提起寶劍自砍頭，
宝剣で自分の頭を切り落とす。

自家殺自家。×
tsɿ^{55}tɕa^{44}sa^{35}tsɿ^{55}tɕa^{44}
自家殺自家。
自ら首をはねたのだ。

逼死皇朝大將士。
pi^{35}sɿ^{31}xua^{42}tso^{42}ta^{55}tɕa^{55}sɿ^{55}
逼死皇朝大將士。
皇朝の大将士をば死に追いやる。

金林宴招惱時加，
tɕɯ^{33}liɯ^{42}je^{55}tso^{35}no^{31}tsɿ^{21}tɕa^{33}
瓊林宴招你之時，
瓊林の宴で駙馬に招かれたとき。

你説家中無妻子，
ȵi^{31}suo^{35}tɕa^{44}tsou^{44}vu^{42}tɕhi^{44}tsɿ^{31}
你説家中無妻子，
お前には、妻なぞはいないと言った。

没有小娃娃。×
mu^{35}jou^{31}ɕo^{31}ua^{42}ua^{44}
没有小娃娃。
子供もいないと言った。

本嘆我利勸過惱，
pɯ^{33}tha^{55}ŋo^{31}li^{55}tɕhue^{44}kuo^{32}no^{31}
那時我也勸過你，
あの時、私は忠告をした。

你就同我來古干 [3] 。
ȵi^{31}tɕou^{55}thou^{42}ŋo^{31}lai^{42}ku^{31}ka^{33}
你就同我來嘴硬。
お前がそう言い張るのなら。

[1] 師："使～"。
[2] 寒旗："韓琪"。
[3] 古干：此詞是白語。"嘴硬"。

二人做賭頭書印， eɹ55zɯ42tsuo55tu31thou42su44jɯ55	二人做賭頭輸赢， 二人で首を賭けようか、と。
惱記燈南嗎？ no31tɕi44tɯ44na35ma33	你還記得嗎？ お前は覚えているだろう。
其中正人[1]王彥林， tɕhi42tsou44tsɯ55zɯ42ua42je55liɯ42	其中證人王延齡， その証人が王延齢。
我去城洲把民安。 ŋo31tɕhui55tshɯ42tsou44pa31miɯ42a44	我去陳州把民安。 陳州の民の救済より戻れば、
如今前妻來告你， zu42tɕɯ44tɕhe42tɕhi44lai42ko55ȵi31	如今前妻來告你， 前妻がお前のことを訴えた。
以白扇爲章。× ji31peɹ35sa55ue42tsa44	以白扇爲章。 この白扇を証拠として。
張龍趙虎聽我咽， tsa44lou42tso55xu31tɕheɹ55ŋo31jɯ35	張龍趙虎聽我來， 張龍・趙虎よ聞くがいい。
王朝馬漢聽我雙。 ua42tsho42ma31xa55tɕheɹ55ŋo31sua44	王朝馬漢聽我説： 王朝・馬漢も聞くがいい。
龍頭鐵鍘[2]以冷[3]磨， lou42thou42thie35tsa35ji31lɯ44mo21	龍頭鍘刀磨得利， 龍頭の首切り刀を磨いでおけ。
磨自明亮亮！× mo21tsɿ55meɹ21lia44lia44	磨得明亮亮！ よーくぴかぴかに。
個日要鍘陳士美， keɹ55ȵi44ȵou44tsa44tshɯ42sɿ55me31	今日要鍘陳世美， 今日こそは陳世美の首、落とさねば。
該答嚨吐死怕[4]叭！ ke44ta44nɯ55no44ɕi33pha55phia44	你死期到了！ お前の死ぬべきときが来た。

[1] 正人："證人"。
[2] 龍頭鐵鍘：因爲此詞是熟語，所以以漢語發音來讀。
[3] 以冷："（刀）快"。
[4] 死怕："死期"。

鐵面無私小包臣， thie^{35}mie^{55}vu^{42}sɿ^{44}ɕo^{31}po^{44}tshɯ^{42}	鐵面無私小包臣， 鉄面無私の包大臣。
點滴不繞他。× tie^{31}ti^{35}pu^{35}zo^{31}tha^{44}	點滴不饒他。 全く手心加えない。
第一鍘咻一年到[1]， te^{31}ji^{33}tsa^{44}pɯ^{55}ji^{35}ȵe^{42}to^{55}	第一鍘他"一年到"， 第一に奴の「一年到」を切り、
第二鍘咻腰二三[2]， te^{31}tsɿ^{31}tsa^{44}pɯ^{55}jo^{44}eɹ^{55}sa^{33}	第二鍘他的男根， 第二には男根をばちょん切って、
第上鍘咻勒巴骨， te^{31}sa^{55}tsa^{44}pɯ^{55}leɹ^{35}pa^{44}ku^{35}	第三鍘他的肋巴骨， 第三に奴の肋骨ぶった切る。
頭脚兩分家。× thou^{42}tɕo^{35}lia^{31}fɯ^{44}tɕa^{44}	頭脚兩分家。 頭と脚とは離れ離れ。
不怕他皇朝付馬， pu^{35}pha^{55}tha^{44}xua^{42}tsho^{42}fu^{55}ma^{31}	不怕他皇朝駙馬， 皇朝の駙馬とて恐れることはない。
先宰後奏我承當。 ɕe^{44}tsai^{31}xou^{55}tsou^{55}ŋo^{31}tshɯ^{42}ta^{44}	先宰後奏我承當。 先に処刑で後から上奏、この責任、私がとろう。
亮干陳士美張恨， ȵa^{55}ka^{44}tshɯ^{42}sɿ^{55}me^{31}tsa^{44}xɯ^{55}	我們鍘掉陳世美， 我らは陳世美、処刑して、
干閃格勸花。× ka^{44}se^{32}keɹ^{35}tɕhue^{44}xua^{33}	把世間勸化。 世間を教化してやろう。

一介寸

國泰漢吼[3]恨暗當， kueɹ^{35}the^{55}xa^{55}xou^{31}xɯ^{55}a^{55}ta^{44}	國太在此看呆了， 皇太后これにはさすがに唖然とす。
包臣噝膽毒咋加！ po^{33}tshɯ^{42}nɯ^{55}ta^{33}tu^{35}tso^{42}tɕa^{33}	包臣你膽這麼毒！ 包大臣の性根がこれほど残忍だとは。

[1] 一年到：指身體的某一部分。是否指"腰"？
[2] 腰二三：指男性的生殖器，"男根"？或指"一二三"，意爲將身體斬爲三段？
[3] 漢吼："啞然""看呆"。

（34頁下）

我爲君來你爲臣，
ŋo^{31}ue^{42}tsui^{33}lai^{42}ȵi^{31}ue^{42}tshɯ^{42}

我爲君來你爲臣，
我らが君主で、お前は臣下。

該要想想他！ ×
kai^{55}jo^{55}ɕa^{31}ɕa^{31}tha^{44}

該要想想它！
よくよく覚えておくがいい。

張龍趙虎直[1]鍘答，
tsa^{44}lou^{42}tso^{55}xu^{31}tsɿ^{35}tsa^{44}ta^{35}

張龍趙虎擺鍘刀，
張龍・趙虎、首切り刀を準備せよ。

王朝馬漢干保央[2]。
ua^{42}tsho^{42}ma^{31}xa^{55}ka^{44}po^{31}ja^{44}

王朝馬漢壓下它（指鍘刀）。
王朝・馬漢は、首切り刀を押さえつけよ。

國泰手坡直咊很，
kueɹ^{35}the^{55}sɯ^{33}phou^{44}tsɿ^{35}pɯ^{55}xɯ^{31}

國太插手鍘刀裏，
皇太后は片手をば首切り刀に突っ込んだ。

漢惱自盂鍘？ ×
xa^{55}no^{31}tsɿ^{55}mɯ^{55}tsa^{44}

看你怎麽鍘？
貴様らが如何に切るのか見てやろう。

介寸

包臣我自漢過朶[3]，
po^{33}tshɯ^{42}ŋo^{31}tsɿ^{55}xa^{55}kuo^{32}tuo^{33}

包臣我看不下去，
私にはこのやり方が気に食わない。

本格利皇代咊母。
pɯ^{31}keɹ^{35}ȵi^{55}ŋv̩^{21}te^{31}pɯ^{55}mo^{33}

不怕您皇帝母親。
まさにあなたが皇帝の母上だろうと恐れない。

國泰左手嗻要鍘，
kueɹ^{35}the^{55}pi^{35}sɯ^{33}ta^{21}ȵo^{44}tsa^{44}

國太若要鍘左手，
皇太后よ、その左手を落とす仰せだが、

逼倒我老包？ ×
pi^{35}to^{31}ŋo^{31}lo^{31}po^{44}

逼倒我老包？
それは私を脅されるのか。

我對多少無頭案，
ŋo^{31}tui^{55}tuo^{44}so^{31}vu^{42}thou^{42}a^{55}

我斷多少無頭案，
私が断じた事件、数知れず。

莫非等案對開朶。
mou^{35}fe^{33}tɯ^{31}a^{33}tue^{32}khɯ^{55}tuo^{33}

莫非此案斷不開？
この事案、解決できぬはずがない。

---

[1] 直：“擺”“放”。
[2] 央：“壓住”。
[3] 漢過朶：“看不下去”。

世間有官官相顧，
sɿ^{55}tɕe^{55}jou^{31}kua^{44}kua^{44}ɕa^{44}ku^{55}

世間有官官相顧，
世の中で百官どもが互いに、かばい合うぐらいなら、

死恨利知招[1]。×
ɕi^{33}xɯ^{55}li^{55}tsɿ^{33}tso^{33}

死也心甘願。
死ぬも望むところ。

雙手托[2]下烏沙帽，
sua^{44}sou^{31}tuo^{35}ɕa^{55}vu^{44}sa^{44}mo^{55}

雙手脱下烏紗帽，
諸手にて烏沙帽を脱ぎすてて、

咀很含燈銀阿科[3]。
tɕui^{33}xɯ^{31}ka^{21}tɯ^{44}ȵi^{21}a^{31}khou^{33}

嘴裏含着一粒銀。
口には含む銀一粒。

不保宋朝的江山，
pu^{35}po^{31}sou^{55}tsho^{42}ti^{44}tɕa^{44}sa^{44}

不保宋朝的江山，
宋朝の国土を守れぬぐらいなら、

死恨利生燒[4]。×
ɕi^{33}xɯ^{55}li^{55}sɯ^{44}so^{44}

死了也没法。
死ぬのも已むをえまい。

國泰之招一支手，
kueɹ^{35}thai^{55}tsɿ^{44}tso^{44}ji^{35}tsɿ^{44}sou^{31}

國太之招一隻手，
皇太后のやり方が腕一本であるならば、

老包知[5]招頭包科。
lo^{32}po^{44}tsɿ^{33}tso^{33}tɯ^{21}po^{33}khou^{33}

老包不惜這個頭。
この包拯めのやり方は頭一つといきましょう。

我若到陰司地府，
ŋo^{31}zuo^{35}to^{55}jɯ^{44}sɿ^{44}ti^{55}fu^{31}

我若到陰司地府，
たとえ冥界、行こうとも、

同你對山歌[6]。※
thou^{42}ȵi^{31}tui^{55}sa^{44}ko^{44}

同你對山歌。
言い争いを続けましょう。

白：

張龍趙虎看來：
tsa^{44}lou^{42}tso^{55}xu^{31}kha^{55}lai^{42}

〔張龍、趙虎〕張龍趙虎看來：
張龍・趙虎が見てみれば、

國泰衝進一支手，

國太衝進一隻手，

---

[1] 知招："没有辦法""甘願"。
[2] 托："脱"。
[3] 銀阿科："一粒銀氣"。
[4] 生燒："没有辦法""算了"。
[5] 知："之"。
[6] 對山歌：指像對山歌一樣相互争吵。

kueɹ^{35}thai^{55}tshou^{44}tɕɯ^{55}ji^{35}tsɿ^{44}sou^{31}
皇太后は手を突っ込み、

包臣相批[1]頭撒髪，
po^{44}tshɯ^{42}ɕa^{55}phi^{44}thou^{42}sa^{44}fa^{35}
包丞相披頭散髪，
包大臣はざんばら髪で、

睡在龍頭鍘口。
sui^{55}tsai^{55}lou^{42}thou^{42}tsa^{35}khou^{31}
睡在龍頭鍘口。
龍頭の首切り刀の上に寝る。

叫聲王朝馬漢：
tɕo^{55}sɯ^{44}ua^{42}tsho^{42}ma^{31}xa^{55}
叫聲王朝馬漢：
包公は王朝・馬漢を呼び出した。

衹得奏與聖上！
tsɿ^{31}tɯ^{35}tsou^{55}jui^{31}sɯ^{55}sa^{55}
衹得奏與聖上！
陛下にお伝えするほかなし。

王朝馬漢行行走走，
ua^{42}tsho^{42}ma^{31}xa^{55}ɕɯ^{42}ɕɯ^{42}tsou^{31}tsou^{31}
〔王朝、馬漢〕王朝馬漢行行走走，
王朝・馬漢は歩いて歩く、

上到金殿。
sa^{55}to^{55}tɕɯ^{33}tie^{55}
上到金殿。
金殿へと参ります。

你我二人左打龍鳳鼓，
ȵi^{31}ŋo^{31}eɹ^{55}zɯ^{42}tsuo^{31}ta^{31}lou^{42}fɯ^{55}ku^{31}
你我二人左打龍鳳鼓，
我ら二人は左で龍鳳鼓を打って、

右撞紫金鐘，
jou^{55}tsua^{44}tsɿ^{31}tɕɯ^{44}tsou^{44}
右撞紫金鐘，
右に紫金の鐘を打つ。

跪倒金龍寶殿，
kui^{55}to^{31}tɕɯ^{44}lou^{42}po^{31}tie^{55}
跪倒金龍寶殿，
金龍の宝殿において跪き。

奏上一本。
tsou^{55}sa^{55}ji^{35}pɯ^{31}
奏上一本。
上奏文を奉る。

（35頁上）

詩：

白玉階前雙鳳舞，
peɹ^{35}jui^{35}kai^{44}tɕhe^{42}sua^{44}fɯ^{55}vu^{31}
白玉階前雙鳳舞，
白玉の階前に二羽の鳳凰舞い踊る。

金彎殿上九龍飛。
tɕɯ^{44}lua^{42}tie^{44}sa^{55}tɕu^{31}lou^{42}fe^{44}
金鑾殿上九龍飛。
金鑾殿上に九龍が飛ぶ。

[1] 批："披"。

百姓人人歌舞日，
peɹ^{35}ɕɯ^{55}zɯ^{42}zɯ^{42}ko^{44}vu^{31}zɿ^{35}

百姓人人歌舞日，
民がそれぞれ日々を歌い舞。

世民個個樂摇天。
sɿ^{55}miɯ^{42}ko^{55}ko^{55}lo^{35}jo^{42}thie^{44}

世民個個樂摇天。
世の民はそれぞれ日々を楽しみたり。

白:

正當漢帝王宋仁宗。
tsɯ^{55}ta^{44}xa^{55}ti^{55}ua^{42}sou^{55}zɯ^{42}tsou^{44}

〔宋仁宗〕正當漢帝王宋仁宗。
まさしく宋の皇帝、仁宗が、

抬頭舉龍鳳眼一觀，
thai^{42}thou^{42}tɕui^{31}lou^{42}fɯ^{55}je^{31}ji^{35}kua^{44}

抬頭舉龍鳳眼一觀，
頭あげ、龍鳳の眼にてご覧なる。

祇見王朝馬漢，
tsɿ^{31}tɕe^{55}ua^{42}tsho^{42}ma^{31}xa^{55}

祇見王朝馬漢，
王朝・馬漢がお目どおり。

跪倒金彎寶殿。
kui^{55}to^{31}tɕɯ^{44}lua^{42}po^{31}tie^{55}

跪倒金鑾寶殿。
金鑾の宝殿にて跪く。

不知有何事情?
pɯ^{35}tsɿ^{44}jou^{31}xo^{42}sɿ^{55}tɕhɯ^{42}

不知有何事情?
いったい何事なるや。

奏明萬歲在上!
tsou^{55}miɯ^{42}va^{55}sui^{55}tsai^{55}sa^{55}

〔王朝、馬漢〕奏明萬歲在上!
皇帝陛下に上奏いたす。

爲因陳士美不認前妻，
ue^{55}jɯ^{44}tshɯ^{42}sɿ^{55}me^{31}pu^{35}zɯ^{55}tɕhe^{42}tɕhi^{44}

爲因陳世美不認前妻，
陳世美は前妻を認めぬが故、

前妻秦香連去告他，
tɕhe^{42}tɕhi^{44}tɕhɯ^{42}ɕa^{44}ȵe^{42}tɕhui^{55}ko^{55}tha^{44}

前妻秦香蓮去告他，
前妻の秦香蓮は告訴をせんと、

告與包臣相。
ko^{55}jui^{31}po^{44}tshɯ^{42}ɕa^{55}

告與包丞相。
包大臣に訴えた。

第二逼死趙百春，
ti^{55}eɹ^{55}pi^{35}sɿ^{31}tso^{55}per^{35}tshui^{44}

第二逼死趙百春，
二つ目に趙百春を死に追いやり、

後來殺了趙百春十三人家眷，
xou^{55}lai^{42}sa^{35}lio^{31}tso^{55}peɹ^{35}tshui^{44}sɿ^{35}sa^{44} zɯ^{42}tɕa^{44}tɕue^{55}

後來殺了趙百春十三人家眷，
その上で、趙百春の家族十三人を殺害す。

違犯國法。
ue^{42}fa^{55}kueɹ^{35}fa^{31}

違犯國法。
国法に違えた故、

包臣相宰他。
po^{44}tshɯ^{42}ɕa^{55}tsai^{31}tha^{44}

包丞相宰他。
包大臣、彼を処刑せんとしましたが、

如今老国泰隑[1]住龍頭鍘刀，
zu^{42}tɕɯ^{44}lo^{31}kueɹ^{35}thai^{55}ta^{31}tsu^{55}lou^{42} thou^{42}tsa^{35}to^{44}

如今老國太擋住龍頭鍘刀，
たった今、皇太后が龍頭の首切り刀に手をかけて、

包臣相頭入龍頭鍘口。
po^{44}tshɯ^{42}ɕa^{55}thou^{42}zu^{35}lou^{42}thou^{42}tsa^{35} khou^{31}

包丞相頭入龍頭鍘口。
包大臣は龍頭の首切りに首を入れておるところ。

到底事爲如何？
to^{55}ti^{31}sɿ^{55}ue^{55}zu^{42}xo^{42}

到底事爲如何？
いいかがいたしましょう。

宋仁忠[2]聽得此言：
sou^{55}zɯ^{42}tsou^{44}thiɯ^{44}tɯ^{35}tshɿ^{31}je^{42}

〔宋仁宗〕宋仁宗聽得此言：
宋仁宗がこれを聞く。

阿呀——
a^{44}ja^{31}

阿呀——
あー、

好傷心！
xo^{31}sa^{44}ɕɯ^{44}

好傷心！
悲しいことだ。

—小哭

仁忠兩眼淚悲傷。
zɯ^{42}tsou^{44}lia^{31}je^{31}lui^{55}pe^{44}sa^{44}

仁宗兩眼淚悲傷，
仁宗の両目に涙、悲しんだ。

文武百官聽我雙：
vɯ^{42}vu^{31}peɹ^{35}kua^{44}tɕheɹ^{55}ŋo^{31}sua^{44}

文武百官聽朕説：
文武百官聞くがいい。

王朝馬漢來奏本，
ua^{42}tsho^{42}ma^{31}xa^{55}lai^{42}tsou^{55}pɯ^{31}

王朝馬漢來奏本，
王朝・馬漢よ上奏文を持って来い。

事物本求三。×
sɿ^{31}vu^{33}pɯ^{31}tɕhou^{55}sa^{44}

事情不好了。
これは、まずい事である。

---

[1] 隑："擋"。
[2] 仁忠："仁宗"。

龍毛玉[1]筆拿過咽，
lou^{42}mo^{42}jui^{55}pi^{35}ne^{44}kuo^{32}jɯ^{35}

拿過來龍毛御筆，
皇帝は御筆を手元に引き寄せて、

三道聖旨下朝干。
sa^{44}to^{55}sɯ^{55}tsɿ^{31}ɕa^{55}tsho^{42}ka^{44}

三道聖旨下朝綱。
聖旨三通朝廷に下さんとする。

如若逼死包臣相，
zu^{42}zuo^{35}pi^{35}sɿ^{31}po^{44}tshɯ^{42}ɕa^{55}

如若逼死包丞相，
包大臣を死に追いやれば、

國事搖叮噹。×
kueɹ^{35}sɿ^{55}jo^{42}tiɯ^{33}ta^{44}

國事搖叮噹。
まつりごとが揺らぐだろう。

（35頁下）

聖上拜上多拜上，
sɯ^{55}sa^{55}pai^{55}sa^{55}tuo^{44}pai^{55}sa^{55}

聖上一拜再一拜，
皇帝陛下は拝みに拝む。

拜上母親聽一方[2]。
pai^{55}sa^{55}mu^{31}tɕhɯ^{44}thiɯ^{44}ji^{35}fa^{44}

拜上母親聽一番。
どうか母上お聞きあれ。

犯法之人應當殺，
fa^{55}fa^{35}tsɿ^{44}zɯ^{42}jɯ^{44}ta^{44}sa^{35}

犯法之人應當殺，
法を犯せば殺される。

有天理招章。×
jou^{31}thie^{44}li^{31}tso^{44}tsa^{44}

有天理昭章。
天の道理でございます。

宋朝有了包臣相，
sou^{55}tsho^{42}jou^{31}lio^{31}po^{44}tshɯ^{42}ɕa^{55}

宋朝有了包丞相，
宋朝に包大臣がおってこそ、

百姓才國泰民安。
peɹ^{35}ɕɯ^{55}tshai^{42}kueɹ^{35}thai^{55}miɯ^{42}a^{44}

百姓才國泰民安。
国は安泰、民は安心。

小兒登位靠他人，
ɕo^{31}eɹ^{42}tɯ^{44}ue^{55}kho^{55}tha^{44}zɯ^{42}

小兒登位靠他人（指包丞相），
息子は位に登って彼を頼り、

纔世介[3]花花[4]。×
tshai^{42}sɿ^{55}kai^{55}xua^{44}xua^{44}

纔天下太平。
ようやくに天下は太平。

[1] 玉：“御”。
[2] 一方：“一番”。
[3] 世介：“世界”。
[4] 花花：原文無下劃綫，但衹能當作白文來解釋。表示狀態非常好。

能可鍘了陳士美，
nɯ^{42}kho^{31}tsa^{35}lio^{31}tshɯ^{42}sɿ^{55}me^{31}

寧可鍘了陳世美，
たとえ陳世美、処刑されても、

要本阻隌包臣相。
ȵ̥ou^{44}pɯ^{31}tsu^{31}ta^{31}po^{35}tshɯ^{55}ɕa^{44}

不要阻擋包丞相。
包大臣の邪魔なぞしてはなりません。

福[1]望母親要詳情，
fu^{35}ua^{55}mu^{31}tɕhɯ^{44}jo^{55}tɕha^{42}tɕhɯ^{42}

伏望母親要詳情，
望むは母上、諦めて、

急速回朝干。×
tɕi^{35}su^{35}xui^{42}tsho^{42}ka^{44}

急速回朝廷。
急ぎ朝廷へとお戻りを。

三到[2]聖旨到臣府，
sa^{44}to^{55}sɯ^{55}tsɿ^{31}to^{55}tshɯ^{42}fu^{31}

三道聖旨到相府，
聖旨三通、包大臣の白洲に遣って、

人役抬坑黃轎康。
zɯ^{42}ji^{35}ta^{35}khɯ^{44}ŋv̩^{21}tɕo^{33}kha^{44}

人役抬起黃轎子。
役人どもに黄色き駕籠を上げさせて、

聖旨交與老國泰，
sɯ^{55}tsɿ^{31}tɕo^{44}jui^{31}lo^{31}kueɹ^{35}thai^{55}

聖旨交與老國太，
聖旨もて皇太后にお渡しし、

干阿母請央。※
ka^{44}a^{31}mo^{33}tɕheɹ^{33}ja^{44}

把母親請回。
母上様にはお帰りを。

白：

聖旨下了金殿，
sɯ^{55}tsɿ^{31}ɕa^{55}lio^{31}tɕɯ^{44}tie^{55}

〔王朝、馬漢〕聖旨下了金殿，
聖旨が金殿へと下された。

王朝馬漢接了聖旨，
ua^{42}tsho^{42}ma^{31}ha^{55}tɕe^{35}lio^{31}sɯ^{55}tsɿ^{31}

王朝馬漢接了聖旨，
王朝・馬漢は聖旨を受け取って、

辞過萬歲。
tsɿ^{42}kuo^{55}va^{55}sui^{55}

辞過萬歲。
王宮を辞した。

一路來得快，
ji^{35}lu^{55}lai^{42}tɯ^{35}khuai^{55}

一路來得快，
あっという間に、

不覺到了府門。
pu^{35}tɕo^{35}to^{55}lio^{31}fu^{31}mɯ^{42}

不覺到了府門。
府門に到着。

[1] 福："伏"。
[2] 到："道"。

老國泰在上！ lo^{31}kueɹ^{35}thai^{55}tsai^{55}sa^{55}	老國太在上！ 皇太后様におかれましては。
皇王聖旨已到臣府， xua^{42}ua^{42}sɯ^{55}tsɿ^{31}ji^{31}to^{55}tshɯ^{42}fu^{31}	皇王聖旨已到臣府， 皇帝陛下の聖旨が役所にもたらされました。
請老國泰回朝！ tɕhɯ^{31}lo^{31}kueɹ^{35}thai^{55}xui^{42}tsho^{42}	請老國太回朝！ 皇太后様には、お戻りをと。
老國泰打開聖旨一看， lo^{31}kueɹ^{35}thai^{55}ta^{31}khai^{44}sɯ^{55}tsɿ^{31}ji^{35}kha^{55}	〔老國太〕老國太打開聖旨一看， 皇太后は聖旨を開いて見てみると。
看得明白， kha^{55}tɯ^{35}miɯ^{42}peɹ^{35}	看得明白， 一目で悟ったのである。
人役抬轎， zɯ^{42}ji^{35}thai^{42}tɕo^{55}	人役抬轎， みなの者、駕籠を上げよ。
回朝去了。 xui^{42}tsho^{42}tɕhui^{55}lio^{31}	回朝去了。 朝廷に戻るとしよう。
既然如此， tɕi^{55}za^{42}zu^{42}tshɿ^{31}	〔包文正〕既然如此， このように、
老國泰回府去了， lo^{31}kueɹ^{35}thai^{55}xui^{42}fu^{31}tɕhui^{55}lio^{31}	老國太回府去了， 皇太后がお帰りになられたならば、
分付張龍、趙虎， fɯ^{44}fu^{55}tsa^{44}lou^{42}tso^{55}xu^{31}	吩咐張龍、趙虎， 張龍・趙虎に命令する。
把陳士美鍘掉！ pa^{31}tshɯ^{42}sɿ^{55}me^{31}tsa^{35}tio^{55}	把陳世美鍘掉！ 陳世美を処刑せよ。
這個狗出身[1]， tseɹ^{55}ko^{55}kou^{31}tshu^{35}sɯ^{44}	這個狗畜生， この犬畜生め。
真正可惱！ tsɯ^{44}tsɯ^{55}kho^{31}no^{31}	真正可惱！ 全く憎らしい。

[1] 出身："畜生"。

一寸

張龍干趙虎孟雙，
tsa^{44}lou^{42}ka^{44}tso^{55}xu^{31}mɯ^{55}sua^{44}

張龍對趙虎説了，
張龍は趙虎に向かって言いました。

王朝馬漢聽端方[1]。
ua^{42}tsho^{42}ma^{31}xa^{55}thiɯ^{44}tua^{44}fa^{44}

王朝馬漢聽詳細。
王朝・馬漢もつぶさに聞いた。

（36頁上）

皇王出三道聖旨，
xua^{42}ua^{42}tshu^{35}sa^{44}to^{55}sɯ^{55}tsɿ^{31}

皇王出三道聖旨，
皇帝は三度聖旨を下されて、

干國泰請央。×
ka^{44}kueɹ^{35}the^{55}tɕheɹ^{33}ja^{44}

請國太回去。
皇太后を召し返された。

龍頭鍘刀直坑怎，
lou^{42}thou^{42}tsa^{35}to^{44}tsɿ^{35}khɯ^{44}tsɯ^{35}

擺上龍頭鍘刀吧，
龍頭の首切り刀を準備せよ。

那干士美無暗當。
na^{55}ka^{44}sɿ^{55}me^{31}vu^{42}a^{55}ta^{44}

你把世美綁在此。
お前たち、陳世美を後ろ手にて縛り上げ。

本格咔吐勢力倒，
pɯ^{31}keɹ^{35}pɯ^{55}no^{44}sɿ^{55}li^{35}to^{31}

不怕他的勢力大，
やつの権勢、恐れるな。

個日死怕叭。×
keɹ^{55}ȵi^{44}ɕi^{33}pha^{55}phia^{44}

今日死期到。
今日こそ死ぬべき時が来た。

張龍面吐[2]直鍘答，
tsa^{44}lou^{42}mi^{32}no^{44}tsɿ^{35}tsa^{44}ta^{35}

張龍來準備鍘刀，
張龍は、首切り刀を準備しろ。

趙虎我干牙來咬[3]。
tso^{55}xu^{31}ŋo^{31}ka^{44}ŋɯ^{21}le^{21}ŋa^{44}

趙虎我咬牙切齒。
おれ趙虎は、歯軋りをする。

狼心狗肺陳士美，
la^{42}ɕɯ^{44}kou^{31}fe^{55}tshɯ^{42}sɿ^{55}me^{31}

狼心狗肺陳世美，
このけだものの陳世美め。

[1] 端方："細端［ɕi^{55}tua^{33}］，白語，意爲"詳細"。這裏寫作"端方"，是爲了押韻。
[2] 面吐：負責任地做某事，"來～"。
[3] 干牙來咬："咬牙切齒"。

惱過[1]叭暗當？ ×
no^{31}kuo^{32}phia^{44}a^{55}ta^{44}

你還想活呢？
まだ生きていやがるか。

王朝已坑味頭髮，
ua^{42}tsho^{42}tɕi^{33}xɯ^{44}pɯ^{55}tɯ^{21}ma^{35}

王朝拉下他頭髮，
王朝はこいつの髪を引っ張って、

馬漢央坑味一光[2]。
ma^{31}xa^{55}ja^{44}khɯ^{44}pɯ^{55}ji^{35}kua^{44}

馬漢壓下他的腰。
馬漢は奴の、腰の辺りを押さえてろ。

耳盂聽燈休已來[3]，
ȵui^{33}mɯ^{55}tɕheɹ^{55}tɯ^{44}ɕui^{35}tɕi^{31}le^{21}

耳裏聽到喀嚓聲，
耳にスパッと音を聞く。

頭包鬼[4]期汪。※
tɯ^{21}po^{21}kue^{31}tɕhi^{44}ua^{44}

腦袋滾出去。
頭が外に転がった。

白：

包大人在上！
po^{44}ta^{55}zɯ^{42}tsai^{55}sa^{55}

〔張龍、趙虎〕包大人在上！
包大人におかれては。

已今把陳士美鍘了！
ji^{31}tɕɯ^{44}pa^{31}tshɯ^{42}sɿ^{55}me^{31}tsa^{35}lio^{31}

已經把陳士美鍘了！
すでに陳世美を処刑しました。

好！好！鍘了就罷！
xo^{31}xo^{31}tsa^{35}lio^{31}tɕou^{55}pa^{55}

〔包文正〕好！好！鍘了就罷！
処刑したならそれでよし。

人役抬轎，
zɯ^{42}ji^{35}thai^{42}tɕo^{55}

人役抬轎，
お前たちは駕籠上げよ。

本部府回朝。
pɯ^{31}pu^{55}fu^{31}xui^{42}tso^{42}

本部府回朝。
私は朝廷に赴こう。

先宰後奏，
ɕe^{44}tsai^{31}xou^{55}tsou^{55}

先宰後奏，
処刑が先で上奏は後。

上朝奏本。
sa^{55}tsho^{42}tsou^{55}pɯ^{31}

上朝奏本。
朝廷へ行き上奏だ。

---

[1] 過：“過日子”。
[2] 一光：“腰”。
[3] 休已冷：象聲詞，形容物體被斬切的聲音。“喀嚓”。
[4] 鬼：“滾”。

奏本已畢，
tsou^{55}pɯ^{31}ji^{31}pi^{35}
奏本已畢，
上奏文は出来ている。

赦秦香連無罪，
sɯ^{55}tɕhɯ^{42}ɕa^{44}ȵe^{42}vu^{42}tsui^{55}
赦秦香蓮無罪，
秦香蓮は無罪放免。

秦香連封爲真結[1]婦人。
tɕhɯ^{42}ɕa^{44}ȵe^{42}fɯ^{44}ue^{42}tsɯ^{44}tɕe^{35}fu^{44}zɯ^{42}
秦香蓮封爲貞潔婦人。
秦香蓮を貞潔夫人に封ずる。

春高小孩讀書，
tshui^{44}kao^{44}ɕo^{31}xai^{42}tu^{35}su^{44}
春高小孩讀書，
子の春高には読書をさせよ。

成人後，
tshɯ^{42}zɯ^{42}xou^{55}
成人後，
成人の後、

有官可做。
jou^{31}kua^{44}kho^{31}tsuo^{55}
有官可做。
相応の官につかせよ。

冬妹爲宫中小姐，
tou^{44}me^{55}ue^{42}kou^{44}tsou^{44}ɕo^{31}tɕe^{31}
冬妹爲宫中小姐，
冬妹は宮中の小姐として、

隨身丫頭十人。
sui^{42}sɯ^{44}ja^{44}thou^{44}sɿ^{35}zɯ^{42}
隨身丫頭十人。
召使十人を従わせよ。

三子母在宫中安安一一，
sa^{44}tsɿ^{31}mu^{31}tsai^{55}kou^{44}tsou^{44}a^{44}a^{44}ji^{35}ji^{35}
三母子在宫中安安逸逸，
母子三人、宮中にて平安に、

團團圓圓，
tua^{42}tua^{42}jue^{42}jue^{42}
團團圓圓，
団欒して、

消遥一身[2]哪！
ɕo^{44}jo^{42}ji^{35}sɯ^{44}na^{31}
逍遥一生哪！
ゆるりと過ごせと。

—平

各位同志聽我雙，
keɹ^{35}ue^{55}thou^{42}tsɿ^{55}tɕheɹ^{55}ŋo^{31}sua^{44}
各位同志聽我説：
各位同志よ、聞き給え。

[1] 真結："貞潔"。
[2] 一身："一生"。

鍘美案唱生[1]暗當。
ʦa^{35}me^{31}a^{55}ʨi^{21}sɯ^{44}a^{55}ta^{44}

《鍘美案》至此唱完。
これでおしまい「鍘美案」。

爲人莫貪新忘舊,
ue^{42}zɯ^{42}mou^{35}tha^{44}ɕɯ^{44}ua^{55}ʨu^{55}

爲人莫貪新忘舊,
新しきをむさぼって、古きを忘れちゃなりません。

死了罪難當。×
sʅ^{31}lio^{31}ʦui^{55}na^{42}ta^{44}

死了罪難當。
死んでも罪は償えぬ。

(36頁下)
世間學習蔡伯皆,
sʅ^{55}ʨe^{44}ɕo^{35}ɕi^{35}ʦhe^{55}peɹ^{35}ke^{44}

世間學習蔡伯喈,
世間では蔡伯喈を手本にし、

陳士美的莫學他。
ʦhɯ^{42}sʅ^{55}me^{31}ti^{44}mou^{35}ɕo^{35}tha^{44}

陳世美的莫學他。
陳世美を手本にしてはなりません。

死没良心燈[2]好朶,
ɕi^{33}mu^{33}ȵa^{35}ɕɯ^{35}tɯ^{44}xu^{33}tuo^{33}

没了良心不好過,
良心無くて、いいことはなし。

惡名全[3]暗當。×
o^{35}mieɹ^{35}ʦhue^{42}a^{55}ta^{44}

惡名留在此。
悪名、ここに残される。

自艮杯期閃格咽,
ʦʅ^{55}ȵi^{21}pe^{44}ʨhi^{44}se^{32}keɹ^{35}jɯ^{35}

作爲人托生人間,
この世に生を受けたなら、

仁意道得第一莊[4]。
zɯ^{42}ji^{55}to^{55}tɯ^{35}ti^{55}ji^{35}ʦua^{44}

仁義道德第一樁。
仁義道徳、まず第一。

夫和妻順做家常,
fu^{44}xo^{42}ʨhi^{44}sui^{55}ʦuo^{55}ʨa^{44}ʦha^{42}

夫和妻順做家常,
夫婦仲よく暮らしなさい。

享福坐百雙。※
ɕa^{31}fu^{35}kv̩^{32}peɹ^{44}sua^{44}

享福活百年。
福を享け暮らしていける一百年。

[1] 生:“完”。
[2] 燈:“得”。
[3] 全:“存”“留”。
[4] 莊:“樁”。

詩：

團圓團圓真團圓[1]，	團圓團圓真團圓
tua^{42}jue^{42}tua^{42}jue^{42}tsɯ^{44}tua^{42}jue^{42}	これにて一件落着。
榮華富貴兩雙全。	榮華富貴兩雙全。
jou^{42}xua^{42}fu^{55}kui^{55}lia^{31}sua^{44}tɕhue^{42}	栄華と富貴が共にそろう。
自從今日團圓後，	自從今日團圓後，
tsɿ^{55}tshou^{42}tɕɯ^{44}zɿ^{35}thua^{42}jue^{42}xou^{55}	今日の一件落着の後。
享受榮華萬萬年。	享受榮華萬萬年。
ɕa^{31}sou^{55}jou^{42}xua^{42}va^{55}va^{55}ȵe^{42}	栄華を享ける万万歳。
于一九七九年抄。	一九七九年抄録。
鍘美案全本。	鍘美案全本。
王祥説唱。	王祥語り歌う。
（曲終）	（おしまい）

[1] 原文之下有波浪綫，但在説唱上并無特別意義。

詞彙表

2016年8月16日　大本曲表演（演唱：王祥　伴奏：段躍才）

凡　例

一、本詞彙表僅收録《鍘美案》中的白文詞彙。

二、每個條目依次為筆劃數、序號、白文詞彙、國際音標（IPA）、漢語翻譯、日語翻譯、備考。

三、白文以漢字為表記，詞彙表按白文第一字的筆畫數由少到多排列。

四、若第一字筆畫數相同，按照第一字的國際音標順序排列。第一字相同，若發音不同，即按國際音標的順序排列。國際音標（IPA）的順序如下：
聲母：p ph m f v t th n l k kh x ɣ ŋ ʨ ʨh ɕ j ȵ ʦ ʦh s z
韻母：i e eɹ a o u ɿ ɯ v̩ ie ieɹ ia io iou iɯ ou ui ue ueɹ ua uo

五、第一字相同，且聲母、韻母相同，則按照聲調（五度式）順序排列。聲調（五度式）的順序是：21 31 32 33 35 44 55。

筆畫	序號	白文	國際音標	漢譯	日譯	備考
1	1	一定	ji^{35}tiɯ^{55}	一定	必ず、絶対	
	2	一光	ji^{35}kua^{44}	腰	腰	
	3	一齊	ji^{35}tɕhi^{42}	一齊，一起	一緒に	
	4	一年到	ji^{35}ȵe^{42}to^{55}	?	?	不明，表示身體部位
2	5	二十四孝	eɹ^{55}sɿ^{33}sɿ^{55}ɕo^{55}	二十四孝	二十四孝	
	6	二堂	eɹ^{55}tha^{42}	二堂，內房	次の間	
	7	二黨花	eɹ^{55}ta^{21}xuo^{35}	櫻花	桜の花	
	8	乃	ne^{21}	酸	だるくなる	
	9	力	li^{35}	（一）文（錢）	（銭）～文	
	10	了	lo^{32}	了，表示動作完成	（動作を）してしまう	
	11	七星	tɕhi^{35}ɕɯ^{33}	七星	七つの星	
	12	十	tshɿ^{42}	十	十	
	13	十分	tshɿ^{42}fy̩^{35}	十分，表示程度高	とても	
	14	十分罪	tshɿ^{42}fy̩^{35}tɕui^{33}	大罪	大きな罪	
	15	十二九處	tshɿ^{42}ne^{44}tɕou^{31} tshy̩^{42}	十二支，十二生肖	十二支	
	16	十一	tshɿ^{42}ji^{44}	十一	十一	
	17	十字街	sɿ^{35}tsɿ^{55}ke^{44}	十字街、十字路口	十字路	
	18	人役	zɯ^{42}ji^{35}	人役	労役に服する人	
3	19	下	ou^{42}	下（雨）	（雨が）降る	
	20	大伯	ta^{55}peɹ^{35}	大伯	おじさん	
	21	大爹	ta^{55}ti^{33}	大爹	おじさん	對與自己父親同年代的男性的稱呼
	22	大饑慌	ta^{55}tɕi^{44}xua^{44}	大饑荒	大飢饉	
	23	大人	ta^{55}zɯ^{42}	大人，對貴人的敬稱	貴人に対する敬称	
	24	土	thu^{33}	路	道路、道	
	25	土吐	thu^{33}no^{44}	路上	途上、路上	
	26	下	thɯ^{55}	下，向下	下る、下す、下に向かって（する）	
	27	下坡	thɯ^{55}po^{21}	下坡	坂を下る	
	28	下京	thɯ^{55}tɕɯ^{35}	下京	都に上る	
	29	～土	thy̩^{33}	（一）次、（一）件（事情）	（事件、事一）回、（一）件	量詞

續表

筆畫	序號	白文	國際音標	漢譯	日譯	備考
	30	廿	ne^{21}	廿	二十	
	31	干	ka^{33}	寬恕	許す、罪を減ずる	
	32	干密	ka^{35}mi^{44}	甜	甘い	
	33	干到	ka^{35}to^{42}	一點兒	少し	
	34	干旱	ka^{44}xa^{55}	乾旱	日照り	
	35	干細	ka^{33}ɕi^{55}	危險	危険、責任、問題がある	
	36	干	ka^{44}	把～	～を	介詞，置於賓語前，使賓語前置
	37	干	ka^{44}	～一下	少し～する	放動詞前，表示時間短暫或試探性的動作，“～一下”
	38	干米休	ka^{44}mi^{33}ɕou^{33}	想想	少し考えてみる	
	39	干恨	ka^{44}xɯ^{55}	把～，把這個～	これを、～を	
	40	干牙來咬	ka^{44}ŋɯ^{21}le^{21} ŋa^{44}	咬牙切齒	歯軋りする	
	41	干色	ka^{44}seɹ^{44}	乞丐	乞食	
3	42	己	tɕi^{31}	到～，靠近～	到る、近づく	從一個地方到（靠近，走向）另一個地方
	43	己	tɕi^{31}	麂	キョン	
	44	己甲	tɕi^{31}tɕa^{35}	自己	自分、自分で	
	45	己	tɕi^{33}	拉	引っ張る	
	46	～己	tɕi^{33}	（一）雙（鞋）	靴（一足）	量詞
	47	己下	tɕi^{33}thɯ^{55}	拉下	引き下ろす	
	48	己尾己	tɕi^{33}ŋv^{44}tɕi^{33}	地獄	地獄	
	49	己定	tɕi^{33}tɕɯ^{31}	抓緊	きつく握る	
	50	小毛賊盜	ɕo^{31}mo^{42}tseɹ^{35} to^{55}	小毛賊盜	追いはぎ・強盜	
	51	之	tsʅ^{33}	之，這，即	これ、すなわち	没有特定的意思
	52	之	tsʅ^{33}	之，～的	～の	
	53	之母	tsʅ^{44}mo^{33}	母子	母子	參照“之母 tsʅ^{44}mu^{33}”“子母 tsʅ^{44}mu^{33}”
	54	之母	tsʅ^{44}mu^{33}	母子	母子	比“之母 tsʅ^{44}mo^{33}”更書面語。參照“之母 tsʅ^{44}mo^{33}”“子母 tsʅ^{44}mu^{33}”

續表

筆畫	序號	白文	國際音標	漢譯	日譯	備考
3	55	子母	tsɿ^{44}mu^{33}	母子	母子	參照“之母 tsɿ^{44}mo^{33}”“之母 tsɿ^{44}mu^{33}”
	56	之⿱女二	tsɿ^{44} nv̩^{33}	子女	息子と娘	
	57	丈夫	tsou^{31}fu^{35}	丈夫	夫	參照“走服 tsou^{31}fu^{35}”
	58	上坡	tsou^{33}po^{21}	上坡	坂を上る	
	59	～川	tshua^{44}	（抓住）一次	ひとたび（掴む）	量詞
	60	小	se^{31}	小	小さい	
	61	小⿱女二	se^{31}nv̩^{33}	小女	末の娘	
	62	山登	se^{32}tɯ^{35}	（鴨、鷄的）窩、巢	（鴨や鶏の）巣	
	63	山尖	se^{35}tɕe^{35}	山頂，峰	山頂	山嶺則作“se^{35}”
	64	山東	sa^{44}tou^{44}	山東（地名）	山東（地名）	
	65	三	sa^{44}	（语气词）	語気助詞、～だ	
	66	三官廟	sa^{44}kua^{44}mio^{55}	三官廟	三官廟	
	67	三	sa^{55}	三	三	參照“山 sa^{55}”“上 sa^{55}”
	68	三代	sa^{55}te^{31}	三代	三代	
	69	山	sa^{55}	三	三	參照“三 sa^{55}”“上 sa^{55}”
	70	上	sa^{55}	三	三、三つ	參照“三 sa^{55}”“山 sa^{55}”
	71	上阿	sa^{55}a^{33}	相看	相見える	
	72	上見	sa^{55}ke^{32}	相見	相見える	
	73	上格	sa^{55}keɹ^{35}	三更	三更	
	74	上後	sa^{55}ɣɯ^{44}	吵架	口げんか	
	75	上與	sa^{55}jui^{21}	很像	とても似ている	
	76	上思	sa^{55}sɿ^{35}	離散，分别	別れ別れになる	
	77	山坡	sv̩^{32}po^{33}	山坡	山の斜面	
	78	山趕	sv̩^{32}ka^{32}	山谷	山と山との合間	
	79	山頭尖	sv̩^{32}tɯ^{21}tɕe^{35}	山頂，峰	山頂	
4	80	王	ua^{42}	老鷹	鷹	量詞爲“頭 tɯ^{21}”
	81	王大人	ua^{42}ta^{55}zɯ^{42}	王大人	王大人	對王彦林（王延齡）的敬稱
	82	王朝	ua^{42}tsho^{42}	王朝	王朝	人名
	83	日每	pe^{31}ȵi^{44}	每天	毎日	參照“平日 pe^{31} ȵi^{44}”
	84	巴	pa^{33}	～吧	～しなさい	

續表

筆畫	序號	白文	國際音標	漢譯	日譯	備考
4	85	巴冷巴	$pa^{33}lɯ^{44}pa^{33}$	餓得發暈	（お腹がすいて）ふらふらになる	
	86	～巴	pa^{42}	（一）把（扇子）	（扇子など一）本	量詞，參照“～把 pa^{42}”
	87	巴	pa^{44}	大碗	大碗	
	88	不必	$pu^{35}pi^{35}$	不必	必ずしも～でない	
	89	不與	$pu^{35}jui^{31}$	不與	～とは～でない	
	90	不管	$pu^{35}kua^{31}$	不管	かまわない	
	91	不怕	$pu^{35}pha^{55}$	不怕	恐れない、怖くない	
	92	不覺	$pu^{35}tɕo^{35}$	不覺	思いもかけず	
	93	不如	$pu^{35}zu^{42}$	不如	～したほうがよい	
	94	夫妻	$pɯ^{35}tshe^{55}$	夫妻	夫妻	
	95	五	mu^{33}	五	五	
	96	反	$feɹ^{33}$	按着轉	ぐりぐり押し付ける	
	97	夫人	$fu^{44}zɯ^{42}$	夫人	夫人	參照“夫人 vu^{33} $ȵi^{21}$”
	98	六	$fv̩^{44}$	六	六	
	99	夫	$fv̩^{44}$	肚子	腹	量詞參照“科 $khou^{33}$、肚 $fv̩^{44}$”
	100	夫很	$fv̩^{44}xɯ^{31}$	肚子裏	腹の中	
	101	五古	$vu^{44}ku^{21}$	葫蘆	瓢箪	量詞是“科 $khou^{44}$”
	102	夫人	$vu^{33}ȵi^{21}$	夫人	夫人	參照“夫人 $fu^{44}zɯ^{42}$”
	103	父	ti^{33}	爹	父	參照“爹 ti^{33}”
	104	斗	tou^{21}	話	話	量詞是“句 $tsheɹ^{55}$”
	105	斗	tou^{35}	父	父	組詞爲“斗母 tou^{35} mo^{33}”（父母）等
	106	～太	the^{55}	（一）件（事、事情）	（事、事情一）回、（一）件	量詞
	107	乆	$nv̩^{33}$	女，女性自稱，女孩	女性、女性の自称、娘	
	108	乆艮艮	$nv̩^{33}ȵi^{21}ȵi^{21}$	女性	女性	
	109	六米宴	$lu^{35}miɯ^{42}je^{55}$	鹿鳴宴	鹿鳴宴	
	110	内	lui^{33}	亂	乱れる	
	111	今日	$keɹ^{55}ȵi^{44}$	今天	今日	參照“個日 $keɹ^{55}ȵi^{44}$”
	112	勾坑	$ko^{42}khɯ^{44}$	（鳥或蟲子）停在～	（鳥や虫が）～に止まる	

續表

筆畫	序號	白文	國際音標	漢譯	日譯	備考
4	113	孔	khv̩^{33}	能～	よく～できる、する	
	114	五百名	ŋv̩^{33}peɹ^{44} mieɹ^{35}	五百名	五百名	
	115	及	tɕi^{35}	多	多い	
	116	井痛山	tɕɯ^{33}tshou^{55} se^{35}	點蒼山	点蒼山	古稱
	117	水	ɕui^{33}	水	水	
	118	水牛	ɕui^{33}ŋɯ^{31}	水牛	水牛	量詞是“頭 tɯ^{21}”
	119	月～月～	jue^{35} ～ jue^{35} ～	越～越～	～すれば、～するほど	
	120	引神貼	jɯ^{31}seɹ^{35}thie^{35}	引神貼	引神貼（おふだ）	
	121	日	ȵi^{44}	暖和，熱	暖かい、暑い	“ȵi^{44}”也發音爲“ȵe^{44}”，但没有音的對立
	122	日	ȵi^{44}	進，入	入る	
	123	日	ȵi^{44}	～天	～日	“ȵi^{44}”也發音爲“ȵe^{44}”，但没有音的對立
	124	日匹	ȵi^{44}phi^{31}	太陽	太陽	“ȵi^{44}”也發音爲“ȵe^{44}”，但没有音的對立
	125	日很	ȵi^{44}xɯ^{31}	白天	昼間	
	126	日雙	ȵi^{44}sua^{44}	年齡	年齢	
	127	少午	ȵi^{44}tɯ^{21}	少午（下午兩點左右。又指中飯與晚飯之間的午後點心）	今の午後二時ごろ。または昼ごはんと夜ご飯の間に適当に食べるご飯	“ȵi^{44}”也發音爲“ȵe^{44}”，但没有音的對立
	128	牛母	ȵou^{35}mo^{33}	婆娘	嫁	參照“婆娘 ȵou^{35}mo^{33}”
	129	中身	tsou^{44}sɯ^{33}	身体的中心	体の中心部分	
	130	中間	tsou^{44}tɕe^{33}	中間	間	
	131	手	sɯ^{33}	手	手、腕	它的量詞是“坡 pho^{44}”(一隻)、“樹 su^{44}”(一雙)
	132	手盂	sɯ^{33}mɯ^{55}	手裏	手の中	
	133	收打	sɯ^{35}ta^{32}	没收	没収	
	134	手師	sou^{33}sɿ^{44}	首飾	装飾品	
5	135	比	pi^{21}	麻木，麻痹，發木	痺れる	
	136	比	pi^{31}	比，比喻	比べる、比較する、たとえる	
	137	比	pi^{33}	低，矮	低い	

續表

筆畫	序號	白文	國際音標	漢譯	日譯	備考
5	138	左	pi^{35}	左	左	
	139	皮	pe^{21}	皮	皮	量詞是“張 ʦou^{35}”
	140	平日	pe^{31}ȵ̩i^{44}	每天	每日	參照“日每 pe^{31}ȵ̩i^{44}”
	141	白鶴	peɹ^{35}xo^{35}	白鶴	白鶴	
	142	白	peɹ^{42}	白	白い	
	143	白米	peɹ^{42}me^{33}	白米	白米	
	144	白豆花	peɹ^{42}tɯ^{21}xuo^{35}	白杜鵑	白ツツジ	大理人食用白杜鵑，别的顏色的杜鵑花則通常不吃。將白杜鵑摘來，浸泡水中一兩天後，剔除花蕊等，做湯或其他菜餚
	145	白灰西	peɹ^{42}xui^{35}ɕi^{33}	灰泥	建物に塗る白い漆喰	
	146	白咽咽	peɹ^{42}jɯ^{35}jɯ^{35}	白白的	白々とした	“咽咽 jɯ^{35}jɯ^{35} ”指色彩鮮艶的様子
	147	白扇	peɹ^{42}se^{32}	白扇	白扇	它的量詞是“巴 pa^{42}”“把 pa^{42}”
	148	包文正	po^{33}vɯ^{42}ʦɯ^{55}	包文正	包文正	人名
	149	包大人	po^{33}ta^{55}zɯ^{42}	包大人	包大人	對包文正的敬稱
	150	～包	po^{35}	（一）包（～）	一包み	量詞
	151	～包	po^{35}	（一）位（皇帝等貴人）	一人	貴人的量詞
	152	包臣	po^{35}tshɯ^{55}	包丞相	包大臣	
	153	包臣相	po^{35}tshɯ^{55}ɕa^{44}	包丞相	包大臣	
	154	本	pɯ^{31}	～人	～人	量詞，同“本艮 pɯ^{33}ȵ̩i^{21}”
	155	本	pɯ^{31}	不	～でない	
	156	本表	pɯ^{31}pio^{33}	不是	～でない	與“表 pio^{33}”意思相同
	157	本没	pɯ^{31}mu^{33}	没有	ない	現代大理方言中已較少見，參照“没 mu^{33}”
	158	本得本	pɯ^{31}tɯ^{33}pɯ^{31}	不得不～	～せざるを得ない	
	159	本嘆	pɯ^{33}tha^{55}	那時候	そのとき	
	160	本見	pɯ^{31}ke^{32}	見不到	会えない、見られない	
	161	本過	pɯ^{31}kuo^{32}	没有	ない	
	162	本公	pɯ^{31}kou^{44}	本公	本公	高地位的人的自稱
	163	本想	pɯ^{31}ɕa^{31}	不想	～したくない	

續表

筆畫	序號	白文	國際音標	漢譯	日譯	備考
5	164	本一	pɯ^{31}ji^{35}	不依	聞き入れない	
	165	本艮	pɯ^{31}ȵi^{21}	～人	～人	量詞，與“本 pɯ^{33}”同
	166	本艮	pɯ^{33}ȵi^{21}	那個人	その人	是否應寫作“咊艮”？
	167	北方	pɯ^{44}po^{21}	北邊	北側	
	168	以後	pɯ^{55}ɣɯ^{33}	以後	それから	參照“咊後 pɯ^{55}ɣɯ^{33}”
	169	表	pio^{33}	不是～	～でない	與“本表 pɯ^{31}pio^{33}”意思相同
	170	表	pio^{33}	不對	間違ったこと	
	171	丕	phe^{31}	庹	両手を広げただけの長さ（一尋）	
	172	叭	phia^{44}	到	到る	
	173	叫	meɹ^{21}	（鳥）叫	（鳥が）鳴く	參照“鳴 meɹ^{21}”
	174	目池宮	mu^{35}tshɿ^{42}kou^{44}	目池宮	目池宮	
	175	母	mo^{33}	媽媽	母親	
	176	付馬	fu^{55}ma^{31}	駙馬	駙馬	
	177	付馬公	fu^{55}ma^{31}kou^{44}	駙馬公	駙馬公	
	178	代千	te^{32}tɕhe^{33}	牽連	巻き添えにする	參照“代筆 te^{44}tɕhe^{33}”
	179	代筆	te^{32}tɕhe^{33}	牽連	巻き添えにする	參照“代千 te^{44}tɕhe^{33}”
	180	代	te^{44}	帶，攜帶	持ってくる、携える	
	181	代王	te^{55}ua^{42}	大王	大王	
	182	代怎	te^{44}tsɯ^{35}	帶來	持ってくる	
	183	打	teɹ^{44}	打	殴る、打つ	
	184	打府趕	teɹ^{44}fu^{31}keɹ^{32}	打呼嚕	いびき（をかく）	
	185	打發	teɹ^{44}feɹ^{44}	打發	派遣する、支度をする	
	186	打東	teɹ^{44}tou^{44}	打倒	打ち倒す	
	187	打	ta^{32}	回	帰る	
	188	打賭	ta^{32}tu^{31}	打賭	賭けをする	
	189	打央	ta^{32}ja^{44}	回來	帰ってくる	
	190	冬季	tv̩^{35}tɕi^{44}	冬天	冬	
	191	冬妹	tou^{44}me^{55}	冬妹	冬妹	人名，參照“東妹 tou^{44}me^{55}”
	192	古干	ku^{31}ka^{33}	硬嘴	認めない、態度が悪い	

續表

筆畫	序號	白文	國際音標	漢譯	日譯	備考
5	193	古整	ku^{31}tsɯ^{31}	老樹	古木	
	194	古人艮	ku^{31}zɯ^{35}ȵi^{21}	古人	昔の人	
	195	功	ku^{35}	供給	供給する、与える	参照“供 ku^{35}”
	196	功名	ku^{35}mieɹ^{35}	功名	功名	
	197	功勞	ku^{35}lo^{35}	功勞	功労	
	198	功給	ku^{35}kɯ^{31}	供給	供給する、与える	
	199	可年	kho^{31}ȵe^{42}	可憐	可哀そう、哀れな	参照“可憐 kho^{35}ȵe^{42}”
	200	可憐	kho^{31}ȵe^{42}	可憐	可哀そう、哀れな	参照“可年 kho^{35}ȵe^{42}”
	201	去	ŋeɹ^{21}	去	行く	
	202	生	xeɹ^{55}	生	生える	
	203	生打	xeɹ^{55}ta^{32}	生在～，長在～	～に生えている	
	204	生後之	xeɹ^{55}xou^{35}tsɿ^{44}	年齡較高的已婚的男人、漢子	年齢高い既婚の男性	
	205	叫	ɣɯ^{35}	叫做（某某名字）	という名前である	
	206	叫	ɣɯ^{35}	叫，呼叫	呼ぶ	
	207	叫咋	ɣɯ^{35}tso^{42}	叫的是～	～させることには、呼ぶ	
	208	加	tɕa^{33}	接，接續	つなぐ、続ける	
	209	加	tɕa^{33}	加，加上	加える	
	210	加	tɕa^{33}	～啊	～だ	語氣助詞
	211	加	tɕa^{33}	這樣	そのように、そんなにも	
	212	甲滿	tɕa^{35}ma^{33}	（年齡）剛到～	（年齢が）～になったばかり	参照“年滿 tɕa^{35}ma^{33}”
	213	甲當	tɕa^{35}ta^{44}	家產	家財	
	214	加	tɕa^{44}	（介詞）將～，以～	用いる、～をもって（介詞）	
	215	叫	tɕo^{33}	教～，讓～	～させる	
	216	且	tɕhe^{31}	且，暫且	まず～する	
	217	且	tɕheɹ^{33}	（敬辭）請～	どうか、どうぞ	参照“請 tɕheɹ^{33}”
	218	四十	ɕi^{21}	四十	四十	

續表

筆畫	序號	白文	國際音標	漢譯	日譯	備考
5	219	以	ji²¹	找	探す、尋ねる	
	220	以外	ji³¹ue⁵⁵	裏外	内外	
	221	以冷	ji³¹lɯ⁴⁴	犀利，（刀）快，鋭利	鋭利	
	222	央	ja⁴⁴	回	帰る	
	223	央	ja⁴⁴	再嫁	再婚する	
	224	央	ja⁴⁴	壓	押さえる	
	225	央瀉	ja⁴⁴ueɹ³⁵	壓歪	押し曲げる	“瀉”是否“寫”之誤？
	226	玉	jui⁴⁴	遇，遇見	遭遇する、遇う	參照“玉 tso³³”
	227	永拉拉	jou³¹na³³na³³	摇摇晃晃	ふらふらになる	
	228	由	jou³⁵	由～，從～	～から	“由”的聲調兩者“jou³⁵”“jou⁴²”都可以
	229	由得	jou⁴²teɹ³⁵	由得～，使得～	任せる、思うようにさせる	
	230	由恨	jou⁴²xɯ⁵⁵	由～，從～	～から	
	231	右	tseɹ³²	右	右	
	232	玉	tso³³	遭，遭遇	遭遇する	參照“玉 yui⁴⁴”
	233	只	tsɿ²¹	向～，往～	～の方に	放動詞後，表示動作的方向。參照“時 tsɿ²¹”
	234	只	tsɿ²¹	～的時候	～の時	
	235	只生	tsɿ²¹sɯ⁴⁴	物品，東西	もの	參照“怎生 tsɯ²¹sɯ⁴⁴”
	236	主	tsv̩³¹	中得～，被授予～	あたる、得る、授けられる	
	237	主衣	tsv̩³¹ji⁴⁴	主義	考え	
	238	～句	tsheɹ⁵⁵	（一）句（話）	話（一つ）	量詞
	239	出	tshu³⁵	出	出る	
	240	出頭	tshv̩⁴⁴tɯ²¹	從困境中解脱出来	困難を脱する	
	241	出生	tshv̩⁴⁴seɹ³⁵	畜生	畜生	駡人的話，參照“出色 tshv̩⁴⁴seɹ³⁵”
	242	出色	tshv̩⁴⁴seɹ³⁵	畜生	畜生	駡人的話，參照“出生 tshv̩⁴⁴seɹ³⁵”
	243	司	sɿ⁴⁴	住宿	宿泊する	參照“宿 sɿ⁴⁴”
	244	司客	sɿ⁴⁴kheɹ⁴⁴	住宿業，旅業	宿泊業	
	245	生方	sɯ³¹fa⁴⁴	辦法	方法	
	246	生易	sɯ³⁵ji⁴⁴	生意，買賣	商売	
	247	生日	sɯ³⁵zɿ³³	生日	誕生日	

續表

筆畫	序號	白文	國際音標	漢譯	日譯	備考
	248	生	sɯ^{44}	完	終わる	
5	249	生	sɯ^{44}	擦	拭く	
	250	生	sɯ^{44}	就，即	すなわち	
	251	安葬	a^{44}tsa^{55}	安葬	安らかに葬る	
	252	安母	a^{44}mo^{33}	母鴨	雌鴨	量詞是“頭 tɯ^{21}”
	253	百	peɹ^{44}	一百	百	
	254	百里	peɹ^{44}le^{33}	一百里	百里	
	255	百姓	peɹ^{44}ɕeɹ^{32}	百姓	民	
	256	百有	peɹ^{44}jou^{32}	百樣，各種各樣	様々な	
	257	奶	pa^{42}	奶	乳	
	258	奶第	pa^{42}ti^{55}	乳房	乳房	
	259	米	mi^{31}	够，足够	足りる	
	260	米	mi^{33}	想，思考	考える、思う	
	261	米	me^{33}	大米	米	量詞是“科 khou^{33}”
	262	名	mieɹ^{35}	名字	名前	量詞是“聲 tsheɹ^{55}”
	263	名叫	mieɹ^{35}ɣɯ^{35}	名叫～	～という名前である	
	264	没	mu^{21}	逃避，躲避，逃跑	逃げる	
6	265	没只	mu^{21}tsɿ^{21}	跑到～，向～逃	～へ逃げる	
	266	没	mu^{33}	没有	ない	
	267	没來山	mu^{33}le^{21}sv̩^{32}	不計其數	数え切れない	
	268	吊	tio^{44}	一千（文錢）、（一）貫	（銭）千文、（一）貫	
	269	吊香	tio^{44}ɕa^{44}	吊死	首をくくって死ぬ	
	270	朶	tuo^{31}	躲	避ける	
	271	朶	tuo^{33}	不能	できない	
	272	～朶	tuo^{33}	（一）朶（花）	（花一）輪	量詞
	273	多	tuo^{35}	多	多く	
	274	同（圖）	thu^{42}	圖	図る	
	275	同志	thou^{42}tsɿ^{55}	同志	同志	
	276	艮	ȵi^{21}	人，～人	人、人間、人を数えるのに用いる	
	277	艮格	ȵi^{21}keɹ^{35}	人	人、人間	它的量詞是“艮 ȵi^{21}”

續表

筆畫	序號	白文	國際音標	漢譯	日譯	備考
6	278	年雙	$ȵi^{44}sua^{44}$	年紀，年齡	年齢	
	279	奶	ne^{44}	奶奶	祖母	
	280	吐	no^{44}	～的，～上，～地方	～の、～の上、～の場所	助詞:（1）表示賓語;（2）表示修飾語;（3）表示定語（副詞性修飾語）
	281	耳	$ȵui^{33}$	耳	耳	也發音爲“$ȵou^{33}$”
	282	耳古光	$ȵou^{33}ku^{33}kua^{44}$	耳環	耳飾	它的量詞是“對 tue^{31}”
	283	耳朵	$ȵou^{33}to^{32}$	耳垂	耳たぶ	
	284	老包	$lo^{32}po^{44}$	老包	老包	包公的自稱或他稱
	285	老夫	$lo^{32}fu^{44}$	老夫	わし、男性の自称	
	286	老國泰	$lo^{32}kueɹ^{35}the^{55}$	老國太	皇太后	
	287	老子	$lo^{32}tsɿ^{44}$	老子（男性自稱）	わし、男性の自称	
	288	老漢	$lo^{32}xa^{55}$	老漢（男性自稱）	わし、男性の自称	
	289	老爺	$lo^{32}je^{42}$	老爺	目上の人、主人に対する敬称	
	290	老利	$lo^{42}li^{55}$	還是～，也～，果然～	やはり	現在較少使用
	291	丟	lio^{44}	丟，丟棄	捨てる	
	292	丟打	$lio^{44}ta^{32}$	丟給，扔回	投げ返す	
	293	托	lui^{35}	脱	脱ぐ、はずす	
	294	肉	$keɹ^{21}$	肉	肉	
	295	各位	$keɹ^{35}ue^{55}$	各位	各位	
	296	江	$kv̩^{35}$	河，江	川	
	297	光	kua^{44}	一點不剩，完了	すっかり～してしまった	形容詞
	298	光	kua^{44}	光	光	
	299	～光	kua^{44}	（一）根（棍棒等）	（棍棒など一）本	量詞
	300	交	$kheɹ^{55}$	（跌倒一）次	（一）度（倒れる）	量詞
	301	～扣	$khou^{44}$	（一）件（上衣）	（上衣一）着	量詞
	302	扣	$khou^{55}$	鋪（床）	（床を）ひく	
	303	好比	$xo^{32}pi^{31}$	好比	～のようだ	
	304	好東	$xo^{31}tv̩^{35}$	家，家中	家、家庭	

續表

筆畫	序號	白文	國際音標	漢譯	日譯	備考
	305	好東格	xo^{31}ty̩^{35}keɹ^{35}	家，一家人，家族	家庭、一族	
	306	好	xu^{33}	好	よい、よく	
	307	好艮好格	xu^{33}ȵi^{21}xu^{33}keɹ^{35}	好人	善人	
	308	～回	xue^{35}	（一）回	（一）回	量詞
	309	伙計	xuo^{31}tɕi^{55}	伙計	仲間	
	310	托生	tɕi^{32}xeɹ^{55}	托生	生まれる、生を受ける	
	311	吉利	tɕi^{35}li^{55}	吉利	縁起	
	312	年滿	tɕa^{35}ma^{33}	年滿～	（年齢が）～になる	參照“甲滿 tɕa^{35}ma^{33}”
	313	交	tɕo^{31}	製造	作る	
	314	交給	tɕo^{35}kɯ^{31}	交給	わたす	
	315	交杯	tɕo^{44}pe^{44}	交杯	（結婚のとき）杯を交わす	
	316	死	ɕi^{33}	死	死ぬ	
	317	死怕	ɕi^{33}pha^{55}	死期	死期	
	318	西宮	ɕi^{44}kou^{44}	西宮	西宮	
6	319	西宮娘娘	ɕi^{44}kou^{44}ȵa^{42}ȵa^{44}	西宮娘娘	西宮娘娘	
	320	西自	ɕi^{33}tsɿ^{55}	石灰	石灰・漆喰	
	321	休	ɕa^{35}	羞辱	辱める	
	322	休己來	ɕui^{35}tɕi^{31}le^{21}	（切東西的聲音）喀嚓	ものがスパッと切れる音	
	323	衣	ji^{35}	衣裳（上衣）	衣服（上着）	量詞是“扣 khou^{44}”
	324	衣杯	ji^{35}pe^{32}	所有的衣裳	あらゆる上下の衣服	參照“衣服 ji^{35}pe^{32}”
	325	衣服	ji^{35}pe^{32}	衣服	衣服	參照“衣杯 ji^{35}pe^{32}”
	326	羊	ja^{42}	様	～のように	
	327	因	jɯ^{44}	吃	食べる	
	328	因點	jɯ^{44}tieɹ^{44}	菜，吃的東西	食べ物、料理	
	329	羊	jou^{21}	臘	蝋	
	330	羊	jou^{21}	羊	羊	它的量詞是“頭 tɯ^{21}”
	331	在有	tse^{44}tsɯ^{33}	還有～	さらに～ある	
	332	在第溝	tse^{42}ti^{55}ko^{44}	跛	跛	
	333	成	tseɹ^{21}	成～	～に成る	
	334	早	tsu^{33}	早	早い、早く	喜洲以外也發音爲“tso^{33}”

續表

筆畫	序號	白文	國際音標	漢譯	日譯	備考
6	335	自	tsɿ^{35}	在～	～に	参照“怎 tsɯ^{35}”
	336	自	tsɿ^{55}	做～，成～	する、なる	
	337	自	tsɿ^{55}	則	すなわち	有時用作語氣助詞，無特定的意義
	338	自皮利跳	tsɿ^{55}pe^{21}li^{55} thio^{44}	起鷄皮疙瘩	鳥肌が立つ	
	339	自孟	tsɿ^{55}mɯ^{55}	怎麼	どうして、こんなにも	
	340	自跳	tsɿ^{55}thio^{44}	小跑	軽く走る	
	341	自玄哦爹	tsɿ^{55}nv̩^{33}ŋɯ^{55} ti^{33}	娘家的父親	（妻が言う）私の父	
	342	自加	tsɿ^{55}tɕa^{33}	這樣	このように	
	343	自期	tsɿ^{55}tɕhi^{44}	開始做～	～し始める	
	344	自意	tsɿ^{55}ji^{55}	自殺	自殺	借用“自縊”？
	345	自玄處	tsɿ^{55}ȵieɹ^{33} tshv̩^{31}	媳婦的娘家	嫁の家	也可發音爲“tsɿ^{55}nv̩^{33}tshv̩^{31}”
	346	自災	tsɿ^{55}tseɹ^{35}	做齋	お斎を供える	
	347	自從	tsɿ^{55}tshou^{42}	從～	～より	
	348	自三	tsɿ^{55}sa^{44}	小跑	軽く走る	
	349	自然	tsɿ^{55}za^{42}	自然，理所當然	自然と	副詞
	350	朱	tsv̩^{44}	竹	竹	
	351	早坑	tshe^{33}xɯ^{44}	早上	朝	
	352	次後	tshɿ^{44}xou^{44}	伺候，等候	はべる、控える、待つ	参照“伺候 tshɿ^{44}xou^{44}”
	353	次	tshɿ^{55}	身体	体	
	354	次孟	tshɿ^{55}mɯ^{55}	身上	体に身につけているもの	
	355	臣相	tshɯ^{42}ɕa^{55}	丞相	丞相	
	356	臣相府	tshɯ^{42}ɕa^{55}fu^{31}	丞相府	丞相府	包公的衙門
	357	全	tshue^{42}	存，留	のこす	
	358	西	se^{35}	西	西	
	359	寺	se^{35}	寺廟	寺	它的量詞是“寺 se^{35}”
	360	～寺	se^{35}	一座（寺廟）	（寺）一軒	
	361	汝	zv̩^{31}	用	用いる	
	362	肉胎	zv̩^{35}the^{44}	兄弟姐妹	兄弟・姉妹	
	363	如	zou^{33}	如	～のようだ	
7	364	汪	ua^{44}	月，～個月	月、～ヶ月	
	365	汪	ua^{44}	外面	～の外	

續表

筆畫	序號	白文	國際音標	漢譯	日譯	備考
7	366	完	uo³¹	～完	～し終わる	
	367	拜壽	pe⁵⁵sou⁵⁵	拜壽	誕生日を祝う	
	368	拜	peɹ³²	拜	拝む、祝う	
	369	伯父	peɹ³⁵fu⁵⁵	伯父	父方のおじ	
	370	把東	pa³²tou⁴⁴	絆倒	つまずいて転ぶ	
	371	～把	pa⁴²	（一）把（扇子）	（扇子など一）本	量詞。參照“～巴 pa⁴²”
	372	別的	pie³⁵ti⁴⁴	別的	よその	
	373	別處	pie³⁵tshv̩³¹	別處	よそ、別の場所	
	374	忘没	phe³³mu²¹	忘	忘れる	參照“忘記 phe⁵⁵mu²¹”
	375	忘記	phe³³mu²¹	忘	忘れる	參照“忘没 phe⁵⁵mu²¹”
	376	吹	phɯ⁵⁵	吹（樂器）	（楽器を）吹く	
	377	府	fu³¹	府	屋敷、役所	
	378	府門	fu³¹me²¹	府門	屋敷、役所の門	
	379	扶持	fu⁴²tshɿ⁴²	扶持	助ける、支える	
	380	肚	fv̩⁴⁴	肚子	腹	量詞參照“科 khou³³”“夫 fv̩⁴⁴”
	381	扶	vu²¹	扶	支える、たすける	
	382	肚子	tu³³tsɿ³¹	肚子	腹	
	383	豆收	tou³⁵sou³⁵	保祐	加護	也有收拾整理物品之意
	384	那艮	na⁴⁴ȵi²¹	哪個人	誰	
	385	那	na⁵⁵	你們	あなたたち	
	386	那	na⁵⁵	很～	とても	
	387	那	na⁵⁵	～那兒	～の方	
	388	你	no³¹	你	お前	多少有些通俗、親昵的稱呼。參照“惱 no³¹”
	389	利	li⁵⁵	也	～もまた、	參照“利 kou³⁵”
	390	利冷	li⁵⁵la³¹	還是～，也～，果然～	～もまた、やはり	
	391	利第	li⁵⁵ti⁵⁵	還是～	やはり～である	
	392	冷	lɯ⁴²	了	～だ	語氣助詞
	393	冷	lɯ⁴⁴	了	～だ	語氣助詞
	394	含	ka²¹	含	含む	

續表

筆畫	序號	白文	國際音標	漢譯	日譯	備考
7	395	告	ko^{33}	告，訴訟	訴える	
7	396	冷水	kɯ^{35}ɕui^{33}	冷水	冷たい水	
7	397	坐	kv̩^{32}	坐，乘坐	座る、(乗り物などに) 乗る	
7	398	坐	kv̩^{32}	住	住む、暮らす	與“坐”(乘坐) 同音
7	399	坐處	kv̩^{32}tshv^{31}	住所、地址	住所	
7	400	利	kou^{35}	也	～もまた、	參照“利 li^{55}”
7	401	坑	khɯ^{44}	～起	起こる	放動詞後，表示動作發生、持續，同“坑 xɯ^{44}”
7	402	我	ŋo^{31}	我	私	白語與漢語發音相同
7	403	坑	xɯ^{44}	～起	起こる	放動詞後，表示動作發生、持續，與“坑 khɯ^{44} ”同
7	404	花	xua^{35}	慌	慌てる	
7	405	花張	xua^{35}tsa^{35}	慌張	慌てる	
7	406	花	xua^{44}	描畫	描く	
7	407	花南	xuo^{35}na^{21}	花園	花園	
7	408	花古六	xuo^{35}ku^{21}lu^{35}	花蕾	花の蕾	
7	409	花花	xua^{44}xua^{44}	嚷嚷，形容極其嘈雜	非常に騒がしい様	
7	410	花哭	xua^{44}kho^{44}	悲痛	悲痛に	
7	411	伴伙	tɕa^{42}xuo^{44}	伙伴	仲間	
7	412	求	tɕhou^{55}	好	よい	
7	413	希望	ɕi^{44}ua^{55}	希望	希望する、望む	
7	414	孝連	ɕo^{55}ȵe^{42}	孝連	孝連	人名
7	415	利	ȵi^{55}	您	あなた	
7	416	良心	ȵa^{35}ɕɯ^{35}	良心	良心	
7	417	災難	tse^{35}na^{44}	災難	災難	
7	418	作	tso^{35}	～啊	～だ	語氣助詞
7	419	床耳	tsou^{21}eɹ^{33}	床下	ベッドの下	
7	420	走服	tsou^{31}fv̩^{35}	丈夫	夫	參照“丈夫 tsou^{31}fu^{35}”
7	421	走頭	tsou^{31}tɯ^{21}	從頭	はじめから	
7	422	走害	tsou^{33}xe^{55}	升天	天に昇る	
7	423	車	tsheɹ^{33}	睡覺	眠る	
7	424	車本日	tsheɹ^{33}pɯ^{31}ȵi^{44}	睡不着	眠らない、寝つかない	“車日 tsheɹ^{33}ȵi^{44} ”則意爲“睡着”
7	425	車	tsheɹ^{44}	紅	赤い	

續表

筆畫	序號	白文	國際音標	漢譯	日譯	備考
7	426	車他拉	tsheɹ44tha44la44	剛出生而没羽毛的鳥雛	生まれたばかりの羽の生えていない雛	
	427	私	sɿ44	住宿	泊まる	參照“司 sɿ33”“宿 sɿ33”
	428	忍	za31	忍，讓	我慢する、譲る	
	429	忍	zɯ21	蒼蠅	蝿	它的量詞是“頭 tɯ21”
8	430	阿	a31	一（個）	一、一つの	
	431	阿偉	a31ue33	一起	一つの場所、ともに	
	432	阿本本	a31pɯ35pɯ35	一會一會	一つ一つ	表示一會兒又一會兒(時間)
	433	阿媽	a31ma44	媽媽	母	參照“阿母 a35mo33”、“阿媽 a35mo33”。比較通俗、親昵的稱呼
	434	阿母	a31mo33	媽媽	母	參照“阿媽 a31ma44”。比較通俗、親昵的稱呼
	435	阿媽	a31mo33	媽媽	母	
	436	阿爹	a31ti33	爸爸	爹	
	437	阿點	a31tie35	一滴	一滴	
	438	阿對	a31tue32	一對	一対	
	439	阿胎	a31the44	弟弟	弟	
	440	阿哥	a31ko44	哥哥	お兄さん	
	441	阿更	a31kɯ55	現在	現在、今	
	442	阿裁裁	a31tse33tse33	一段一段（距離）	一つ一つ	表示具體的距離
	443	阿時	a31tsɿ21	這時	その時	
	444	阿菜	a31tshe55	一個來回	一往復	
	445	阿聲	a31tsheɹ55	一聲	一声	
	446	阿舅	a31tɕou55	舅父	母方のおじ	
	447	阿央	a31ja44	一樣	同じ	
	448	阿	a33	看	見る	比“漢 xa33”更古老的用詞
	449	阿當	a55ta44	這裏	ここ	參照“暗當 a55ta44”
	450	旺	ua55	幾～	いくつかの、何～	表示少於十的不定數目
	451	彼	pe33	遮住	遮る	
	452	夜很	pe33keɹ32	晚上	夜	
	453	杯	pe44	圓	円い	
	454	杯	pe44	去，走	行く、歩く	

續表

筆畫	序號	白文	國際音標	漢譯	日譯	備考
8	455	杯只	pe^{44}tsɿ^{21}	去，走	～へ行く、歩く	“只 tsɿ^{21} ”不單獨使用。參照“杯時 pe^{44}tsɿ^{21}”
	456	杯只頭	pe^{44}tsɿ^{21}tɯ^{21}	往前走	前に進む	“頭 tɯ^{21}” 有 “前” 的意思
	457	杯時	pe^{44}tsɿ^{21}	去，走	～へ行く、歩く	“時 tsɿ^{21}” 不單獨使用。參照 “杯只 pe^{44}tsɿ^{21}”
	458	杯己	pe^{44}tɕi^{31}	走近	近づいていく	
	459	抱	po^{55}	抱	抱く	
	460	咊	pɯ^{55}	他的，她的	彼の、彼女の	
	461	咊後	pɯ^{55}ɣɯ^{33}	以後	それから	參照“以後 pɯ^{55}ɣɯ^{33}”
	462	咊當	pɯ^{55}ta^{44}	那裏	そこ	
	463	怕産	pha^{55}tshe^{31}	盤纏	旅費	參照“盤采 pha^{55}tshe^{31} ”、“盤彩 pha^{55}tshe^{31} ”、“盤産 pha^{55}tshe^{31} ”
	464	～坡	phou^{44}	（一）隻（身体的一部分）	（体の部分一）つ	量詞
	465	門	me^{21}	門	扉	它的量詞爲 “扇 se^{32}”
	466	門耳	me^{21}eɹ^{33}	門檻	敷居	
	467	門汪	me^{21}ua^{44}	門外	門の外	
	468	門咀	me^{21}tɕui^{33}	門口	門の入り口	
	469	明白	meɹ^{21}peɹ^{42}	明白	明らか、明快	
	470	明汪	meɹ^{21}ua^{44}	明亮的月亮	明るい月	
	471	明亮亮	meɹ^{21}lia^{44}lia^{44}	明亮亮	ぴかぴかの、明るい	
	472	明聲	meɹ^{21}tsheɹ^{55}	喊	大きな声を上げる	
	473	孟	mɯ^{55}	～方面、對～	～の方、～に対して	（1）放名詞後，表示該名詞爲賓語。（2）放名詞後，表示場所、方位
	474	孟	mɯ^{55}	纔～，好不容易～	初めて、ようやく	
	475	孟底	mɯ^{55}ti^{21}	祇～	ただ～だけである	
	476	命	mieɹ^{32}	命，命運	運命、命	
	477	命	mieɹ^{32}	命	命	它的量詞是“珠 tsʯ^{44}”
	478	非	fe^{33}	非常	とても、非常に	
	479	放光	fa^{55}kua^{44}	威風	威光が輝く様	
	480	武西	vu^{31}ɕi^{44}	雨	雨	

續表

筆畫	序號	白文	國際音標	漢譯	日譯	備考
8	481	妻	vu^{33}	妻子	妻	
	482	妻子	vu^{33}ʦhe^{55}	妻子	妻	
	483	武女妻之	vu^{33}nv̩^{33}ʦhe^{55} ʦɿ^{44}	妻子與兒女	妻と娘、妻と息子	
	484	武艮	vu^{33}ȵi^{21}	妻子	妻	
	485	底	ti^{21}	衹～	ただ～だけ	
	486	底要	ti^{21}ȵou^{44}	衹要～	ただ～したい	
	487	底得	ti^{21}teɹ^{35}	衹得～	～するしかない	
	488	底學	ti^{21}ɕo^{35}	衹要～	ただ～したい	也發音爲“ ti^{21}ȵou^{44}”
	489	抬	ta^{35}	抬	もたげる、上げる	參照“答 ta^{35}”
	490	到門孟	to^{31}me^{21}mɯ^{35}	大門口	大門の入り口の方	參照“倒門 to^{31}me^{21}”
	491	到底	to^{55}ti^{31}	到底	一体、結局	
	492	東風	tv̩^{35}fv̩^{35}	東方	東のほう	
	493	東	tou^{44}	倒，倒下，倒塌	倒れる	
	494	東妹	tou^{44}me^{55}	冬妹	冬妹	人名。參照“冬妹 tou^{44}me^{55}”
	495	泥氣潘	ne^{21}ʨhi^{55}pha^{44}	泥巴	泥	
	496	拉	na^{32}	那裏	そこ	
	497	拉	na^{44}	哪裏	どこ	
	498	拉偉	na^{44}ue^{33}	哪裏	どこ	
	499	兩	no^{32}	（銀～）兩	銀～両	
	500	來	le^{21}	這個	これ	這，這個。表示這個東西本身。但不單獨使用
	501	～來	le^{21}	～個	～個	量詞。在大本曲《鍘美案》中是“籠”“枕”等的量詞，而實際上使用相當廣泛
	502	拉	la^{32}	還有，也	～もまた	
	503	拉栽	la^{32}tse^{44}	還有	さらに	
	504	虎	lo^{21}	老虎	虎	它的量詞是“頭 tɯ^{21}”
	505	奇坑	kɯ^{21}xɯ^{44}	騎在～	～の上にまたがる	
	506	供	kv̩^{35}	供給	用意する、与える	參照“功 ku^{35}”
	507	狗	kou^{33}	兩（個）	二つの	
	508	狗子胎	kou^{33}ʦɿ^{33}the^{44}	兄弟姐妹二人	兄弟姉妹二人	參照“狗胎 kou^{33}the^{44}”

續表

筆畫	序號	白文	國際音標	漢譯	日譯	備考
8	509	狗胎	kou^{33}the^{44}	兄弟姐妹二人	兄弟姉妹二人	參照“狗子胎 kou^{33}tsɿ^{33}the^{44}”
	510	怪	kueɹ^{32}	怪	怪しい	
	511	官	kua^{35}	官，官吏	官、役人	
	512	官艮	kua^{35}ȵi^{21}	官人，官吏	役人	
	513	官直	kua^{33}tsɿ^{35}	官位，官職	官位、官職	
	514	果子	kuo^{31}tsɿ^{44}	果子	果物	
	515	空	khv̩^{55}	天空	空（そら）	參照“害 xe^{55}”
	516	空	khv̩^{55}	空，没有	空（から）	
	517	狗	khua^{33}	狗	狗	它的量詞是“頭 tɯ^{21}”
	518	舍央	xeɹ^{31}ja^{44}	什麼	何を、何	參照“舍央 seɹ^{33}ja^{44}”
	519	房	xo^{31}	大房子	大きな中庭をもった建物	它的量詞是“結 tɕɯ^{42}”
	520	虎頭牌	xu^{31}thou^{42}phe^{42}	虎頭牌	虎頭牌	
	521	虎	xu^{33}	烤	火であぶる	
	522	姐	tɕi^{33}	姐姐	姐	
	523	拖	tɕi^{33}	拖，拽	引っ張る	
	524	侄	tɕi^{42}	侄	甥	
	525	店	tɕe^{31}	店鋪	店	
	526	店主	tɕe^{31}tsu^{33}	店主	店主	
	527	金字	tɕe^{35}sɿ^{35}	金字	金文字	
	528	金鶏	tɕe^{35}ke^{35}	金雞	金鶏	
	529	糾	tɕo^{44}	教～，使～	～させる	
	530	金林宴	tɕɯ^{33}liɯ^{42}je^{55}	瓊林宴	瓊林宴	在皇宮招待新科進士的宴會
	531	京城	tɕɯ^{35}tseɹ^{21}	京城，京師	都	
	532	京洲	tɕɯ^{44}tsou^{44}	荆州	荊州	地名。“荆洲”的同音異寫
	533	京州府	tɕɯ^{44}tsou^{44}fu^{31}	荆州府	荊州府	地名。“荆洲府”的同音異寫
	534	咀	tɕui^{33}	罪	罪	
	535	咀	tɕui^{33}	嘴	口	
	536	咀偉	tɕui^{33}ue^{33}	臉	顔	
	537	咀偉丈	tɕui^{33}ue^{33}tsa^{44}	整個臉	顔一つ丸ごと	量詞是“稱 tsheɹ^{33}”
	538	咀皮	tɕui^{33}pe^{21}	嘴唇	唇	
	539	青	tɕheɹ^{31}	青翠	青	
	540	青山	tɕheɹ^{31}se^{33}	緑葉	青葉	

續表

筆畫	序號	白文	國際音標	漢譯	日譯	備考
8	541	青光必	tɕheɹ^{55} kua^{44}pi^{35}	藍色的肋骨	青い肋骨	罵人話，指“没有人樣”
	542	青害	tɕheɹ^{55}xe^{55}	晴天	晴れた空	
	543	青害明汪	tɕheɹ^{55}xe^{55} meɹ^{21}ua^{44}	晴天与月亮	晴れた空と月	《秦香蓮》曲文中意爲“從早到晚”
	544	青咽咽	tɕheɹ^{55}jɯ^{35} jɯ^{35}	清幽幽	清らかで静寂幽邃なさま	“咽咽 jɯ^{35}jɯ^{35}”指色彩艶麗的樣子
	545	些	ɕeɹ^{44}	～天	～日	與“日 ȵi^{44}”用法相同
	546	享福	ɕa^{31}fu^{35}	享福	福を受ける、幸せ	
	547	油	jɯ^{21}	油	油	它的量詞是“誤 vu^{44}”
	548	松	jou^{21}	松樹	松	它的量詞是“頭 tɯ^{21}”
	549	招	tso^{35}	招（女婿）	（婿に）招く	
	550	招親	tso^{35}tɕhɯ^{44}	招親	婿に招く	也發音爲“tso^{35}tshe^{55}”
	551	咋	tso^{42}	説是	言う。言うには	“咋”表示以下是説的内容
	552	咋	tso^{42}	成	する、なる	
	553	咋加	tso^{42}tɕa^{33}	（成）這樣	このように（なる）	也發音爲“ tso^{42}tɕa^{31}”
	554	周	tso^{44}	穿（鞋）	（靴などを）履く	
	555	周公（周呼）	tso^{44}fv̩^{44}	介紹	紹介する	
	556	阻讜	tsu^{31}ta^{31}	阻擋	防ぐ、邪魔をする	“讜”是“擋”的異体字
	557	枕頭	tsɿ^{33}tɯ^{21}	枕頭	枕	它的量詞是“來 le^{31}”（一個）、“對 tue^{31}”（一對）
	558	知招	tsɿ^{33}tso^{33}	甘願	仕方がない	
	559	直	tsɿ^{35}	直接，老實	直接、率直に、正直に	
	560	直	tsɿ^{35}	放，放置	置く	
	561	直斗	tsɿ^{35}tou^{21}	真話	本当の話	
	562	直坑怎	tsɿ^{35}khɯ^{44}tsɯ^{35}	擺起來，準備	置く、準備する	
	563	直耳呆	tsɿ^{35}ȵou^{33}to^{42}	針孔	針の穴	
	564	直師	tsɿ^{35}sɿ^{33}	執事	嫁入りや葬式などに用いた旗・傘などの儀仗（をもつ人夫）	
	565	争	tsɯ^{35}	争，争執	争う	
	566	長	tsou^{21}	長，長度	長さ	

續表

筆畫	序號	白文	國際音標	漢譯	日譯	備考
8	567	～狀	tsou^{32}	（一）封（告狀）	（訴え状一）通	
	568	周	tsou^{33}	伐，砍伐	（木や竹を）伐る	
	569	周	tsou^{44}	鳥	鳥	
	570	周花	tsou^{44}xua^{44}	造化	運	
	571	周窩	tsou^{44}khy̩^{31}	鳥窩	鳥の巣	它的量詞是“來 le^{21}”
	572	狀元	tsua^{44}jue^{35}	狀元	狀元	
	573	狀元及弟	tsua^{44}jue^{35}tɕi^{35}ti^{55}	狀元及第	狀元及第	“弟”是“第”的古字
	574	～昌	tsha^{44}	（一）把（劍）	（劍一）振り	量詞
	575	妻物	tshe^{55}vu^{33}	妻子	妻	
	576	舍央	seɹ^{33}ja^{44}	什麼	何を、何	也發音爲“xeɹ^{31}ja^{44}”
	577	舍來	seɹ^{33}le^{21}	什麼	何を、何	
	578	舍日	seɹ^{33}ȵi^{44}	什麼日子	いつの日	
	579	使	sɿ^{31}	使～	～させる	參照“師 sɿ^{31}”
	580	使	sɿ^{31}	事情	事情、事	它的量詞是“土 thy̩^{33}”
	581	使物	sɿ^{31}vu^{33}	事物、事情	事情、事	它的量詞是“太 the^{55}”。參照“事物 sɿ^{31}vu^{33}”
	582	事物	sɿ^{31}vu^{33}	事物、事情	事情、事	它的量詞是“太 the^{55}”。參照“使物 sɿ^{31}vu^{33}”
	583	受難	sou^{44}na^{44}	受難	難を受ける	
	584	所須	suo^{31}ɕui^{33}	所述	述べる所によれば	
	585	所雙	suo^{31}sua^{44}	所說	言う所によれば	
9	586	保	po^{31}	他，她	彼、彼女	
	587	面吐	mi^{32}no^{44}	來～	～する	負責任地做～
	588	～封	fy̩^{35}	（一）封（信）	（手紙等一）通	量詞
	589	飛	fy̩^{35}	飛	飛ぶ	
	590	第的	ti^{55}teɹ^{44}	嗩吶	チャルメラ	
	591	毒	tu^{35}	毒	悪辣である	
	592	前面	tɯ^{21}mɯ^{35}	前面	前	
	593	胎	the^{44}	弟弟	弟	參照“阿胎 a^{31}the^{44}”
	594	胎收	the^{44}sou^{44}	逮捕時用的鏈子	拘束用の鉄の鎖	它的量詞是“習 ɕi^{35}”
	595	逃難	tho^{42}na^{55}	逃難	難を避ける	

續表

筆畫	序號	白文	國際音標	漢譯	日譯	備考
9	596	砍習伙	thu^{55}ɕi^{35}xuo^{33}	樵夫	薪拾い	“thv̩^{55}ɕi^{35}xuo^{33}”表示從山神那裏得到薪材的人。“討薪的”
	597	南	na^{31}	啊	～だ	語氣助詞
	598	南嗎	na^{35}ma^{44}	嗎	～ですか	疑問詞
	599	南麽	na^{35}mo^{44}	嗎	～ですか	疑問詞
	600	海	ko^{21}	海	海	
	601	客	kheɹ^{44}	客	客	
	602	客堂	kheɹ^{44}tha^{55}	客堂，客室	客室	
	603	苦其	khou^{31}tɕhi^{42}	恐怕～，説不定～	～かもしれない	
	604	～科	khou^{33}	（一）粒、（一）個	（一）粒、（一）つ	量詞
	605	苦情	khu^{33}tɕeɹ^{21}	苦情，困難	苦しい状況	
	606	咬	ŋa^{44}	咬	咬む	
	607	皇王	ŋv̩^{21}te^{31}	皇帝	皇帝	它的量詞是“包 po^{35}”
	608	皇代	ŋv̩^{21}te^{31}	皇帝	皇帝	它的量詞是“包 po^{35}”
	609	皇帝	ŋv̩^{21}te^{31}	皇帝	皇帝	
	610	皇帝包艮	ŋv̩^{21}te^{31}po^{35} n̥i^{21}	皇帝他	皇帝その方	
	611	皇帝博伙	ŋv̩^{21}te^{31}po^{35} xo^{33}	皇帝他	皇帝その方	“xo^{33}”指“人”或“家”等
	612	海帶	xe^{31}te^{55}	海帶	昆布	
	613	海生	xe^{31}sɯ^{33}	海參	ナマコ	
	614	皇公	xua^{42}kou^{44}	皇公（公主）	公主	
	615	悔	xui^{31}	解開心結，想開	心を楽にする	
	616	很	xɯ^{31}	～裏面，～之中	～の中	
	617	恨	xɯ^{55}	～了，～好	～してしまう	放動詞後，表示動作完成
	618	恨	xɯ^{55}	在～	～に、～で	
	619	後	ɣɯ^{33}	以後、後面、背脊	以後、後ろ、背中	
	620	後門	ɣɯ^{33}me^{21}	後門	裏門	
	621	後代	ɣɯ^{33}te^{31}	後代	後代、後の世	
	622	後頭趕	ɣɯ^{33}tɯ^{21}ka^{32}	肩胛骨与肩胛骨之間的部位	肩甲骨と肩甲骨との間の部分	
	623	後世	ɣɯ^{33}xeɹ^{55}	後世	来世	

續表

筆畫	序號	白文	國際音標	漢譯	日譯	備考
9	624	後日	ɣɯ³³ȵi⁴⁴	第二天	翌日	漢語“後日”則表示“後天”，即明天的明天
	625	前面	tɕi²¹mi³²	前面	前	
	626	前門	tɕi²¹me²¹	前門	前門	
	627	香	ɕa⁴⁴	香，香氣	香り	
	628	香	ɕa⁴⁴	很，非常	とても	跟在形容詞之後
	629	香	ɕa⁴⁴	殺	殺す	
	630	相	ɕa⁴⁴	相互	互いに	
	631	相干	ɕa⁴⁴ka⁴⁴	相干	相関わる	
	632	相爺	ɕa⁵⁵je⁴²	相爺	宰相殿	對宰相的稱呼
	633	相央	ɕa⁴⁴ja⁴⁴	樣子，容貌	容姿、容貌	
	634	香	ɕou³⁵	香火	お香	
	635	香火	ɕou³⁵xue³³	香火	線香	
	636	叙	ɕui³³	叙	述べる	參照“釵 ɕui³³”
	637	腰二三	jo⁴⁴eɹ⁵⁵sa³³	陰莖	陰茎	或者意爲“一、二、三”？
	638	咽	jɯ³⁵	來，過來	来る	
	639	亮	ȵa⁵⁵	我們	私たち	
	640	亮亮生	ȵa⁴⁴ȵa⁴⁴sɯ³³	閃閃發亮	ぴかぴかの	也發音爲“lia⁵⁵lia⁵⁵sɯ⁴⁴”
	641	要	ȵo⁴⁴	要～	したい、ほしい、～しなければならない	有時意爲“不得不～”“必須～”。參照“要 ȵo⁴⁴”
	642	要	ȵou⁴⁴	要～	したい、ほしい、～しなければならない	有時意爲“不得不～”“必須～”。參照“要 ȵo⁴⁴”
	643	茶	tso²¹	～了	～してしまう	
	644	怎	tsɯ²¹	東西，物品	物	
	645	前頭	tsɯ²¹tɯ²¹	前頭	前の方	
	646	怎生	tsɯ²¹sɯ⁴⁴	東西，物品	物	參照“只生 tsʅ²¹sɯ⁴⁴”
	647	怎	tsɯ³³	有，持有	有る、持っている	
	648	怎	tsɯ³⁵	在～	いる、在る	
	649	怎	tsɯ³⁵	來～，做～	～する	
	650	～怎	tsɯ³⁵	（一）根（草等）	（長くて柔らかい植物（草）一）本	量詞
	651	怎	tsɯ³⁵	～啊	～だ	語氣助詞
	652	怎當	tsɯ³⁵ta⁴⁴	在這裏	ここにいる	
	653	怎恨	tsɯ³⁵xɯ⁵⁵	在於～	～において	

續表

筆畫	序號	白文	國際音標	漢譯	日譯	備考
9	654	茶房	tsha^{42}fa^{42}	茶房	茶房	
	655	草根	tsho^{31}kɯ^{44}	草根	草の根	
	656	草	tshu^{44}	草	草	它的量詞是“怎 tsɯ^{35}”
	657	草鞋	tshu^{44}keɹ^{42}	草鞋	草鞋	
	658	春高	tshui^{33}ko^{44}	春高	春高	人名
	659	洗	se^{33}	洗	洗	
	660	信	sɿ^{35}	信，書信	手紙	它的量詞是“封 fv̩^{35}”
	661	送	sou^{33}	送	送る	
	662	送期	sou^{44}tɕhi^{44}	受氣	いじめられる	
10	663	案	a^{33}	案，事件	事件	
	664	病	peɹ^{31}	病	病気	
	665	配	phe^{55}	配，許配	夫婦になる、つれそう	
	666	馬	meɹ^{33}	馬	馬	它的量詞是“頭 tɯ^{21}”
	667	馬鹿	ma^{31}lu^{35}	馬鹿	アカシカ	
	668	馬漢	ma^{31}xa^{55}	馬漢	馬漢	人名
	669	磨	mo^{21}	磨，研磨	こすれる、すれる、研ぐ	
	670	蚊之	mɯ^{44}tsɿ^{44}	蚊子	蚊	
	671	骨	vu^{33}	骨	骨	
	672	爹	ti^{33}	父親	父親	參照“父 ti^{33}”
	673	倒	to^{31}	大	大きい	
	674	倒斗	to^{31}tou^{21}	大話	大きな話、嘘	
	675	倒官	to^{31}kua^{35}	大官	大官	
	676	倒門	to^{31}me^{21}	大門	大門、正門	參照“到門孟 to^{31}me^{21} mɯ^{35}”
	677	倒海	to^{31}ko^{21}	大海	大海	
	678	倒堂	to^{31}tha^{55}	大堂	役所の広間	
	679	倒偉筐	to^{31}ue^{33}nv̩^{33}	大眼兒的筐	目の大きな籠	它的量詞是“來 le^{31}”
	680	倒鬧	to^{31}no^{33}	大腦	脳みそ	
	681	祖宗	tou^{35}po^{35}	祖宗	祖先	
	682	套嘍迷	thou^{55}lou^{55} mieɹ^{21}	驢	驢馬	它的量詞是“頭 tɯ^{21}”
	683	通	thu^{55}	通，通過	通す	
	684	討	thu^{55}	請求，討得，娶得	お願いして、～をもらう、娶る	
	685	拿	ne^{44}	拿	手に持つ	

續表

筆畫	序號	白文	國際音標	漢譯	日譯	備考
10	686	能可	nɯ^{42}kho^{31}	寧可	むしろ～したほうがよい	
	687	勒巴骨	leɹ^{35}pa^{44}ku^{35}	肋骨	肋骨	
	688	留	liou^{35}	留	留める	
	689	留情	liou^{35}tɕeɹ^{21}	留情	寛大に扱う、大目にみる	
	690	留落	liou^{42}luo^{35}	流落	さまよう	
	691	格	keɹ^{35}	怕	恐れる	
	692	格干	keɹ^{35}ka^{33}	乾旱	日照り	
	693	格	keɹ^{44}	隔，隔離	隔てる	
	694	格必好	keɹ^{44}pieɹ^{44}xo^{31}	隣居	隣	
	695	高	ka^{35}	高	高い	
	696	哥	ko^{44}	哥	兄	
	697	宮	ku^{35}	宮殿	宮殿、屋敷	
	698	恭賀	ku^{44}xou^{55}	恭賀	お祝いする	
	699	流	kɯ^{21}	流（眼泪、血）	（涙、血を）流す	
	700	流阿昌	kɯ^{21}a^{31}tsha^{44}	一起流	ともに流す	
	701	鬼	kue^{31}	滾，滾動，飛出	転がる、飛び出す	
	702	鬼	kue^{32}	見不到	会えない、いない	
	703	哭	kho^{44}	哭	慟哭する	
	704	哦	ŋa^{55}	我們，我們的	私たち、私たちの	
	705	哦	ŋɯ^{55}	我的	私の	其後必定跟着被修飾語
	706	害	xe^{55}	天，天空	空、天	它的量詞是“稱 tsheɹ^{44}”
	707	害已	xe^{55}tɕi^{33}	天氣	天気、天候	原本是“天與地（之間）”的意思，引申爲“天氣”“氣候”之意
	708	害花	xe^{55}xuo^{35}	天上花	天上の花	它的量詞是“朶 tuo^{33}”
	709	害	xeɹ^{44}	害，損害	害、害する	参照“ tso^{33}”
	710	級	tɕi^{35}	多	多い	参照“及 tɕi^{35}”
	711	記	tɕi^{44}	記	覚える	
	712	記燈	tɕi^{44}tɯ^{44}	記得	覚えている	
	713	記康	tɕi^{55}kha^{44}	餓	お腹がすく	
	714	記些	tɕi^{55}ɕou^{33}	幾～	いくつ、どれほど	参照“記少 tɕi^{55}ɕou^{33}”
	715	記少	tɕi^{55}ɕou^{33}	幾～	いくつ、どれほど	参照“記些 tɕi^{55}ɕou^{33}”

續表

筆畫	序號	白文	國際音標	漢譯	日譯	備考
10	716	梅花	tɕe^{33}xuo^{35}	梅花	梅の花	
	717	趕	tɕe^{42}	叫，叫來	呼んでくる	
	718	趕米	tɕe^{42}mi^{32}	趕上	追いつく	
	719	家譜	tɕa^{44}phu^{31}	家譜	家譜	歌的一個調子，歌唱自家的系譜
	720	家鄉	tɕa^{44}ɕa^{44}	家鄉	故郷	
	721	借	tɕɯ^{44}	摘	摘む	
	722	借	tɕɯ^{44}	借	貸す、借りる	
	723	荆洲府	tɕɯ^{44}tsou^{44}fu^{31}	荆州府	荊州府	
	724	氣央張	tɕhi^{44}ja^{44}tsa^{44}	憤怒	とても怒る	參照“氣養張 tɕhi^{44}ja^{44}tsa^{44}”
	725	氣養張	tɕhi^{44}ja^{44}tsa^{44}	憤怒	とても怒る	參照“氣央張 tɕhi^{44}ja^{44}tsa^{44}”
	726	氣	tɕhi^{55}	一千	千	
	727	氣吐艮	tɕhi^{55}no^{44}ȵi^{21}	親戚	親戚	
	728	氣江	tɕhi^{55}kv̩^{35}	如一千股流水一般的眼淚	千の流れ（の涙）	形容流很多眼淚
	729	氣有百生	tɕhi^{55}jou^{32} peɹ^{44}sɯ^{44}	各種各樣的東西（千樣百生）	さまざまなもの	參照“氣樣百生 tɕhi^{55}jou^{32}peɹ^{44}sɯ^{44}”
	730	氣樣百生	tɕhi^{55}jou^{32} peɹ^{44}sɯ^{44}	各種各樣的東西（千樣百生）	さまざまなもの	參照“氣有百生 tɕhi^{55}jou^{32}peɹ^{44}sɯ^{44}”
	731	氣之噔女	tɕhi^{55}tsɿ^{44}tɯ^{42} ȵeɹ^{33}	可愛的兒子、兒女	いとしい息子・娘	“女”有兩個發音“nv̩^{33}”“ȵeɹ^{33}”。意思相同
	732	氣之艮	tɕhi^{55}tsɿ^{44}ȵi^{21}	親兒子	自分の子供	
	733	氣錯百唱	tɕhi^{55}tsha^{55} peɹ^{44}tsha^{55}	千錯百錯	あらゆる過ち	
	734	氣思	tɕhi^{55}sɿ^{33}	仔細	仔細に	
	735	秦公子	tɕhɯ^{42}kou^{44}tsɿ^{31}	秦香蓮的弟弟	秦香蓮の弟	
	736	秦香連	tɕhɯ^{42}ɕa^{44}ȵe^{42}	秦香蓮	秦香蓮	人名
	737	殺	ɕa^{44}	殺	殺す	參照“香 ɕa^{44}”
	738	穿	ji^{32}	穿（衣服）	着る	
	739	原因	jue^{42}jɯ^{44}	原因	原因、理由、由来	
	740	娘子	ȵa^{42}tsɿ^{31}	娘子	女性に対する呼びかけ、お前	
	741	娘娘	ȵa^{42}ȵa^{33}	娘娘（皇后）	皇后	
	742	連花落	ȵe^{42}xua^{33}luo^{35}	蓮花落	蓮花落	曲調名稱

續表

筆畫	序號	白文	國際音標	漢譯	日譯	備考
10	743	逄	tse^{21}	縫，縫補	縫う	
	744	宰相府	tse^{31}ɕa^{55}fu^{31}	宰相府	宰相府	
	745	栽	tse^{44}	還～，再～	さらに	
	746	栽～光	tse^{44}～kua^{44}	沾～的光	～のおかげをこうむる	
	747	栽怎	tse^{44}tsɯ^{33}	還要～	さらには	
	748	害	tso^{42}	遭（害）	（害に）遭う	參照“遭 tso^{33}”“害 xeɹ^{44}”
	749	時	tsɿ^{21}	向～，往～	～の方に。動詞の後ろに置き、動作の方向を表す。	“只 tsɿ^{21}”
	750	時拉	tsɿ^{21}na^{44}	哪裏	どこ	
	751	時加	tsɿ^{21}tɕa^{33}	～的時候	～のとき	
	752	神佛	tsɯ^{21}ue^{42}	神佛	神仏	
	753	～珠	tsv̩^{44}	（一）条（命）	（命一）つ	量詞
	754	莊	tsou^{35}	裝，裝入	物を入れる	
	755	莊	tsua^{35}	打扮	扮裝する	
	756	～扇	se^{32}	（一）扇（門）	（扉一）枚	量詞
	757	閃格	se^{32}keɹ^{35}	人間	世の中、世間	
	758	殺衣	sa^{35}ji^{44}	商議，商量	話し合う、相談する	參照“殺依 sa^{35}ji^{33}”“商衣 sa^{35}ji^{33}”
	759	殺依	sa^{35}ji^{44}	商議，商量	話し合う、相談する	參照“殺衣 sa^{35}ji^{33}”“商衣 sa^{35}ji^{33}”
	760	笑	so^{31}	笑	笑う	
	761	師	sɿ^{31}	使～	～させる	參照“使 sɿ^{31}”
	762	時候	sɿ^{42}xou^{55}	～時候	～の時	
11	763	問	pieɹ^{44}	詢問	問う	
	764	貧婦	phiɯ^{42}fu^{55}	貧婦	貧婦	
	765	眼淚	mi^{42}ji^{42}	眼淚	涙	
	766	媒人艮	me^{35}zɯ^{35}ȵi^{21}	媒人	仲人	
	767	莫	mo^{32}	磨，摩擦	（脚がこすれてマメが）つぶれる	
	768	莫非	mo^{35}fe^{33}	莫非	もしや、もしかして	
	769	第咋	ti^{35}tso^{42}	祇說，祇希望	ただいう、ただ望むには、	參照“第咋 ti^{55}tso^{42}”

續表

筆畫	序號	白文	國際音標	漢譯	日譯	備考
11	770	第	ti^{55}	衹	ただ	隨其後所接詞彙的不同，聲調有所差别。參照“底 ti^{31}”
	771	第格	ti^{55}keɹ^{35}	衹怕	ただ恐れる	
	772	第咋	ti^{55}tso^{42}	衹説，衹希望	ただいう、ただ望むには、	參照“第咋 ti^{35}tso^{42}”
	773	第一	te^{31}ji^{44}	第一	一番目の	
	774	第三	te^{31}sa^{55}	第三	三番目の	參照“第上 te^{31}sa^{55}”
	775	第上	te^{31}sa^{55}	第三	三番目の	參照“第三 te^{31}sa^{55}”
	776	第二	te^{31}zʅ^{31}	第二	二番目の	
	777	猪	te^{42}	猪	豚	
	778	動	v̩^{31}	動	動く	
	779	頂	tiɯ^{31}	頂，撞，用頭頂	ぶつける、頭に乗せる	
	780	掉	tua^{42}	掉，掉落	落ちる、落とす	
	781	添	thie^{55}	添，添加	追加する、付け加える	
	782	惱	no^{31}	你	お前	多少有些親昵的稱呼。參照“你 no^{31}”
	783	理由	le^{33}le^{21}	理由	理由	
	784	國太	kueɹ^{35}the^{55}	國太，皇太后	皇太后	參照“老國泰 lo^{31}kueɹ^{35}the^{55} ”“國泰 kueɹ^{35}the^{55}”
	785	國泰	kueɹ^{35}the^{55}	國太，皇太后	皇太后	參照“老國泰 lo^{31}kueɹ^{35}the^{55}”“國太 kueɹ^{35}the^{55}”
	786	牽	khe^{55}	牽，拽（人或家畜）	（人や家畜を）引っ張る	
	787	康張	kha^{31}tsa^{44}	計劃	計画	
	788	～康	kha^{44}	（一）抬（轎子）	（駕篭・御輿）一台	量詞
	789	蛇	khv̩^{33}	蛇	蛇	
	790	貧窮	khui^{33}tsou^{21}	貧窮	貧しい、足りない	
	791	黄	ŋv̩^{21}	黄	黄色	
	792	菜把	xeɹ^{55}pha^{44}	蔬菜，菜	野菜、料理全般を指すこともある。	
	793	貨物	xuo^{44}ŋv̩^{33}	東西，物品	物、物品	相比“只生”，指更为具体的东西
	794	假	tɕa^{31}	假，假的	嘘	

續表

筆畫	序號	白文	國際音標	漢譯	日譯	備考
11	795	將軍	$tɕa^{44}tɕui^{44}$	將軍	将軍	
	796	強盜	$tɕha^{42}to^{55}$	强盜	強盗	
	797	習	$ɕi^{35}$	（錢）一百（文）	（銭）百（文）	
	798	習	$ɕi^{35}$	心	心	量詞是“科 $khou^{33}$”
	799	～習	$ɕi^{35}$	一根（鏈子）	鎖など（一本）	量詞
	800	習頭	$ɕi^{35}tɯ^{21}$	心頭，心裏	心の中	
	801	習悔	$ɕi^{35}xui^{31}$	打消念頭，回心轉意	思いとどまる	
	802	細吹細打	$ɕi^{44}tshue^{31}$ $ɕi^{44}ta^{31}$	細吹細打，演奏細樂	穏やかな音楽、楽団	
	803	許	$ɕui^{31}$	保証，約定	承諾する、約束する	
	804	許咀	$ɕui^{31}tɕui^{33}$	接受，答應	承諾する	
	805	釵	$ɕui^{33}$	叙，叙述	述べる	參照“叙 $ɕui^{33}$”
	806	雪	$ɕui^{44}$	雪	雪	
	807	釵利花	$ɕui^{55}li^{55}xuo^{35}$	梨花	梨の花	
	808	船	je^{21}	船	船	
	809	婆娘	$ȵou^{35}mo^{33}$	婆娘	花嫁	《秦香蓮》曲本中“婆娘”的量詞是“頭 $tɯ^{21}$”，但這主要是動物的量詞
	810	章	tsa^{44}	雕刻	刻む、彫刻する	
	811	張	tsa^{44}	用鍘刀切	鍘（処刑具）で斬る	參照“鍘 tsa^{44}”
	812	～張	tsa^{44}	～張	～回	量詞。在《秦香蓮》曲本中，它主要表示用板子敲打的回數
	813	張浪	$tsa^{44}na^{31}$	砸爛	叩き潰す	
	814	張龍	$tsa^{44}lou^{42}$	張龍	張龍	人名
	815	張家	$tsa^{44}tɕa^{44}$	張家	張家	
	816	張月禄	$tsa^{44}jue^{35}lu^{35}$	張月禄	張月禄	人名
	817	紫龍袍	$tsɿ^{31}lou^{42}pho^{42}$	紫龍袍	紫龍の刺繍が入った長衣	
	818	～張	$tsou^{35}$	（一）張（皮等）	（皮など一）枚	量詞
	819	猜	$tshe^{44}$	撈，打撈，淘，疏通	浚う	
	820	粗	$tshu^{55}$	聞，嗅	嗅ぐ	

續表

筆畫	序號	白文	國際音標	漢譯	日譯	備考
11	821	陳士美	tshɯ^{42}sɿ^{55}me^{31}	陳世美	陳世美	人名
	822	陳衆	tshɯ^{42}tsou^{44}	陳衆	陳衆	人名
	823	處	tshv̩^{31}	地方，場所	場所・所	
	824	處	tshv̩^{55}	春天	春	
	825	處頭孟	tshv̩^{55}tɯ^{21}mɯ^{35}	胡同	町の小道	
	826	從此	tshou^{42}tshɿ^{31}	從此	これより	
	827	從小	tshou^{42}se^{31}	從小	幼いときから	
	828	商量	sa^{35}lia^{44}	商量	話し合う、相談する	
	829	商衣	sa^{35}ji^{33}	商議，商量	話し合う、相談する	參照“殺衣 sa^{35}ji^{33}”“殺依 sa^{35}ji^{33}”
	830	書印	su^{33}jɯ^{55}	輸贏	勝ち負け	
	831	書	sɿ^{35}	書，學問	本、学問	它的量詞是“雜 tsa^{35}”
	832	宿	sɿ^{44}	住，住宿	泊まる	參照“司 sɿ^{44}”“私 sɿ^{44}”
12	833	惡名	o^{35}mieɹ^{35}	惡名	悪名	
	834	喜鵲	ou^{55}tsa^{42}	喜鵲	鵲	
	835	喂	ue^{32}	養，喂	養う	參照“餵 ue^{31}”
	836	偉	ue^{33}	眼球	眼球	量詞參照“坡 phou^{44}”
	837	偉皮	ue^{33}pe^{21}	眼皮	上まぶた	
	838	爲	ue^{42}	佛	仏	
	839	爲	ue^{44}	爲了，因爲	～のせいで、～のために	
	840	爲何	ue^{44}xo^{42}	爲何	どうして	
	841	爲咽	ue^{44}jɯ^{35}	因爲	なぜなら	
	842	逼自	pi^{35}tsɿ^{55}	逼成，迫使～	～するように迫る	
	843	晚	pe^{33}	晚飯	夕食	
	844	晚生	pe^{33}keɹ^{32}	晚上	夜	參照“夜很 pe^{33}keɹ^{31}”
	845	報	po^{55}	報告	報告	
	846	稟	piɯ^{31}	扁額	扁額	
	847	晚	me^{33}	（時間）晚	晚い	
	848	買	meɹ^{32}	買	買う	
	849	發	feɹ^{44}	發芽	芽吹く	
	850	富羅伯	fu^{55}luo^{42}peɹ^{35}	傅羅伯	傅羅伯	人名。《傅羅伯尋母》中的登場人物
	851	萬歲碑	va^{55}sue^{55}phe^{42}	萬歲牌	万歳牌	
	852	無	vu^{42}	綁	縛る	

續表

筆畫	序號	白文	國際音標	漢譯	日譯	備考
12	853	無去	vu^{42}tɕhui^{55}	無趣	意味のない、つまらない	
	854	答	ta^{35}	刀	刀	
	855	答	ta^{35}	也～	～もまた	
	856	答	ta^{35}	舉	挙げる、掲げる	參照“抬 ta^{35}”
	857	答	ta^{35}	叼，銜	銜える	
	858	答應	ta^{35}jɯ^{31}	答應	答える	
	859	答因	ta^{35}jɯ^{44}	叼，銜	銜える	
	860	等	tɯ^{31}	這	これ、この	
	861	等偉	tɯ^{31}ue^{33}	這裏	ここ	
	862	等世	tɯ^{31}xeɹ^{55}	今世	この世	
	863	等行	tɯ^{31}ɕɯ^{35}	這樣的行爲	このような行い	
	864	等央	tɯ^{31}ja^{44}	這樣	このように	
	865	等時	tɯ^{31}tsɿ^{31}	這時候，此時	このとき、そのとき	
	866	等	tɯ^{33}	等，等待	待つ	
	867	替	thi^{55}	替，代替	代わり	
	868	提	thi^{55}	擡，提	手に提げる、話題にする、（脚を）上げる	與漢語“提”用法基本相同
	869	嫂	thv̩^{33}	嫂	兄嫁、既婚の若い女性	
	870	過	kou^{35}	和，跟	～と	
	871	貴必	kueɹ^{32}pi^{35}	怪風	怪しい風	
	872	過	kuo^{32}	過，用在動詞後表示曾經或已經	～したことがある	
	873	過	kuo^{32}	過，經過，跨過	（道を）よぎる	
	874	過朶	kuo^{32}tou^{33}	非常	非常に、とても	
	875	給	kɯ^{31}	給，爲，替	してあげる、あげる	
	876	筐	khua^{44}	摘	摘む	
	877	開	khɯ^{55}	開	開く	
	878	開咀	khɯ^{55}tɕui^{33}	開口	口を開く	

續表

筆畫	序號	白文	國際音標	漢譯	日譯	備考
12	879	飯使	xeɹ^{55}zɿ^{31}	米飯	ご飯	量詞是“科 khou^{33}”（一粒）。參照“漢因 xeɹ^{55}zɿ^{31}”
	880	湖廣	xu^{42}kua^{31}	湖廣	湖広	
	881	賀	xo^{55}	賀	お祝いをする	
	882	黑	xɯ^{44}	黑	黒	
	883	黑習	xɯ^{44}ɕi^{35}	黑心	悪い心	
	884	唱	tɕi^{21}	唱（曲藝）	（大本曲などの芸能を）歌う	
	885	結婚	tɕe^{35}xui^{44}	結婚	結婚	
	886	情	tɕeɹ^{21}	事情	情け・事情	
	887	情以	tɕeɹ^{21}ji^{31}	情義	情義	
	888	～結	tɕeɹ^{42}	（一）所（房屋等）	建物等（一軒）	量詞
	889	就	tɕou^{35}	就～，按照～，隨從～	～に従う	
	890	期	tɕhi^{44}	～出	出る、出だす	表示某動作由內而外顯現出來
	891	喜歡	ɕi^{31}xua^{35}	喜歡	喜ぶ、気に入る、うれしい	
	892	揹	jeɹ^{32}	背，用背脊馱	背負う	
	893	象	jou^{33}	大象	象	它的量詞是“頭 tɯ^{21}”
	894	量	ȵa^{44}	一些（粒狀物，如大米）	一定量の、些かの（粒状のもの）	
	895	街	tsɿ^{33}	街	街	
	896	唱	tsha^{55}	上午吃的飯	午前中の食事	
	897	唱	tsha^{55}	唱	歌う	
	898	唱婆	tsha^{55}phou^{42}	唱婆	歌い女	
	899	唱	tsha^{55}	錯，過錯	過ち	參照“錯 tsha^{55}”
	900	厨房	tshu^{42}fa^{42}	厨房	厨房	
	901	菜子花	tshɯ^{31}tsɿ^{44} xuo^{35}	油菜花	菜の花	
	902	傳	tshua^{42}	傳，傳遞	伝える	
13	903	暗面	a^{55}mi^{55}	猫	猫	它的量詞是“頭 tɯ^{21}”
	904	暗當	a^{55}ta^{44}	這裏	ここ	參照“阿當 a^{55}ta^{44}”
	905	暗拉	a^{55}na^{44}	哪裏	どこ	

續表

筆畫	序號	白文	國際音標	漢譯	日譯	備考
13	906	暗號	a^{55}xo^{55}	特徵	特徴	
	907	偉很	ue^{33}xɯ^{31}	眼中	眼中	是否應寫作“偉很”？
	908	違	ue^{35}	圍，包圍	囲む	
	909	圍杆	ue^{35}ka^{33}	圍杆	一抱えほどの太さの支柱か?	它的量詞是“對 tui^{31}”
	910	碰鼻	phɯ^{55}pi^{35}	碰鼻	（香りが）鼻をうつ	
	911	嗎好之	ma^{44}xo^{31}tsɿ^{44}	茅屋	茅葺の小屋	
	912	嗒	ta^{21}	如果	もし	
	913	當	ta^{44}	和，跟	～と	
	914	當自	ta^{44}tsɿ^{55}	當做	～とみなす、～とおもう	
	915	碓走	tui^{32}tsou^{33}	用石頭做的杵頭	（脚ふみや水車などの）杵の頭につけている石	它的量詞是“來 le^{21}”
	916	遠	tui^{33}	遠	遠い	
	917	跳	thiou^{44}	跳	（まぶたが）震える、（心臓が）どきどきする	
	918	喏	nɯ^{55}	你的，你們的	あなたの、あなたたちの	
	919	解	ke^{31}	改	改める	
	920	該答	ke^{35}ta^{35}	該當	～のはずだ	參照“該答 ke^{55}ta^{44}”
	921	該答	ke^{44}ta^{44}	該當	～のはずだ	參照“該答 ke^{35}ta^{35}”
	922	溝	ko^{44}	脚	脚	它的量詞是“樹 su^{55}”（一雙）、“坡 phou^{44}”（一隻）。喜洲以外也音爲“kou^{44}”
	923	溝子習	ko^{44}tsɿ^{31}ɕi^{35}	脚心	足の裏	
	924	跪	kv̩^{31}	跪	跪	
	925	棍	kua^{42}	棍子	棍棒	它的量詞是“光 kua^{44}”
	926	寬	khua^{44}	寬大	広い、寛大	
	927	衙門	ŋeɹ^{21}me^{21}	衙門	役所・衙門	
	928	漢因	xeɹ^{55}zɿ^{31}	飯	ご飯	它的量詞是“漢 xa^{55}”（一些，少許）。參照“飯使 xeɹ^{55}zɿ^{31}”
	929	漢	xa^{55}	看	見る	現代用法。參照“阿 a^{33}”
	930	～漢	xa^{55}	一些（飯）	ご飯など（些か）	量詞

續表

筆畫	序號	白文	國際音標	漢譯	日譯	備考
13	931	漢過朶	xa^{55}kuo^{32}tuo^{33}	看不下去	見過ごせない	
	932	漢吼	xa^{55}xou^{31}	看呆，啞然	唖然とする	
	933	漢期	xa^{55}tɕhi^{44}	看出	見て取る	也發音爲“xa^{44}tɕhi^{35}”
	934	漢三	xa^{55}sa^{44}	照顧	面倒をみる	
	935	號	xo^{55}	～了，～好	～し終わる	
	936	會	xue^{55}	會	みとめる、理解する	
	937	會妻	xue^{55}vu^{33}	相親	結婚式で初めて顔を合わすこと	《鍘美案》曲本中誤爲“今妻”
	938	飲	ɣɯ^{33}	喝	飲む	
	939	敬	tɕɯ^{44}	敬	すすめる、ささげる	
	940	舅	tɕou^{55}	舅	母方のおじ	
	941	想要	ɕa^{31}ȵou^{44}	想要	～したい	也發音爲“ ȵou^{44}ɕa^{31}”
	942	飲（奶）	jɯ^{44}	吃（奶）	（乳を）飲む	曲本中爲了押韻，使用了“ jɯ^{44}”，但原本發音爲“ ɣɯ^{33}”
	943	想要	ȵo^{44}ɕa^{31}	想要	～したい	也發音爲“ ȵou^{55} ɕa^{31}”
	944	賊	tseɹ^{42}	（語氣助詞）	語気助詞	
	945	罪過	tsui^{55}kuo^{55}	罪過	罪過	
	946	傷罷當	sa^{44}pa^{55}ta^{44}	上他們的當	相手のわなにかかる。引っかかる	
	947	獅	sʅ^{35}	獅子	獅子	它的量詞是“頭 tɯ^{21}”
	948	獅子肝	sʅ^{35}tsʅ^{31}ka^{33}	獅子肝	獅子の肝臓	
	949	勢力	sʅ^{55}li^{35}	勢力	勢力	
14	950	滿	ma^{33}	滿，布滿	満ちる	
	951	鳴	meɹ^{21}	叫，鳴	鳴く	
	952	墨水	mɯ^{44}ɕui^{33}	墨水	学問、教養、品格など	
	953	鳳凰	fɯ^{55}xua^{42}	鳳凰	鳳凰	
	954	鳳凰慶	fɯ^{55}xua^{42}tɕhɯ^{55}	鳳凰箐	鳳凰箐	地名
	955	鳴盆記	vu^{33}phɯ^{42}tɕi^{55}	烏盆記	烏盆記	包拯所解决的案件名稱。“鳴”是“烏”之誤
	956	～誤	vu^{55}	一些（液体）	（液体が）少しばかり	量詞
	957	對	tue^{32}	對～，對於～	～に対して	

續表

筆畫	序號	白文	國際音標	漢譯	日譯	備考
14	958	～對	tue^{32}	（一）對	（一）対	量詞
	959	對開	tue^{32}khɯ^{55}	解決（案件）	（事件を）解決する	
	960	端	tua^{33}	～啊	～だ	語氣助詞
	961	鞋	ŋe^{21}	鞋	靴	它的量詞是"己 tɕi^{33}"（一雙）、"坡 phou^{44}"（一隻）
	962	漏	ɣɯ^{31}	漏	漏れる	
	963	趕	tɕe^{42}	趕	追いかける	
	964	趕	tɕe^{42}	趕	追い出す	
	965	趕反	tɕe^{42}feɹ^{33}	趕上，追上	追い抜く	
	966	緊	tɕɯ^{31}	緊	きつく、強く	
	967	旗杆	tɕhi^{21}ka^{44}	氣概	気概	
	968	旗號	tɕhi^{42}xo^{55}	旗號	旗印	
	969	搶	tɕha^{31}	搶	さらう、奪う	
	970	銀	ȵi^{21}	銀子	銀	量詞是"科 khou^{33}"（一粒）、"包 po^{35}"（一包）
	971	銀利八	ȵi^{21}ȵi^{55}pia^{44}	錢，金錢	お金	
	972	銀頭	ȵi^{21}tɯ^{21}	黄金或銀子	金や銀	
	973	銀氣	ȵi^{21}tɕhi^{44}	銀氣	銀気	讓死者含着的東西。大理一帶的風俗。若不含此物，則表示死者没有親戚、友人。除了銀氣，還使死者含生米、絹絲之類的東西
	974	遭	tso^{44}	遭（災害等）	（災害など に）遭う	參照"害 tso^{33}"
	975	趙將軍	tso^{55}tɕa^{44}tɕui^{44}	趙將軍	趙将軍	
	976	趙五娘	tso^{55}vu^{31}ȵa^{42}	趙五娘	趙五娘	人名
	977	趙虎	tso^{55}xu^{31}	趙虎	趙虎	人名
	978	馱	tsɯ^{31}	馱	（馬に）荷物を担がせる	
	979	種	tsy̩^{33}	種族，一家	種族、一族	
	980	蔡伯皆	tshe^{55}peɹ^{35}ke^{44}	蔡伯喈	蔡伯喈	人名。《琵琶記》中的登場人物。"皆"是"喈"的別字
	981	稱	tshɯ^{33}	壞	悪い、残忍	
	982	～稱	tshɯ^{33}	（一）個（臉），（一）片（天）	（顔一）つ、（天一）片などを数える	量詞

續表

筆畫	序號	白文	國際音標	漢譯	日譯	備考
14	983	算	sue^{44}	算了，没辦法	仕方がない	
	984	認	zɯ^{44}	認	認める	
	985	認燈	zɯ^{33}tɯ^{44}	知道	認める	
15	986	墻趕	ou^{33}ka^{32}	墻壁的裂縫	壁の割れ目	
	987	歐	ou^{44}	慪	むしゃくしゃする	
	988	歐歐氣氣	ou^{44}ou^{44}tɕhi^{44} tɕhi^{44}	慪慪氣氣	むしゃくしゃする	
	989	歐氣（慪氣）	ou^{44}tɕhi^{44}	慪氣	むしゃくしゃする	
	990	熱日	ue^{35}ȵi^{44}	熱鬧	にぎやか、景気のよい	也發音爲“ue^{35}ȵe^{44}”
	991	寫	ueɹ^{42}	寫	書く	
	992	盤采	pha^{55}tshe^{31}	盤纏，路費	旅費	参照 “怕産 pha^{55}tshe^{31}” “盤彩 pha^{55}tshe^{31}” “盤産 pha^{55}tshe^{31}”
	993	盤彩	pha^{55}tshe^{31}	盤纏，路費	旅費	参照 “怕産 pha^{55}tshe^{31}” “盤采 pha^{55}tshe^{31}” “盤産 pha^{55}tshe^{31}”
	994	盤産	pha^{55}tshe^{31}	盤纏，路費	旅費	参照 “怕産 pha^{55}tshe^{31}” “盤采 pha^{55}tshe^{31}” “盤彩 pha^{55}tshe^{31}”
	995	鋪	phu^{55}	鋪（床）	床（とこ）	
	996	撈	vu^{31}	撈（水中之物）	水の中のものをさぐり取る	
	997	彈	ta^{21}	（用手）彈	爪弾く	
	998	賭	tu^{31}	賭博	賭ける	
	999	賭咒	tu^{31}tsou^{55}	賭咒	誓う	
	1000	賭頭	tu^{31}thou^{42}	賭頭	首を賭ける	
	1001	魯	lu^{31}	擄	捕らえる、虜となる	
	1002	劉月英	liou^{42}jue^{35}jɯ^{44}	劉月英	劉月英	人名。《琵琶記》登場人物
	1003	個日	keɹ^{55}ȵi^{44}	今天	今日	
	1004	個自	keɹ^{55}tsɿ^{55}	今年	今年	
	1005	賣	kɯ^{21}	賣	売る	
	1006	靠	kho^{55}	靠	頼る	

續表

筆畫	序號	白文	國際音標	漢譯	日譯	備考
15	1007	靠夫	kho^{55}fu^{44}	海草	洱海でとれる海草	它的量詞是“怎 tsɯ^{35}”
	1008	駡	ɣɯ^{44}	駡	罵る	
	1009	請	tɕheɹ^{33}	請	お願いする	參照“且 tɕheɹ^{44}”
	1010	慶	tɕhɯ^{55}	螺螄	田螺	
	1011	熱	ȵi^{44}	熱	熱い	也發音爲“ȵe^{44}”
	1012	領	tsou^{35}	領，帶	連れて行く	
	1013	領打	tsou^{35}ta^{32}	帶回	連れて帰る	
	1014	賞	sa^{31}	賞，賜	賜う、賜る	
	1015	鼠	sɯ^{33}	老鼠	鼠	它的量詞是“頭 tɯ^{21}”
16	1016	罷	pa^{55}	他們，她們，他們的，她們的	彼ら、彼女ら、彼らの、彼女らの	
	1017	頭	tɯ^{21}	頭，腦袋	頭	它的量詞是“包 po^{35}”“包科 po^{35}khou^{33}”
	1018	～頭	tɯ^{21}	（一）頭（動物等）	（動物など一）頭	動物等的量詞（駡人時，也會對人使用這個量詞。）
	1019	頭髮	tɯ^{21}ma^{35}	頭髮	髪の毛	
	1020	頭吐	tɯ^{21}no^{44}	～的時候	～の時	
	1021	頭黨	tɯ^{21}ta^{31}	地方，盆地	場所、地方、盆地	參照“黨 ta^{21}”
	1022	頭尖	tɯ^{21}tɕe^{35}	頂尖	てっぺん	
	1023	燈火	tɯ^{35}xui^{44}	燈火	灯火	
	1024	燈	tɯ^{44}	得	得る、及ぶ、できる	放動詞後，表示結果或結果的持續
	1025	調打	tio^{55}ta^{32}	調回	召し返す	
	1026	頭名	thou^{42}miɯ^{42}	頭名	首席	
	1027	餓	ŋou^{32}	餓	餓	
	1028	餓香	ŋou^{32}ɕa^{44}	餓死	飢え死にする	
	1029	整	tsɯ^{31}	樹木	樹木	
	1030	樹木	tsɯ^{31}ŋv̩^{44}	樹林	樹林	
	1031	整尖	tsɯ^{31}tɕe^{35}	樹尖	樹木のてっぺん	
	1032	錢	tshe^{55}	錢，金錢	銭、お金	
	1033	錯	tsha^{55}	錯，過錯	過ち	參照“唱 tsha^{55}”
	1034	燒	so^{44}	算了，没辦法	仕方がない	
	1035	燒	so^{44}	～了，～好	～してしまう	

續表

筆畫	序號	白文	國際音標	漢譯	日譯	備考
16	1036	樹～	su^{55}	（一）對（脚），雙（手）	（手、脚一）対。	量詞
	1037	燒	sv̩^{55}	燒	焼く、燃える	
	1038	樹皮	sv̩^{55}phi^{42}	樹皮	樹皮	
17	1039	膽	ta^{33}	膽	胆、度胸	
	1040	蹈	ta^{42}	守（巢）	（巣を）守る	
	1041	難爲	na^{35}ue^{35}	感謝	感謝する	
	1042	龍	nv̩^{21}	龍	龍	
	1043	龍毛玉筆	lou^{42}mo^{42}jui^{55} pi^{35}	龍毛御筆	皇帝の御筆	“玉”是否是“御”的別字？
	1044	龍山	lou^{42}sa^{44}	龍山	龍山	地名。
	1045	龍頭鐵鍘	lou^{42}thou^{42} thie^{35}tsa^{35}	龍頭鐵鍘	龍頭の鉄鍘	刑具，“鍘”的一種
	1046	龍頭鍘刀	lou^{42}thou^{42} tsa^{35}to^{44}	龍頭鍘刀	龍頭の鍘刀	
	1047	學綫學米	ço^{35}tshe^{55}ço^{35} me^{33}	作爲學費的錢和米	学費のためのお金とお米	參照“學錢學米 ço^{35}tshe^{55}ço^{35}me^{33}”
	1048	學錢學米	ço^{35}tshe^{55}ço^{35} me^{33}	作爲學費的錢和米	学費のためのお金とお米	參照“學綫學米 ço^{35}tshe^{55}ço^{35}me^{33}”
	1049	學生	ço^{35}sɯ^{33}	學生	学生	
	1050	～聲	tsheɹ^{55}	（一）個（名字）	（名前一）つ	量詞
18	1051	餵	ue^{32}	餵，養	養う	參照“喂 ue^{33}”
	1052	擺	pe^{31}	擺，放	置く	
	1053	～點	tie^{33}	（一）滴（露水）	（露一）滴	量詞
	1054	點	tieɹ^{33}	一點兒	少し、少しも	
	1055	斷	tua^{42}	落	（実が）落ちる	
	1056	～雜	tsa^{35}	書	本など	量詞
	1057	鍘美案	tsa^{35}me^{31}a^{55}	鍘美案	鍘美案	
	1058	鍘	tsa^{44}	鍘	首切り刀、処刑具の一種	參照“張 tsa^{44}”
	1059	鍘答	tsa^{44}ta^{35}	鍘刀	首切り刀、処刑具の一種	
	1060	雙	sua^{44}	説，説話	言う	
	1061	雙	sua^{44}	年，歲	年、～歳（年齢）	
	1062	雙	sua^{44}	血	血	
	1063	雙期	sua^{44} tɕhi^{44}	説出	言い出す	

續表

筆畫	序號	白文	國際音標	漢譯	日譯	備考
18	1064	雙咋	sua^{44}tso^{42}	說是～	言うことには	“咋”以下是說的內容
	1065	鎖	suo^{33}	鎖	錠前で鍵をかける	
19	1066	羅	tɯ^{35}	籮	籠	它的量詞是“來 le^{21}”
	1067	闗	kua^{44}	掛	掛ける	
	1068	轎	tɕo^{33}	轎	駕籠、輿	它的量詞是“康 kha^{44}”
	1069	勸	tɕhue^{44}	勸	勧める	
	1070	勸花	tɕhue^{44}xua^{33}	勸化	教化する、善を勧める	
	1071	願	jui^{33}	暈，暈眩	めまいがする	
	1072	辭	tshɿ^{42}	辭，辭別	辞する、別れを告げる	
20	1073	寶劍	po^{32}tɕe^{55}	寶劍	宝剣	它的量詞是“昌 tsha^{44}”。現在使用較少
	1074	黨花	ta^{21}xuo^{35}	桃花	桃の花	
	1075	黨	ta^{31}	壩子，地方	盆地、場所	參照“頭黨 tɯ^{21}ta^{21}”
	1076	臘朱	la^{35}tsv̩^{35}	臘燭	ろうそく	
21	1077	露	lu^{55}	露水	露	它的量詞是“點 tie^{33}”
	1078	鷄	ke^{35}	鷄	鶏	它的量詞是“頭 tɯ^{21}”
	1079	歡樂	xua^{35}lo^{35}	歡樂	楽しく、楽しい	
22	1080	讀	ɣɯ^{42}	讀，閱讀	読む	
	1081	讀書	ɣɯ^{42}sɿ^{35}	讀書	読書、勉強	
	1082	聽	tɕheɹ^{55}	聽	聞く	
	1083	聽問死	tɕheɹ^{55}pieɹ^{44}ɕi^{33}	聽問死	聽問死	也寫作“清問死”。“清”是“不攜帶（東西）”的意思。大理一帶的風俗：若聽聞有人去世，先不帶任何東西，去其家詢問情況
	1084	聽聽	tɕheɹ^{55}tɕheɹ^{55}	越聽越～	聞けば聞くほど	

影印篇

2014年8月16日　大本曲曲本

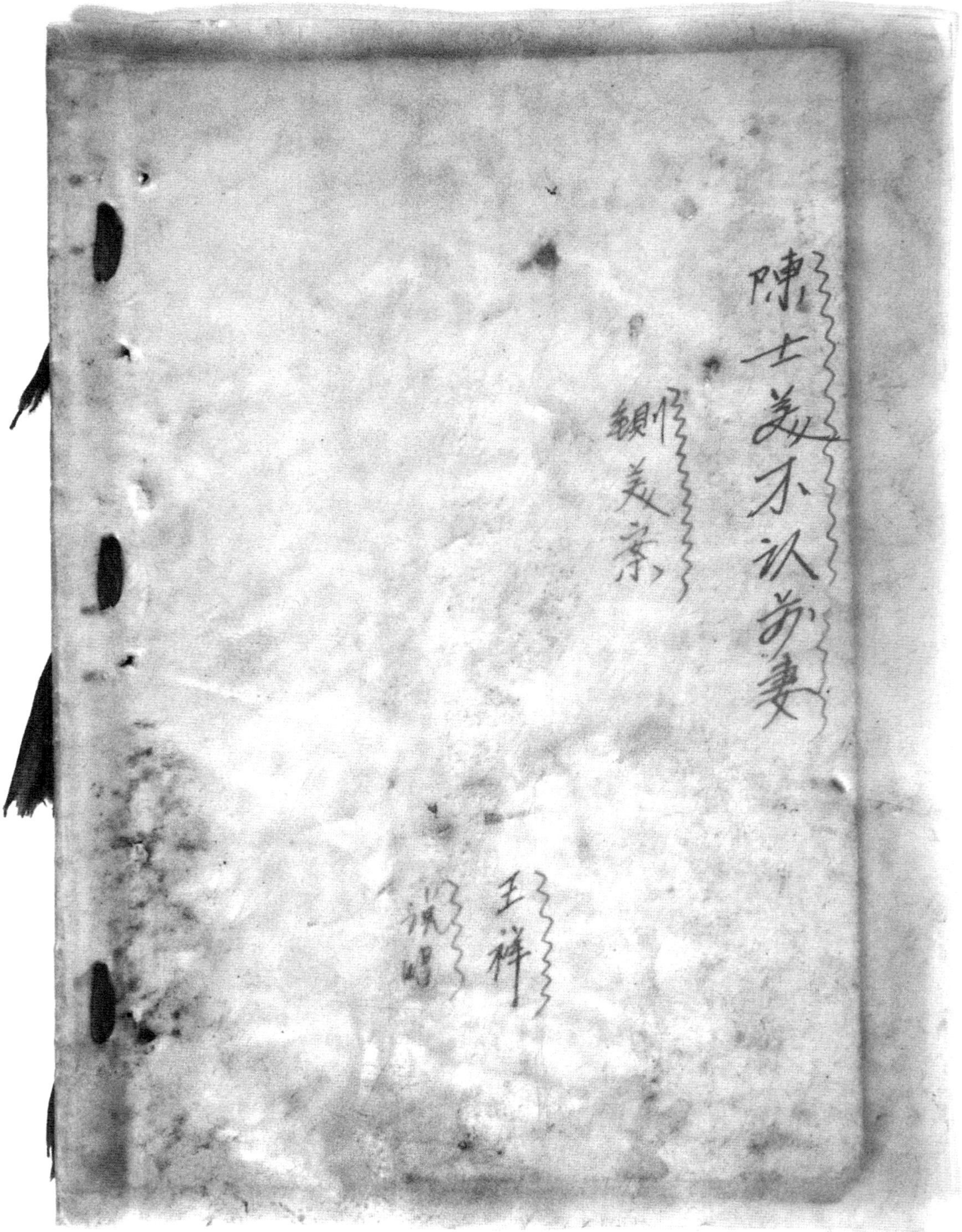
陳士美不认前妻
铡美案
王祥
说唱

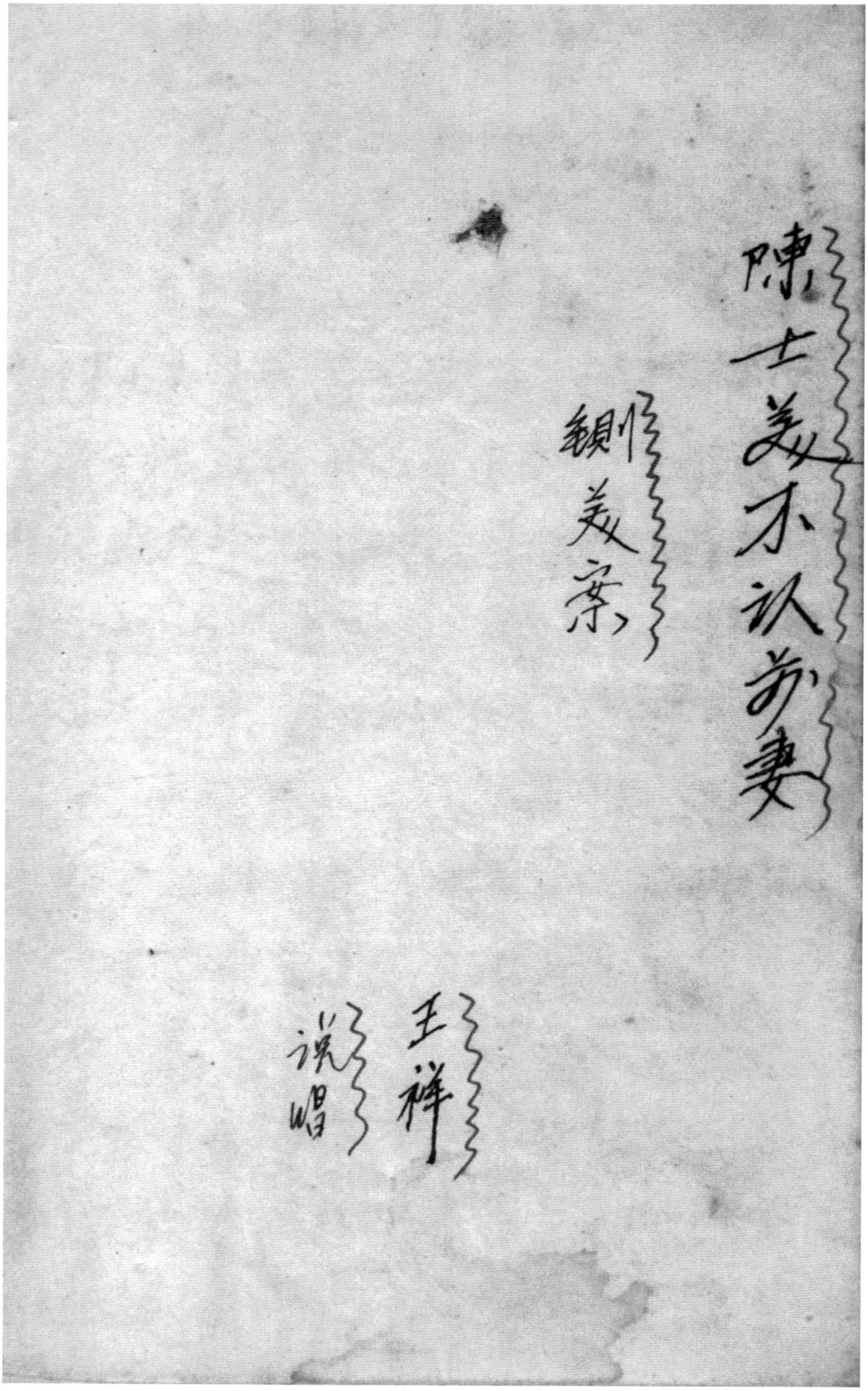
陳士美不认前妻
鍘美案
王祥 説唱

1.

诗：

聖上加封三杯酒。
两枝金花插帽头。
賜下一棵黄金印。
上至君而下泽民。

白

小生陳士美是矣。家住湖廣京洲府。隔城五里條主耗人氏。甲子皇王开科。下京求名。重得头名状元。金林晏上招親。把我招为付马。可怜我家下貧寒。丢下妻子儿女。就怕妻子寻夫到京。每日悶々不樂。想将起来气杀人也。——平

士美米々利欧气　离家日久未回归。
丢下妻子秦香蓮　儿女受孤西。×
自从下京八阿更　好東貧穷买困米。
听知京洲遭干旱　年没武西点。×
田中五谷不成熟　对年干旱受蛊災。
百姓困树皮草根　那良困白米。×

百姓饿死无其数。妻识儿女丢家里。
斗毋狗艮饿香恨。咸侬柬我西
丢妻别了到京城。上双老利怎等伟。
我主灯头名状元。心中也喜欢
皇帝干我招付马。我利本得本许咀。
皇公招灯我喜欢。狼匕干我会
可恨那个包臣相。哦吐事物保汉期。
左膀方来右膀依。是心有劳妻
双咋哦吐怎之女。干我逼自生利死。
皇公狼匕骂问我。直斗本双期
我利保赌者头串邱。狗艮赌怎咒阿伟。
哦吐怎武文妻之。直斗本双期
茅格之毋吹叭咽。哦土杯日己尾己。
包臣相嘻认灯恨。打发我归天 （白：）
本公陳士義自想。此时叫我无主义。走进书
房闲坐片时。（詩：）时逢三年遭干旱。

百姓老小受饥慌。丈夫下京无书信。

扶育儿女难上难。(白:)奴家秦香莲自想，丈夫陳士義下京求名，不写书信已经三年，丢下我子母三人。我湖廣京洲府受了旱災，三年无雨，子母无吃无穿，如何下落，想憐起来，阿呀伤心——(小哭)

香蓮两眼泪汪汪。之支狗艮听毋双

干旱三年不下雨。困只生没々

为娘鞋尖脚又小。儿女都是小娃々。

平日困树皮草根。十二分悽惨

三钱银子一斫米。一两银子一斗糠。

好东貨物卖困完。拿什么生方

提坑哪參陳士美。下京上双本打尖

下京三年无书信。咋习生暗拉

京城好比現人坑。強盗去了本想尖

飞空周飞罢沃觉。忘没好東端

想要下京杯以保 京城土吐杯旺江
宽嘻夲杯以咔后 千之毋跳香
乞有百生卖困完 卖不完一件衣裳
求人不如求自己 古人艮此双
交腊朱汝油利羊 下京要汝银利八
嘶毋我衣女艮匕 自那盈舍央
叶咋春高利東妹 叶你上街卖衣裳
到底那杯利夲杯 直千毋盈双 （白：
妈匕言之有礼。古人说到。事急无生方。只
望衣裳卖了。下京寻我爹。辞别毋親。两
兄妹去了。想将起来。好伤心——（小哭）
兄妹赶街卖衣裳。提沟杯期倒门江。
阿妈纠亮卖衣扣 汉亮吐周花
肉脂杯期街吐咽 汉灯艮格执日香
十字街吐杯足咽 衣扣没艮阿
東街走到西街卖 冬沫怯听阿哥双

希望多卖灯旺力 亮干爹后叭
卖到少年无信息 没有一人买衣裳
次盏本没钱阿力 肚科拉记康
伴伙罢买困少年 狗胎亮衣干罢阿
讨饮罢盏冷水误 在此闲个凉
（诗：）
光阴似箭催人老 日月如梭转少年
记得少年骑竹马 看匕又是白头翁
（白：）老汉陳士荣自想，我堂弟陳士義重得头名状元，家中丢下妻识儿女，今年又遇干汗，日子难以度日。今日天气晴和，闲来无事，代我去去街方，游闲一凡才是——（平高）
老汉离家到街方 想起心头事一庄
自从陳士義下京 格阿更上双
家中丢妻识儿女 拉耕困怎生没三
时年干旱受此灾 雪上又加霜

老汉杯叭街吐咽 汉灯艮格内花匕

街吐本没卖米艮 兹怎卖菜把

三钱银子一砅米 一两银子一斗糠

买因米艮流眼泪 宫罗来揹决

我由街吐杯趕咽 看見两个小娃匕

手盂保拿灯衣扣 莫非来卖他 (白)

老汉看来 这件衣裳果有意思 你万是

两兄妹 正是 你家住何方 姓甚名谁

说给我听匕 阿呀 老伯父听禀 一ㄈ(小哭)

兄妹两眼泪汪匕 大爹走头听哦双

剁噻问坑哦坐处 秦主桩为家

哦爹名叫陳士美 秦香蓮是我妈匕

哦名叫春高冬妹 上街卖衣裳

为父读书有功名 哦爹下京本打决

湖廣京州遭干旱 百姓大饥慌

哦丹保我去艮匕 我们兄妹小娃匕

4.

好柬本没来阿料 因只生没三

之母哦恨上些了 树皮草根以因光

哦母吐栽沟树小 喂坑哦泉三

提坑哦爹陳士羡 下京上双本打央

上双本没信阿封 不知在何方

之母哦杯以哦爹 京城土吐杯旺汪

哦母纠哦卖衣扣 到京城地方 (白)

你兄妹二人不要哭了 你爹陳士羡重得

头名状元 皇王招亲 把他招为付马 衣

裳不要卖了 伯父借给你们銀钱白米五升

同我回家去罢 (平)

老汉上街回家们 春高参妹把我听

狗胎生下因少午 饱吃回家们

大爹借那銀十两 再送你白米五升

少午因恨杯打去 说与你母親

嘛爹你主灯状元 皇姑皇帝他招親

干保指自付马公 青善豆收后

阿更那好東貪穷 平日困树皮草根

想要困白米吸伏 手夫到北京

京城土吐干细倒 小毛贼盗利及冷

人穷命落古人说 有理讲不请

不知林只请嘛舅 纠保领那上了母

衣掌林叭京城很 石头变黄金 （白）

兄妹二人吃过中午 谢过伯父 妹々收起

银子 哥々揹起米回家 一路来淨快

不觉到了家门 婶々 儿女回来了 衣裳开

卖了 婶々要问 听禀那——（平）

开咀干阿母盈双 个日亮吐好周花

肉脱林叭衍吐专 伯父在街方

他问我姓胜名谁 问我家住在何方

吐干查斗双给保 贫妈报与他

伯父听恨习头吐 纠吐衣扣要卖三

双咋借竞银十两 送竞白米量 5.

干哦领打骂好东 大爹情义比海宽

纠哦狗船因少午 饱吃才回家

哦大爹自双给哦 点点记在我心昌

双咋哦爹主状元 指亲在杉千

皇帝干保指付马 骂干哦爹指咋当

竞要林下京城很 土吐杯旺汪

小毛贼盗刺拉反 检竞土吐伤骂当

不如林只请哦舅 干虎土领叭

斗利双吐非吟自 爹望竞杯叭咋当

清洁平安到京城 才有吃有穿 （白）

既然如此 伯父恩情意重 借我们十两银

子 白米五升 原是京城路途遥远 儿女

去请你舅父来 妈妈同他商量 是了 辞别

母亲 儿女去了——（手）

春高冬沐等时杯 笑在眉头喜心间

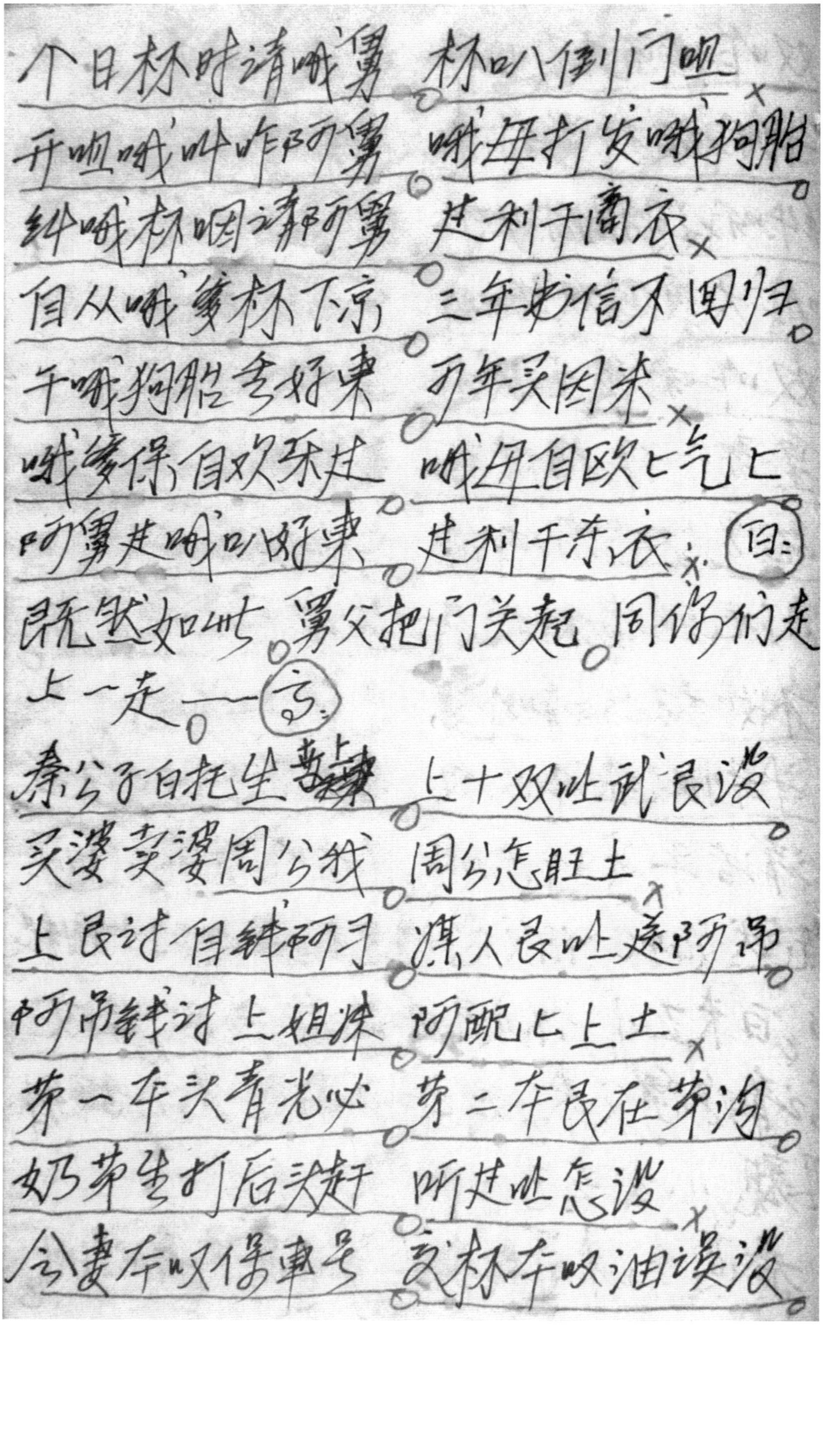
个日杯时请哦舅 杯叭八倒门呗
开呗哦叶咋阿舅 哦毋打发哦狗胎
纠哦杯咽请那阿舅 赶利于商衣
自从哦爹杯下京 三年书信不回归
午哦狗胎舍好東 阿年买困柰
哦爹保自欢乐赶 哦毋自欧匕气匕
阿舅赶哦叭好東 赶利于齐衣 （白）
既然如此 舅父把门关起 同你们走
上一走——
秦公子自抡生 上十双吐武良没
买婆卖婆周公钱 周公怎旺土
上艮讨自钱阿习 凑人良吐送阿弟
阿弟钱讨上姐妹 阿配匕上土
第一车头青光心 第二车艮在第沟
奶第生打后头赶 听赶吐怎没
令妻车叹保車号 买杯车叹油误没

后日早坑干汉咽 咋俥亲阿姑 (白)

路来得快 到姐匕家中 打发儿女去请

有何事情 贤弟来问 阿呼请听 —(小哭)

香連两眼泪汪匕 阿姑走头听我双

㗎姐怎斗没双处 干阿姑盖双

提坑强盗陳士義 供保读书卖甲当

爷咋纠保争功名 扶祖宗旗杆

自从打发保下京 乞有百生利卖叭

要想富贵求功名 佛争一炉香

不想起狼心狗肺 下京上双夺打尖

下京三年无书信 咋习拿狗咬

强盗主头名状元 狼匕来帽插宫花

皇帝包良招付马 罢干招咋当

好柬怎之女狗良 湖广京洲王格干

平日困树皮草根 困怎生设三

㗎姐我亲女良匕 儿女他是小娃匕

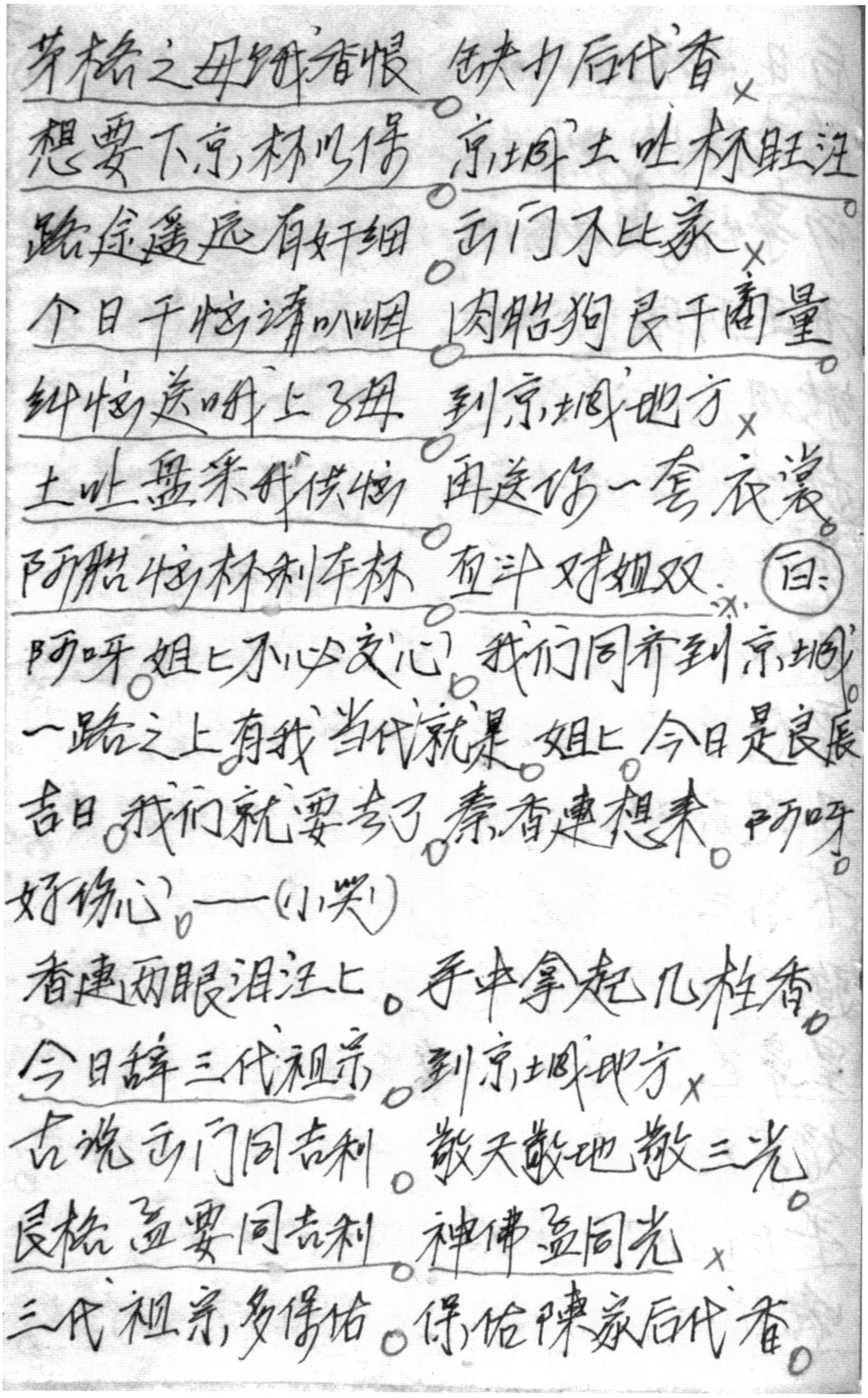
芽格之母𩟗香恨 缺少后代香
想要下京杯乃傍 京城土吐杯旺汪
路途遥远有奸细 出门不比家
今日干恼请叭咽 肉脂狗艮干商量
纠恼送吽上了毋 到京城地方
土吐盘采我供恼 再送你一套衣裳
阿脂恼杯刹本杯 查汁对姐双 白：
阿呀 姐々不必灾心 我们同齐到京城 一路之上有我当代就是 姐々 今日是良辰吉日 我们就要去了 秦香連想来 阿呀 好伤心 ——（小哭）
香連两眼泪汪々 手中拿起几柱香
今日辞三代祖宗 到京城地方
古说出门同吉利 敬天敬地敬三光
艮格益要同吉利 神佛益同光
三代祖宗多保佑 保佑陳家后代香

7

荣华富贵打炊咽　许自笑上双

春高冬妹杯只炊　我千门扇锁期注

之毋个日杯期咽　等舍日打炊　（白：

姐匕不要哭了　兄弟揹起行礼　上方代路

往方就走　（京：

之毋下京等时杯　开咀我叫咋阿胎

罢咋日了门耳京　京了门耳比

提询杯期到门盈　桃红柳绿在手春

二党花开冬季根　喜已指耕日

党根菜飞花开黄　只見黄花遍地开

京路由如長流水　指头细观上

党花那車梅花白　叙利花开白如雪

二党花开冬季根　名叫小阳春

杯根阿党京阿党　杯了阿日怎阿日

杯灯下坡阿本匕　上坡阿耕匕

青咽匕自盘头尖　白咽匕自江根水

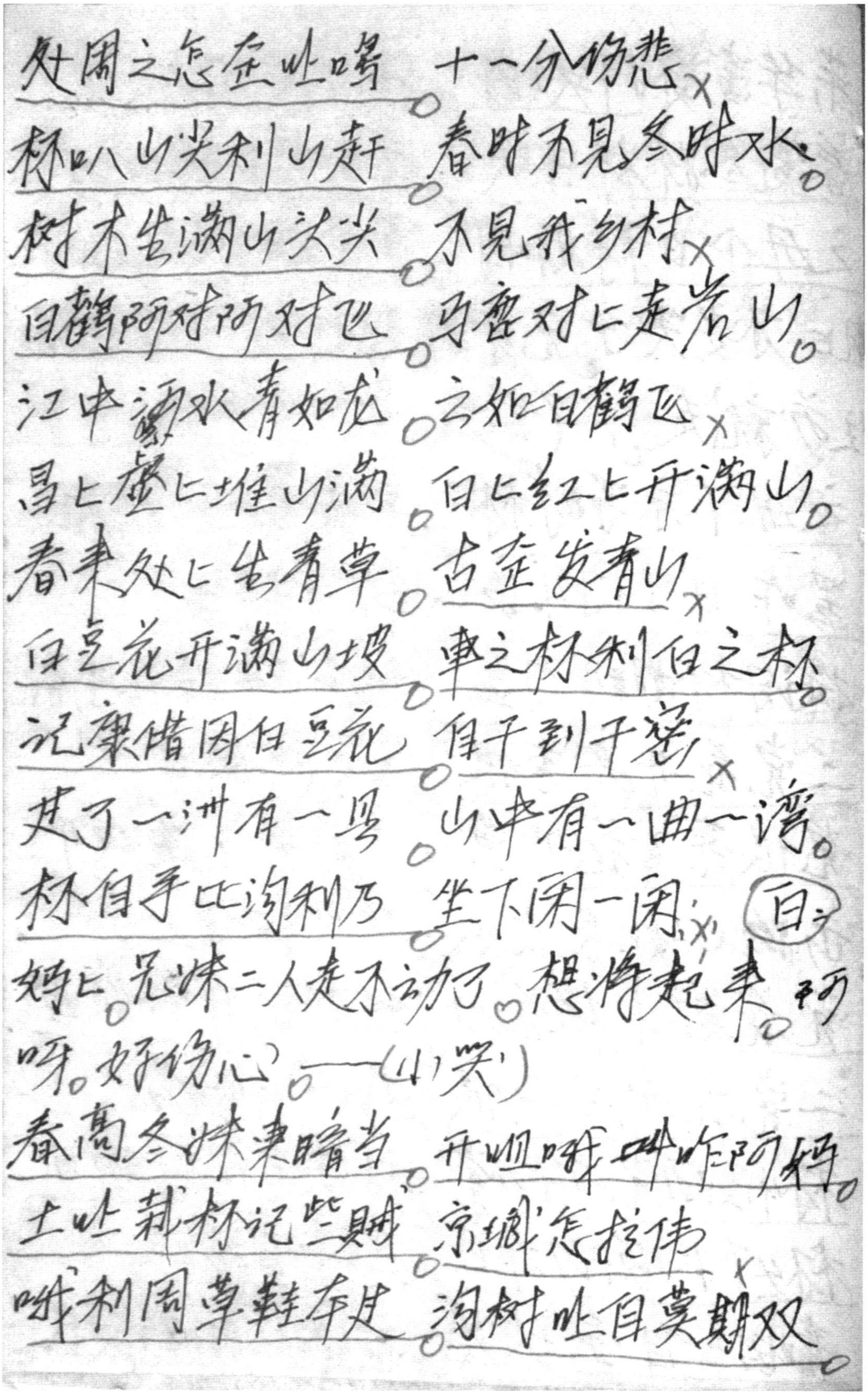
处闹之怎丢吐噶 十一分伤悲
杯叭八山尖利山赶 春时不見冬时水
树木生满山头尖 不見我乡村
白鹤阿对阿对飞 马鹿对对走岩山
江中满水青如龙 云如白鹤飞
雪堆堆堆山满 白白红红开满山
春来处处生青草 古丢发青山
白豆花开满山坡 車之杯利白之杯
记杂借因白豆花 自于到于窑
走了一洲有一见 山中有一曲一湾
杯自手比沟利乃 坐下闲一闲 （白）
妈妈 兄妹二人走不动了 想将起来 阿呀 好伤心——（小哭）
春高冬妹来暗当 开咖咔吽咋阿妈
土吐栽杯记些賊 京城怎拉伟
咣利周草鞋布足 沟树吐自莫期双

8.

气啼呼々在山林。夫料记彙香

听声花笑咋阿爹。爹々出门不想家。

汉們爹自爹吐鬼。平日求利谛。（白）

春高冬妹。不要哭了。阿舅唱给你们

一个调子。你们听。——（字）

青烟々自白烟々。鼠头叫暗面头盅。

鼠头叫咋千筝冷。暗面笑坑烟

周头係赶王头后。係千王头走仅恨。

狗头苍因灯虎头。羊头争咋盅

格必好吐水牛头。焊头千係冬香恨。

马头林官那告係。叫焊掐牛命

安母头骂汝耿悲。害喇迷头嗑山跫。

倒伟篷来汝庄水。阿点本滴恨

查耳呆、很骂王马。千係阿叶、王走恨。

哂好之吐骂虎猪。阿急本烧恨

蚊之匍坑查々吐。係千查尖尖湾恨。

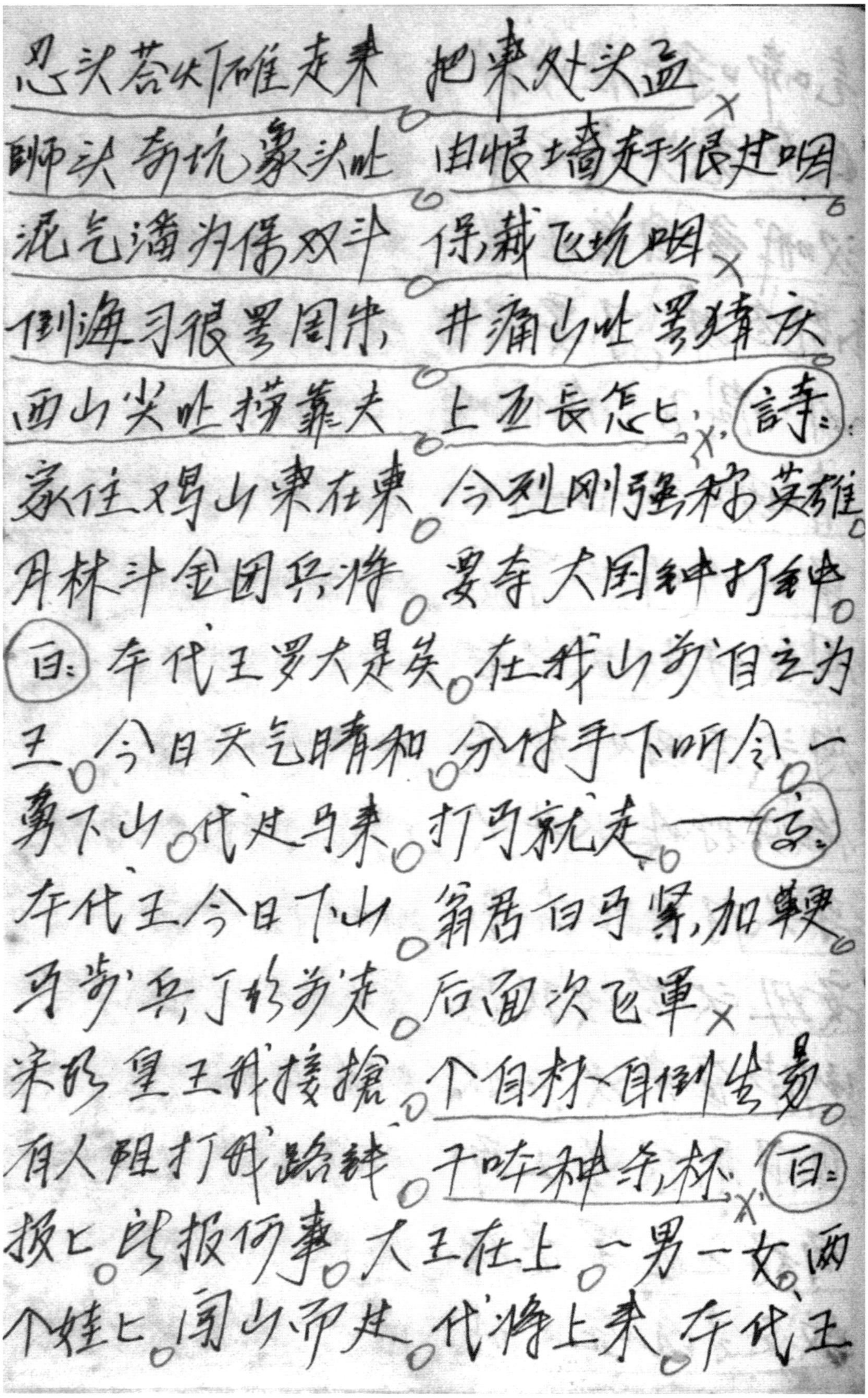

忍头苍灯雁走来 把来处头孟
师头奇坑象头吐 由恨墙赶很赶咽
泥气满为偶双斗 保藏飞坑咽
倒海习很罢固求 井涌山吐罢猜庆
西山尖吐捞羲夫 上丢長怎匕 诗：
家住鸡山来在东 今列刚强称英雄
月林斗金团兵将 要夺大国钟打钟
白：本代王罗大是矣 在我山岁自立为
王 今日天气晴和 分付手下听令 一
齐下山 代赶马来 打马就走 —— 京：
本代王今日下山 翁君白马紧加鞭
马步兵丁衫岁走 后面次飞單
宋的皇王我接搶 个自材自倒生易
有人阻打我路蜂 千咋种杀杯 白：
报匕 既报何事 大王在上 一男一女两
个娃匕 闯山而赶 代将上来 本代王

要问青红皂白。大王在上。已经代到 P.
好。本代王且问你。你四人闯山而过。
该有何罪。阿呼。大王在上。我家住在湖
广荆州府。为因地方三年无雨。遭了干
旱。无吃无穿。我们逃难去京城。请大
人原谅。哼。你闯山而过。本代王的山
岗。可有买路银子。阿呼。大人在上。逃
难之人。身边没有半文钱。既然如此。手
下人。把他(默)代过山岗。拿起京就走。秦香
莲看来。那是青天。——(大哭)

香莲阿文涑喑当。纠我哭青衣的汪。
代王干啡船鲁咋。拨哥回山岗 x
可单坐船王贵必。子母下京无主哱。
肉船狗良上思芜。骨肉两分家 x
的声花哭咋阿船。个自甲澈三十双。
伏性林烟领啡土。把你性命访 x

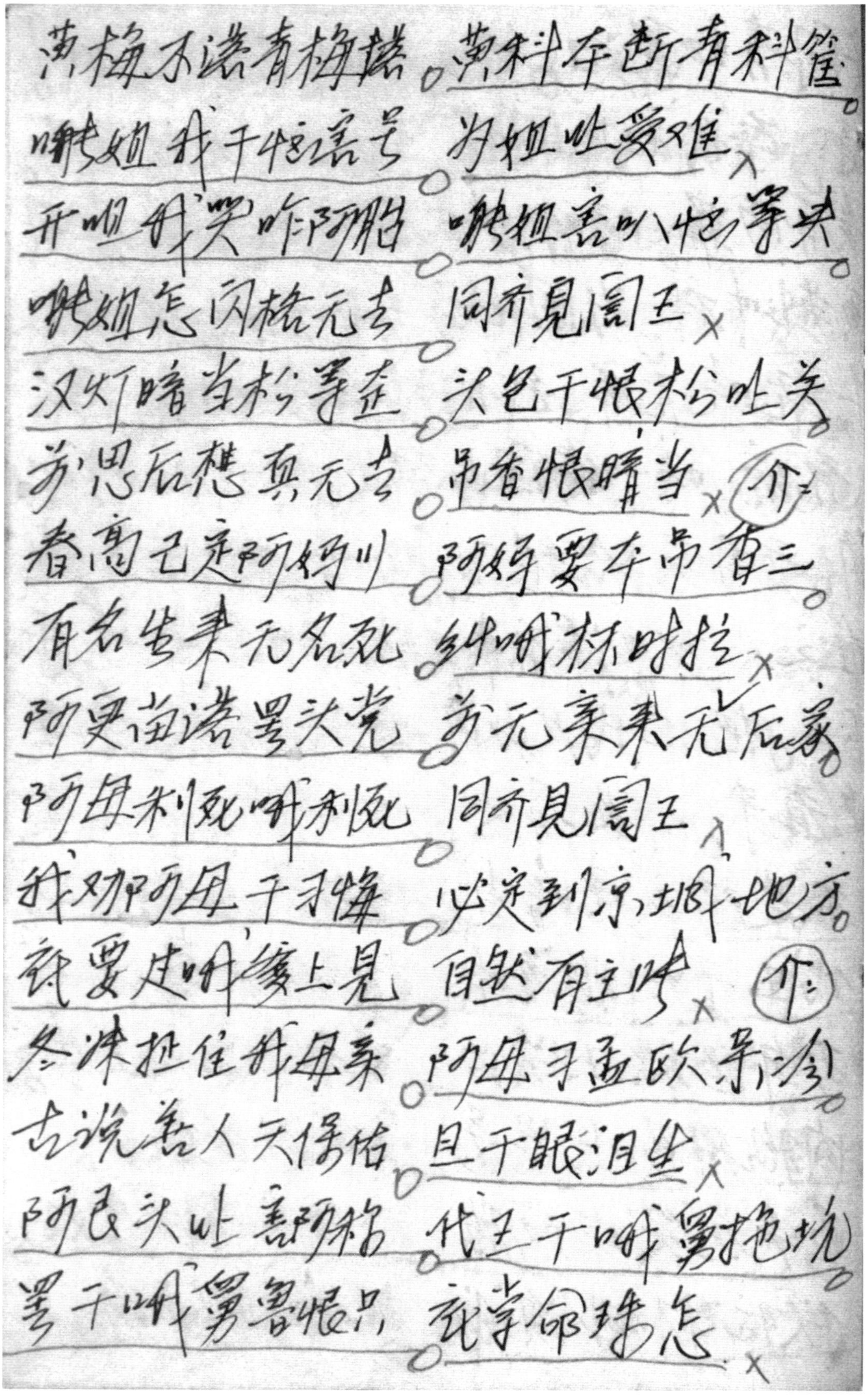
黄梅不落青梅落　黄料本断青料筐
嘞姐我干怕语号　为姐吐受难
开咀我哭咋阿胎　嘞姐善叭怕等史
嘞姐怎闪格元去　同齐見閻王
汉灯暗当松等歪　头色干恨松吐关
为思后想真元去　吊香恨暗当　介
春高己定阿婷川　阿婷要本吊香三
有名生来无名死　纠嘅林时拉
阿要商落罢头党　为元亲来元后家
阿母料死嘅料死　同齐見閻王
我对阿母干寸悔　必定到京城地方
我要走嘅簽上見　自然有主嘅　介
冬沫扯住我母亲　阿母寸盃欧呆冷
古说善人天保佑　旦干眼泪生
阿民头吐喜阿格　代王干嘅舅拖坑
罢干嘅舅署恨只　我学命珠怎

西庵華，有发误之时。一定山代王招親。10.

叫舅本死怎闪格。自然叫竟后

汉灯前面序等结。自灰西自竟匕坐

自古云门早歇店。千店吐私坑。詩：

京城开小店。宾客往常来。

备办其生理。事匕在人为。白：

店主陈月禄是关。今日早饶面热。不如

我云门迎客招待。手提虎头光单。掛云

门外。抬头一看，来了一个妇女，两个娃

匕。你到那点地方。我到京城地方。

你到京城所干何事。为何眼泪不干。你

家住何方。姓甚名谁。店主老板在上。

我家住湖广京洲村。桑主粒人氏。夫主

名叫陳士美。奴家名叫秦香連。好匕。

果然不错。不是平民百姓。原来是付马

公的原配夫人。手下人好匕招待。我

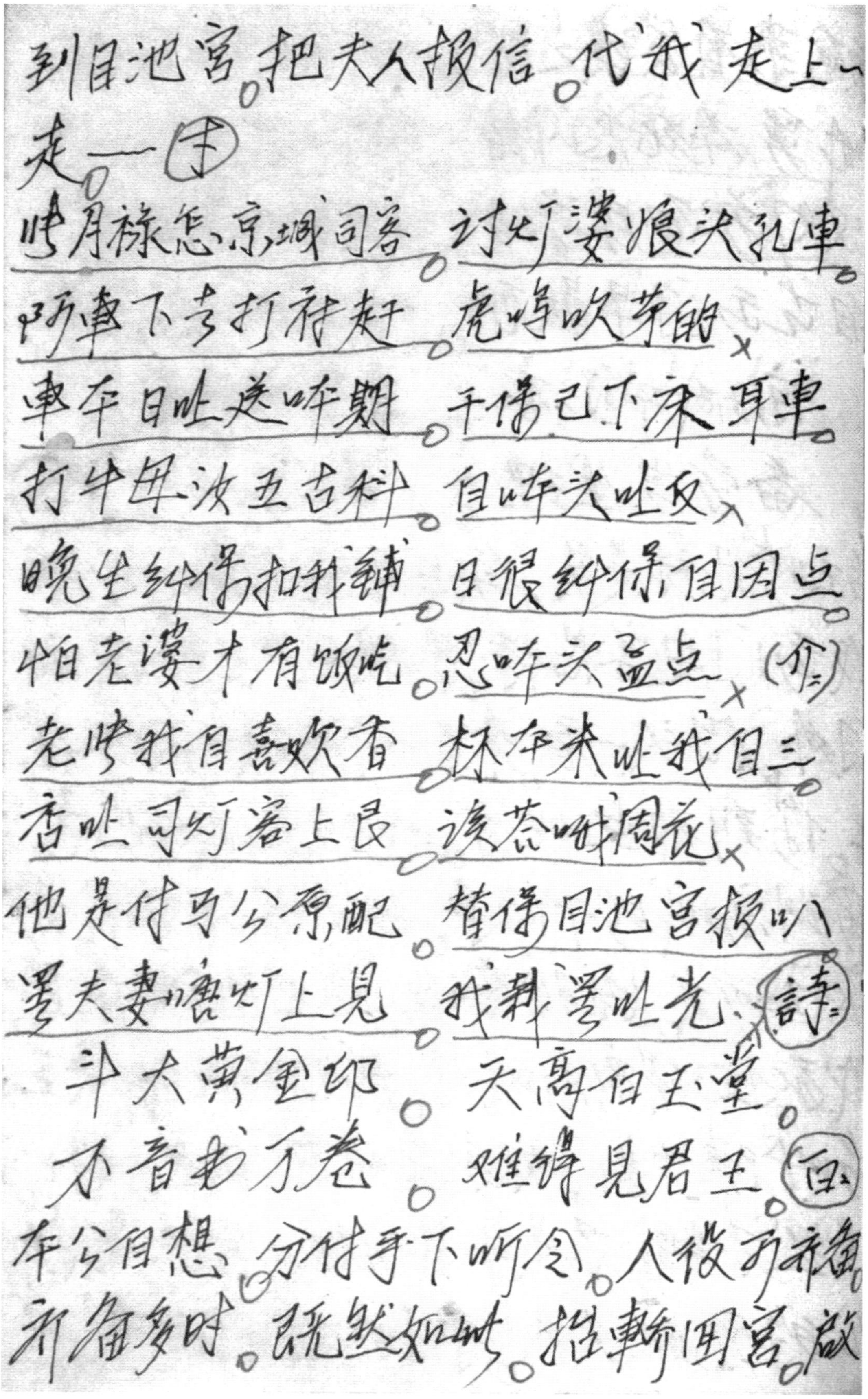
到目池宫。把夫人報信。代我走上～
走一（手）
晓月稼悉京城司客。讨灯婆娘关孔車。
呀車下亏打衬赶。虎哼吹芽的×
車卒日吐送咋期。千係己下床耳車。
打牛母汝五古料。自咋关吐反×
晚生纱係扣我鋪。日很纱保自困点。
怕老婆才有饭吃。忍咋关盃点×（介）
老晓我自喜吹香。杯本米吐我自三。
香吐司灯客上艮。谈茶哘周花×
他是付马公原配。替係目池宫報叭
罢夫妻嗐灯上見。我耕罢吐光（詩）
斗大黄金印。天高白玉堂。
不音书万卷。难得見君王。（白）
本公自想。分付手下听令。人役万齐备。
齐备多时。既然如此。抬轎回宫。啟

郭付马付公上轿离开——（高腔） 11.

辞王别驾转回宫。我自气思千来休。

喜鹊总恨吞吐叫 未知主吉凶

来到衬门住了轿 手下听我第一宗

你们各人要退下 千本公次后

林日二堂吐千坐 耳朵利热伟发跳

耳烧面热不安然 寻料夫很没

本叹升下京时加 舍妻别了在家中

金林晏上招付马 成你西我隶

金林晏上招亲事 忘记我上代祖宗

木本水源八四个字 做来以忘拥 （介）

月椽林本来自跳 谈苍啼妻物加八约

我千日池高报日 必定有首做

手孟提灯虎头牌 动入谁人来敢说

忙上前来行一礼 千付马公贺 （白）

这是付马 恭喜 好 本公分付手下 贺与老

吟一个元宝 谢赏了哪。——正

差吟赏灯银阿包 喜在心中面代笑。

斗狗句判双本尧。赏下银阿包 ×

我嘧阿声双斯咽。发财在外有官做。

忙上前来申一礼。把付马公贺 × 白：

手下人。赏与他一佰两银了。谢过付

马公了那。——正

吟月禄我哈匕笑。阿国赏灯银狗包。

个日吽叱时候叭。吽命很代作 ×

第三恭贺付马公。个月夫人叱叭约。

湖广杯咽上了毋。原配夫人到 × 白：

付马公在上。湖广荆洲祥未了三了毋。原

配夫人。少爷到吟。本公自想。来天吃

冷水。点匕记在心。手下听令。没

收吟月禄的鹿头皮单。取出元斗青板

了。重打四十。手下听令。就要动手。

一十。二十。三十。四十。暗有乜。打花子。

阴天——（大笑）

月禄打目永拉乜　付马哦诗习海咋加。

收打哦盗虎沈皋　打我恨四川诗

提坑哦湖广京洲府　原配妻子乐娃乜。

不由分说咽打我　打柬我暗当

花诗林打哦忘恨　开言叫声你家妈。

叫期保上子母咽　老子要问他　（介）

香连听灯忘主双　花诗林期客堂注。

伯父为我们受曲　血恨打期双

大骂强盗陳士羡　哦诗习目盗毒咋加。

之丹上良去认保　汉保目盗双

战场不亲扳信人　坤你读四书文章。

伯父恩情深四海　为哦吐受难

古说京门靠主人　大爹情比海宽。

夫妻狗良灯上見　目然有主诗　（白）

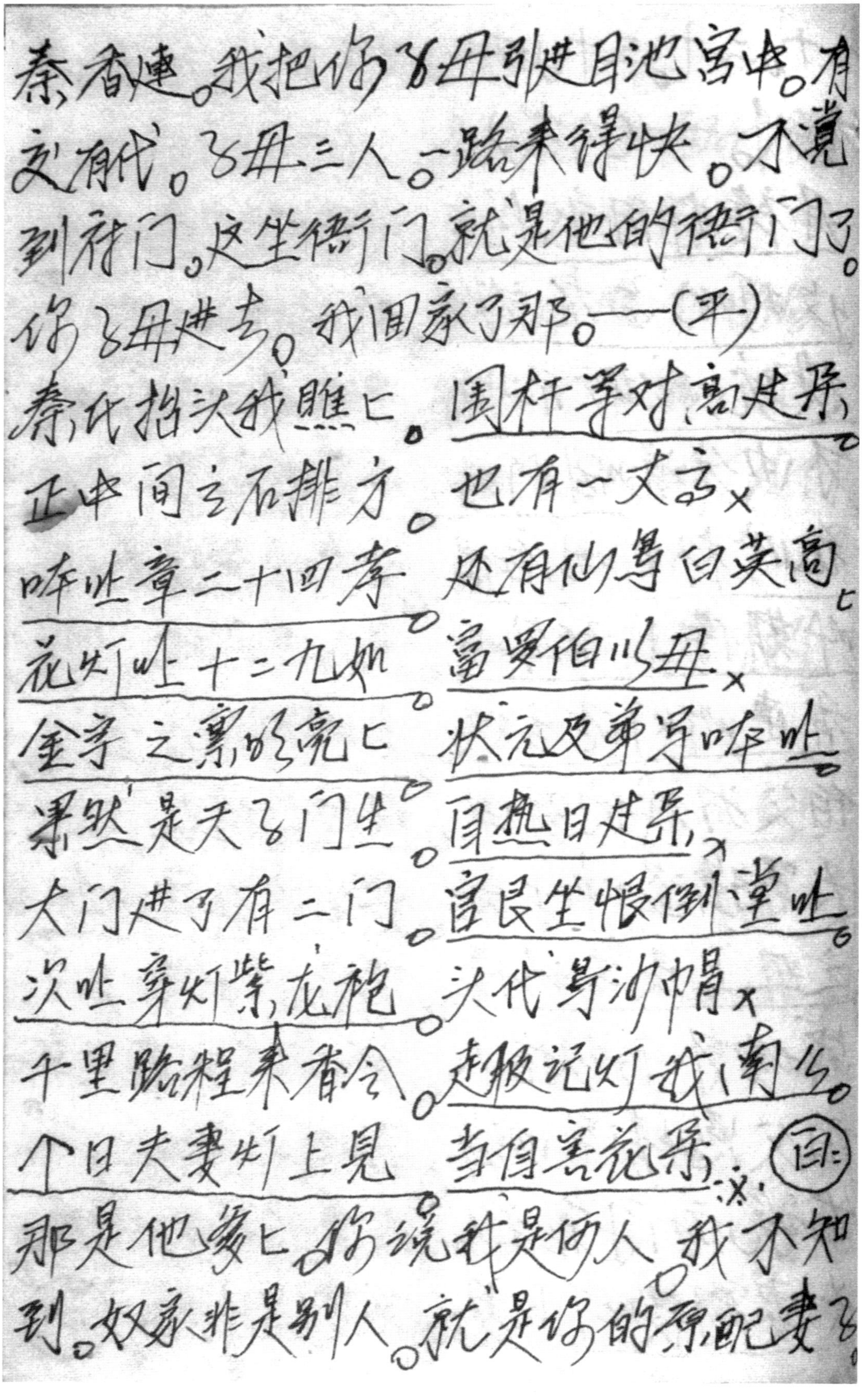

秦香蓮。我把你子母引进月池宫中。有
文有代。子母三人。一路来得快。不覺
到府门。这坐衙门。就是他的衙门了。
你子母进去。我回家了那。——（平）
秦氏指头我瞧〻。围杆竿对高走孙。
正中间立石排方。也有一丈高×
咋吐章二十四孝。还有仙𦕸白英高〻
花灯吐十二九奶。富贵伯小母×
金字之潇好亮〻。状元及第写咋吐。
果然是天子门生。目热日走孙×
大门进了有二门。官员坐帐倒堂吐。
尖吐穿灯紫龙袍。头代乌纱帽×
千里路程来看今。走报说灯我南乡。
个日夫妻灯上見。当自喜花孙××（回〻）
那是他爹〻。你说我是何人。我不知
到。奴家非是别人。就是你的原配妻子。

17

秦香莲了。本公自想，上下两难。别无
主意。我且问你。你说你与我是夫妻关系。
到底家住何方。姓甚名谁。夫妻有何感情。
如何成亲。你好好的说。你若冒认官长。
拿下辕门斩首。阿呀。奴夫请听——（小哭）
赵服同坑斗争央。嘛妻我干嘛画双
自儿离家日子久。认不得家乡
家住湖广荆州府。秦主庄是我家乡。
赵服名叫陈士美。甲满廿六双
女我名叫秦香莲。中间有儿女一双。
咏名叫春哥冬妹。陈家后代香
甲子皇王开科场。丈夫下京离家乡。
下京双过玩办斗。点点记心昌
一到京城写家信。多者一年转回家。
从小夫妻甜如蜜。忆记灯蛾吗
湖广荆州遭干旱。武西本下恨上双。

田中五谷不回熟。石碓上也无糠×
三钱银了米一斗。时年干旱大饥慌。
百姓困树披草根○怎半没处奴×
之女狗艮日双小○秦香莲那小婆娘。
好東貨物卖因完○望丈夫回家×
听灯走服主状元○京城土吐杯旺汪○
裁卖本完衣防扣○街上去卖他×
街吐王灯陳伯父○纠哦衣扣要卖三○
借给哦怎银十两○到京城地方×
買弟奕我到京城○又遇代王下山干。
保干哦船搶恨茶○骨肉两分家×
之毋上艮叭京城○纠哦受恨记为难○
个日夫妻灯上見○之爱灯上了项×
詩：
世上只怕不从衣○变起脸来不认妻。
不认前妻得活命。认了前妻見獄君。
白：本公自想。不是别人○本是前妻子女○

14.

认了他。怕命难当。不认他。只有良心主义。

娘子你听。——（生）

本公开言笑哈哈。娘子快且听我说。

我利本表陈去羡。那样打去巴

我也不是你汉子。你也不是我婆娘。

太吐盘彩打发你。了毋回家乡。

不必怎恨京城很。那样打好来巴。

京城些怪事物反。姓命也难当。（白）

那是奴的夫。丈夫不认我了吗。你是叫我

如何认你。你说如何认我。相公你听。

——（小哭）

叫声相公你听话。为何哪吐本认我。

从小结发同床睡。紧记司决吐。

从小记灯哪跨暗号。哪沟埃吐七星科。

七星生在左脚上。沟了寻来吐。

脱下鞋袜把下咽。左脚指给我瞧瞧。

左脚没有七星在。本认利生㙮 （白：）
士美听得此言。贾妇婆娘在这里胡说
公道。本状元自想再正可恼。——（生）
士美听七气失吃。恼自双期斗等央。
头名状元付马公。起坑苍恼阿。
我也不是你丈夫。你也不是我婆娘。
个日杯日哦宫很。你冒认官家。
胆大闯进状元府。贾妇嚇胆倒咋加。
大叫一声手下人。次后恨暗尖。
付马公我下命令。阿良苍吐棍阿光。
快七打三花飞婆。赶期徐去是。 （白：）
秦香莲想来。也不认我了。此时把我
赶出府门外。叫我飞母三人如何下
落。想将起来。那是青天——（大哭）
香莲哭期徐门注。春三冬妹听母双。
狼心狗肺陈士美。宽吐本认三

15.

之女狗艮杯日去。苦其强盗习悔叭。
不认妻了认儿女。又在作主时
冬妹听灯斗等央。叫咋阿哥听我双。
肉胎衣服托恨保。托自車他拉 ×
到底是骨肉之情。次吐肉吐骨吐双。
干宛狗胎认坑咽。慢々相劝他：（白：）
兄妹二人走上来。上付把门老爷。由我
兄妹进去。与我爹々相会。相会。好々。由
你进去。这是爹与 那是爹々。惨天——（大哭）
春高冬妹跪暗当。树手已走阿爹川。
之女斗毋灯上晃。三开晃日光 ×
哦肚了毋杯以咽。湖南干旱大饥荒。
肚汪本晃吹伏料。饿自巴冷巴 ×
哦毋拉耕沟树小。兄妹年青小娃々。
好東貨物卖困光。做无处生方 ×
气样目生哦困是。山毛野菜以困光。

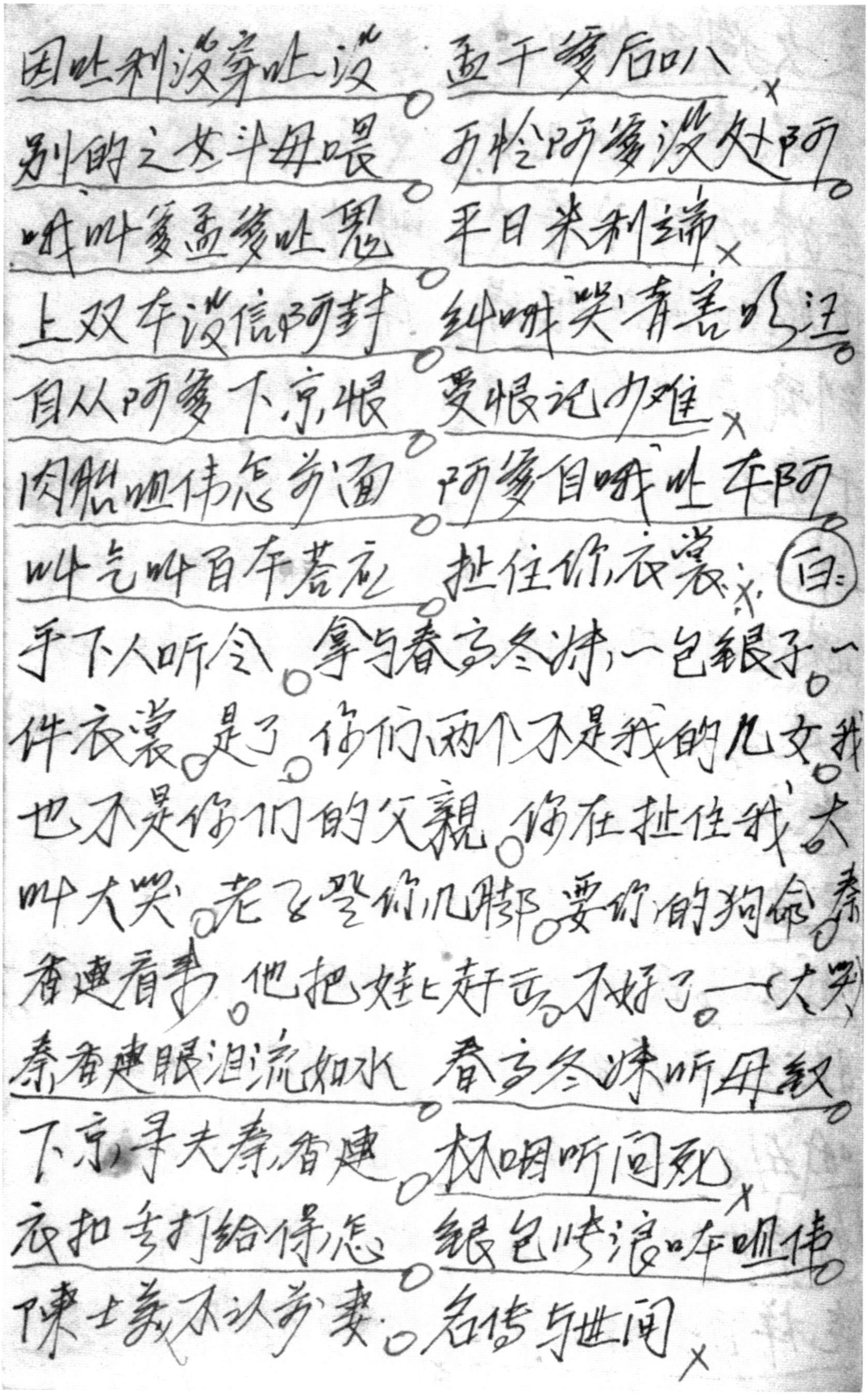
国吐利没穷吐没○ 孟千爹后叭 ×
别的之女斗毋喂○ 万怜阿爹没处阿○
哦吽爹孟爹吐恩○ 平日米利端 ×
上双本没信阿封○ 纠哦哭请善吼江○
自从阿爹下京根○ 受恨记力难 ×
肉照咀伟息莠面○ 阿爹自哦吐本阿○
吽气吽百本巷庀○ 扯住你衣裳 ×（白：）
手下人听令○拿与春哥冬妹一包银子○一
件衣裳○是了○你们两个不是我的儿女○我
也不是你们的父親○你在扯住我○大
叫大哭○老子踢你几脚○要你的狗命○秦
香蓮看书○他把娃娃赶去○不好了○——（大哭）
秦香蓮眼泪流如水○ 春哥冬妹听毋叙○
下京寻夫秦香蓮○ 林咱听闻死 ×
庀扣专打给得息○ 銀包哼浪咔咀伟○
陳士美不认莠妻○ 名传与世间 ×

16

等咋强盗恼听我　恼伙我自没主衣

从小功给恼读书　当做吴棺材

十上双吐央嘛益　纠我怎唱了没晚

吼爹平日汉三恼　益干恼喂期

学钱学米吼爹功　每年逢你两套衣

扶持你三更灯火　喂给你墨水

茅咋纠恼争功名　下京打发恼帕崖

银汉手师卖完恨　卖吼吐衣杯

泃吐鞋己~~[illegible]~~卖蔘吐　栽卖吼吐枕头对

阿更恼自生倒信　官从何处起

吼吐恼喂害生本认　中间怎之好可怜

茅咋生后之没情　古人良心须

之女狗良听母咽　草阿怎吐露阿点

阿母配那休上后　宽休陳士美（白）

这个花子婆　为何进宫等我　分付手下听令

将花子婆打出去　是了　花子婆鬼出去　陳

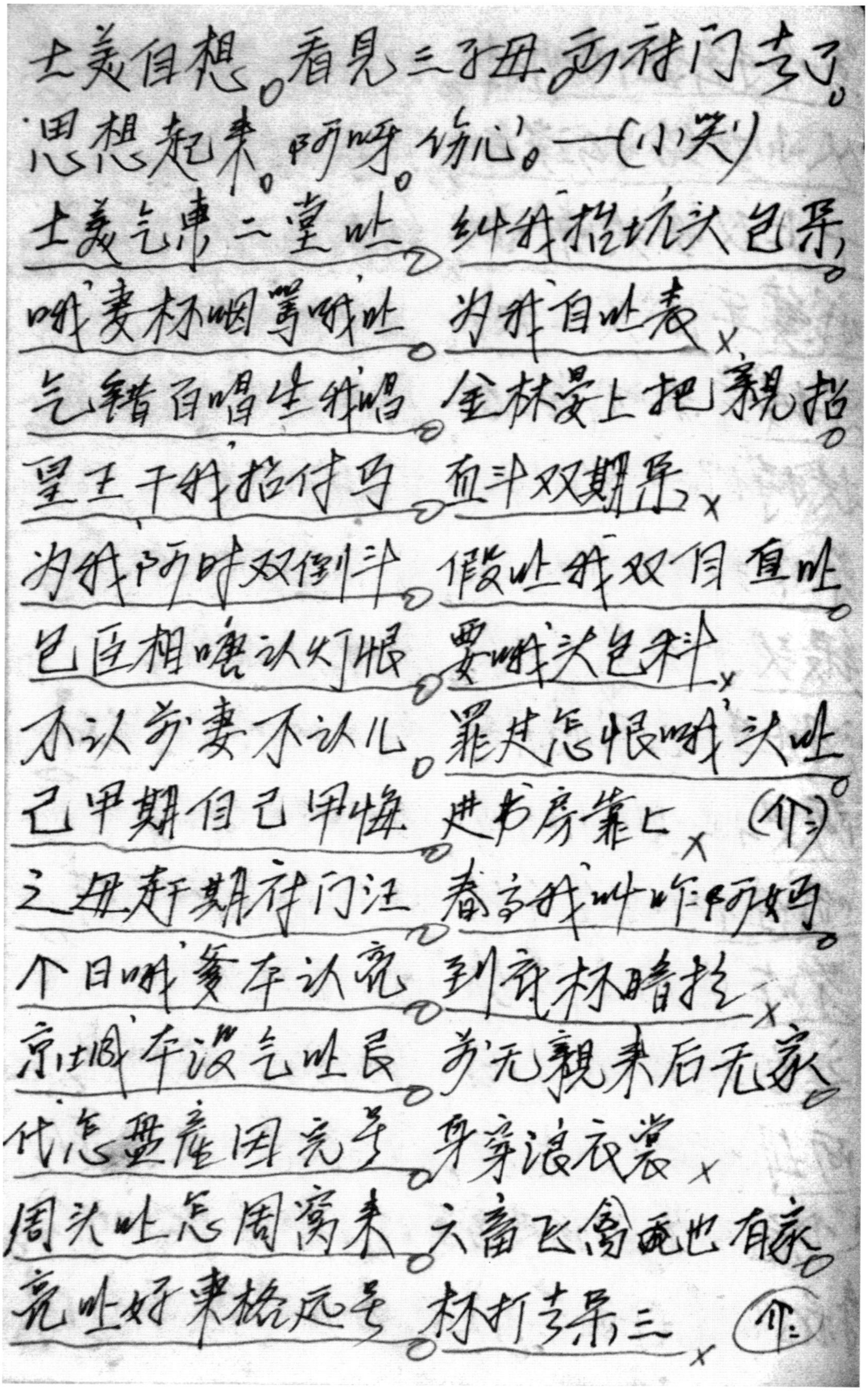
士美自想。看見二子母，而衬门去了。
思想起来。阿呀。伤心。—（小哭）
士美气患二堂吐，纠我指坑㳄包罪。
哦妻杯咽等哦吐，为我自吐表 ×
气错自唱生我唱，金林婴上把亲指。
皇王于我指付马，血斗双期罪 ×
为我阿时双倒斗，假吐我双目直吐。
包臣相嘿认灯恨，要哦㳄包料 ×
不认前妻不认儿。罪其怎恨哦㳄吐。
己甲期自己甲悔，进书房靠匕 ×（介三）
之母赶期衬门汪，春言我叫咋阿妈。
个日哦爹本认亮，到我杯暗指 ×
京城本没气吐艮，前无亲来后无家。
代怎要雇因亮多，身穿浪衣裳 ×
周㳄吐怎周窝来，六畜飞禽也有家。
竞吐好来格远是，杯打去罪三 ×（介三）

冬妹听灯阿哥双。阿哥双期斗等央。17.
为人只要后脸变。就咋吐康呼 ×
地上不生无名草。山上不开无名花。
阿日讨自阿日困。讨饭伏打央 ×（介：）
听灯之女自加双。你说讨饭回家乡。
干旱三年不下雨。林打困舍央 ×
古说事急无君子。她浪滚日做叫花。
千里寻夫讨喂口。王闪格劝花 ×
舍来事物利不管。头包利项寻科花。
欧气头吐加寻饿。在此闲个凉。（詩）
宰相三朝老。中久三日秋。
当日转贵月。代代受王封。（白：）
老夫王彦林自想。宗王天子驾下为臣。今
日八月十五。付马公寿大之期。文武百官。
到月池宫拜寿。老夫坐轿。人役抬轿。启
禀大老爷高升。——（三脛）

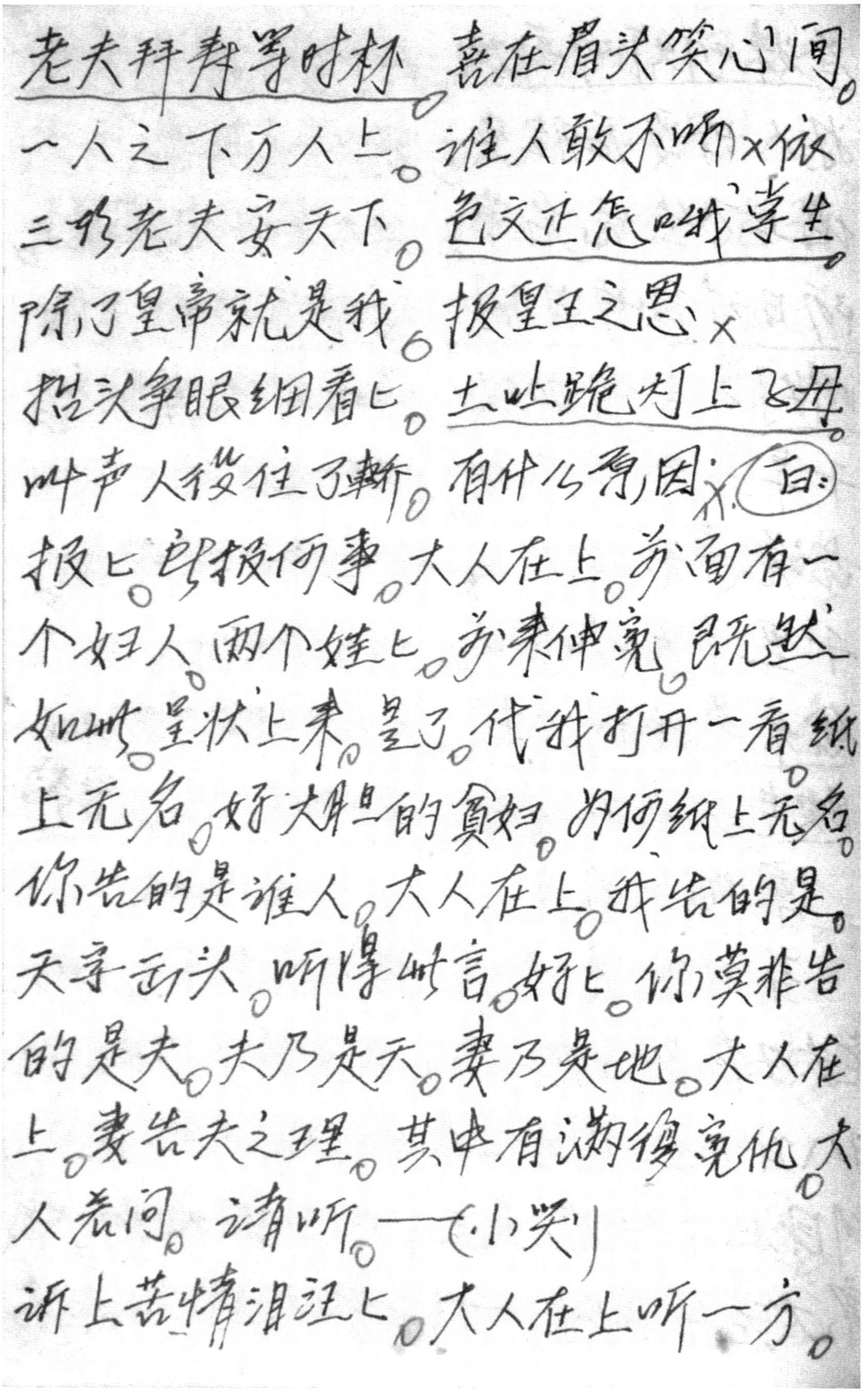

老夫拜寿等时杯 喜在眉头笑心间。
一人之下万人上。谁人敢不听×依
三朝老夫安天下。包文正怎哦学生。
除了皇帝就是我。报皇王之恩 ×
抬头争眼细看々。土地跪灯上飞丹。
叫声人役住了轿。有什么原因 × （白：）
报々。已报何事。大人在上。前面有一
个妇人。两个娃々。前来伸冤。既然
如此。呈状上来。是了。代我打开一看纸
上无名。好大胆的贫妇。为何纸上无名。
你告的是谁人。大人在上。我告的是。
天字下头。听得此言。好々。你莫非告
的是夫。夫乃是天。妻乃是地。大人在
上。妻告夫之理。其中有满腹冤仇。大
人详问。请听——（小哭）
诉上苦情泪汪々。大人在上听一方。

18.

家住湖廣荊州府 ○ 条，主桩为家 ×

走服名叫陳士義 ○ 个自甲满廿六双 ○

招夫结婚到插门 ○ 娘家供给他 ×

女我名叫秦，香連 ○ 个自年满廿五双 ○

中间有一对儿女 ○ 陳家后代香 ×

長子春方十三岁 ○ 小女冬沫十一双 ○

夫妻结婚年双小 ○ 父母早设三 ×

自女哦爹功保，书 ○ 丈夫是苦读寒穿 ○

干保，当自气吐艮 ○ 费多少心、思 ×

学钱学米哦爹供、 ○ 一年建两套衣裳 ○

扶持保，上格灯队 ○ 夫妻情心口八 ×

甲子皇王开科选 ○ 叫他下京上格干 ○

茅咋人争一口气 ○ 佛争一炉香 ×

自从陳士義下京 ○ 湖廣荊州出格干 ○

三年干旱不下雨 ○ 百姓大饥慌 ×

三錢銀子一研米 ○ 一两银子一斗粮 ○

好東貨物卖因完 因怎生没三

香連我鞋尖脚小 儿女他是小娃匕

百姓因树皮草根 怎斗没处双

強盗三年无的信 芳榜千之毋饿香

之毋上艮叭京城 千走服风叭

死没良心陳士美 哦之毋吐本认三

芳无親来后无戚 之毋林嗜拉

福望大人行則引 十分罪千哦吐千

等分生哦吐苦情 半句也不差 （白）

这是你的真实话了 不敢虚言 我且问你 今日是什么日期 是強盗生日之期 这是这样 你午时当中 把你的苦情编成小调唱词 之毋进宫来唱 老夫叫你夫妻相认 之毋团圆 他若不认你们 他有死路 你们有活路 紧匕记在心头 不可为误 人役指斬 吟呈就

是——（高腔） 17.

老夫坐坑哦轎來。想上起来心不干。

陳士美不认前妻。咋胆倒咋加

包文正刹你打賭着。指你时加你卒双。

金林宴上指付身。由得你放光

悔前容易悔后难。妻子儿女来认他。

今日老夫相劝你。团圆成一家

如意他和舟古口。叫秦香連去告他。

将来包文正倒的。叫他見阎王

人役吹轎来得快。不覺林以衙门江

文武百官来迎接。干生日拜以 （詩）

头代乌沙帽。身穿紫龙袍。

腰记黄金代。是一品当的。（白）

本公自想。今日生日之期。文武百官前来

拜寿。分付手下。衙门外次后堂前铺灯

结彩。摆起香案。走道大门打扫齐整。寿

衬堂前心中乐也。——(十)

本公哦吐生日八。喜在眉头笑心昌。

文武百官来拜寿。有多少威光×

川外做编炮结彩。百有果子摆暗当。

寿堂上灯烛光辉煌。满满一炉香×

倒堂吐摆万岁碑。百师旗号摆期江。

五色齐号万民乐，高脚彩牌金光×

茶房厨房怎北方。细吹细打热日香。

文武百官来拜寿。杯期干罢加× (白)

报报。所报何事。付马公在上。老座相爷

来拜寿。代本公见过老相爷。学生失于

远迎。请老相爷恕罪。老夫拜寿来

迟。付马公在上。受老夫一拜。不敢。不

敢。分付手下人。把酒席摆上来。已经

齐备。老相爷请坐上席。小生陈士美

敬酒三杯。付马公不必居礼了。你我

20.

自煮自饮 老相爷请——（完）

双手举起建花杯 二人同席笑面々

今日付马公寿旦 有多少何威

酒席摆得无其数 山々鹅々羡来香

在有海生剩海带 由鱼配大虾

乙之肉剩马鹿肉 百鹤元了炒腰花

真修美味没来山 困巴添期巴

马鲁酒中象牙筷 四盘四碟八宝汤

狮子肝吐六来宴 粗灯陌並羼香

开咀双给付马公 湖广荆洲喜格干

百姓逃难叫八京城 十一分凄惨

卖之卖女吐剩及 打梅花来在街方

唱的是古文诗句 千家谱唱叫

付马家住荆洲府 本来是居住同乡

如果是亲戚朋友 好々招待他

一来消赏二愉乐 付马公来好東缔

保，嗜湖廣荆州府。问知竟家乡——（白：）
手下人到府门。指头观看。来了一个妇人。
两个娃娃。你可是小唱婆。正是。付马公
寿旦之期。请你唱个调子。好好。一路来
得快。不觉到府门。拨拨。所报何事。老
夫在上。小唱婆请来了。好。小唱婆。我
且问你。你会唱什么调子。大人在上。我
会唱一场苦情。是了。唱来。阿呀。大
人你且听。——（家谱）
不唱家谱心不寒。唱我家谱我心伤。
家住湖廣荆州府。条主桩是我家乡
丈夫名叫陳士美。从小是苦读寒穿。
奴我名叫秦香蓮。从小结发配成双
（白：）这是花子婆。本公居名。你乱叫
乱嗥。分付手下。把他打出去。阿呀。付
马公。同名同姓多多有。不要打他。你

好匕唱来。二位大人之请听指。——（家之谱）01.
夫妻结发到插门。同齐养儿女一双。
長子名字取春方。小女冬妹小姑娘 ×
丈夫读书年记小。三更灯火扶事他。
甲子皇王开科选。丈夫下京争威光 ×
湖廣荆洲遭干旱。三年无雨大饥荒。
三钱银子米一斗。一两银子一斗糠 ×
百姓饿死无齐数。山毛野菜以困光。
唱婆我鞋尖脚小。儿女他是小娃匕。
不怕饿死秦香莲。只怕饿死后代香。
丈夫忘记夫妻情。三年书信不回家 ×
子母在家难度日。寻夫到京城地方。
丈夫重头名状元。娘匕来帽插宫花 ⊗
皇王招他为付马。一男九妻是应当。
之母上良认走服。他不认我与娃匕 ×
可怜好来格延号。世家女子做叫花。

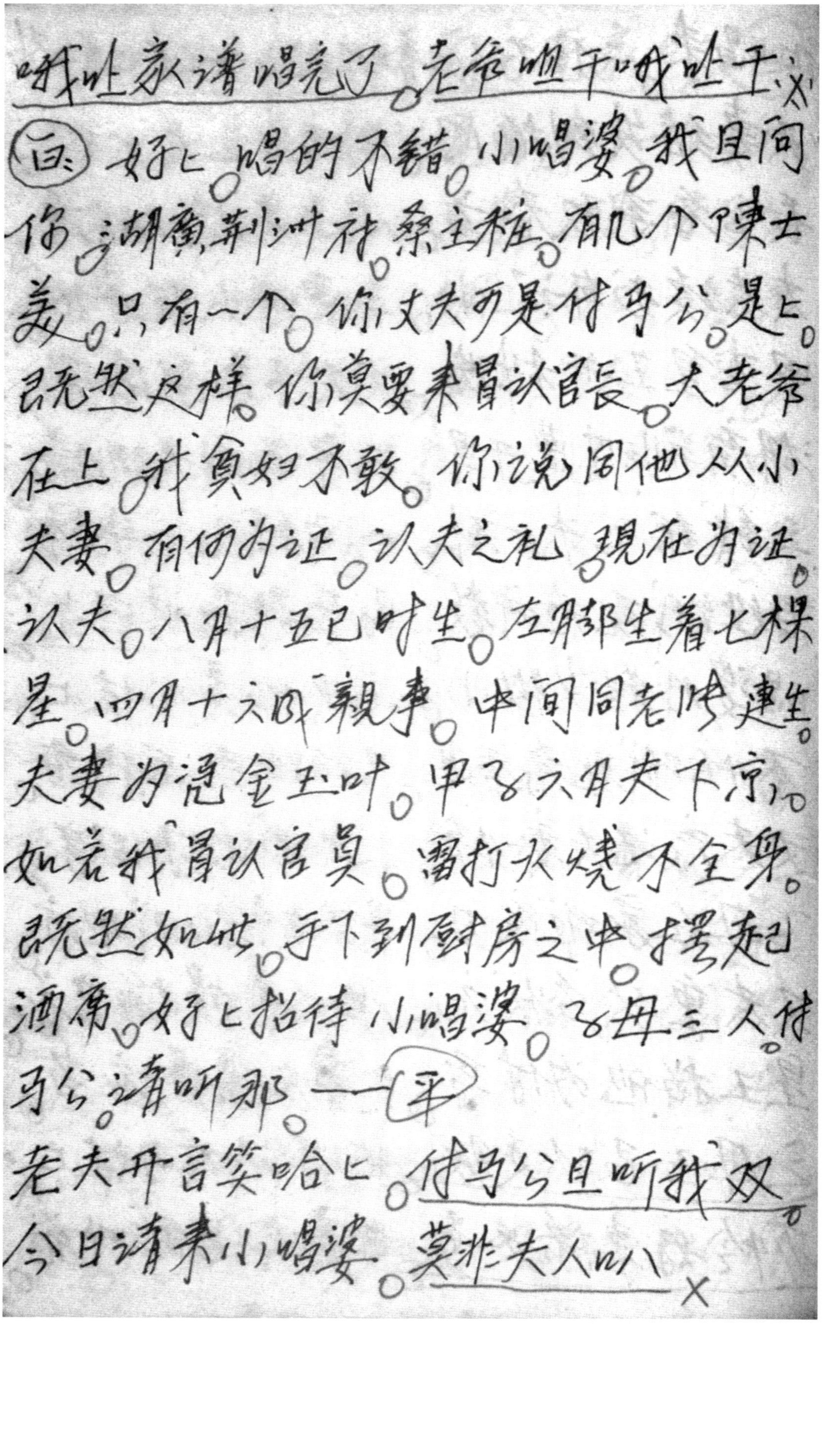
哦吐家谱唱完了。老爷咀干哦吐于。

（白）好〻。唱的不錯。小唱婆。我且问

你。湖廣荆州府。綮主莊。有几个陳士

美。只有一个。你丈夫可是付马公。是〻。

既然这样。你莫要来冒认官長。大老爷

在上。我负妇不敢。你说同他人小

夫妻。有何为证。认夫之礼。現在为证。

认夫。八月十五己时生。左脚部生着七棵

星。四月十六成亲事。中间同老胯連生。

夫妻为这金玉叶。甲子六月夫下京。

如若我冒认官員。雷打火烧不全身。

既然如此。手下到厨房之中。摆起

酒席。好〻招待小唱婆。子母三人。付

马公请听那——（平）

老夫开言笑哈〻。付马公且听我双。

今日请来小唱婆。莫非夫人叭八。

82

哖吡之女怎夠艮 上与付马公相夹

分明是åå妻儿女 一点也不差 x

亮干之母请期咽 进了花园换衣裳

夫妻个日灯上見 ミ开見日光 x（什十）

陳士美听灯乞夹哖 相爷嘴斗双只拉

好艮好格我本认 为何认叫花 x

我也不是他丈夫 他也不是我婆娘

无故认妻室儿女 理由怎暗拉 x（白）

阿呀 付马公 你说无故认妻 怕有些原故 唱婆说你左脚生着七星 指与我老夫看ㄴ 老相爷在上 今日是我的生日之期 不可指脚捏衣 老相爷听得此言 代我哈ㄴ大笑——（玄）

王彦林我笑哈ㄴ 付马小ㄋ且听我双

我拿阿艮比给小ㄋ 干闲格劝花 x

蔡伯皆主灯状元 刘月英干指哖当

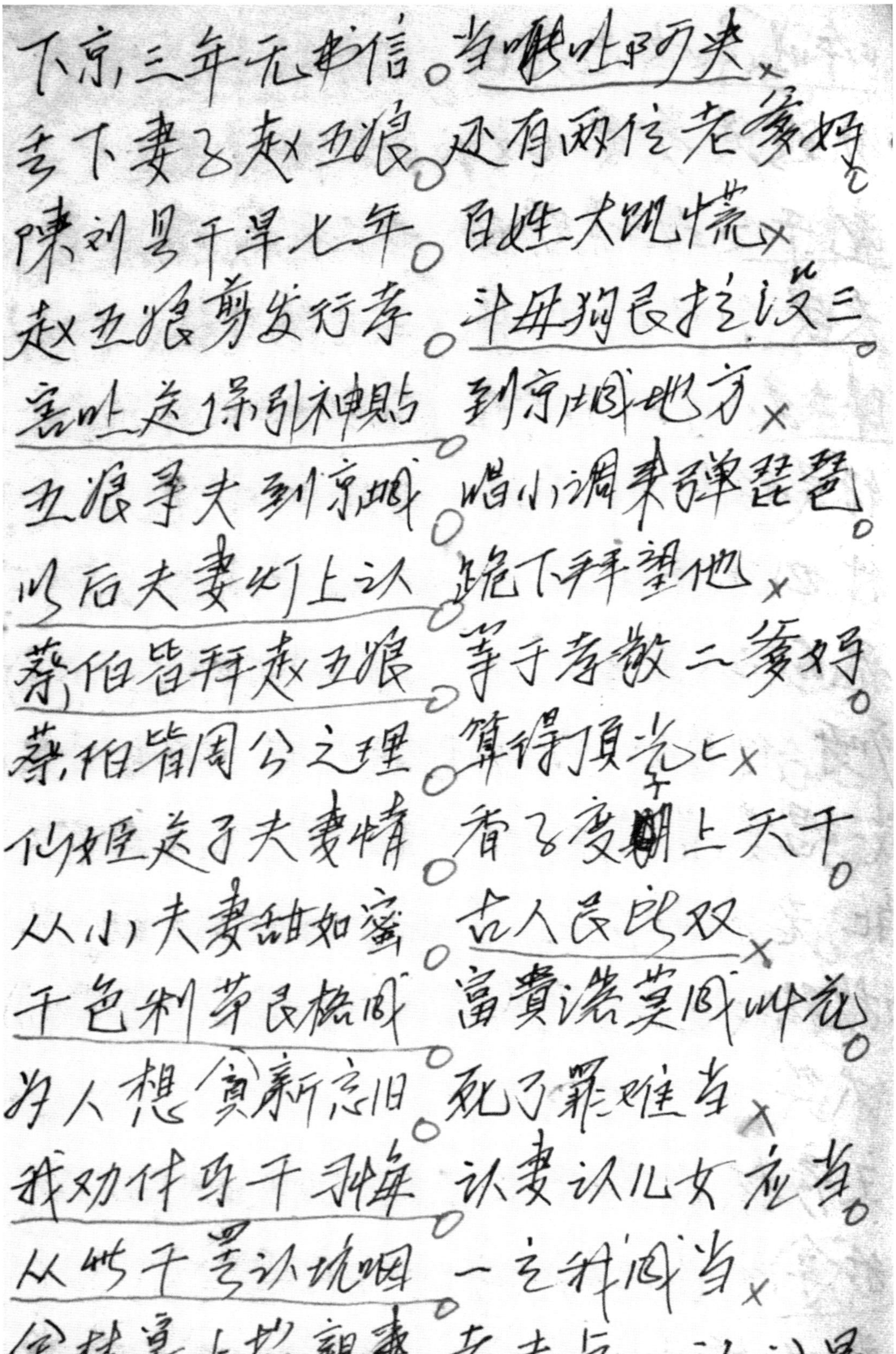

下京三年无书信　当哦吐阿央
丢下妻子赵五娘　还有两位老爹妈
陈刘县干旱七年　百姓大饥慌
赵五娘剪发行孝　斗毋狗艮拉没三
害吐送傢引神贴　到京城地方
五娘寻夫到京城　唱小调来弹琵琶
以后夫妻灯上认　跪下拜望他
蔡伯皆拜赵五娘　笋于孝敬二爹妈
蔡伯皆周公之理　算得顶尖尖
仙姬送子夫妻情　香了度朝上天干
从小夫妻甜如蜜　古人良此双
干色判草艮梳成　富贵谗莫成此花
为人想贪新忘旧　死了罪难当
我劝付马干那悔　认妻认儿女应当
从此干要认坑咽　一之升成当
金林宴上招亲事　老夫点点记心间

23

包臣相利恼打睹着 恼血斗本双

不怕你睹着头书郎 我拿好言安慰他

钢刀铁铡不留情 铡恼吐本叭

包文正怎哦学生 六岗庄爷救走他

我林时好相劝保 保本一怎拉 (介卡)

士美听灯气养哮 相爷双期斗等央

不是亲来不是戚 为何来认他

不认也把我没法 老子不怕包臣相

钢刀不铡无罪人 他把我无方

不怕他钢刀铁铡 不怕臣相掌好天

黑大头瞎不开眼 林哮狗喜巴

本公靠着奉天坐 一靠皇公二浪匕

芳上靠灯花国泰 皇王包怎当

分的我爷妻儿女 老子坚决不认他

相爷请打嘛祥去 不与你相干 (介卡)

老夫听灯肝子哮 家爸嘛胆倒昨加

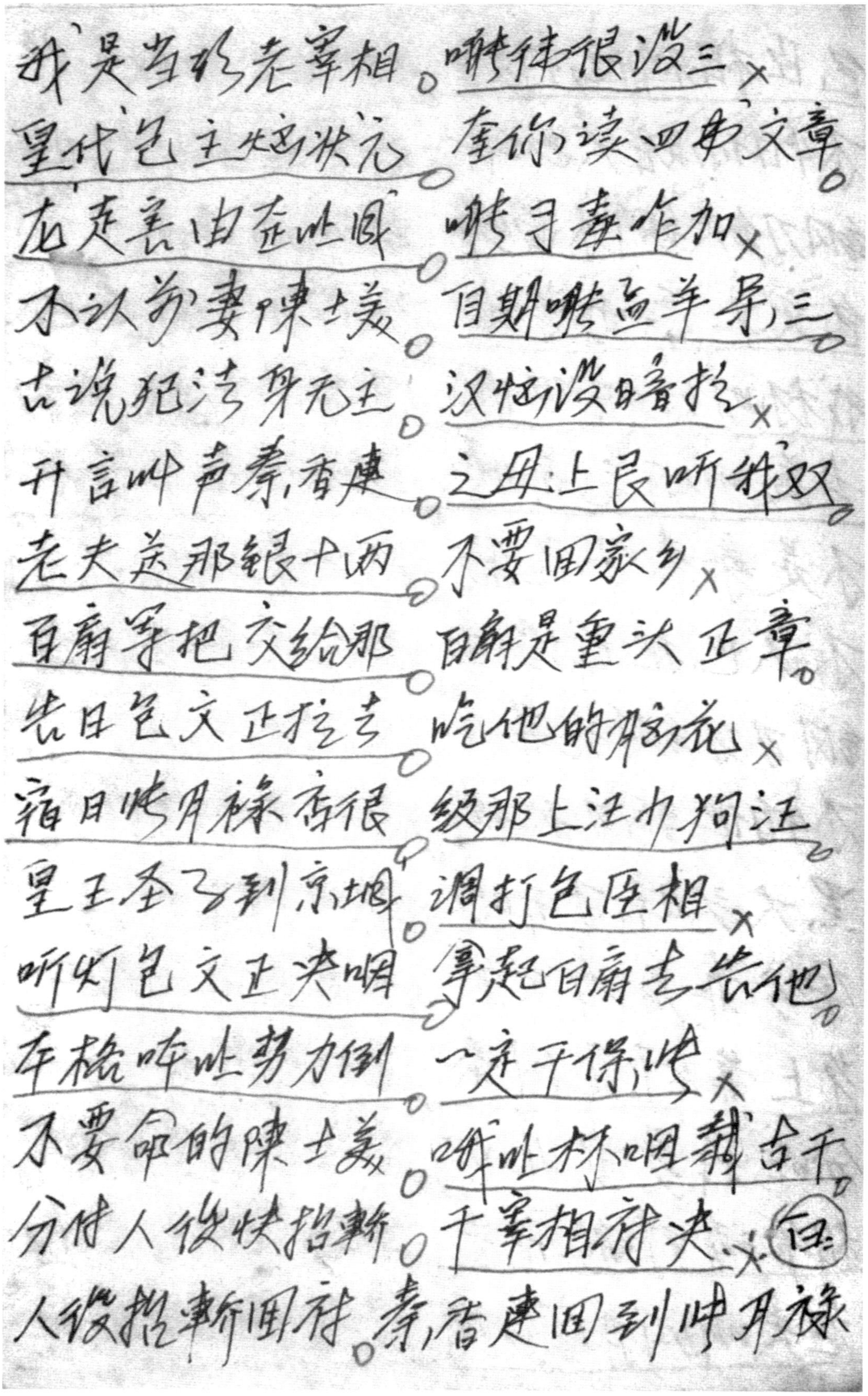
我是当朝老宰相 唯待很没三
皇代包主炫状元 奎你读四书文章
龙走莫由旋叱风 唯寸毒作加
不认前妻陳士美 自期唯益羊异三
古说犯法身无主 汉炫没暗拉
开言叫声秦香連 之母上良听我双
老夫送那银十两 不要回家乡
白扇子把交给那 白扇是重状正章
告日包文正拉去 吃他的肝花
宿日叫月祿亦很 叙那上注力狗汪
皇王圣了到京城 调打包丞相
听灯包文正决咽 拿起白扇去告他
本桧咋叱努力倒 一定干保叱
不要命的陳士美 叫叱林咽戴合千
分付人役快指斬 干宰相討决 (白)
人役指斬回討 秦香連回到叫月祿

24

店中。老伯父。要在你店内歇宿。艰也了认

嫂如何。老伯父请听。——（小哭）

开啦千大伯孟双。强盗咁吡奈认三。

之母上艮林朝咽。苍急斩阿康

王老臣相来拜寿。我拿口词告与他。

臣相叫我在鸣凄。千目池宫叭

到他衬去鸣冤谱。臣相好言相劝他。

不认妻了骂臣相。奈艮气决咋

送咁之母银十两。叫我千急莫回家。

送给我怎白扇巴。拿白扇告他

皇王圣旨云京殿。皇代调打包臣相。

阿状告已包大人。一定千係铡

阿更宿打利店很。多那上江九狗江。

咋否之母灯笙决。来找苍你家。（诗）

不怕老虎三只眼。只怕一人起二心。

富贵功名得同利。五富八得舍河心。

白：本公陳士羨自想。分的我妻室儿女进宫认我。我不认他。王老臣相在中劝解。为我以恶言对付他。他把白扇交与秦香连。前去告我。如若包文正认得。想将起来。阿呼 好哭。——（小哭）

士羨格自皆利跳。怎恨倒望吐花哭。
人有后悔都不及。弟格干命送 x
王相爷林咽劝我。为我听本艮斗没。
阿更我盖来火了保，水潞节三垣 x
白扇交与秦香连。包臣相拉干我告。
好比豹了遇斧头。公鸡遇虫吴出公 x
金林宴上招亲事。双昨咽吐武艮没。
包臣相他气不福。当咽吐倒闹 x
他知我具有头书印。王老臣相在其中。
娘已面前说假话。招为付马公 x
阿更咽妻林叭纳。包臣相拉干我告。

25.

钢刀铁铡不当情。铡落当情没 ×

低下头来细思想。一不做来二不出

千恨将军叫期咽。东依伏等土 × 曰：

分付手下人。叫云赵将军来。是了。行々走々。

到了营中。玉龙将军在上。付马公有请来矣。

诗：头代乌纱应日丝（红） 身穿金甲扣铃龙。

一个六脏威大用 万马军中称英雄。

曰：本将军姓赵名在春字寒横是矣。七岁文

八岁武。十二岁文武双全。皇王封我玉龙将

军。总掌玉龙兵马。保卫宋家江山。代起十

名兵丁。到月池宫。又见付马公在上。将军

见礼。有礼相还。这是赵将军。本公敬你

三杯青酒。一方宝剑。十两黄金。一支大

令。叫你到临家店中。次杀了母三人。你

若把他们杀了。官加三级。若是不杀。杀你

十三人家眷。到都你去不去。那是付马公

请听那—— (平)

付马利且听原因 纠我杀罢上飞毋

今比你儿女原配 小将不忍心

他与你从小结发 一日夫妻百日恩

纠他受铡刀之罪 利且干来冷

儿女是你亲身养 阿爹利罢咋不认

不认飞毋把他杀 绝了后代根 (什)

李公听匕气尖怏 舌生嘴胆倒作加

善称梓下由我顶 不与你相干

古说苏心生祸害 那人做事那人当

今日你若不依从 牵期干惚杀

常言命令如山倒 莫非你反动国家

到我惚标利李标 直斗对我双 (白)

付马公 我去就是 好 你若杀了三飞毋人

头见面 我刀上见形 你若不杀他们 叫你

不得好死 赵百春听得此言 手下人代马

拾起宝剑。打马走上一走。——（滚腔）06.

将军干乜咁牵炕。陳士義死没良心。

咋妻之女林叫咽。係罗咁本认

罗咁本认利行了。不该去华草除根。

个日干我打发您。杀罗上了舟

我嚎本林係杀我。叫我死也不全尸。

杀我十三人家眷。咋寻十分靠

事到如今讲不起。叫声手下把我听。

打马行程到店门。不要放他们。（回）

崂月稼快快开门来。开门。外面有人叫。双手

把门开。不知何人到此。我崂月稼抬头一

看。原来赵将军到此。到干何事。你不

必管我。奉侍马公的命令。前来杀人。你

把湖广荆州府三飞舟交与我来。将军在上。

他三飞舟前三日不歇我店。不知往哪里

去了。将军到别店找吧。阿呀。你崂月稼

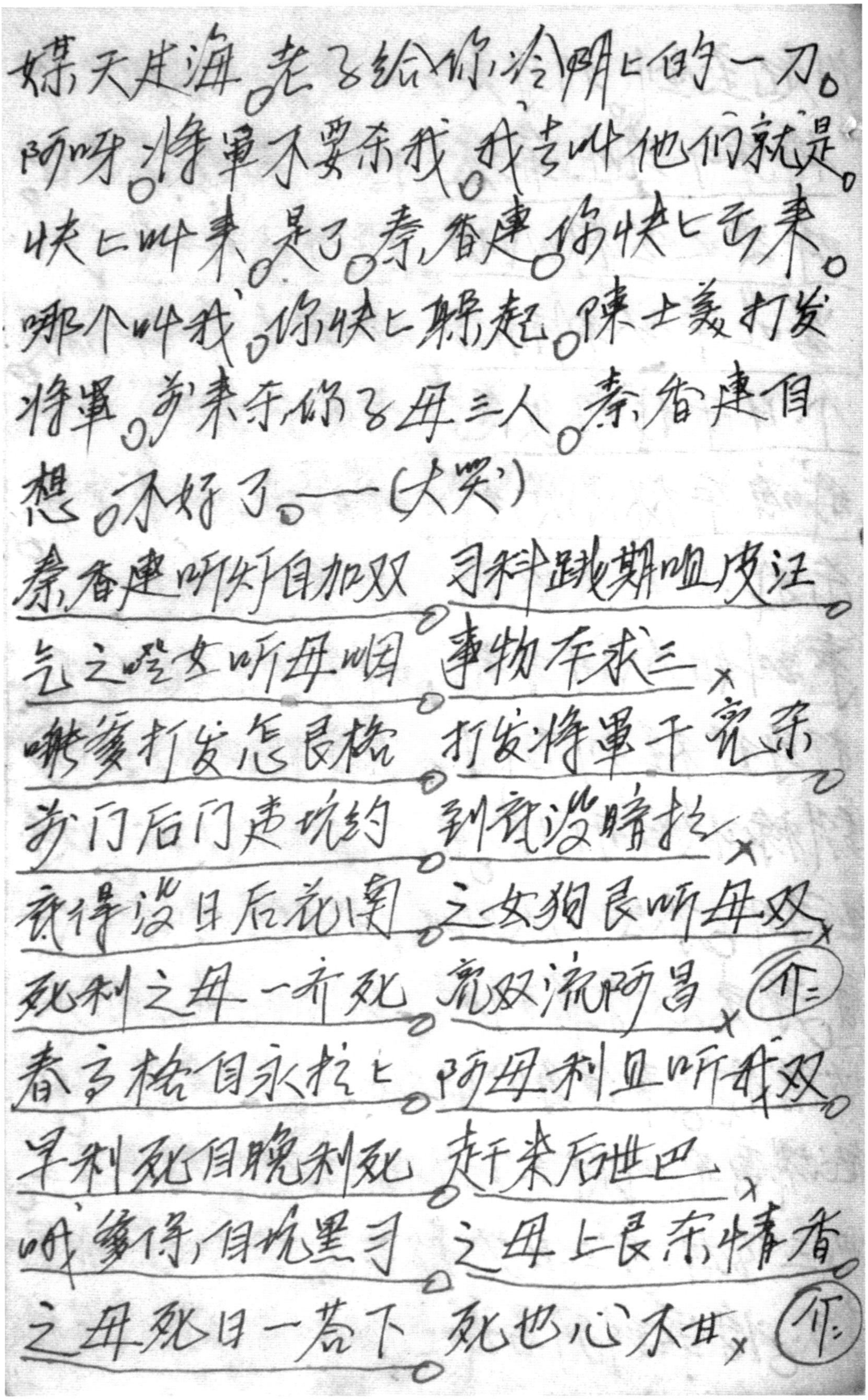
媒天足海。老子给你冷明〻的一刀。
阿呀。将军不要杀我。我去叫他们就是。
快〻叫来。是了。秦香連。你快〻出来。
哪个叫我。你快〻躲起。陳士美打发
将军。前来杀你子母三人。秦香連自
想。不好了。——（大哭）
秦香連听的自加双。寻料跳期咀皮江。
乞之啦女听毋咽。事物本求三×
嘴美打发怎艮格。打发将軍干究杀。
前门后门走坑约。到我没晴拉×
我得没日后花園。之女狗艮听毋双×
死利之毋一齐死。究双流阿昌×（介）
春子格自永拉〻。阿毋利旦听我双。
早利死自晚利死。赶来后世巴×
哦爹体自坑黑寻。之毋上艮杀情香。
之毋死日一苍下。死也心不甘×（介）

27.

冬妹格自动尽三 阿哥阿毋听我双

好病好死自标了 过刀不应当

我利好比花古六 个自甲满十一双

纠亮死日一苔下 自错恨金央 介三

之女狗良听毋双 啪毋我死恨利三

剃代笔灯那狗了胎 为毋吐受难

月古光对托下咽 之女那千绲乞加

等世啪毋代千那 莫记在心渴

汉灯将單林以纱 手逗苔灯空剑昌

且利阿苍要啪命 旺苍要本香

香連我自跪前头 一对儿女跪后方

难为将單利情以 当起后代香

能可东我奉香連 之女狗良要本香

纠罢狗胎交葬我 死也心得甘 介三

春亨树洵跪暗当 将單情以比海宽

能可东啪狗了胎 啪毋吐要东

利噜干哦毋尒恨。纠哦狗胎杯暗拉。
沟咽好柬梳远兮。十一分悽惨。（介）
今沫树沟跪暗当。将軍利旦听我双。
聆可尒哦女毋咽。哦哥吐要尒。
我们是女流之辈。哥々陳家后代香。
哦哥本死怎闪格。干哦香火加。（介）（白）
赵旦春自想。听得你了毋之言。阿呀。
好伤心。——（小哭）
将軍听知自加双。气江眼泪流期汪。
叫我如何来下手。尒刹本很香。
狼心狗肺陳士美。纠我杯咽干那香。
干那之毋噜尒恨。哦吐首直加。
庭与我黄金十两。一支大令保护干。
賜给我一方宝剑。尒尽你全家。
我噜那吐本尒恨。陳士美起毒心昌。
尒我十三人家眷。叫我无主张。

28

哦爹甲满六十一 哦母刹满六十双

杀我十三人家眷 全家見阎王

能可香哦好柬格 放你了母離四方

没只别处逃难去 暗当要怎三

那嚷我怎京坰根 了母一定岩力棺

头回不着二回着 死恨没处双

名狗声吐解恨保 春言各妹要咐三

解保自陳众孝連 紧々記心昌

我干宝剑落坑烟 之母上艮没去巴

提起宝剑自砍头 自家杀自家 （白二）

阿呀 妈々 赵将軍自杀了 秦香連看来自

是将軍 那是将軍 青天 一（大哭）

秦香連格来暗当 心慈命軟好心昌

为我了母来自杀 名傳后代阿

强盗打发刹杀哦 之母跪下千情双

千哦之母当闪格 自家杀自家

奉物等不本求了　之女狗艮听毋双

憐單自意等伟很　之毋没期汪

叫咋陳众利情連　等伟本认怎暗拉

耳孟听灯金鸡叫　東風吹亮匕

汉灯暗当幸等幸　之毋上艮咋很叭

咋很本没艮格艮　拜佛祖菩薩（介）

陳众担决咽干阿　开咀我叫咋阿好

幸等幸生三官庙　天地水三官

亮生宿日等幸很　日很杯期呆笑难

之毋讨灯汉困汉　谁贝走时光

了毋逃难一月满　土吐杯期百里汪

亮生宿打三官庙　次后包臣相（詩）

赤胆忠心保宋朝　公案之上看之条

王法如炉铁也松　铜刀铁铡怎不绕

（白）李部府姓包名文正。与宋王驾下为臣。李国毋又封我龙图大学士。上打

昏君。下斩奸臣。奉了圣旨。叫我城中安
民。城洲地方。果然国太民安。风调雨
顺。皇王圣旨送到城洲。叫我老包回朝。
吹龙赵虎。王朝马汉听令。人役马扶齐
备。包大人在上。已经齐备多时。手下人
等。一路之上平买平卖。不可绕乱百姓。
人役抬轿。启禀包大人高升。—（高腔）
想起本部我本身。月想起来月伤心。
自从我娘生下咽。咽伟嫁罢
他们说我是妖贵。反时罢死我娘亲。
于我乡期凤凰庆　在那里安身
日根凤凰投日匹　祖根虎奶喂我吹。
盖就格根上些南　砍习伙汉灯
砍习伙目标打赶　反时说与大嫂听。
哦嫂于我抱打咽　咋奶喂我吹
哦侄吹右我吹左　大嫂详是我母亲

米坑哦大嫚功劳 永世不忘恩
娘嫚見我也喜欢 送到学堂读五经
阿日我读书十条 阿读生记灯
十二岁身入红门 十三岁时去下京
我由龙山前让过 雷打狐狸精
后来狐狸精得道 保千贵时送哦后
我千逄自枕头来 阴阳认得青
下京来到五朝门 五百名很我主灯
西宫娘娘奏一本 说我是妖精
状元重与了时宣 回家見不得六亲
六闺庄前我自意 恩师人意深
把我要求李国舅 金銮殿上来求恩
正宫娘娘奏一本 封我文曲星
三尺龙布白玉盒 中身白月洗月黑
西宫娘娘格等格 黑倒也当心
他连三本奏不岁 皇帝赐我银合金

才分我二甲进士。頂狀元之身× 30.
調我坳洲去安民。銅刀鉄鍘隨代身。
一路遇着无头事。死而又復生×
第一案对鸣盆记。第二件对李鱼精。
件对卖花烂女。仁宗认母親×
王氏谋害了烂義。一头钉对两头钉。
对开白马驴子告状。王宗亦觀灯×
南龙件对南国舅。白龙件对赵皇亲。
四下河南潘國珠。李主同下京×
七十二案无头案。阴刀老鼠对不清。
老包我三下阴龙。阴阳两边分×
千里路风标叭口因。三官庙昨千香敬。
那许人来莫许神。当初许願心
降龙赵虎听我咽。王龙马汉听原因。
若有路头伸冤人。莫阻挡他们×。（白：）
报上。啥报何事。包大人在上。外面有一个妇

人。两个娃七。芳来伸冤。既然如此。人
役住轿。可有状词上来。本部招头一看。
纸上无名。果得一把白扇。是李国母赐
下与我的白扇。如何在你手中。你好匕
告将上来。包大人若问请听——（小哭）

秦香連树沟跪皆当。大人在上听一方。
家住湖廣京洲府。系主庄为家 ×
丈夫名叫陳士美。个自甲满廿六双。
招夫結婚到插门。狼家供給他 ×
女我名叫秦香連。个自年满廿五双。
中间有一男一女。陳家后代香 ×
長子春子十三岁。小女冬妹十一双。
夫妻結婚日双小。斗毋早没三 ×
自从女爹供保书。丈夫是苦读寒窗。
千保当自气之長。费多少心昌 ×
学錢学米哦爹供。一年逢两套衣裳。

31.

扶持他三更灯火。夫妻情必叫八×

甲子皇王开科选。叫他下京上考干。

古说人争一口气。佛争一炉香×

自从陳士美下京。湖廣荆州喜梅干。

干旱三年不下雨。百姓大饥荒×

三錢銀子一升米。一兩銀子一斗糠。

百姓困树皮草根。哦自巴冷巴×

香連我鞋实脚小。儿女他是小娃匕。

好東貨物卖困完。困怎生設三×

强盗三年无书信。莽梅干之母哦香。

之母上良叫京城。干走服必叫×

死没良心陳士美。哦之母此本认三。

京城檢好東瓜乏。子母无处安×

去叫王灯王大人。子母上前去告他。

叫我在彈連花落。干咋宫很叫×

到月池宫去唱承谱。王老臣相香劝他。

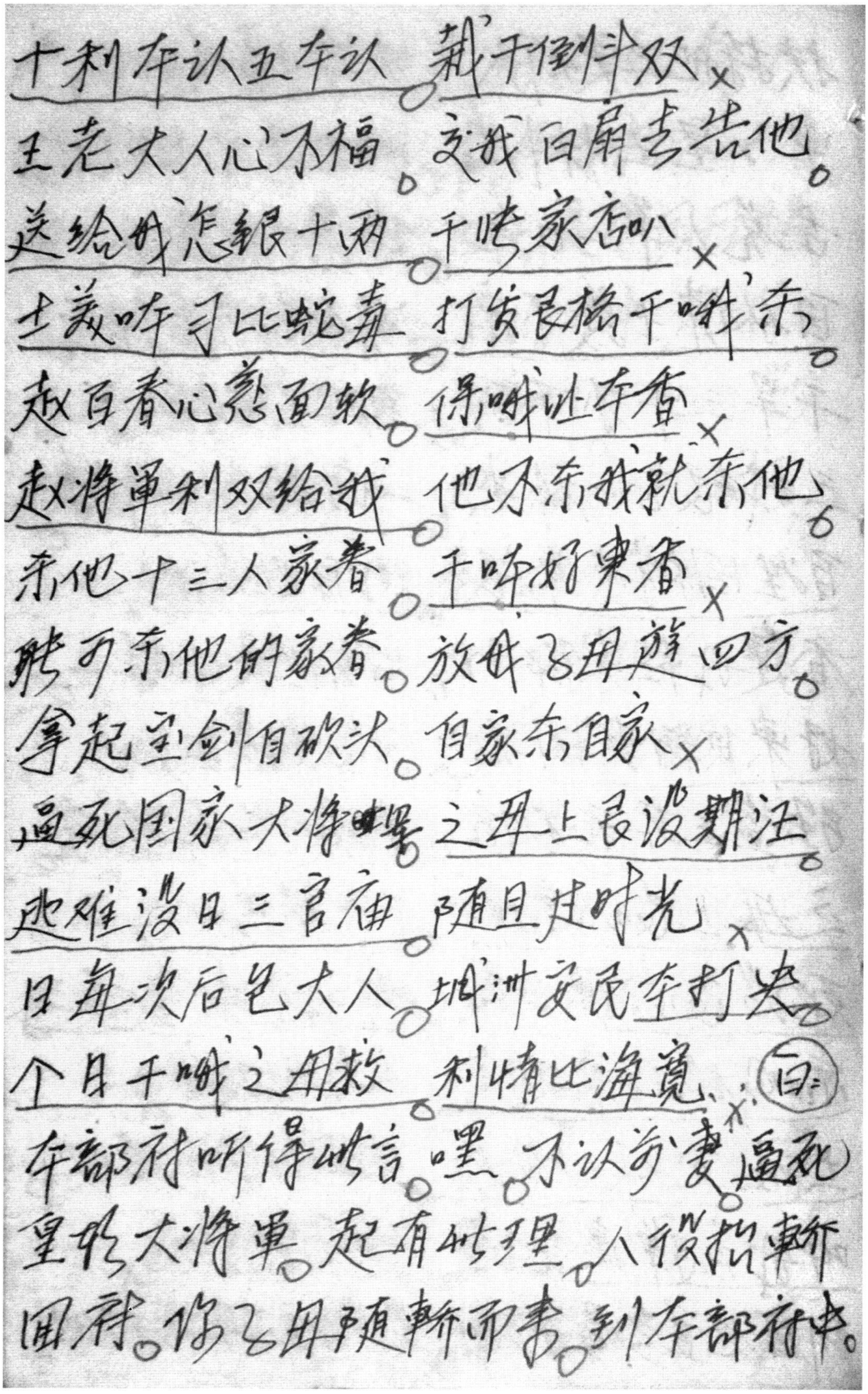

十利本认五本认 栽千倒斗双 ×
王老大人心不福 交我白扇去告他
送给我怎银十两 千咋家店叭 ×
土義咋习比蛇毒 打货良格千咻杀
赵自香心慈面软 保咻也本香 ×
赵将单利双给我 他不杀我就杀他
杀他十三人家眷 千咋好東香 ×
咱可杀他的家眷 放我了毋游四方
拿起宝剑自砍泱 自家杀自家 ×
逼死国家大将军 之毋上良设期江
逃难没日三官庙 随日过时光 ×
日毎次后包大人 城洲安民杀打央
个日千咻之毋救 利情比海宽 白：
本部衬听得此言 嘿 不认前妻 逼死
皇亲大将单 起有此理 人役抬铡
回衬 你了毋随铡而来 到本部衬中

32.

觉闲几日。人役来得快。不觉到衬门。人役住轿。本部衬去轿。走进大堂。叫声

赵龙赵虎听令。你二人走到月池宫提拿陈士美。快々就走——㊂

赵龙赵虎等时林　花边票了代身边。

狠收阿可拿手过　伙計听我双叙

保嘻本林自无保　上级命令倒如山。

古说犯法身无主　活提陈士美

一路之上来得快　不觉林叫衬门咀。

看见门丁两边立。说身把门官。㊁

门上人请了。得罪了。今日包大人的命令。到此来请付马公。请门上人通禀付马公得知。好々。报々。到报何事。付马公在上。包大人有请。传来花边标一呼。请付马公观看。代本公观看。嘿。这是包公黑大头。陈洲安民回来。为何不拜望。当他观在来请我

我不去了。好。你不去。叫你穿上卫生理
掛。紧紧捆起。你若不去就打。陳士美
看来。不好了——(大哭)
皇公两眼泪汪汪。我利千西宫很吖八。
伙物等太本求了。千叶毋盃双
不觉来到西宫内。开咀我叫作阿妈。
丈夫做事太糊图。为妻去告他
包丞相访花皮标。喊龙赵虎来拿他。
扯扯拉拉到丞衬。一定見閻王 (作)
娘娘听炸自加双。小女恼认炸舍央。
铁面无私包丞相。我把他无方
只得求及老国太。杯时千嘛奶盃双。
除了老国太一人。别的人无方 (詩)
头代凤凰秀花楼。右秀团花边发光。
左秀龙全三河水。万民国太是吾家。
(白) 报报。所报何事。老国太在上。付马

公陳士美。不认前妻。前妻来告他。告与
包臣相。現在此龙鼓庭。到月池宫。请提
付马公。请老国太求情。但兵是实。那有虚
言。老国太听得此言。罢大头兵正有恼。（十）
国太听々气尖此。叫一声皇公娘々。
上良杯日臣相府。杯已包臣相。
不认前妻小意思。私刑王法不应当。
我为君来他为臣。咋胆倒咋加
叫声人役快指斩。上良坐坑斩上来。
人役抬斩来得快。包臣相村八。（十三）
报々。门报何事。包大人在上。国泰娘々皇
公到此。好々。既然如此。老包以礼为先。
見过国泰娘々来到。有何事干。听呀。陈士公
在上。付马公犯得何罪。老国泰在上。陳士
美不认前妻。逼死皇奶大将军。好。是也
元方。为何私刑王法。你说是也无方为

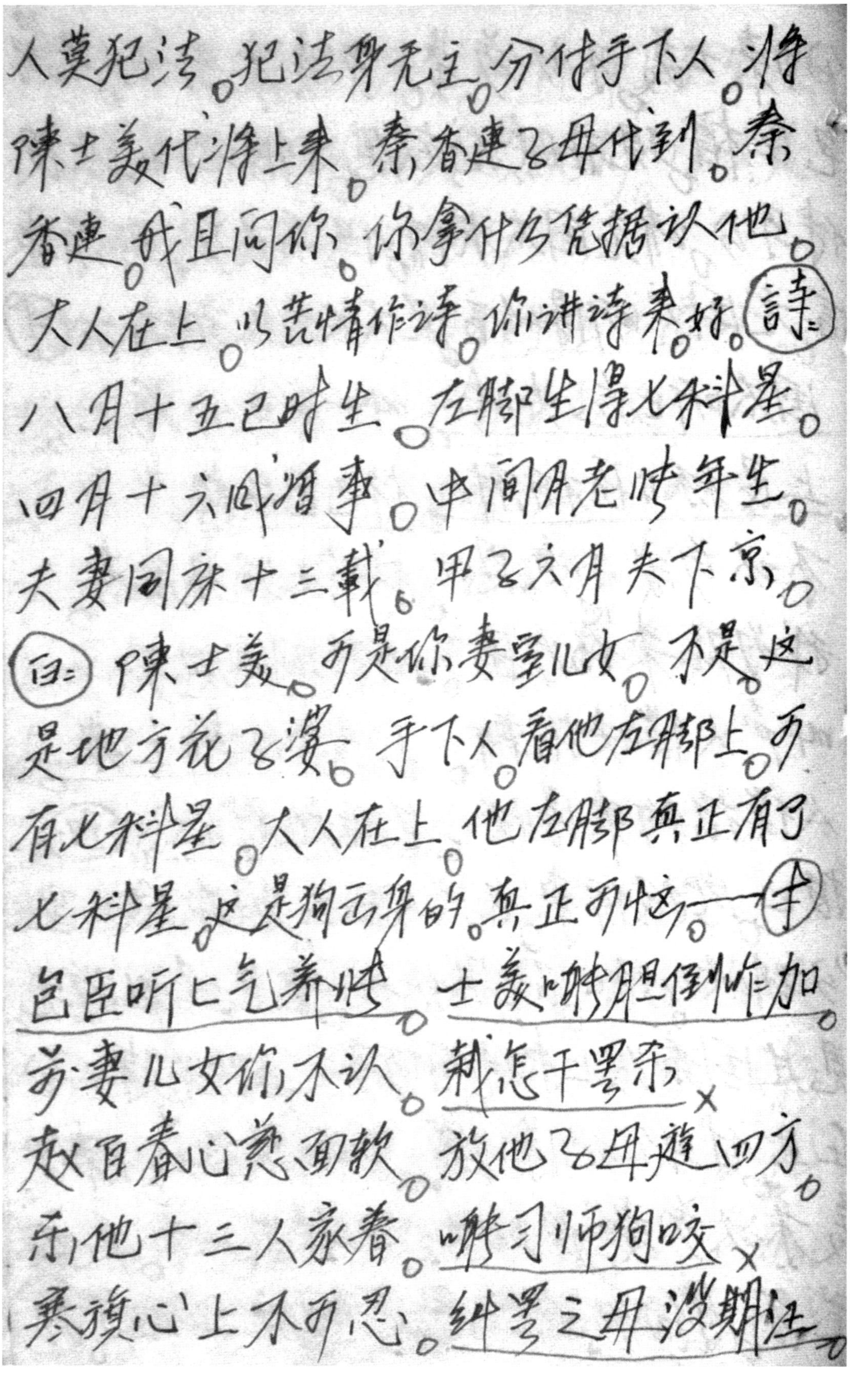

人莫犯法。犯法身无主。分付手下人。将
陳士美代将上来。秦香連子毋代到。秦
香連。我且问你。你拿什么凭据认他。
大人在上。以苦情作诗。你讲诗来好。（詩）
八月十五巳时生。左脚生得七斜星。
四月十六成婚事。中间用老时年生。
夫妻同床十三载。甲子六月夫下京。
（白）陳士美。丂是你妻室儿女。不是。这
是地方花子婆。手下人。看他左脚上。丂
有七斜星。大人在上。他左脚真正有了
七斜星。这是狗面身的。真正丂怯——（介）
包臣听亡气养时。士美吓胆倒作加。
丂妻儿女你不认。刺怎干罢休 ×
赵百春心慈面软。放他子毋游四方。
杀他十三人家眷。喇习师狗咬 ×
寒旗心上不丂忍。纠罢之毋没期注。

34.

提起宝剑怕砍头○ 自家来自家×
逼死皇姑大将士○ 金林宴拾姣时加○
你说家中无妻子○ 没有小娃娃×
本叹我刹劝其姣○ 你就问我来古干○
二人做赌者头书邵○ 姣说失了阑呼×
其中正人王彦林○ 我去调洲把民安○
如今前妻来告你○ 以白崩为章×
呼龙赵虎听我咽○ 王朝马汉听我叹○
龙头铁铡以冷磨○ 磨自明亮亮×
今日要铡陈士美○ 该答哝吐死怕以！○
铁面无私小包臣○ 点滴不饶他×
第一铡啫在一年到○ 第二铡啫在腰二三○
第三铡啫勒巴胃○ 头脚两分家×
不怕他皇姑付马○ 先斩后奏我承当○
亮开陈士美怀恨○ 干闪格劝花× （介才）
国泰汉吼恨暗当○ 包臣哝胆毒昨加○

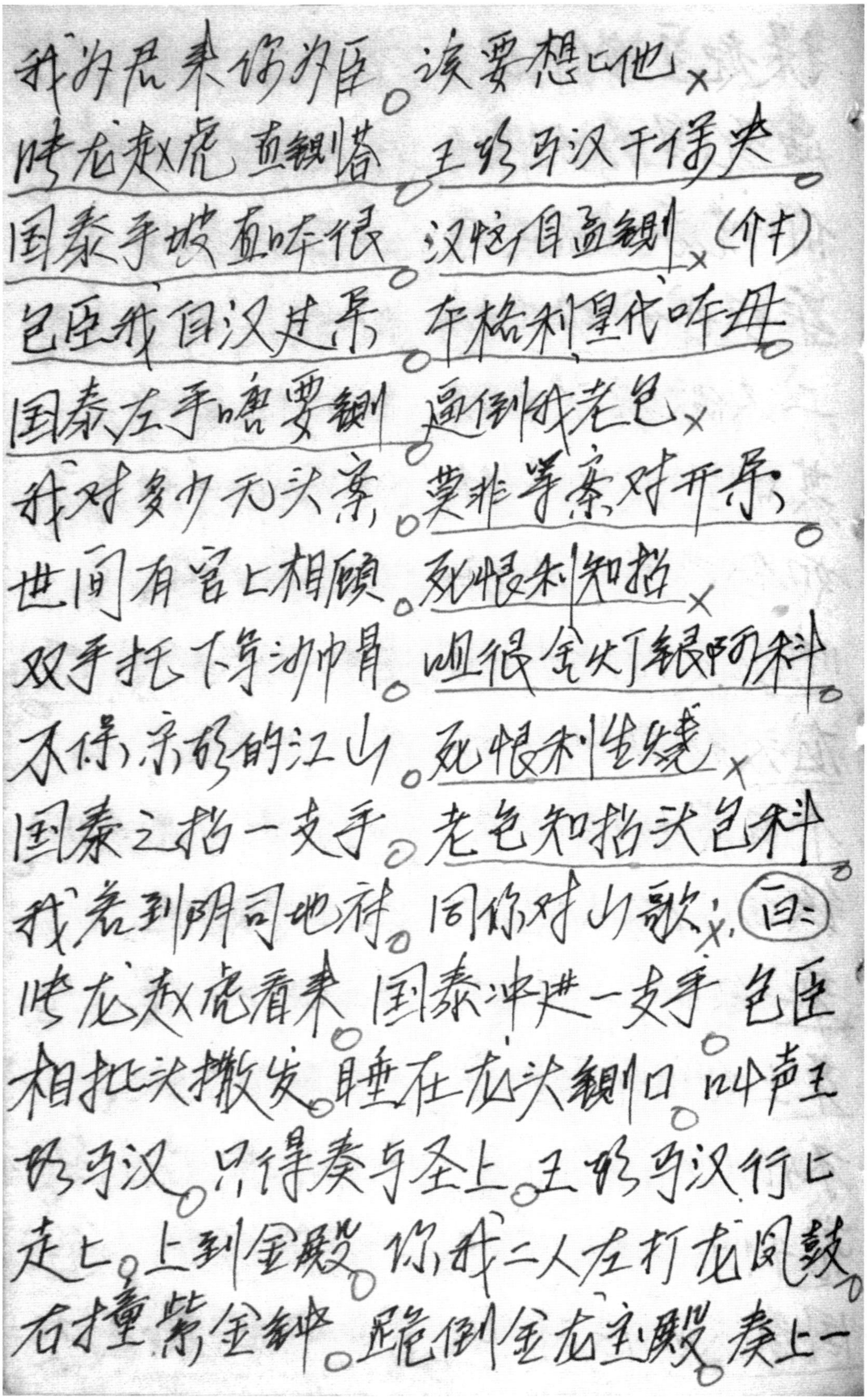

我为君来你为臣。该要想ㄴ他×
哮龙赦虎直铡塔。王朝马汉干得央。
国泰手拨直咋很。汉怡ノ自直铡×(介十)
包臣我自汉迷呆。本格刹皇代咋毋。
国泰左手噜要铡。逼倒我老包×
我对多少无头案。莫非等案对开呆。
世间有官ㄴ相顾。死恨刹知拾×
双手托下乌沙帽。咀很金灯银阿料。
不保ㄟ宋朝的江山。死恨刹性烧×
国泰之指一支手。老包知指头包料。
我若到阴司地府。同你对山歌×(白ㄷ)
哮龙赦虎看来。国泰冲进一支手。包臣
相扯头撒发。睡在龙头铡口。叫声王
朝马汉。只得奏与圣上。王朝马汉行ㄴ
走ㄴ。上到金殿。你我二人左打龙凤鼓。
右撞紫金钟。跪倒金龙宝殿。奏上一

本。（詩：）白玉階前双凰舞。金
鑾殿上九龙飞。百姓人人歌舞日。
世民个个乐揺天。（白：）正当汉帝王
宋但仁宗。抬头举龙凰眼一观。只見
王朝马汉跪倒金鑾宝殿。不知有何事
情。奏的万岁在上。为国陳士美不认前
妻。前妻秦香蓮去告他。告与包臣相。
第二逼死赵百春。后来杀了赵百春十三
人家眷。违犯国法。包臣相拿他。如今老
国泰陪住龙头铡刀。包臣相头入龙头铡
口。到底事为如何。宋仁忠听得此言。呵
呀。好伤心——（小哭）
仁忠两眼泪悲伤。文武百官听我双。
王朝马汉来奏本。事物本求三 ×
龙毛玉笔拿过咽。三道圣旨下朝千。
如若逼死包臣相。国事揺吖喏 ×

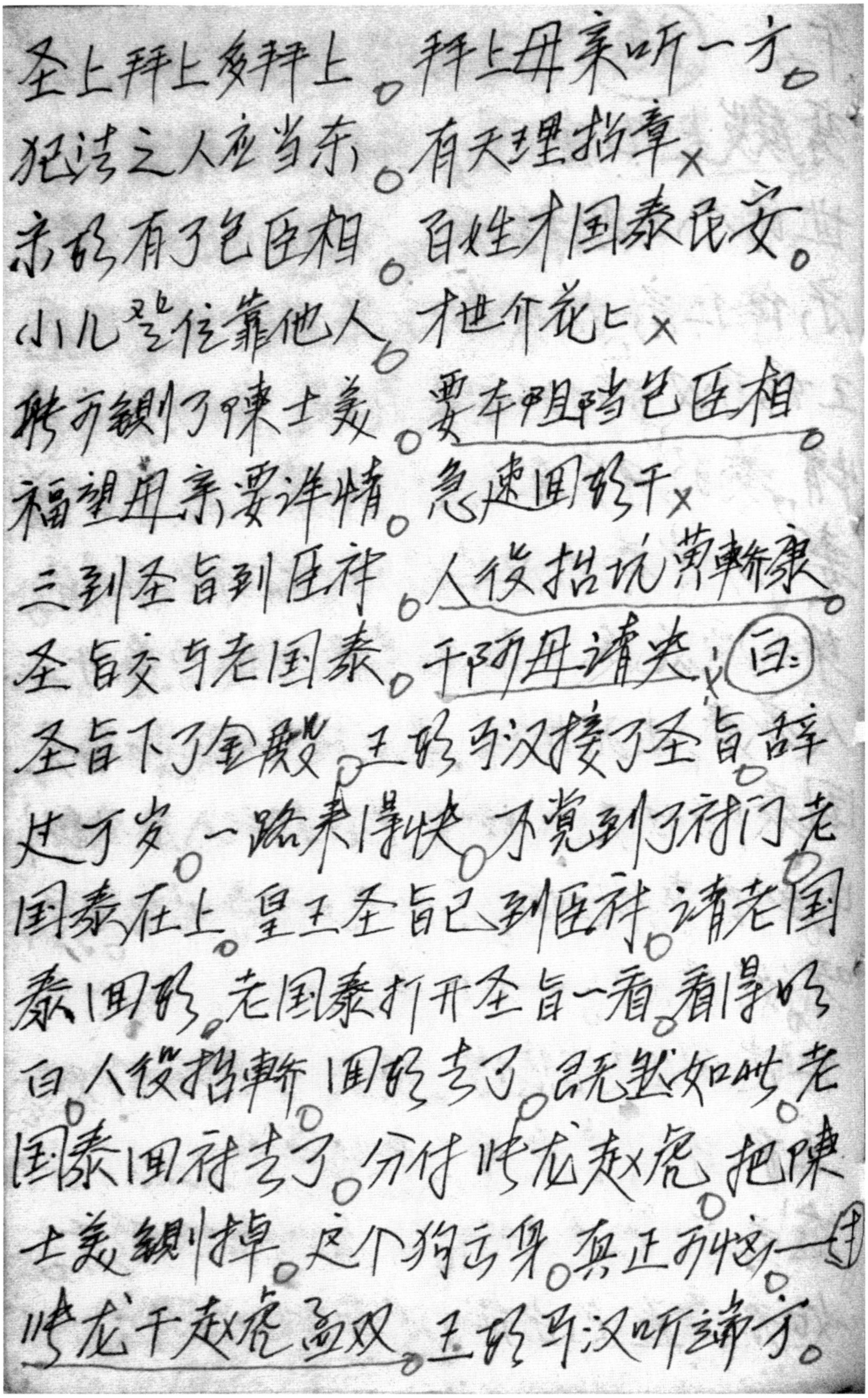
圣上拜上多拜上。拜上毋亲听一方。
犯法之人应当杀。有天理拍章×
杀好有了包臣相。百姓才国泰民安。
小儿翌位靠他人。才世介花匕×
要分铡了陈士美。要本阻挡包臣相。
福望毋亲要详情。急速回好干×
三到圣旨到臣府。人役指坑黄斬衆。
圣旨交与老国泰。干阿毋请安×（白）
圣旨下了金殿。王好马汉接了圣旨。辞
过万岁。一路来得快。不觉到了府门老
国泰在上。皇王圣旨已到臣府。请老国
泰回好。老国泰打开圣旨一看。看得明
白。人役指斬回好去了。既然如此。老
国泰回府去了。分付张龙赵虎。把陈
士美铡掉。这个狗东西。真正可恨。（唱）
张龙干赵虎孟双。王好马汉听端方。

16.

皇王下三道圣旨。于国泰请走×
龙头铡刀血坑怎。那干士美无暗当。
本格咋吡势力倒。个日死怕叭×
虎龙面吡血铡嗒。赵虎我干牙来咬。
狼心狗肺陈士美。怕走叭暗当×
王好已坑咋本头发。耳汉头坑咋一光。
耳盈听好休已来。头包鬼期汪。×（白）
包大人在上。已今把陈士美铡了。好好铡
了就罢。人役拍斩。本部衬回好。先革后
奏。上好奏本。奏本已毕。赦秦香连无罪。
秦香连封为真结夫人。春哥小孩读书。冬
人后。有做再做。冬妹为宫中小姐。随
身门头十人。三子母在宫中。安安一一。团团
圆圆。消遥一身哪。——（完）
各位同志听我双。铡美案唱出暗当。
为人莫贪新忘旧。死了罪难当×

世间学习蔡伯喈。陈士美的莫学他。

死没良心灯好桌。恶名全晴当

自己杯期闪梳咽。仁意道得第一庄。

夫和妻顺做家常。享福坐百双

（诗） 团圆团圆再团圆。

荣华富贵两双全。

自从今日团圆后。

享受荣华万万年。

于一九七九年抄。 铡美案全本。

王祥说唱。

曲终

後記

黄永亮老師與我合作五年，終於完成了本書的《資料篇》。太遺憾的是黄老師未等到本書的出版就已逝世了。在此爲他祈願冥福。再者，我對黄老師表示感謝。有關黄老師的簡歷，介紹如下：

黄永亮，白族。1944年出生於雲南省大理市喜洲鎮的一個大本曲世家。叔叔黄德榮是著名的大本曲北腔藝人。黄永亮從小受環境的熏陶和影響，在叔叔的培養教導下，學習了大本曲演唱、三弦彈奏。1961年，迫於生活，輟學隨叔叔在大理走村串寨，四鄉賣唱。1964年，被選入雲南省少數民族業餘文藝代表團，并出席全國少數民族業餘文藝會演，在小白劇《兩把鐮刀》中扮演男主角；在大本曲説唱《試驗田中一枝花》中擔任三弦伴奏，在京演出20多場，受到毛主席等黨和國家領導人的親切接見，并有幸同他們留影。回來後，在原大理縣農村文化工作隊工作，歷任原大理縣文藝宣傳隊指導員，大理市大理文化館館長，大理州群衆藝術館副館長，大理州文化局新聞出版科科長，大理州文物管理所所長，大理市大本曲協會理事長，大理州曲藝家協會主席，大理業餘藝隊隊長等職。北京人文函授大學群文專科畢業。

黄永亮創作、編曲的大本曲説唱《求親》，入選全國首届曲藝節（天津）演出，獲雲南省首届文學藝術創作獎。創作、編曲的大本曲表演唱《選秧官》，入選全國群文曲藝會演（廣州），獲金獎第一名。擔任編曲的大本曲説唱《游大理》，獲第二届中國曲藝節（河南）牡丹獎。在藝術理論方向不斷學習探索和研究，在全國少數民族曲藝研討會（内蒙古）上，宣讀《談大本曲的繼承發展與時代精神》。論文《節日文化漫談》，入選全國節日文化研討會（北京），并收入該研討會的《論節日文化》一書。收集、整理、出版了《白族大本曲音樂》一書，完整記録了大本曲三腔、九板、十八調（北腔爲十三調）的傳統唱法。與人合作，編選、出版了《大本曲簡誌》一書，較全面地介紹了大本曲的歷史傳承、分布、曲目和唱腔。本人的簡况收入了《中國藝術家傳記》。

退休後，黄永亮協助大理州電視臺録製、播放了大本曲傳統曲本十多本，編寫了《萬木春》《洱海清大理興》兩個宣傳性質的唱本，在大理州電視臺播放。參加了一些由文化部門主辦的大本曲培訓，向大本曲的後起之秀傳授唱腔和三弦彈奏，做一些力所能及的工作。

本項關於大本曲（大理白族民間曲藝）的白文的研究，始於2010年，現在因本書的出版而告一段落了。首先，我要對大理市歷史文化研究所以及該所所長、大理大學民族文化研究院研究員張錫禄老師表示感謝，没有該所以及張老師的幫助，本書就不可能出版。我在《解説篇》已經説過，本書在很多人士的幫助下纔得以完成。在這裏，我不能一一列舉他們的姓名，在此謹對他們表示衷心的感謝。我是從段伶老師那裏獲得研究白文的契機的，还有黄永亮老師一直幫助我的白文研究。但遺憾的是，兩位老師已逝世，我再也不能將本書呈送給他們了。我爲他們祈願冥福。

另外，本書的研究對象大本曲《鍘美案》，它的表演録像（演唱：王祥老師，三弦：孫金堂老師）已發布在大理市歷史文化研究所的微博（http://www.weibo.com/daliwenhua）上了，有興趣的朋友請參考一下。

立石謙次

2017年7月9日

日本神奈川縣秦野市寓所